民法演習サブノート 210問

沖野眞已＋窪田充見＋佐久間毅 編著

Masami Okino＋Atsumi Kubota＋Takeshi Sakuma

第2版

弘文堂

第2版はしがき

『民法演習サブノート210問』第2版をお届けします。

　幸い初版は作り手の独りよがりになることなく所期の目的（初版はしがきをご覧下さい）に沿ったものと受けとめていただけたようです。2020年度の夏学期の民法の授業のアンケートでは、「先生のお話はわかりにくかったが、サブノートの解説はどれもわかりやすかったです。」という記載がありました（泣き笑い）。

　第2版では、第1に、相続法改正（平成30年法律第72号）のほか子の引渡しに関する民事執行法・ハーグ条約実施法の改正（令和元年法律第2号）の内容を織り込みました。これに伴い、テーマや設問の差替え、解説の修正を行った項目があります（**40、140、182、201〜205、207〜209**）。「210問＋○問」も考えたのですが、当初のコンセプトから210問の枠を維持することにしました。また、第2に、執筆者の方々に、初版をブラッシュアップする観点から、法改正や判例の登場、議論の展開も踏まえつつ、見直しをお願いしました。その結果、相当の項目について設問の差替えや判例の追加、解説の書き直しが行われています。これにより、第2版は、初版以上に洗練され、また時宜にかなったものとなっていると自負しています。

　民法関係の改正は、所有者不明土地問題に取り組む観点からの物権法や相続法の改正、嫡出推定制度の見直し等の親子関係の改正の作業が進行中です。今後も、法改正を適時に織り込みながら、アップデイトを図っていく予定です。

　第2版が、私たちが届けたいと思った皆さんに届きますように、そして活用されますように祈ってやみません。

＊＊＊＊＊

　テーマや設問の差替えに応じ、また丁寧に洗い直しをしてくだった執筆者のご尽力と、弘文堂編集者・北川陽子さんの手腕とがあってこそ、第2版の刊行が成りました。この場を借りて心より感謝申し上げます。

　2020年10月15日

編者
沖野眞已・窪田充見・佐久間毅

はしがき
～本書を手に取ってくださる皆さんへ～

　本書『民法演習サブノート210問』は『民法演習ノートⅠ・Ⅱ・Ⅲ』の姉妹編です（Ⅰ・Ⅱはこれから出ます）。『民法演習ノートⅠ』の刊行に向けて、執筆者全員が各自の原稿を持ち寄って、（わいわいがやがや）検討していたときのことです（『民法演習ノート』の始まりと原稿検討会の様子については『民法演習ノートⅢ』の「はしがき」をご覧ください）。「民法を勉強しながら、事例に即してその基本知識を確認するための、もっと簡単な演習書が欲しいですね」という意見が出ました。「教科書や授業で学んだ知識を事例で確認する、それも１項目１論点、問題・解説各１頁。なかみは、条文を確認するものや、判例を確認するもの」、「１冊で民法全体をカバーする」……。なるほど、現在刊行されている教科書等では理解に役立つ豊富な設例が挙げられているものが少なくありません。演習書もさまざまな工夫がされたものが出版されています。それでも、民法の段階的な学習において、この部分の教材や演習書は手薄に思われ、それがとても残念なことに思われました。こうして、『サブノート』が生まれました。

　コンセプトは、これ１冊で民法全体について、設例をもとに基本的な知識を確認し展開するための演習書です。民法を学び始めた法学部生や法科大学院未修者が、独習に用いたり、あるいは友人と一緒に、民法の知識を復習して、確認するために用いる、あるいは、民法全体の勉強を終えた人が改めて復習・確認に用いる、といった利用の仕方を想定しています。

　「民法全体を１冊で」という大枠から、項目数を絞り込まざるを得ず（作業開始当時は300問でした）、網羅的とは言えませんが、要所要所を押さえる形のものになっています。アドヴァンストの演習書ではとりあげられない基本的な項目も、基礎知識の確認という観点から取り上げています。体裁は、１項目１論点を基本とし、１枚の表裏で完結する形としています。表面の頁に簡単な設例と質問とがあって、裏面の頁に解説があるという形を取っているのは、表面の設例と質問を見る際に解説が目に入らないようにするためです。まず、設例と質問を見て考えたうえで頁をめくってください。

　解説は１頁に収めること（これは執筆者を苦吟させることになりました）、解説の段落の最初の数字は質問の数字と対応させること、文献引用はしない、判例は解説で言及するものだけを表面に「参考」としてあげること、としています。本書

を手がかりに、知識等に不安を感じたら、教科書等の該当箇所を見て再確認してください。また、見解が分かれている事項についての整理・分析や、1項目ではなく多岐にわたる論点を組み合わせた設例を解きほぐすのは、アドヴァンストの演習書の役割です（やがて刊行される『民法演習ノートⅠ・Ⅱ』もその1つです）。

　民法については、改正作業が続いています。中でも大きな改正は、2017年の債権法の改正です。この改正は、2020年4月1日から施行されるので、本書刊行時にはまだ施行されていませんが、本書の内容は、改正後の民法を前提にしています。これから民法を学ぶ人は改正法をもとに学ぶことになりますし、改正前の規定で民法を勉強した人も今後は改正法が適用されていきますから、その知識の確認は必須だと考えたからです。民法の改正としては、このほか、成年年齢（民法4条）を18歳とする改正*や、相続法についてのかなり広範にわたる改正が、国会に上程されています。後者については、コラムを設けています（本書421頁）。

　多くの方に本書を使っていただければ、編者としてこれに勝る喜びはありません。

＊＊＊＊＊＊少し内輪の話＊＊＊＊＊＊

　本書は、編者3人を含め、40人の方にご執筆いただくことができました。お引き受けくださった方々には、民法の授業を担当する中で、「こういうところを基本として押さえておいてほしい」という点をお書きくださるようにお願いしました。実際に作業を進めてみると、最大の難関は、解説を1頁に収める「字数との戦い」でした。ご執筆者には、工夫に工夫を重ねて対応していただくことになりました。おかげさまで、基本的なコンセプトに即した一書が成ったと思います。編者の誇りは、ご執筆くださったこの方々にご執筆いただけたことにあります。

　また、『サブノート』は、『民法演習ノート』と同様に北川陽子さんがご担当くださいました。「先生、やりましょう」という北川さんの一言が『サブノート』を生み出すことになりました。北川さんの情熱と工程計画とともに、ときには厳しく、またときには厳しい（誤植ではありません）叱咤激励があって、はじめて本書の刊行にこぎ着けることができました。

　ご執筆者の方々と北川さんにこの場を借りて心より御礼申し上げます。

　　2018年5月30日

編者

沖野眞已（文責）・窪田充見・佐久間毅

＊成年年齢を18歳とする改正法は、2018年6月13日に成立しました。

●編著者紹介

沖野眞已（おきの・まさみ）

東京大学大学院法学政治学研究科教授

「契約の解釈に関する一考察—フランス法を手がかりにして（1）〜（3）」法学協会雑誌109巻2号・4号・8号（1992）、『民法演習ノートⅢ—家族法』（共編著、弘文堂・2013）、『倒産法概説〔第2版補訂版〕』（共著、弘文堂・2015）、『倒産法演習ノート〔第3版〕』（共著、弘文堂・2016）、『講義 債権法改正』（共著、商事法務・2017）

窪田充見（くぼた・あつみ）

神戸大学大学院法学研究科教授

『過失相殺の法理』（有斐閣・1994）、『ヨーロッパ不法行為法(1)(2)』（クリスチャン・フォン・バール著／編訳、弘文堂・1998）、『民法演習ノートⅢ—家族法』（共編著、弘文堂・2013）、『家族法—民法を学ぶ〔第4版〕』（有斐閣・2019）、『民法判例百選Ⅱ 債権〔第8版〕』（共編、有斐閣・2018）、『不法行為法—民法を学ぶ〔第2版〕』（有斐閣・2018）、『契約法入門—を兼ねた民法案内』（弘文堂・2022）

佐久間毅（さくま・たけし）

同志社大学大学院司法研究科教授

『代理取引の保護法理』（有斐閣・2001）、『民法の基礎2 物権〔第2版〕』（有斐閣・2019）、『民法演習ノートⅢ—家族法』（共編著、弘文堂・2013）、『現代の代理法—アメリカと日本』（共編、弘文堂・2014）、『民法の基礎1 総則〔第5版〕』（有斐閣・2020）、『民法Ⅰ 総則〔第2版補訂版〕』（共著、有斐閣・2020）

●**執筆者一覧**（五十音順・敬称略）　＊印：編著者

秋山　靖浩	（あきやま・やすひろ）	早稲田大学大学院法務研究科教授
池田　清治	（いけだ・せいじ）	北海道大学大学院法学研究科教授
石田　　剛	（いしだ・たけし）	一橋大学大学院法学研究科教授
石綿はる美	（いしわた・はるみ）	一橋大学大学院法学研究科准教授
一木　孝之	（いちき・たかゆき）	國學院大學法学部教授
岩藤美智子	（いわどう・みちこ）	岡山大学大学院法務研究科教授
浦野由紀子	（うらの・ゆきこ）	神戸大学大学院法学研究科教授
占部　洋之	（うらべ・ひろゆき）	関西大学大学院法務研究科教授
大久保邦彦	（おおくぼ・くにひこ）	大阪大学大学院国際公共政策研究科教授
大澤　　彩	（おおさわ・あや）	法政大学法学部教授
大澤　逸平	（おおさわ・いっぺい）	専修大学大学院法務研究科教授
沖野　眞已＊	（おきの・まさみ）	東京大学大学院法学政治学研究科教授
窪田　充見＊	（くぼた・あつみ）	神戸大学大学院法学研究科教授
久保野恵美子	（くぼの・えみこ）	東北大学大学院法学研究科教授
小池　　泰	（こいけ・やすし）	九州大学大学院法学研究院教授
合田　篤子	（ごうだ・あつこ）	金沢大学人間社会研究域法学系教授
小粥　太郎	（こがゆ・たろう）	東京大学大学院総合文化研究科教授
齋藤　由起	（さいとう・ゆき）	北海道大学大学院法学研究科教授
佐久間　毅＊	（さくま・たけし）	同志社大学大学院司法研究科教授
冷水登紀代	（しみず・ときよ）	甲南大学共通教育センター教授
白石　　大	（しらいし・だい）	早稲田大学大学院法務研究科教授
水津　太郎	（すいづ・たろう）	東京大学大学院法学政治学研究科教授
角田美穂子	（すみだ・みほこ）	一橋大学大学院法学研究科教授
曽野　裕夫	（その・ひろお）	北海道大学大学院法学研究科教授
田髙　寛貴	（ただか・ひろたか）	慶應義塾大学法学部教授
建部　　雅	（たてべ・みやび）	成蹊大学法学部教授
田中　宏治	（たなか・こうじ）	千葉大学大学院社会科学研究院教授
田中　　洋	（たなか・ひろし）	神戸大学大学院法学研究科教授

中原　太郎　　（なかはら・たろう）　　東京大学大学院法学政治学研究科教授

西　希代子　　（にし・きよこ）　　　　慶應義塾大学大学院法務研究科教授

根本　尚徳　　（ねもと・ひさのり）　　北海道大学大学院法学研究科教授

野々上敬介　　（ののうえ・けいすけ）　龍谷大学法学部准教授

橋本　佳幸　　（はしもと・よしゆき）　京都大学大学院法学研究科教授

幡野　弘樹　　（はたの・ひろき）　　　立教大学法学部教授

宮本　誠子　　（みやもと・さきこ）　　金沢大学人間社会研究域法学系教授

武川　幸嗣　　（むかわ・こうじ）　　　慶應義塾大学法学部教授

山下　純司　　（やました・よしかず）　学習院大学法学部教授

山城　一真　　（やましろ・かずま）　　早稲田大学法学学術院教授

横山　美夏　　（よこやま・みか）　　　京都大学大学院法学研究科教授

米村　滋人　　（よねむら・しげと）　　東京大学大学院法学政治学研究科教授

民法演習サブノート210問　contents

■ 民　法　総　則

物　権

債 権 総 論

契　約

事 務 管 理

不 当 利 得

不 法 行 為

親　族

相 続

凡　　例

1　本書は、210 の設例について、各設例を表裏 2 頁で、1 頁目（表）に設例と参考判例を載せ、2 頁目（裏）にその解説を載せている。

2　法令は、2020 年 8 月 1 日現在による。ただし、成年年齢の引下げに関する「民法の一部を改正する法律」（平成 30 年法律第 59 号）については、改正の施行日（2022 年 4 月 1 日）前であるが、改正法に基づいて解説した。

3　判例の引用については、大方の慣例に従った。判例集等を略語で引用する場合には、以下の例によるほか、慣例に従った。

民録	大審院民事判決録
民集	最高裁判所（大審院）民事判例集
刑集	最高裁判所（大審院）刑事判例集
集民	最高裁判所裁判集民事
下民集	下級裁判所民事裁判例集
交通民集	交通事故民事裁判例集
家月	家庭裁判月報
金判	金融・商事判例
金法	金融法務事情
判時	判例時報
判タ	判例タイムズ

4　法令の表記についての略語は、以下の例によるほか、慣例に従った。ただし、民法典については、法令名を省略している。

一般社団	一般社団法人及び一般財団法人に関する法律
医薬品医療機器	医薬品、医療機器等の品質、有効性及び安全性の確保等に関する法律
会社	会社法
家事	家事事件手続法
仮登記担保	仮登記担保契約に関する法律
刑	刑法
自賠	自動車損害賠償保障法
児福	児童福祉法
借借	借地借家法
商	商法
消契	消費者契約法

人訴	人事訴訟法
任意後見契約	任意後見契約に関する法律
農協	農業協同組合法
破	破産法
不登	不動産登記法
民執	民事執行法
民訴	民事訴訟法
労契	労働契約法
労災保険	労働者災害補償保険法

5 解説中のかっこ内の条文の表記は、「条」「項」「号」を省略するほか、以下の略語を用いている。

Ⅰ・Ⅱ・Ⅲ…	項
①・②・③…	号
本	本文
但	ただし書
前	前段
後	後段
括弧	かっこ書
柱	柱書
→	準用条文

1 民法の基本原則

　高校生のAは、親から贈与を受けた甲土地に、B市の水道管乙が横切っているとして、乙の撤去を求めている。B市は、乙の撤去や甲土地を迂回しての乙の敷設には高額の費用と周辺住民への迷惑がかかるとして、これに応じていない。

(1)　B市は、Aが未成年であることを理由に、請求を拒絶できるか。

(2)　B市は、乙が公共の利用に供されていることを理由に、Aの請求を拒絶できるか。

(3)　B市は、Aに対して、甲土地地下を利用する地上権を適正対価で設定するよう求めた。Aはこれに応じなければならないか。

(4)　Aは、甲土地を乙が通っていることを知りながら、B市を困らせる目的で親から譲り受けていたとする。この場合、Aの請求は認められるか。認められないとして、Aは何もいえないか。

(5)　B市は、Aの親から甲土地地下を利用する地上権の設定を受けたが登記を失念していたという事情に加えて、**(4)**の事情があったとすると、B市は、Aにどのような主張ができるか。

参考　❶大判昭和 10 年 10 月 5 日民集 14 巻 1965 頁
　　　　❷最判昭和 43 年 8 月 2 日民集 22 巻 8 号 1571 頁

▶▶解説

1. AのB市に対する請求は、所有権に基づく物権的妨害排除請求である。全ての自然人は、出生とともに私権の享有主体となる（3Ⅰ）。権利能力平等の原則により、年齢により権利行使が妨げられることはない。

2. 私人の財産権は憲法29条により保障され、その内容は公共の福祉に適合する必要はあるが（1Ⅱ）、法律の根拠なく侵害されることはない。Aの請求が所有権に基づく正当な権利の行使である限り、B市が公共の利益を持ち出すだけでは反論として不十分である。所有者の意思に反して土地を利用する場合、土地収用法の手続によらねばならない。

3. 財産権の中でも所有権は、物に対する全面的支配権であり（206）、何人に対しても主張できるのが原則である（所有権絶対の原則）。また契約を締結するか、締結するとしてどのような内容で締結するかは、契約当事者の合意に委ねられる（契約自由の原則）。甲土地にB市のために地上権を設定するか、設定するとしてその対価をいくらにするかは、所有者であるAが決定できる。こうして私人は、自由意思に基づき私的生活領域を形成する自由をもつ（私的自治の原則）。

4. 正当な権利の行使は、結果として他人に損害が発生しても、責任を負うことはないが、権利の濫用は許されない（1Ⅲ）。権利行使を認めることによる利益より不利益が客観的に著しく上回るだけでなく、権利行使の目的が害意に基づくような場合には、権利の濫用が認められやすい（❶）。Aの権利行使は、その主観的意図、客観的な影響の大きさから、濫用とされる可能性がある。ただし、権利の濫用により権利行使が封じられても、権利そのものが否定されるわけではない。例えば、Aは、B市に不当利得返還請求ができる（703）。また、B市の過失を根拠に不法行為に基づく損害賠償を請求（709）できる。過失により他人に損害を与えた者は責任を負うべきであるという原則を、過失責任の原則という。

5. B市は、Aの親から設定を受けた地下利用地上権（269の2）をAに対抗できないか。物権の設定を対抗するには登記が必要だが（177）、Aは背信的悪意者なのでBの登記の欠缺を主張することは信義則（1Ⅱ）に照らして許されず、Aは177条の「第三者」に該当しない（❷）。このように、より明確な権利義務関係を提示するルールがある場合には、そちらに沿って事案を解決するべきである。

［山下純司］

2　権利能力

　Aは、B女が、C男と婚姻中に懐胎した2人の間の唯一の子であり、2020年11月に出生した。Cは、同年9月にBを病院まで車で送り届ける途中、Dの運転する車との衝突により死亡している。BとCは共に一人っ子であり、親はCの母親Eのみが存命で、他はすでに死亡している。

(1)　2020年8月に、Eは、自己の所有する財産の一部をAに贈与する契約書を作り、BおよびCがAの代理人として署名捺印した。この契約は有効か。

(2)　2020年9月のCの死亡によってCの権利義務（財産）はどうなるか。Cの死後、Aが死体で生まれたとき（Bが流産したとき）はどうなるか。

(3)　2020年10月に、Bは、Dから賠償金を受け取る代わりに、Cの死亡にかかるAのDに対する損害賠償請求権一切を放棄することを内容とする和解契約を、Aの親権者として締結した。この和解契約は有効か。

参考　❶大判昭和7年10月6日民集11巻2023頁

▶▶解説

1．人は、出生により権利能力（権利を有し、義務を負う能力）を獲得する（3Ⅰ）。出生前の胎児は、契約の主体になることはできない。遺言（965→886Ⅰ）の場面では、例外的に胎児は既に生まれたものとみなされるため、Eが遺贈（遺言による贈与）をした場合には贈与は有効であるが、Eのしたのは贈与契約（549）である。設例のような内容の合意をしても不成立になる。

2．人の権利能力は死亡により失われ、生前有していた権利や義務は、一身専属性のあるものを除き、相続が生じる（896）。相続人は、被相続人の子およびその代襲者（887）、配偶者（890）のほか、887条の規定による相続人がいない場合の直系尊属、兄弟姉妹（889）である。なお胎児は、相続では生まれたものとみなされる（886Ⅰ）から、Aは、BおよびCの子と扱われる。事故でCが死亡したとき、Cの相続人は妻Bと子Aであり、その相続分は2分の1ずつとなる（900①）。ただし、胎児が死体で生まれたときは出生の擬制が働かず（886Ⅱ）、Cが死亡した時には子はいなかったことになる。このとき、Cの相続人は、配偶者であるBと、直系尊属であるEであり、その相続分はそれぞれ3分の2、3分の1となる（889Ⅰ①、900②）。

3．胎児は損害賠償についても出生が擬制される（721）。❶では、胎児の親が、親権者（法定代理人）として、胎児の損害賠償請求権を放棄することができるかが問題となった。判例・通説は、721条は、胎児に出生前から権利能力を認める趣旨ではなく、赤ん坊が無事出生したことを条件に、出生前に遡って権利能力があったものとみなす趣旨だとする（停止条件説）。このため、出生前の2020年10月の時点でAは損害賠償請求権を有していたわけではなく、これを放棄するという和解契約も無意味で無効とされる。これに対して、相続や損害賠償については胎児に権利能力が認められており、胎児が死んで生まれてきたことを条件に、胎児の権利能力は遡って失われるとする説（解除条件説）もある。この説をとると、Aは胎児の時から損害賠償請求権を取得していることになる。ただし、胎児の代理に関する規定がない現行法では、結局のところ、BがAを代理して和解契約を締結することはできないという指摘もある。

［山下純司］

3 意思能力と 成年後見制度

　Aは、80歳を越えた頃から、次第に物忘れが多くなってきた。ある日、Aは、娘Bの結婚式の衣装として白無垢の着物（100万円）を呉服屋Cに注文した。Bは60歳で、40年前に結婚していたが、Aは注文時、そのことを忘れていた。

(1)　AはCとの契約に基づき、代金100万円を支払わなくてはならないか。
(2)　Bは、Aが今後こうした契約をくりかえして財産が散逸しないよう、予防策をとりたい。どのような手段があるか。
(3)　Aは、物忘れの自覚が出てきた頃に、Bを任意後見人とする任意後見契約を締結していた。これにはどのような意味があるか。

| **参考**　任意後見契約に関する法律

▶▶解説

1. 自らの意思表示により法律行為をする者は、その法律行為を行うにふさわしいだけの事理を弁識する能力を備えている必要がある。これを意思能力という。法律行為の当事者が意思表示をした時に意思能力を有しなかったときは、その法律行為は無効となる（3の2）。設例は、Aの認知機能の低下が著しいことが状況から明らかで、AC間の契約はAの意思無能力により無効となる可能性が高い。このため、実際にAが契約時に意思無能力であったと認められれば、Aは代金の支払義務を免れる。

2. もっとも、意思無能力による無効のためには、事理弁識能力がどの程度失われている必要があるのかは必ずしも明らかでない（法律行為の複雑さによっても異なる）。また、事理弁識能力が契約時に失われていた事実を立証することも困難な場合が多い。このため、意思無能力による無効だけでは、事理弁識能力の不十分な者の財産を保護するには不十分である。

そこで民法は、事理弁識能力を欠く常況にある者については、家庭裁判所の後見開始の審判をあらかじめ受けて成年被後見人となることで（7）、日常生活行為以外の法律行為を全て取り消すことができることにしている（9）。成年被後見人には成年後見人が付され（8）、財産管理も成年後見人が行う（859 I）。これを法定後見という。Bは家庭裁判所に後見開始の審判の申立てを行い、自らがAの後見人となることが考えられる。なお、同趣旨の制度に保佐、補助がある。

3. そのほか、本人が、自己の事理弁識能力が不十分になる場合に備えて、生活、療養看護、財産管理に関する事務を委託し、代理権を付与する委任契約を、信頼できる者との間であらかじめ締結しておくことも考えられる。ただし、これを通常の委任契約で行うと、受任者兼代理人が、権限を濫用する危険性がある。そこで、任意後見契約法は、特別の委任契約（任意後見契約）を用意する。任意後見契約が効力を生ずるには、本人の事理弁識能力が不十分な状況になった後に、家庭裁判所が、受任者（任意後見人）を監督する者（任意後見監督人）を選任しなければならない（任意後見契約法4）。これにより、任意後見人が本人の財産を目的外に費消することを予防しているのである。

[山下純司]

4 未成年者

Aは、17歳の未成年である。Aは、両親CおよびDの反対にもかかわらず、自らのアルバイトで貯めた20万円で、Bの所有するバイク甲を購入した。

(1) CおよびDは、AB間の売買契約を取り消すことができるか。

(2) CおよびDが**(1)**の契約を取り消した場合、Aの支払った代金20万円およびAが引渡しを受けた甲はどうなるか。返還請求時に、甲がAの事故により破損していた場合や、Aが甲をEに15万円で転売し、そのうち5万円を遊興に、5万円を借金の返済に、残り5万円を貯金に当てていた場合はどうなるか。

(3) CおよびDがAに対して、アルバイトで稼いだお金は自由に使用してよいと述べていた場合はどうか。

(4) Aが、Bから甲を購入する際に、売買契約書に年齢を「20歳」と記載していた場合はどうか。Bが、Aが未成年であることに気づいていた場合にはどうか。

参考　❶最判昭和44年2月13日民集23巻2号291頁
　　　　　❷茨木簡判昭和60年12月20日判時1198号143頁

▶▶解説

1． 未成年者が法律行為をするには、法定代理人の同意を得なければならない（5 I 本）。法定代理人は通常は親権者であり、共同行使が原則である（818 III）。したがって両親CおよびDの同意なく締結した売買契約は、取消権者でもあるCおよびD（120 I）によって取り消すことができる（5 II）。

2． 取消権が行使されると、両当事者に原状回復義務が生じる（121の2 I）。受け取った物は、返還しなければならず、また原物が存在しない場合には、価値を金銭で返還することになる。ただし、制限行為能力者の原状回復義務は、本人保護のため、現に利益を受けている限度に縮減される（同 III 後）。このため、物が損傷している場合には、その現状で返還をすればよく、金銭による返還の場合にも、費消した金銭の返還を免れる。AB間の契約が取り消された場合、Aは甲が手元にあれば、これをBに返還しなければならないが、破損している場合でもそのまま返還すればよい。Eに転売した場合、転売利益15万円のうち、貯金された5万円は返還しなければならないが、遊興に当てられた5万円については返還義務を免れる。借金の返済に使った5万円は、Aが5万円の債務を免れたという意味でも、15万円の収入がなければ自分の財布から支出する分を節約したという意味でも、現に利益を受けていると考えられるので、返還すべきと考えられる。

3． 法定代理人が処分を許した財産については、目的を定めればその目的の範囲内で、目的を定めなければ制限なく、未成年者が自由に処分することができる（5 III）。CおよびDは、Aがアルバイトで稼いだ金銭について、目的を定めずに処分を許していると考えられる。このため、CおよびDは、AB間の売買契約を取り消せない可能性が高い。もっとも、高額の商品を購入する際には別個に同意が必要という考え方もある。このような考え方をとる場合には、AB間の契約にはCおよびDの同意がないことになり、CおよびDは契約を取り消すことができる。

4． Aが成年であると偽った場合、「詐術」があるとされ、取消権を失う可能性がある（21）。もっとも、BがAの実際の年齢を知っていたような場合には「詐術」には当たらない（❷）。ここでの「詐術」には単なる黙秘は含まれないが、自らが制限行為能力者であることを黙秘する行為でも、他の言動とあいまって、相手方を誤信させ、または誤信を強めたときは、「詐術」に当たる（❶）。

［山下純司］

5 法定後見

　A（50歳）は若年性認知症を発症し、徐々に認知能力が減退している。Aには現在、配偶者はおらず、すでに結婚して別に暮らしている娘B（25歳）と、同居の息子C（15歳）がいる。

(1)　Aは、Cの唯一の親権者としてCの財産管理等を行うことに不安を覚え始めたため、Bの同意を得ながらこれをしたいと考えている。どのような手続をふめばよいか。

(2)　Aの認知症が進行し、Aは、他人に言われるままに多額の借財をして高額の買い物をしたり、自宅の改築工事を年に何度も行ったりと、通常考えられない行動をするようになった。Bは、AとCがこれからも安心して暮らせるようにしたいと考えている。どうすればよいか。

(3)　Aの認知症がますます進行したため、BはAとCを引き取り、AとCの面倒を全て見る決心をした。Bは、どのような手続をふむべきだろうか。

(4)　Bは、Aの銀行預金口座を管理し、Aに代わって金銭を引き出し、その金銭でAの生活必需品等を購入し、またCを高校に行かせてやりたいと考えている。**(1)**～**(3)**で、こうした行為は可能か。

▶▶解説

1. 精神上の障害により、事理弁識能力に不安がある者の財産管理を支援するため、民法は制限行為能力制度の中に、後見（法定後見）・保佐・補助という3つの制度を置いている。本人の行為能力の制限は最小限であることが望ましいことから、3つの制度はきめ細かく段階づけられている。

　Aは、認知症により事理弁識能力が不十分であることを理由に、家庭裁判所に補助開始の審判を自身で請求し（15 I）、Bに自身の補助人となってもらう審判を受けるとともに（16）、AがCの親権者（法定代理人）としてする法律行為について、Bの同意を要する旨の審判（17 I・13 I⑩参照）を受けることが考えられる。補助は、精神上の障害の程度が軽い者のための制度であるから、本人の意思が尊重される（15 II・17 II参照）。これによって、Aが単独でしたCの親権者としての行為は、取り消すことができるようになる（102但・120 Iも参照）。

2. Aの認知症が進行し事理弁識能力が著しく不十分な状態になっているといえそうな場合、Bが、家庭裁判所に保佐開始の審判を請求し（11）、自ら保佐人に就任することが考えられる（12）。保佐が開始すると、被保佐人となったAは重要な法律行為（13 I各号）について行為能力を一律に制限され、保佐人であるBの同意を得ずにした法律行為は取り消すことができるようになる（13 IV）。

3. Aが、「事理を弁識する能力を欠く常況」となると、Bは後見開始の審判を請求できる（7）。Aが成年被後見人になると、Aが単独でした法律行為は、日用品の購入その他日常生活に関する法律行為を除き、全て取り消すことができるようになる（9）。他方で、成年後見人であるBは、Aの生活、療養看護および財産の管理に関する事務を、Aの意思を尊重し、かつ、その心身の状態および生活の状況に配慮しながら行う義務（858）と、善管注意義務（869→644）を負う。

4. 成年後見人であるBは、Aの財産を管理するため包括的に法定代理権を与えられる（859）が、保佐人や補助人の場合は、家庭裁判所が、特定の法律行為について代理権を付与する審判をすることではじめて代理権が与えられる（876の4・876の9）。しかも、本人以外の者の請求によってこの審判をするには、本人の同意が必要である。BがAの預金口座を管理すること、生活必需品をAの名で購入すること、Cの在学契約を締結すること、これらは、全てBがAの代理人としてする法律行為であるから、Bが保佐人、補助人にとどまる場合には、Aの同意を得た上で、家庭裁判所の審判を受ける必要がある。　　　　[山下純司]

6 制限行為能力者の相手方の保護

　Aについて、Bを補助人とする補助開始の審判と、Aが不動産に関する権利の得喪を目的とする行為をするにはBの同意を要する旨の審判がされた。

　その後、Aが、その所有する甲土地を、Bに無断で、Cに対して2000万円で売り渡し（以下、「本件契約」という）、その旨の登記（以下、「本件登記」という）がされた。さらにその1年後に、Aは、17条4項により本件契約を取り消し、Cに対し、本件登記の抹消登記手続を請求した。

(1)　Cは、代金として支払った2000万円の返還と引換えでなければ応じられないと争った。Cのこの反論は認められるか。

(2)　AとCは、Aの補助人Bと称する者の同席の下で、本件契約を締結していた。また、その際、A側からCに対し、成年後見登記ファイルの登記事項証明書が交付されていた。ところが、Bと称していたのは、Bとは別人のDであった。この場合、AのCに対する上記請求は認められるか。

参考　❶最判昭和28年6月16日民集7巻6号629頁
　　　　❷最判昭和47年9月7日民集26巻7号1327頁
　　　　❸大判昭和8年1月31日民集12巻24頁
　　　　❹最判昭和44年2月13日民集23巻2号291頁
　　　　❺大判大正12年8月2日民集2巻577頁

▶▶解説

1. 有償契約が無効（取消しによる無効を含む）である場合、当事者は、原則として、互いに原状回復義務を負う（121の2Ⅰ）。これは、契約解除の場合（545Ⅰ本）と同じである。もっとも、解除による原状回復については533条の準用が明定されている（546）が、契約の無効による原状回復についてはその旨の定めがない。

　この点に関し、平成29年民法改正前の判例は、未成年を理由とする取消しの場合に533条の類推適用を認めていた（❶）。その際、未成年を理由とする取消しに限っての判断であると明言されているが、類推適用の理由は、未成年者は随意に取り消すことができ、返還義務が現受利益に縮減されることで十分保護されること、相手方はもっぱら受け身の立場に置かれることから、さらに相手方に先履行の不利益を与えてまで未成年者に不公平な利益を与える必要はない点にある。この理は、行為能力の制限による取消し一般に妥当する。また、契約無効の場合の原状回復につき533条を準用する旨の規定が設けられなかったのは、詐欺または強迫による取消しなど、当事者の一方の悪性が強い場合に同時履行関係を認めることに議論があるためであり（平成29年民法改正前の判例は、詐欺取消しの場合につき肯定〔❷〕）、同時履行関係を一般的に否定する趣旨によるものではない。

　したがって、本問のＣの反論は、Ａの利得消滅の主張（121の2Ⅲ後）が認められる場合を除き、認められる。

2. 制限行為能力者の相手方は、責めに帰すべき事情がないのに、制限行為能力者側の任意の判断による取消しと返還を受ける範囲の縮減という不利益にさらされる。これは、制限行為能力者を特に保護するためである。そこで、制限行為能力者が相手方を誤信させるため詐術を用いていたときは、その行為を取り消すことができないこととされている（21）。ここにいう詐術は、積極的術策に限られず（❸）、ふつうに人を欺くに足りる言動を用いて相手方の誤信を誘起し、または強めた場合を含む（❹）。また、同意権を有する者の同意を得たと相手方を誤信させることも含む（❺）。したがって、本問では、Ａ側でＤが契約締結を主導していたとしても、本件契約を17条4項により取り消すことはできず、Ａの請求は認められない（Ａが自己の行為の意味を認識することができない状態であった場合、3条の2による無効が認められることはありうる）。

　　　　　　　　　　　　　　　　　　　　　　　　　　　　　　　　［佐久間毅］

7 住所、不在者、失踪宣告

Aは、甲土地にある一戸建ての住宅を所有しており、1年の多くの時期をここで暮らしている。そのほかにAは、乙土地に別荘を所有しており、長期休暇が取れると別荘に足を運んで滞在することがあった。

(1) AがBに金銭を貸し付けており、その返済期日が到来した。返済場所について特にAとBとの間で定められていなかった場合、Bは、どこで返済すべきか。

(2) Aは、長期の海外出張に出ることになり、国内に残していく財産を自分で管理することが困難となった。この場合、Aの財産は誰がどのように管理すべきか。

(3) Aは、海外出張先で消息を絶ち、事故や天災といった生命に関わる危難に巻き込まれたとの情報はないものの、消息を絶ってからすでに10年が経過している。この場合、Aについて失踪宣告がされることはあるか。

(4) 上記 **(3)** において失踪宣告がされた場合、どのような効果が生ずるか。

参考 ❶最大判昭和 29 年 10 月 20 日民集 8 巻 10 号 1907 頁
❷最判平成 20 年 10 月 3 日判時 2026 号 11 頁

▶▶解説

1. 金銭債務の弁済の場所は、別段の意思表示がないときは、「債権者の現在の住所」になる（484 I）。住所とは、私人の生活の本拠をいい（22）、生活の本拠は、当事者の意思によってではなく、問題となる法律関係に即して客観的に判断されるとの理解が支配的である（判例もこの傾向とされる〔❶❷〕）。Aの生活の状況からすると、Aの住所は甲土地と解されるので、Bは甲土地で弁済すべきことになる。

2. 従来の住所または居所（多少継続的に居住するが、生活との関係が住所ほど密接ではない場所）を去って容易に帰ってくる見込みのない者を不在者という。この場合、不在者の財産を代わりに管理する者（不在者の財産管理人）が必要になる。まず、不在となった時に不在者の財産管理人がいる場合には、その者がその権限の範囲内で管理することになる。財産管理人を置いた不在者がその後生死不明となったときは、家庭裁判所は、利害関係人または検察官の請求により、財産管理人を改任することができる（26。その他、27条2項・28条後段も参照）。

　財産管理人がいない場合には、家庭裁判所は、利害関係人または検察官の請求により、不在者の財産管理について必要な処分を命ずることができる（25 I）。この必要な処分として、家庭裁判所は、不在者の財産管理人を選任することができる。家庭裁判所に選任された財産管理人は、権限の定めのない代理人と同じ権限を有し、それを超える行為をするには、家庭裁判所の許可を得る必要がある（28・103）。

3. 不在者の生死不明がいかに長期にわたっても、死亡が確認されない限りは死亡を原因とする法律関係の変動は生じないとすると、不在者の推定相続人や配偶者など利害関係を有する者にとって負担となりうる。そこで、家庭裁判所の審判により不在者の死亡を擬制する、失踪宣告の制度が設けられている。Aの生死不明状態は7年に達しているから、家庭裁判所は、利害関係人（失踪宣告によって直接に権利を取得したり、義務を免れる者）の請求により、失踪宣告をすることができる（30 I）。

4. Aは、失踪宣告により、最後の生存証明時から7年の期間満了時に死亡したとみなされる（31）。これにより、Aの相続が開始する（882）。また、明文の規定はないものの婚姻は一方配偶者の死亡により解消すると解されるので、Aの残存配偶者は再婚が可能になる。

[野々上敬介]

8 失踪宣告の効果と 失踪宣告の取消し

　長期にわたり消息不明であったAに対して失踪宣告がされた。Aの配偶者Bは、Aを相続して取得した甲建物をCに売却し、またDと再婚した。ところがその後、Aが生きて帰ってきた。Aが実は生きていることを、CとDは知っていたが、Bは知らなかった。

(1)　Aに対する失踪宣告があった後、Aは、行方をくらませた先でEとの間で物を買い入れる契約を結んでいた。Aは、この契約に基づいて物の所有権を取得することができるか。

(2)　Aの請求により、Aへの失踪宣告が取り消された。Aは、相続は開始しなかったことになるから甲建物は自分の所有物であるとして、Cに対して甲建物の返還を請求した。この請求は認められるか。

(3)　Bは、Aの相続によって2000万円を取得し、このうち1000万円を通常の生活費に支出し、200万円を遊興費に支出していた。失踪宣告の取消しがされた場合、Aは、Bに対してどのような請求をすることができるか。

(4)　失踪宣告が取り消された場合、AB間の婚姻（前婚）と、BD間の婚姻（後婚）の効力はどうなるか。

参考　❶大判昭和13年2月7日民集17巻59頁

▶▶解説

1. 自然人の権利能力は死亡により消滅するので、失踪宣告による死亡擬制時（30・31）以後は、Aは権利義務の主体たりえないとも考えられる。しかし、失踪宣告制度の趣旨は、失踪者の従来の住所・居所を中心とする法律関係を清算することにあり、生存している失踪者が現在の住所・居所で法律関係を形成する資格まで否定するものではない。したがって、Eとの契約に基づくAの権利取得は否定されない。

2. 失踪者の生存が判明しても失踪宣告の効力は当然には消滅せず、その消滅のためには家庭裁判所の審判による失踪宣告の取消しが必要である。この取消しにより、失踪宣告の効果は遡及的に消滅する。したがって、相続は開始しなかったことになる。しかし、失踪宣告の取消しは、失踪宣告後その取消し前に善意でした行為の効力に影響を及ぼさない（32Ⅰ後）。善意は、判例によれば、その行為の両当事者ともに要求される（❶）。一方、学説では、この規定を取引の安全を図る趣旨と理解し、Cさえ善意であればよいとの見解が有力である。設例ではCが悪意のため、いずれの見解からもAの請求は認められる。

3. 失踪宣告の直接の効果として財産を取得した者は、失踪宣告の取消しによって権利を失い（32Ⅱ本）、取得した財産を返還する必要がある。ただし、返還の範囲は「現に利益を受けている限度」に限られる（同Ⅱ但。現受利益の返還）。現受利益には、かたちを変えて取得者に残っている利益も含まれ、受益がなくても支出されていた費用（例、通常の生活費）に受益分が充てられた場合は、免れた出費分が利益として残っているとされる（出費の節約）。それゆえBは、残っていた800万円に加えて、生活費に充てた1000万円を返還する義務を負う。

4. かつての通説は、婚姻のような身分行為も32条1項後段にいう「行為」に当たるとし、後婚当事者が善意ならば後婚の効力がそのまま認められて前婚は復活せず、悪意ならば前婚が復活する（復活により後婚との重婚状態が生じ、前婚の離婚事由〔770Ⅰ⑤〕・後婚の取消事由となる〔732・744〕）としていた。しかし、婚姻では当事者の真意を特に尊重すべきであり、後婚当事者がたとえ悪意でも後婚の存続を望むならば、それを認めるべきである。そこで、現在の通説は、後婚当事者の善意・悪意にかかわらず、後婚のみが存続し、前婚は復活しないとする。

［野々上敬介］

9 同時死亡の推定

　Aは、自身の唯一の子であるBとともに旅行に出かけた。ところが、旅行中に乗り込んだ船が航行中に沈没してしまい、AもBも亡くなってしまった。AもBも、遺言は残していなかった。

　Bは、Aの配偶者CとAとの間の一人っ子で、Cは健在である。Bには配偶者も子もいない。また、Aの父はすでに亡くなっているが、Aの母Dは健在である。Aは3000万円分の財産を、Bは900万円分の財産を残していた。以下の場合において、AとBの財産は、法定相続分に従えば誰がどのように相続するか。

(1)　BがAよりも先に死んでいたことが確認された場合。
(2)　上記**(1)**と逆に、AがBよりも先に死んでいたことが確認された場合。
(3)　AとBがまったく同時に死んでいたことが確認された場合。
(4)　AとBの死亡の前後関係が明らかでない場合。

▶▶解説

1. 自然人が死亡すると相続が開始し、死亡した者（被相続人）の財産に属した一切の権利義務を相続人が承継する（882・896本）。この承継が生ずるのは、相続開始時＝被相続人の死亡時である（同上）。そのため、相続人になることができるのは、被相続人の死亡時において、権利義務の主体となる資格（権利能力）がある者である。自然人の権利能力は出生に始まり（3Ⅰ。なお、胎児も相続については出生したとみなされる〔886Ⅰ〕）、死亡によって終了するので、相続人は、被相続人の死亡時において（胎児として）生存している必要がある。

そこで、まずBの相続が開始し、Cとその時点で生存していたAが、1：1の割合で相続する（889Ⅰ①・900④本）。次いでAの相続が開始し、Bから相続したものも加えたAの財産（3000 ＋ 450 ＝ 3450万円）を、CとDが2：1の割合で相続する（889Ⅰ①・890・900②）。結局、Cが 450 ＋ 3450×$\frac{2}{3}$ ＝ 2750万円分、Dが 3450 ×$\frac{1}{3}$ ＝ 1150万円分を相続する。

2. まずAの相続が開始し、Cとその時点で生存していたBが、1：1の割合で相続する（887Ⅰ・890・900①）。次いでBの相続が開始し、Cのみが相続する（889Ⅰ①）。結局、AとBの財産はCが全て相続する。

3. AとBが同時に死亡した場合、両者は互いの死亡時点において生存していないから、互いに相続人にならないことになる。したがって、AをCとDが2：1の割合で相続し（889Ⅰ①・890・900②）、BはCのみが相続する（889Ⅰ①）。結局、Cが 2900万円、Dが 1000万円を相続する。

4. 以上のように、複数の者が死亡した場合、その死亡の前後関係によって相続の結果が異なってくる。もっとも、その事実関係が明らかでないこともあり、その場合、上記**1.**～**3.**のいずれかの事実関係を前提とする相続分に対応する利益を先に確保した者が、利益の維持をそのまま認められる結果となりうる。死亡の前後関係を証明できない限り、その利益確保の結果を訴訟で覆すことができないからである。しかし、このような早い者勝ちを認めると、かえって無用の紛争が生じかねない。そこで民法は、複数人の死亡の前後関係が明らかでないときは、これらの者は同時に死亡したものと推定している（32の2）。これにより、上記**3.**の結果が推定される一方、この推定によって不利益を受ける者が反対の事実を証明することができれば、推定を覆すことができる。 ［野々上敬介］

10 法人の目的

　以下の設例について、Aの寄付・Cの貸付け・Eの寄付は、それぞれの法人の目的の範囲内の行為といえるか。

(1)　製鉄業を営む株式会社Aは、その定款において、「鉄鋼の製造、販売及びこれに付帯又は関連する一切の事業」を目的として定めていた。あるとき、Aは、政党Bに、500万円を政治献金として寄付した。

(2)　農業協同組合Cは、その定款において、「組合員の事業又は生活に必要な資金の貸付け」を目的として定めていた。あるとき、Cは、Cの組合員ではないDに、100万円を貸し付けた。

(3)　税理士会Eは、政治団体Fに500万円を政治献金として寄付すること、そのための特別会費を徴収することを所属税理士の多数決によって決議した。決議に反対したEの所属税理士Gは、この寄付はEの目的の範囲外の行為であり、決議は無効であるから、特別会費を納入する義務はないと主張している。

参考　❶最判昭和33年9月18日民集12巻13号2027頁
　　　　　❷最判昭和41年4月26日民集20巻4号849頁
　　　　　❸最大判昭和45年6月24日民集24巻6号625頁
　　　　　❹最判平成8年3月19日民集50巻3号615頁
　　　　　❺最判平成14年4月25日判時1785号31頁

▶▶解説

1．法人は、定款その他の基本約款において定めた目的の範囲内において、権利を有し、義務を負う（34）。この規定の理解をめぐっては見解の対立があるものの、判例は、この規定が法人の権利能力の制限を定めたものと捉え、目的の範囲外の法人の行為は無効だとしている（❸）。そして、営利法人について、ある行為が目的の範囲内かどうかは、次のような一般的基準で判断される。すなわち、目的の範囲内の行為とは、定款に明示された目的に限定されず、その目的遂行の上で直接または間接に必要な行為が全て含まれる。さらに、目的遂行上の必要性は、問題となる行為の性質を客観的・抽象的に観察して判断される（この基準を端的に示したものとして、❸）。この基準に従い、目的遂行に通常役立つ行為や法人の維持に役立つ行為は、目的の範囲に入るとされる。さらに、法人に社会通念上期待される行為も、少なくとも間接的には目的遂行に必要と認められ、目的の範囲に入るとされる（❸）。以上によれば、Aの寄付は目的の範囲内の行為と認められる。

2．非営利法人における目的の範囲の具体的判断は、営利法人よりも厳格に行われることがある。農協が遂行できる事業は法定されており（農協10Ⅰ）、非組合員への金銭の貸付けは含まれていない。そこで、こうした貸付けは原則として目的の範囲外の行為とされる（❷）。ただし、組合の経済的基盤を確立するため等の事情がある場合に、目的の範囲内と認められることがある（❶）。Cの行為が目的の範囲内とされるかどうかは、そうした事情が認められるかにかかっているということになる。

3．税理士会の政治団体への寄付は、「税理士及び税理士法人の義務の遵守及び税理士業務の改善進歩に資するため、支部……及び会員に対する指導、連絡及び監督に関する事務を行う」と法定されている税理士会の目的（税理士法49Ⅵ）の範囲外の行為であり、寄付のための特別会費を徴収する旨の決議は無効とされる（❹）。目的の範囲を広く解するとこうした公的な目的の達成が妨げられること、脱退の自由が実質的に保障されていない税理士会で政治献金を多数決原理で決することは会員の思想・信条の自由を不当に侵害すること、による（なお、寄付が常に目的の範囲外とされるとは限らない。税理士会と同様の性格をもつ司法書士会に関する❺を参照）。したがって、Gは納入義務を負わない。

[野々上敬介]

11 法人の代表

　Aは、甲大学出身者の同窓会団体であるが、同窓会館の所有と寄付金集めの便宜のために、法人格を取得して一般社団法人となった。Aには、理事10名からなる理事会が設置されており、理事長（理事の中で、唯一、代表権をもつ）にはBが就任している。Aの会員数は3000名を超えるが、Cもその1人である。

(1)　Aは、同窓会館の建設準備のため、銀行Dから1000万円を借り入れることを、理事会で決議した。翌日、Bは、Dに赴いて融資を依頼し、金銭消費貸借契約書に「A一般社団法人理事長B」という署名・押印をして、1000万円を受け取った。

　5年後に返済期日が到来したが、Aは、株価の暴落によって金融資産が大幅に目減りしたため無資力となっていた。この場合に、Dは、B、Cに対して、何らかの請求をすることができるか。

(2)　Bは、執務中、Aの事務局で働いているアルバイトEを理事長室に呼び付け、悪質なセクハラ行為をした。Eは、B、Aに対して、不法行為による損害賠償（慰謝料）を請求することができるか。

　Bが、自宅からAに出勤する途中の満員電車で、乗客Fに対して痴漢行為をした場合（Fの慰謝料請求）は、どうか。

▶▶解説

1. Aは、理事会を置く一般社団法人であり、理事長Bは、一般法人法にいう代表理事（一般法人21 I 参照）として法人Aを代表する（一般法人90 II ③・III・77 I 但）。法人の代表者（代表理事）は、代表機関として法人の対外的活動を担うところ（一般法人77、会社349）、法人の法律行為については代理の方法が用いられる。この場合の法律関係は、代理権が包括的であること（一般法人77 IV、会社349 IV）を除き、通常の代理の場合と同じになる。

設例では、代表理事Bが、「A一般社団法人理事長」の肩書きで、Aのためにすることを示して法律行為をした（1000万円の交付を受けた行為についても同様である）から、その行為の効果はAに帰属し（99 I）、Aにおいて金銭消費貸借契約が成立する。なお、Bの行為は、必要とされる理事会の決議（一般法人90 IV ②）も得ていた。

したがって、Dに対してはAが借入金返還債務を負い、Aの財産がこの債務の引当てとなる。もっとも、現在Aは無資力になっており、Dは貸金全額の回収を期待しがたい。他方、B個人は、Dに対して何らの債務も負わず、Aの会員C（一般法人法にいう社員）も同様である。また、法人Aが無資力であるからといって、その債務について法人の社員Cが個人財産で責任を負う（Dから強制執行を受ける）ことにもならない。

2. 法人の代表者が、その職務の遂行にあたり第三者の権利・法益を侵害した場合には、①代表者個人が709条による損害賠償責任を負うとともに、ⅱ法人にも、代表者の行為についての損害賠償責任が成立する（一般法人78、会社350）。ⅱは、他人の行為に対する責任という構造をもち、自己責任の原則から外れるが、被用者の不法行為について使用者が損害賠償責任を負う使用者責任（715）と並べて理解することができる。なお、法律行為の場合（前記**1.**）と異なり、ここでは、代表者個人の責任が法人の責任と併存することになる。

ⅱ代表者の行為についての法人の責任（一般法人78、会社350）は、当該行為が「職務を行うについて」されたことを要件とする。本問のEに対するセクハラ行為については、代表理事の職務との関連性が認められるから、Aの責任が成立し（一般法人78）、B個人の責任（709）と併存する。他方、Fに対する痴漢行為は、Bの職務とは無関係であるため、Aの責任が成立しない。　　　　[橋本佳幸]

12 　権利能力のない社団

　同窓会Aは、法人でない団体である。Aの会則では、会員の親睦にかかる
各種事業を遂行することがAの目的として掲げられ、また会員の入会・脱退
要件が定められている。さらに、年に1回総会を開催して、予算・決算の承
認や役員の選出、その他同窓会の重要事項の決定を会員の多数決によって行
うことや、会の対外的な行為は会長が会を代表して行うことが定められてい
た。

(1)　Aの目的遂行のための財産は、誰に帰属するか。
(2)　Aの会報の作成のため、現在Aの会長を務めるBが、Aを代表して印
刷業者Cに印刷を委託した。ところが、印刷代金の支払が滞ったため、C
は、Aの会員の1人であるDに、支払を請求した。Dはこれに応じなければ
ならないか。
(3)　Dの債権者であるEは、Aの目的遂行のための財産にDが持分権をも
つはずだとして、これを差し押さえることができるか。
(4)　Aの目的遂行の一環として、同窓会館として使用するために甲建物が
取得された。甲建物の登記は、誰の名義ですればよいか。A名義とすること
は可能か。

参考　❶最判昭和 32 年 11 月 14 日民集 11 巻 12 号 1943 頁
　　　　❷最判昭和 39 年 10 月 15 日民集 18 巻 8 号 1671 頁
　　　　❸最判昭和 47 年 6 月 2 日民集 26 巻 5 号 957 頁
　　　　❹最判昭和 48 年 10 月 9 日民集 27 巻 9 号 1129 頁

▶▶解説

1. 権利能力を有するのは、自然人（3Ⅰ）と法人（34）のみである。そのどちらでもないAは、権利の主体になりえない。会員の共同の目的にかかる財産は、Aの会員全員が共同で所有することになる。

2. 共同の事業を営むために形成された法人でない団体について、民法は組合の規定（667以下）を用意している。それに従うと、各組合員は、組合の債権者に対して、個人の財産で責任を負う（675Ⅱ）。これは、ほとんどの法人で、法人の債務につき構成員が個人の財産で責任を負わなくてよいことと対照的である。しかし、法人でない団体の中には、法人と変わらない実体を備えているものもあり、そうした団体はできるだけ実体に即して取り扱われるべきとの考慮から、判例上、組合と異なる法準則が形成されている。すなわち、団体としての組織を備え、多数決の原則が行われており、構成員の変更にもかかわらず団体そのものが存続することが予定されており、代表の方法、総会の運営、財産の管理その他団体としての主要な点が確定している団体（権利能力のない社団）の財産は、構成員全員に総有的に帰属する（❷）。そして、社団の代表者が社団の名においてした法律行為から生ずる債務も、構成員全員に総有的に帰属し、その責任財産となるのは社団の総有財産だけであって、構成員各自は、取引の相手方に対して直接に個人的債務ないし責任を負わない（❹）。Aは、権利能力のない社団の要件を充たしていると解されるので、DがCに対して個人の財産で責任を負う必要はない。

3. 権利能力のない社団の財産は、上述のとおり、構成員の全員に総有的に帰属し、各構成員はその財産に持分権をもたない（❶）。それゆえ、Dに持分権がない以上は、Eの差押えもありえないことになる。

4. 法人でない団体は不動産の所有者でないため、団体名義での登記はできない。本来であれば、所有者である構成員全員の名義で登記すべきことになる。しかしこの方法は、構成員の変動のたびごとに登記名義の変更が必要となるなど、事実上きわめて困難なことも多い。そこで、代表者の個人名義での登記が認められている（❸）。一方、代表者の肩書付の登記は認められていない。登記官は、申請された登記が実際の権利関係を反映しているか審査する権限がないため、このような登記を認めると、財産隠しなどに悪用されるおそれがあるためである。

［野々上敬介］

13　物

(1)　Aは甲建物を所有しており、そこにエアコン乙を設置した。Aは甲建物をBに売却し、新居に引っ越すことにしたが、新居にエアコンがないことに気づき、乙を取り外し、甲建物より運び出し、新居に取り付けた。甲建物への入居後、このことに気づいたBはAに対して、乙の引渡しを求めることができるか。

(2)　Cは、ポニー丙を所有している。Cは、6月15日に、丙を200万円でDに売却した。Dへの売却時、丙は妊娠をしており、その後、丙は仔馬丁を出産した。売買契約には、誕生後の仔馬の所有者について、特に定めがなかった。丁は、CとDのいずれに帰属するか。

(3)　(2)において、Cは動物ふれあい広場を経営するEに丙を月額30万円でレンタルしており、Dへの売却後も、その賃貸契約はDE間で継続することとなった。6月分の賃料30万円は、誰にどのような形で帰属するか。

参考　❶最判昭和44年3月28日民集23巻3号699頁
　　　❷大連判大正8年3月15日民録25輯473頁

▶▶解説

1. 物の所有者がある物Xの常用に供するために、Xに自己の所有に属する別の物Yを付属させた場合、Yを従物（87 I）、Xを主物という。従物は、主物に付属してその経済的効用を高める物であるが、主物の一部または構成物になるのではなく、物としての独立性は保っている。例えば、石灯篭や取り外しのできる庭石は、宅地の従物であるとされる（❶）。そして、従物は主物の処分に従うと定められている（87 II）。従物は主物に付属した状態で、一体となってその効用を発揮することが期待されるものであり、主物の処分は、従物によって効用が高められた状態のままで行われるのが当事者の通常の意思であると考えられるからである。また、抵当権設定時に存在する従物には、主物である不動産に対する抵当権の効力が及ぶとされる（❶❷）（項目 58 も参照）。

設例において、甲建物の室内に設置されたエアコン乙は、当初はAの所有物であり、同じくAが所有する甲に付属し、その建物としての効用を高めているといえるが、取り外しが可能であり独立性は維持されており、甲建物の従物である。したがって、甲がAからBに譲渡されたことで、乙も主物である甲とともにBに帰属するということになる。よって、Bは乙の所有者であることから、BはAに対して乙の引渡しを求めることができる。もっとも、87条2項は任意規定であることから、当事者間に特約が存在する場合には、それに従う。

2. ある物から生じる経済的利益を果実といい、果実を生じさせる物を元物という。果実には、天然果実と法定果実の2種類があり（88）、両者は、その帰属の方法が異なる。

設例の仔馬丁は、天然果実（88 I）である。天然果実は、当事者の別段の合意がない場合は、元物から分離する時に、それを収取する権利を有する者に帰属する（89 I）。元物についての法律関係にもよるが、収取権者は、原則として所有権者であるとされる。したがって、設例では、別段の合意がないことから、丁が誕生し、元物である丙から分離する時点で丙を所有しているDに丁は帰属する。

3. 賃料は、物を他人に使用させた対価として受け取る金銭であることから、法定果実（88 II）である。当事者の同意がない場合は、収取する権利の存続期間に応じて、日割計算により取得することになる（89 II）。設例では、CからDへ丙の所有権が移転した6月15日を基準に日割計算をし、CとDが15万円ずつ取得することになる。

[**石綿はる美**]

14 法律行為の解釈

　Aは、Bに対して、「ワイン 10 ダースを 50 万円で購入したい」という申込みを行い、Bはこれを承諾した。その際、AとBの間で、ワインの引渡しは、1 週間後にAの倉庫で行う旨の合意がされたが、代金の支払時期については何の合意もされなかった。

(1)　AもBも、1 ダースを 10 本と考えていた場合、AとBの間では、何本のワインを 50 万円で売買するという契約が成立することになるか（一般的な理解によれば、1 ダースは 12 本を意味する）。
(2)　Aが、1 ダースを 12 本と考えていたのに対し、Bは、1 ダースを 10 本と考えていた場合はどうか。
(3)　AB 間の契約において、Aは、Bに対して、売買代金 50 万円をいつ支払うべきものとされるか。仮に、AとBの属する地域において、ワインの取引について、代金の支払期日をワインの引渡しの 1 週間後とするという慣習があった場合にはどうか。

参考　❶大判大正 3 年 10 月 27 日民録 20 輯 818 頁

▶▶解説

1. 設例においては、ＡＢ間で行われた「10 ダース」という表示の意味内容がどのように解釈されるかが問題となる。

(1)では、ＡもＢも、「1 ダース＝10 本」と考え、「10 ダース」という表示が100本を意味するものと理解している。これは、この表示の客観的意味（＝120 本）とは異なっている。しかし、そのような場合にも、表示の客観的意味ではなく、当事者が一致して理解する意味に従って、「100 本のワインを売買する」という契約が成立すると考えるのが一般的である。表示の意味の理解について当事者に一致がある以上は、その一致した意味に従うのが私的自治の原則に適うからである。

2. **(2)**では、「10 ダース」という表示について、Ａの理解（＝120 本）とＢの理解（＝100 本）が食い違っている。この場合の表示の解釈方法については、⒤その表示の客観的意味を基準とする考え方（客観的解釈説）と、⒤⒤当事者がその表示に付与した意味のうち正当と考えられるほうの意味を基準とする考え方（付与意味基準説）がある。⒤によれば、「10 ダース」という表示は、その客観的意味である120 本と解釈される。⒤⒤によっても、当事者間に特別の事情がない限り、一般的な理解に従ってＡが付与した120 本という意味が正当と認められ、これに従うことになる。したがって、ここでは、いずれにしても、通常は、「120 本のワインを売買する」という内容の契約が成立することになる。

もっとも、その場合には、Ｂに表示錯誤が認められることになるため、95 条による取消しが認められるかどうかが別途問題となる。

3. 売買代金の支払時期については、当事者による明示の合意がない場合に備えて、573 条が、任意規定としてその規律を定めている。それによれば、代金の支払についても、目的物の引渡しの期限と同一の期限を付したものと推定される。そのため、別段の合意をしていない限り、Ａは、ワインの引渡しと同じ時期に代金を支払うべきことになる。

もっとも、設例後段のような慣習がある場合、その慣習によって契約をするのが通常であるときには、反対の意思が表示されない限り、当事者はこれによる意思を有するものと推定される（❶）。この場合には、92 条により、上記の任意規定ではなく、その慣習に従うことになる。したがって、Ａは、ワインの引渡しから1 週間後に代金を支払うべきことになる。　　　　　　　　　　　　　　　［田中　洋］

15 公序良俗違反、法令違反

　Aは、友人Bの誘いで、Cが主催する賭け麻雀に参加することになった。そこで、手持ちの資金が少なかったAは、賭け麻雀の資金とすることを目的として（その旨をBに告げて）、Bから30万円を借り受けた。ところが、賭け麻雀の当日、Aは、Cに大きく負けてしまい、その負け分は60万円にものぼった。Aは、その日のうちに、Cに対し、Bから借りた30万円と自分で用意した10万円を支払った。また、残り20万円の負け分については、後日支払うこととされた。

(1)　Cは、Aに対して、残りの負け分である20万円の支払を請求することができるか。
(2)　Aは、Cに対して、負け分としてすでに支払った40万円の返還を請求することができるか。
(3)　Bは、Aに対して、貸し付けた30万円の返還を請求することができるか。

参考　❶最大判昭和25年11月22日刑集4巻11号2380頁
　　　❷最判昭和61年9月4日判時1215号47頁

▶▶解説

1. CのAに対する20万円の支払請求は、賭け麻雀をする契約に基づくものである。このような契約は効力を有するだろうか。

　賭け麻雀は、刑法上の「賭博」に当たり、犯罪として処罰の対象とされている（刑185以下）。このように賭博が刑法上の犯罪とされているのは、賭博が国民に「怠惰浪費の弊風」を生じさせ、「健康で文化的な社会の基礎を成す勤労の美風」を害し、ひいては暴行・脅迫等の「副次的犯罪を誘発し又は国民経済の機能に重大な障害を与える恐れすらある」からであるとされる（❶）。

　こうした賭博行為は、刑法上の犯罪を構成するとともに、民法上も公序良俗に反する法律行為として無効とされる（90）。賭博をする契約を有効とすると、賭博行為を助長することになり、刑法が賭博を規制した目的を達することができないからである。こうして、AとCが締結した賭け麻雀の契約も、公序良俗に反し無効となる。したがって、この契約に基づくCのAに対する20万円の支払請求は認められない。

2. AC間の賭け麻雀の契約が無効であるとすると、Aは、Cに対して、無効な契約に基づいて支払った40万円の返還を請求することができるようにも思える（121の2Ⅰ参照）。しかし、「不法な原因」のために給付をした者は、その給付をしたものの返還を請求することができないとされている（708）。ここでも、AがCに40万円を支払ったのは、Aが自ら行った賭博行為という「不法な原因」に基づくものであった。そのため、Aは、Cに対し、すでに支払った40万円の返還を請求することはできない。

3. BのAに対する30万円の支払請求は、消費貸借契約に基づくものである。この契約の内容は、金銭を貸与するというものであって、上述した賭博をする契約とは異なり、その内容自体が不法であるわけではない。しかし、そうした契約でも、その動機に不法性が認められる場合には、公序良俗に反し無効とされることがある。例えば、「貸与される金銭が賭博の用に供されるものであることを知ってする金銭消費貸借契約は公序良俗に違反し無効である」とされる（❷）。これによれば、BA間の消費貸借契約は、賭け麻雀の資金とすることを知ってされたものであるため、公序良俗に反して無効となる。そのため、この消費貸借契約に基づくBの請求は認められない。

[田中　洋]

16 心裡留保、虚偽表示と第三者

　次の場合に、Aは、Cに対して、所有権に基づいて、それぞれ自動車甲または乙土地の返還を請求した。この請求は認められるか。

(1)　Aは、自己所有の甲をしばらく友人のBに預けていたところ、Bから甲を売ってほしいとの申出を受けた。甲を気に入っていたAは、売るつもりがなかったにもかかわらず、Bに対して、冗談で「500万円なら甲を売ってやる」と述べたところ、Bはこれを承諾した。その後、Bは、事情を知らないCに対し、「甲はAから買い受けたものである」旨を説明して、甲を600万円でCに売却する旨の契約を締結し、甲をCに引き渡した。

(2)　Aは、自己所有の乙土地について、債権者Dの差押えを免れるために、友人のBと相談し、乙土地の登記名義だけをBに移転しておくことを合意した。そこで、AとBは、乙土地について仮装の売買契約書を作成し、売買を原因とするAからBへの所有権移転登記手続を行った。その後、借金に困っていたBは、乙土地の登記が自己名義になっていることを利用し、事情を知らないCに対して、乙土地を2000万円で売却する旨の契約を締結し、その旨の所有権移転登記手続をするとともに、乙土地をCに引き渡した。

▶▶解説

1. Aの請求が認められるためには、Aが甲の所有権を有していることが必要である。そこで、Aが甲の所有権を有しているかが問題となる。

Aは、Bに対し、Aが所有する甲を500万円で売却する旨の意思表示をし、Bがこれを承諾していることから、AB間で、甲の売買契約が成立している。しかし、このAの意思表示は、冗談によるものであって、真意によるものではない。この場合、Bが、Aの意思表示が真意ではないことを知り、または知ることができたときは、Aの意思表示は無効とされる（93Ⅰ但）。そうすると、AB間の甲の売買契約も無効となり、甲の所有権は、Bに移転することなく、Aにとどまるはずである。

しかし、こうした場合にも、上記の意思表示の無効は、「善意の第三者」に対抗することができない（93Ⅱ）。Bから甲を購入したCは、ここにいう「第三者」に当たり、Cが善意であれば、Aは、Cに対して、AB間の売買契約が無効であると主張することができない。その結果、Cとの関係では、AB間の売買契約は無効とは扱われず、Aは、売買契約により甲の所有権を失ったものとされる。これにより、Aは甲の所有権を有しないとされる以上、甲の所有権に基づくAの請求は認められない。

2. Aの請求が認められるためには、Aが乙土地の所有権を有していることが必要である。そこで、Aが乙土地の所有権を有しているかが問題となる。

ここでも、Aの所有する乙土地について、AB間で売買契約が成立している（行為の外形上、売買契約の成立が認められる）。しかし、これは、AとBが相通じてした仮装の売買契約であり、通謀虚偽表示として無効である（94Ⅰ）。そうすると、乙土地の所有権は、Bに移転することなく、Aにとどまるはずである。

しかし、上記の意思表示の無効は、「善意の第三者」に対抗することができない（94Ⅱ）。Bから乙土地を購入したCは、ここにいう「第三者」に当たり、Cが善意であれば、Aは、Cに対して、AB間の売買契約が無効であると主張することができない。その結果、Cとの関係では、AB間の売買契約は無効とは扱われず、Aは、売買契約により乙土地の所有権を失ったものとされる。これにより、Aは乙土地の所有権を有しないとされる以上、乙土地の所有権に基づくAの請求は認められない。

[田中　洋]

17 94条2項類推適用

次の各場合に、Aは、Cに対して、所有権に基づいて、甲土地についてAへの所有権移転登記手続を請求した。この請求は認められるか。

(1) Aは、債権者Gの差押えを免れるために、自己所有の甲土地の登記名義を息子のB名義にしておこうと考え、Bに無断で、AB間の甲土地の売買契約書を作成し、甲土地について売買を原因とするAからBへの所有権移転登記手続を行った。その後、甲土地の登記が自己名義となっていることを知ったBは、事情を知らないCに対し、甲土地を2000万円で売却し、その旨の所有権移転登記手続を行った。

(2) Aは、甲土地を所有していたが、借金で困っていた息子のBが、Aに無断で、Aの自宅から甲土地に関する書類やAの実印等を持ち出し、これを用いて、甲土地について売買を原因とするAからBへの所有権移転登記手続を行った。その後、Aの知らないうちに、Bは、事情を知らないCに対し、甲土地を2000万円で売却して、その旨の所有権移転登記手続を行った。

| **参考** ❶最判昭和45年7月24日民集24巻7号1116頁

▶▶解説

1. Aの請求が認められるためには、Aが甲土地の所有権を有していることが必要である。**(1)**では、Aは、Bに無断で、自己の所有する甲土地の登記名義をBに移転しているものの、AB間に甲土地の所有権が移転する原因（売買契約など）は存在せず、甲土地の所有権は、なおAに帰属したままである。したがって、所有権に基づくAの請求は認められるのが原則である。

　もっとも、設例の状況は、94条2項が想定する状況に類似している。確かに、ここでは、AB間に通謀虚偽表示が存在しない（通謀も意思表示も存在しない）ことから、この規定を直接適用することはできない。しかし、94条2項の趣旨は、ⓘ虚偽の外観が存在する場合に、ⓘその外観の作出について真正権利者の帰責性（意識的関与）が認められるときには、ⓘその外観を信頼した善意の第三者を保護するというものである。そこで、判例は、上記の趣旨が妥当する場合に、94条2項の類推適用により、善意の第三者の保護を図ってきている（**❶**）。

　本問でも、ⓘB名義の不実の登記という、甲土地の所有権をBが取得したかのような虚偽の外観が存在し、ⓘその外観は、甲土地の所有者Aによって意識的に作出されている。そして、ⓘCが善意でBから甲土地を購入していることから、94条2項の類推適用により、Aは、Cに対して、甲土地の所有権をBが取得していないとは主張できない。その結果、Cとの関係では、あたかもBが甲土地の所有権を取得した（それに対応してAが所有権を失った）かのように扱われ、所有権に基づくAの請求は認められないことになる。

2. Aの請求が認められるためには、Aが甲土地の所有権を有していることが必要である。**(2)**では、Bは、Aに無断で、Aの所有する甲土地の登記名義をBに移転しているものの、甲土地の所有権は、なおAに帰属したままである。

　確かに、ここでも、**(1)**と同様に、ⓘB名義の不実の登記という虚偽の外観が存在し、ⓘCが善意でBから甲土地を購入している。しかし、ここでは、ⓘ甲土地の登記名義をBに移転したのはBであり、虚偽の外観の作出につき真正権利者Aの帰責性（意識的関与）は認められない。したがって、94条2項の類推適用は認められず、原則どおり、所有権に基づくAの請求が認められることになる。

［田中　洋］

18 錯誤

　Ａは中古自動車販売業者Ｂが運営する中古自動車販売サイトで以前から購入したいと思っていた「ロック」（２年前のモデル。走行距離２万キロ）が販売されているのを知り、早速Ｂとの間で「ロック」の売買契約を締結した。

(1)　サイト上ではロックの価格が 200,000 円となっていたが、これはＢの記載ミスであり、実際は 2,000,000 円であった。ＢはＡに対して本件契約の取消しを主張することができるか。
(2)　Ａは、サイトで販売されている「ロック」が２年前に発売されていた限定モデルであると思っており、以前からこの限定モデルを購入したいと考えていたことから早速売買契約を締結したが、実際には限定モデルではなく通常モデルの「ロック」であった。Ａは、Ｂに対して本件契約の取消しを主張することができるか。

参考　❶大判大正 3 年 12 月 15 日民録 20 輯 1101 頁
　　　❷大判大正 6 年 2 月 24 日民録 23 輯 284 頁
　　　❸最判平成元年 9 月 14 日家月 41 巻 11 号 75 頁
　　　❹最判平成 28 年 1 月 12 日民集 70 巻 1 号 1 頁

▶▶解説

1. 錯誤には「表示錯誤」と「動機錯誤」の2種類がある。

「表示錯誤」には、書き間違い等、表示行為自体の錯誤と、例えばドルとポンドが同価値であると思い込んで1万ポンドで売ると言うつもりで1万ドルと言った場合のような「表示行為の意味に関する錯誤」がある。**(1)** ではBには「2,000,000円で」「ロック」を売る効果意思はあるが、それに対応する表示行為は「200,000円で」売るというものであり、95条1項1号の「意思表示に対応する意思を欠く錯誤」に当たる。この場合、Bは、その錯誤が法律行為の目的および取引上の社会通念に照らして重要なものであるときには、同号によって取り消すことができる。売主であるBにとって「ロック」の価格についての錯誤は法律行為の目的および取引上の社会通念に照らして重要なものである。ただしBが錯誤に陥ったことにつき重大な過失がないことが要件となる（95Ⅲ）。Bによる価格の記載間違いは重大な過失による錯誤であると考えられ、相手方であるAがBに錯誤があることについて悪意または重過失があったというのでない限り（同Ⅲ①）、Bは本件契約を取り消すことができない。

2. これに対して、動機錯誤も動機が表示されて意思表示の内容となった場合には、例外的に法律行為の要素となるというのが平成29年民法改正前の判例および通説である（❶）。もっとも、判例では主観的な動機よりはむしろ目的物の品質・性状についての錯誤が問題となっていることが多く（❷）、また、動機の表示よりもそれが法律行為の内容となっていることが重視されている（❸❹）。そこで、95条1項2号は「表意者が法律行為の基礎とした事情についてのその認識が真実に反する錯誤」に基づく意思表示は、その錯誤が法律行為の目的および取引上の社会通念に照らして重要なものであるときは取り消すことができると定めている。この場合、当該事情が法律行為の基礎とされているとの表意者の認識が相手方に了解され、法律行為の内容となっていることが必要である（95Ⅱ）。**(2)** では、「ロック」が限定モデル車であることが本件契約の基礎となっており、その旨の表意者Aの認識がBに了解されて契約内容となっていた場合、かつ、その錯誤がAの契約締結目的に照らして重要であるときには、その錯誤がAの重過失によるものではない限り（95Ⅲ。ただし、同Ⅲ各号に注意）、本件契約を取り消すことができる。

［大澤　彩］

19 詐欺、強迫

(1) A（80歳）は、不動産業者Bの提案に応じて自己が所有する甲土地を1000万円で売却した。しかし、実際には数年後に甲土地の近隣が再開発されることに伴い、甲土地の価格が現時点でも4000万円を下回ることはないにもかかわらず、Bが、Aにこの点を告げることなく、Aが土地の取引に不慣れである点や認知症で判断力が低下していることにつけ込んで1000万円で売却させたというものであった。Aは、Bとの間で締結した甲土地の売買契約を取り消すことができるか。

(2) C（60歳）が自宅にいたところ、骨董品業者と名乗るDが突然自宅を訪ねてきて、「この壺を今すぐ購入しないとひどい目に遭わせるぞ」「買ってくれるまで帰らないからな」と言って、壺の購入契約の締結を迫ってきた。Cは何度も断ったが、そのたびに「ひどい目に遭わせる」と言われ、また、Dが5時間にわたり勧誘を続け、一向に帰ってくれないため、怖くなって本件壺の売買契約を締結した。Cは、本件売買契約を取り消すことができるだろうか。

参考 ❶大判大正6年9月6日民録23輯1319頁
❷最判昭和33年7月1日民集12巻11号1601頁

▶▶解説

1. **(1)** では、BがAをだまして甲土地を売却させた点が96条1項の詐欺に当たるか否かが問題となる（錯誤や消契法4条1項該当性も問題となる。項目**20**参照）。詐欺の要件は、①詐欺者に相手方をだまして錯誤に陥らせる故意と、その錯誤によって意思表示をさせるという二段の故意があること（**❶**）、ⅱ社会的に許される限度を超えた違法な欺罔行為の存在、ⅲ違法行為による意思表示（因果関係）である。**(1)** では甲土地の価値が4000万円を下回らないという点をBが故意に告げなかったのであれば①を充たす。また、ⅱについては相当に悪質な行為でなければならず、相手方が錯誤に陥っているのに沈黙して勧誘を続けた程度であれば詐欺は認められないが、信義則上、相手方に対して説明すべき義務があるとされる内容を説明しなかった場合には沈黙による詐欺として、ⅱの要件を充たす。**(1)** では、実際には甲土地の価格は現時点でも4000万円を下回ることはないことを不動産の専門家であるBはAに信義則上説明する義務があることから、ⅱの要件を充たす。また、**(1)** ではAの判断力の低下につけ込んでいる点や、実際の土地の価格の4分の1という低額で買い取っている点からも悪質な行為であるといえる（ⅲ）。

2. **(2)** のように一方当事者が相手方に恐怖心を抱かせて契約をさせた場合には、害悪を告げることで違法に相手方を畏怖させ、一定の意思表示をさせる強迫（96Ⅰ）に当たりうる。

強迫の要件は、①強迫者の故意、ⅱ社会的に許される限度を超えた違法な強迫行為、ⅲ強迫行為による表意者の畏怖（恐怖心）の発生、ⅳ畏怖による意思表示（因果関係）である。明示・黙示に告げられた害悪の客観的重大性の有無を問わず、これによって表意者が畏怖させられた結果、意思表示をなしたという関係が主観的に存在すればよく、表意者の自由な意思決定が完全に奪われ抗拒不能となる必要はない（**❷**）。

(2) では、DがCに恐怖心を感じさせて壺を買わせようという故意に基づいて、執拗に「ひどい目に遭わせる」といった言葉をCに浴びせ、Cがそれによって恐怖心を感じて本件契約を締結したのであれば、本件売買契約の取消しが認められる。例えば、恐怖心を覚えさせるような言葉は発していないが数時間にわたって契約相手方の自宅から帰らずに勧誘を続けたというだけでは強迫は認められにくいが、消費者契約法4条3項1号に基づく取消しが可能となる。　　　［**大澤　彩**］

20 消費者契約法の規定による取消し

　Aは、B不動産会社が販売するマンションの1室（以下、「本件マンション」という）を自己の居住用として購入することにした。マンションからの眺望・採光の良さをマンション購入にあたって重視していたAは、Bが口頭やパンフレットの中で本件マンションの眺望・採光が良好である旨を説明していたため、本件マンションを購入することにした。ところが、実際には本件マンションの南側隣地に、本件マンション完成直後に本件マンションより高層のマンションが建設されることになっており、それによって本件マンションの眺望・採光が妨げられることは確実であった。本件契約後にこの事実を知ったAは、Bとの間の契約を取り消すことができるか。

▶▶解説

　まず、本問ではAの意思表示が錯誤に当たるか、および、Bの勧誘態様が96条の詐欺に当たるかも問題となるが、この点は割愛する。

　本問ではAが自己の居住用マンションを購入している「消費者」であることから、消費者契約法による解決を模索することが考えられる（消契２Ⅰ）。

　Bが本件マンションの眺望・採光の良さというAの利益となる旨を告げながら、本件マンションの眺望・採光が将来妨げられるというAにとって不利益となる事実を「故意」（当該事実が当該消費者の不利益となるものであることを知っており、かつ、当該消費者が当該事実を認識していないことを知っていながら、あえて）、または、故意に著しく近い「重大な過失によって」告げなかったということになれば、Aは消費者契約法４条２項の不利益事実の不告知に基づく本件契約の取消しを行うことができる。

　また、不実告知（消契４Ⅰ①）による取消しも考えられる。本問では実際には眺望・採光が妨げられるという事実とは異なる「眺望・採光が良好である」という言葉を用いて消費者を勧誘しているからである。不実告知の場合、民法の詐欺とは異なり、事業者が真実ではないことについて認識を有している必要はなく、また、それについて過失がなくてもよい。

　不実告知および不利益事実の不告知の対象は「重要事項」、すなわち、消費者契約法４条５項１号・２号に列挙されている当該契約の目的物の質、用途、対価、その他の取引条件であって、「消費者の当該消費者契約を締結するか否かについての判断に通常影響を及ぼすべきもの」、または同３号に列挙されている消費者契約の目的となるものが当該消費者の生命等重要な利益についての「損害又は危険を回避するために通常必要であると判断された事情」でなければならない。本問では本件マンションの眺望・採光の良好性が、一般的・平均的な消費者からみて当該消費者契約を締結するか否かについて、その判断を左右すると客観的に考えられるような、本件目的物の質に当たるのであれば、同法４条５項の「重要事項」に当たる。すなわち、本件マンションの眺望・採光の良好性がマンションの価格上昇にも結びつくような本件目的物の「質」に当たり、かつ、本件マンションの立地等を考慮して本件マンションを購入する一般的・平均的消費者からみて眺望・採光の良好性が契約締結をするか否かにあたって重要な要素となっているのであれば、「重要事項」に当たる。

[大澤　彩]

21 取消しと第三者

(1) 公務員であるＡは、所有していた絵画甲を、著名画家の作品の模写であると信じて、画商Ｂに10万円で売り渡した。その後、Ｂは、甲をＣに売り渡した。さらにその後に、甲は著名画家の真筆であることが判明し、Ａは、その価値が5000万円を下らないことを知った。

　Ｂが、契約締結の前に、甲を著名画家の真筆と知りながらＡを誤信させるため、よくできた模写であるとＡに告げていた場合、Ａは、Ｃに対し、甲の返還を請求することができるか。ＡもＢも、当初から甲を模写であることを疑わず、契約に至っていた場合はどうか。

(2) Ｄは、所有していた5000万円相当の価値のある乙土地を、Ｅに対し、1000万円で売り渡した。その後、Ｅは、乙土地を、Ｆに5000万円で売り渡した。

　Ｄは、Ｆに対し、乙土地の返還を請求することができるか。ＤとＥとの間の売買契約が、ＥのＤに対する違法な脅迫により締結されていた場合はどうか。ＤがＥの強圧的な態度によって畏怖したためＥとの間で契約を締結したが、Ｅの態度に違法性が認められない場合はどうか。

| **参考** 　❶大判昭和11年11月21日民集15巻2072頁

▶▶解説

1. Aは、Cに対し、所有権に基づいて甲の返還を請求することになる。そのためには、ＡＢ間の契約の無効が認められる必要がある。

　設例前段のBが甲を真筆と知りつつ模写であるとAに告げていた場合には、Aは、その無効を根拠づけるために、詐欺（96 I）または消費者契約法上の不実告知（同法４Ｉ①）を理由に売却の意思表示を取り消すことが考えられる。もっとも、本問では、設例後段のようにBの側に非難されるべき事情がなくても、Aは、95条1項2号により売却の意思表示を取り消すことができると考えられ、この取消しができることは設例前段でも同じである。そして、これらいずれの理由による取消しも、善意無過失の第三者に対抗することができない点で共通している（95 Ⅳ・96 Ⅲ、消契４Ⅵ）。善意無過失の対象となる事実は異なるが、Bの詐欺または不実告知を知り、または知ることができたCは、Aの意思表示が95条1項の錯誤によるものであることを知り、または知ることができたはずである。したがって、Aにとっては、設例前段の場合も、Bの態度と自己の意思表示との関係につき主張立証を要しない点で、錯誤取消しを主張することに合理性がある。このときには、Aの請求は、Cが善意無過失であるときは認められず、そうでないときは認められる（95 Ⅳ）。

2. Dは、Fに対し、所有権に基づいて乙土地の返還を請求することになり、そのためには、ＤＥ間の契約の無効が認められる必要がある。

　ＤＥ間の契約がEの違法な脅迫により締結されていた場合には、Dは、強迫を理由に売却の意思表示を取り消す（96 I）ことが考えられる。この取消しについて第三者への対抗を制限する規定はないため、Dの請求は認められる。

　Eが強圧的態度をとったものの違法性が認められないときは、強迫を理由とする取消しは認められない（❶参照）。ただ、Dは、畏怖のゆえに、自ら欲しないことを知りつつ意思表示をしているから、Dの意思表示は、「真意ではないことを知って」（93 I本）されたものであるとみることもできると思われる。そうであれば、Dの意思表示は、Eがその意思表示はDの「真意」でないことを知っていたとき、または知ることができたときは、無効となる（同Ｉ但）。この場合、本問のDの請求は、Fが善意であるときは認められず（93 Ⅱ）、そうでないときは認められる。

[佐久間毅]

22 代理の要件および効果

　Aは、Bから、Cが所有する絵画甲をBに代わって購入するようにと代理権を授与され、Cとの間で甲の売買契約（以下、「本件契約」という）を結んだ。Aは、本件契約を結ぶにあたり、Bに代わって行為していることをCに告げており、契約書の買主欄にも「B代理人A」と記入していた。

(1)　Cは、Bに対して、代金の支払を請求することができるか。

(2)　Aは、Bの代理人として本件契約を結ぶつもりであったものの、設例と異なり、そのことをCに告げておらず、契約書の買主欄にも「A」とのみ記入していたとする。この場合に、CがAに対して代金の支払を請求したとき、Aはこれを拒むことができるか。

(3)　本件契約のCの意思表示は心裡留保によるものであり、Aはその事実につき善意無過失であったが、Bは悪意であった。この場合、Bは、Cに対して、甲の引渡しを請求することができるか。

(4)　本件契約は、CがAから詐欺を受けて結ばれたものであった。この場合、Cは、本件契約を詐欺により取り消すことができるか。

| 参考 | ❶大判明治 39 年 3 月 31 日民録 12 輯 492 頁 |

▶▶解説

1. 現実に意思表示をした者（代理人）が、自身とは別の者（本人）にその意思表示の効果が帰属することを示し（これを顕名という）、かつ、本人に代わってその意思表示をする資格（代理権）を有していたときは、その意思表示から生じる法律効果は全て直接に本人に帰属する（99 I）。Aの意思表示はこれらを充たすため、Cの請求は認められる。

2. 代理人が顕名をせずにした意思表示は、代理人自身の意思表示とみなされる（100本）。その意義は、代理人が本人への効果帰属を実際には欲していたとしても、その意思と表示の不一致を理由とする錯誤取消しの主張が封じられることにある。これは、意思表示の効果が代理人自身に生じると信じた相手方を保護するためである。それゆえ、実際には上記のような意思が代理人にあることを知っていたか知ることができた相手方は、こうした保護に値しないため、この場合にはその意思表示の効力は本人に生じる（同但）。Aは顕名をしていないため、AがBの代理人として行為することをCが知っていたか知ることができたのでない限り、Aは代金支払請求を拒むことができない。

3. 意思表示の効力が、意思表示の瑕疵や相手方の主観的態様によって影響を受けるべき場合、代理ではそれらの事情の存否は代理人について判断するのが原則である（101 I・II）。代理において現実に意思表示をするのは代理人だからである。ただし、特定の法律行為をすることを本人が代理人に委託した場合は、本人の主観的事情も顧慮される（同III）。Aは善意無過失であるが、甲の売買契約という特定の法律行為をAに委託したBの悪意が顧慮される結果、Cの意思表示は無効である（93 I但）。そのため、Bの請求は認められない。

4. 代理人の詐欺による相手方の意思表示の効力については、「代理人が相手方に対してした意思表示の効力」の問題ではなく、また、相手方の意思表示の効力が「意思表示を受けた者がある事情を知っていたこと又は知らなかったことにつき過失があったことによって影響を受けるべき場合」でもないため、101条1項・2項ともに適用されない（この場合に旧101条1項が適用されるとしていた❶の立場は、改正法で否定された）。Cの意思表示は、相手方の詐欺によるものとされ、96条1項により取り消すことができる。

［**野々上敬介**］

23 代理権の濫用、自己契約
および双方代理等

　Aは、多数の不動産を所有しているが、多忙を極めるようになったことから、所有する全ての不動産について包括的に管理・処分その他一切の行為に関する代理権をBに授与することとした。

(1)　Bは、A所有の甲建物を、Aを代理してB自身に売却し、所有権移転登記もされた。これに気づいたAは、Bに対して、この移転登記の抹消登記手続を請求した。この請求は認められるか。

(2)　Bは、自身がCに対して負っている債務を担保するために、Aを代理して、A所有の乙土地に抵当権を設定する契約をCとの間で結び、抵当権設定登記がされた。これに気づいたAは、Cに対して、この登記の抹消登記手続を請求した。この請求は認められるか。

(3)　Bは、借金の返済に苦しむようになり、A所有の不動産を売却して得た代金を借金の返済に充てることを考えた。そこでBは、A所有の丙土地を売却する契約をDとの間で結び、丙土地をDに引き渡すとともに、Dから受領した代金全額を、自己の借金の返済に充ててしまった。これに気づいたAは、Dに対して、丙土地の返還を請求した。この請求は認められるか。

| 参考 | ❶最判昭和 42 年 4 月 18 日民集 21 巻 3 号 671 頁 |

▶▶解説

1. 代理人のした行為が、客観的には代理権の範囲に含まれる場合でも、代理人自身がその行為の相手方となる場合（自己契約）や、その行為の相手方の代理人も兼ねる場合（双方代理）、その行為は無権代理行為とみなされる（108Ⅰ本）。自己契約・双方代理では、行為の内容を代理人が1人で決めることができるため、自己契約では本人の、双方代理ではいずれかの本人の利益が一方的に害される危険が定型的に大きく、本人への効果帰属を正当化し難いからである。ただし、債務の履行および本人があらかじめ許諾した行為については、この限りでない（同Ⅰ但）。Bの行為は自己契約に当たるため、Aの事前の許諾がない限り無権代理行為であり、BはAの請求を拒むことができない。

2. 108条1項本文には当たらないが代理人と本人との利益が相反する代理人の行為も、無権代理行為とみなされる（108Ⅱ本）。どのような行為が108条2項本文に該当するかは、その文言から一見して明らかというわけではない。もっとも、これと同趣旨の規定である826条について、同条にいう利益相反行為に当たるかどうかは当該行為の外形から客観的に判断される、とするのが判例（❶）・通説であることをふまえれば、ここでも同様に、外形的・客観的に判断することが考えられる。Bの行為は、外形的にみてAとの利益が相反するため、Aの事前の許諾がない限り（108Ⅱ但）、CはAの請求を拒むことができない。

3. 代理人が自己または第三者の利益を図る目的で代理権の範囲内の行為をすることを、代理権の濫用という。本人以外の者の利益を図るという点で代理権の濫用は本人に対する背信であり、これにより本人の利益が害されうる。そのため、本人が代理権濫用行為の効果帰属を免れる可能性も考えられてよい。他方で、代理権の濫用は客観的には代理権の範囲内の行為であり、代理人の意図を相手方が知ることは必ずしも容易でないため、本人への効果帰属が認められるはずだという相手方の信頼の保護を顧慮する必要もある。そこで、代理権濫用行為は、原則として本人に効果が帰属するが、相手方が代理人の目的を知り、または知ることができたときは、無権代理行為とみなされる（107）。Bの行為は代理権の濫用といえるので、この行為の効果を本人が引き受けなければならないかは、Bの背信的意図に対するDの主観的態様次第となる。

［**野々上敬介**］

24 無権代理の法律関係

　Aは、Bの代理人として、Cとの間で絵画甲を100万円で買い受ける契約を結んだ。ところが、Aは、Bのために絵画を買い受ける代理権を授与されていなかった。

(1)　この売買契約の効力はAにもBにも帰属しないのが原則である。それはなぜか。
(2)　Bは、契約の内容を確認したところ、さほど不利な契約でもないと考えたため、この契約の効力を引き受けてもよいと考えている。Bはどのような手段をとることができるか。また、このBの手段に関連して、Cはどのような手段をとることができるか。
(3)　Cには、Bの意向にかかわらず、Bに売買契約の効力を引き受けさせる手段はあるか。
(4)　Cには、Aに対して責任を追及する手段はあるか。

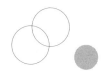

▶▶解説

1．代理人として行為をした者にその行為に対応する代理権がなかったときを無権代理といい、この行為者を無権代理人という。無権代理の場合、本人と相手方との間でも、また無権代理人と相手方との間でも、行為の効力は生じないのが原則である。本人との間で効力が生じないのは、代理人として行為した者に代理権がないからであり、無権代理人との間で効力が生じないのは、無権代理人と相手方の間の意思表示は無権代理人でなく本人に効力を生じさせることで合致しているからである。そのため、Cは、AにもBにも、契約の効力を主張することができない。

2．しかし、相手方に無権代理の危険を一方的に負担させるとすると、代理行為の相手方になることが避けられるようになり、ひいては代理制度が人々にとって利用しづらいものになりかねない。そこで民法は、無権代理をめぐる関係当事者の利害を調整する方策を講じている。まず、無権代理行為の効果を引き受けても構わないと本人が考えるのであれば、本人への効果帰属を認めて差し支えない。そこで、本人に、無権代理行為の効果を引き受ける資格（追認権。113）と、効果の不帰属を確定させうる資格（追認拒絶権）が認められている。一方、本人に追認権が認められる結果、本人の追認（拒絶）があるまで、無権代理行為の効力が本人に帰属するか否かが不確定となる。これは相手方にとって負担となりうることから、相手方にも、この不確定状態を解消する手段が認められている。追認するかどうかを決めるよう本人に催告する権利（114）と、本人が追認する前に無権代理による契約を取り消す権利（115 本。ただし、相手方は善意であることを要する〔同但〕）である。

3．相手方には、さらに一歩進めて、本人が追認するかにかかわらず、代理行為の効果が本人に帰属すると主張することが認められることもある。これが、本人の表見代理責任である（109 以下。項目 **25**、**26** も参照）。所定の要件が充たされるときは、Cは、Bに、代金の支払を請求することができる。

4．無権代理という事態が生じたのは、代理権のない者が代理人として行為をしたことが原因であるため、この者に責任を負わせることで相手方を保護する手段も考えられてよい。そこで、民法は、無権代理人の責任についても定めを置いている（117）。所定の要件が充たされるときは、Cは、Aに、履行責任または損害賠償責任を追及することができる。

［野々上敬介］

25 表見代理(1)

　Aは、Bの代理人と称するCとの間で、A所有の甲土地を3000万円で売却する契約を結んだ。しかし、Cは、この契約の締結時に、この契約に対応するBのための代理権を有していなかった。この場合において、以下の事情があるとき、Aは、Bに対して、売買代金の支払を請求することができるか。

(1)　Bは、これまでCと代理権の授与に関する合意をしたことはなかったが、Aに対して、「甲土地の買受けに関して、今後Cが私を代理して行うので、Cと交渉を進めて欲しい」と告げていた。
(2)　CはBから土地の購入に関する代理権を授与されているが、その代理権は甲土地とは別の乙土地の買受けに関するものであって、甲土地を買い受ける代理権は授与されていなかった。
(3)　BはCに甲土地を買い受ける代理権を授与し、実印・委任状・印鑑証明書を交付した。Cはこれらの書類をAに呈示して交渉を始めたが、その後Bは、甲土地の取得を不要と判断し、Cに今後は代理行為をしないよう申し入れ、Cもこれを了承した。ところが、それ以降もCはAとの交渉を続け、甲土地の売買契約が結ばれた。

参考　❶最判昭和35年2月19日民集14巻2号250頁
　　　　❷最判昭和35年12月27日民集14巻14号3234頁
　　　　❸最判昭和46年6月3日民集25巻4号455頁

▶▶解説

1. 任意代理権は、授与を目的とする授与者と被授与者との間の法律行為（代理権授与行為）によって授与されるところ、ＢＣ間で代理権授与行為はされていない。そのため、ＣがＢの代理人としてした行為は無権代理となる。しかし、本人は、自称代理人に代理権を与えたとの表示（代理権授与表示）を相手方にしていたときは、自称代理人がその表示された事項の範囲内でした行為の効果の引受けを拒めない（109Ⅰ本）。代理権を与えたと相手方に表示した以上、自分がした表示に責任を負うべきだと考えられるからである。ただし、相手方が代理権の不存在を知っていたか、過失によって知らなかったときは、責任を免れる（同Ⅰ但）。ＢはＡに対して、Ｃに代理権を与えたとの表示をしたといえるので、Ｂが請求を拒めるかどうかは、Ａの主観的態様次第となる。

2. Ｃの行為は授与された代理権の範囲外であり、無権代理となる。しかし、本人は、代理人がその権限（権限の意義には争いがあるが、判例によれば、代理権、かつ原則として私法上の代理権〔❶。例外につき❸〕）の範囲外の行為をした場合において、相手方が代理人の権限があると信ずべき正当な理由があるときは、その行為について責任を負う（110）。本人は自らの法律関係の形成を代理人に委ねていたのだから、その形成の過程で代理人の誤りによって生じた無権代理の危険は本人に負担させても不当とはいえないからである。設例のＢがＡの請求を拒めるかはＡに「正当な理由」があるかにかかり、判例によれば、代理権の存在を信じたことに過失がなかったかどうかで判断される（❷）。

3. 代理行為時に代理権は消滅している（651Ⅰ・111Ⅱ）ので、Ｃの行為は無権代理となる。しかし、消滅後にその代理権の範囲内で行為がされたときは、本人は、過去に存在した代理権がその行為の前に消滅したという事実を知らなかった相手方に対してその責任を負う（112Ⅰ本）。代理権の存在を前提にしてきた相手方がいる場合、消滅した代理権が存続しているとの誤認を解消する措置を本人は講ずるべきであり、それを怠った本人に責任を負わせても不当とはいえないからである。ただし、代理権消滅の事実を第三者が過失によって知らなかったときは、本人は責任を免れる（同Ⅰ但）。それゆえ、Ａが代理権の消滅につき善意無過失であれば、ＢはＡの請求を拒むことができない。

[野々上敬介]

26 表見代理(2)

　Aは、Bの代理人と称するCとの間で、A所有の甲土地を 3000 万円で売却する契約を結んだ。しかし、Cは無権代理人であった。この場合において、以下の事情があるとき、Aは、Bに対して、売買代金の支払を請求することができるか。

(1)　Bは、甲土地とは別のA所有の乙土地の買受けにつきCに代理権を授与していた。CはAと乙土地の売買の交渉を始めたが、その後Bは、Cに今後は代理行為をしないよう申し入れ、Cも了承した。その後Bが特段の措置をとらない間に、Cは「Bから、売買の対象を甲土地に切り替える可能性がないか探るよう指示された」とAに虚偽の事実を告げた。これを受けてAは目的物の変更に応じ、さらに交渉を重ねた結果、甲土地の売買契約が結ばれた。

(2)　Bは、これまでCとの間で代理権の授与に関する合意をしたことはなかったが、Aに対して、「乙土地の買受に関して、今後Cが私を代理して行うので、Cと交渉を進めてほしい」と告げていた。その後、Aと交渉に入ったCが、**(1)** と同様の虚偽の事実をAに告げた結果、甲土地の売買契約が結ばれた。

参考　❶大連判昭和 19 年 12 月 22 日民集 23 巻 626 頁
　　　　❷最判昭和 45 年 7 月 28 日民集 24 巻 7 号 1203 頁

▶▶解説

1. Cの行為は消滅前の代理権の範囲外のものである。これは消滅前の「代理権の範囲内」の行為ではないから、112条1項は適用できない。また、行為時には自称代理人に代理権がないから、110条も適用できない。しかし、この場合でも、代理権の消滅を相手方が知りえない状況が残っているときは、本人には、消滅した代理権が存続しているとの相手方の誤認を解消する措置を講ずるべきであるのにそれを怠ったという点で、表見代理責任を負わせるに足る帰責性が認められる。そこで、消滅した代理権の範囲外の行為についても、112条1項により本人が責任を負うべき場合（つまり、代理権の消滅につき相手方が善意無過失）において、実際にされた行為に対応する代理権が自称代理人にあると相手方が信ずべき正当な理由があるときは、本人はその責任を負う（112Ⅱ。「112条と110条の競合（重畳）適用」として旧法下で判例〔❶〕・学説上認められてきた法理を明文化したもの）。そこで、Aは、代理権の消滅についての善意無過失、および、Cが甲土地購入の代理権を有すると信じたことにつき正当な理由が認められるときは、Bに代金の支払を請求しうる。

2. Cの行為は、Bによる代理権授与表示で示された代理権の「範囲内」の行為でないため、109条1項は適用できない。また、CはBから代理権を授与されたことがないため、110条や112条も適用できない。しかし、Bには、Cに代理権があるとみられるような表示をしたという点で、表見代理責任を負わせるに足る帰責性が認められる。それゆえ、Cに甲土地購入の代理権があるとAが正当に信じたのであれば、Aは、Bとの間に有効な契約の成立が認められるというかたちで保護されることがありえてよい。そこで、代理権授与表示の範囲外の行為についても、109条1項により本人が責任を負う場合（つまり、代理権授与表示に示された代理権の不存在につき相手方が善意無過失）において、実際にされた行為に対応する代理権が自称代理人にあると相手方が信ずべき正当な理由があるときは、本人はその責任を負う（109Ⅱ。「109条と110条の競合（重畳）適用」として旧法下で判例〔❷〕・学説上認められてきた法理を明文化したもの）。そこで、Aは、以上の要件を充たす限りで、Bに代金の支払を請求しうる。

［野々上敬介］

27 　無権代理と相続

　Aは、Bの単独親権者である。Aは、自己のCに対する債務を担保するために、Bの代理人としてCとの間で、Bが所有する甲土地に抵当権を設定する契約（以下、「本件契約」という）を締結した。本件契約を原因として、抵当権設定登記（以下、「本件登記」という）がされた。

(1)　成年に達したBは、本件契約および本件登記がされたことを知り、Cに対し、本件登記の抹消登記手続を請求した。この請求は認められるか。
(2)　上記 **(1)** において、Bが成年に達する前にAが死亡し、BがAを単独で相続していた場合はどうか。
(3)　本件契約締結の当時、Bには、すでに成年に達している兄Dがいた。本件契約の締結後に、Aが死亡し、BとDがAを相続した。ついでBが死亡し、DがBを単独で相続した。Dが、Cに対し、本件登記の抹消登記手続を請求した。この請求は認められるか。

参考　❶大判大正 7 年 9 月 13 日民録 24 輯 1684 頁
　　　❷最判昭和 37 年 4 月 20 日民集 16 巻 4 号 955 頁
　　　❸最判昭和 40 年 6 月 18 日民集 19 巻 4 号 986 頁
　　　❹最判昭和 63 年 3 月 1 日判時 1312 号 92 頁

▶▶解説

1．親権者は、826条にいう利益相反行為については代理権を制限される。利益相反行為に当たるか否かは、判例上、親権者の意図や行為の目的等を考慮せず、当該行為の外形から客観的に判断される（❶）。本件契約は、抵当権の実行によりBが甲土地またはそこから得られる利益を失い、Aの債務が消滅することが外形上明らかであるため利益相反行為に該当し、Aの無権代理行為となる。Bは追認しておらず、CはAの代理権の制限を少なくとも知ることができたため、表見代理も成立しない。したがって、Bの請求は認められる。

2．Bは、Aを単独相続したことにより、117条1項による責任を負う地位を承継する。そのため、Aが本件契約時に代理権のないことを知っていた場合には、Cもそのことを知っていたのでなければ（117Ⅱ①・②）、Bは無権代理人の責任を負い、Cが履行責任を選択すれば、Bの請求は認められないことになりそうである。ただ、履行の内容が特定物の給付である場合には、無権代理の本人しか履行することができないため、この責任を認めることは本人を他の者に比べて不利に扱い、相手方に望外の利益を得させることになる。そこで、この場合には、本人は履行責任に応ずる必要がないとされている（他人物売買に関する❷参照）。

3．無権代理の本人が追認も追認拒絶もせずに死亡し、無権代理人がこれを単独で相続した場合、本人が自ら当該行為をしたのと同様の法律上の地位を生ずるとするのが判例である（❸）。これに対し、学説では、一般に、法律関係の承継という相続の一般的効果に即して、無権代理人も本人の地位を承継すると解されている。その上で、通説は、無権代理人が本人の立場で追認拒絶をすることは信義則上許されず、相手方が代理の効果を主張すれば認められるとする。

　無権代理人を相続した者が本人を単独相続した場合、無権代理人の地位にある者による本人単独相続となる。そこで判例は、この場合を無権代理人による本人単独相続のときと同様に扱う（❹）。これによれば、Dの請求は認められない。上記通説でも、追認拒絶を制限される地位の相続による承継を認めれば同様となる。これに対し、信義則による制限は無権代理人のみが受けると解するならば、Dは追認拒絶をすることができ、Dの請求の成否は117条1項の履行責任の成否次第となる。

[佐久間毅]

28　法律行為の無効

(1)　Aは妻Bがいるにもかかわらず、C女と不倫関係にあり、CはAとの間の子Dを出産した。AはDを自分とBの間に生まれた嫡出子として届け出た。この届出は有効か。

(2)　EはF旅行会社との間で「フランス8日間の旅」というパック旅行契約を締結したが、旅行出発日の1週間前に、旅行期間中どうしても仕事を休むことができないことから同契約を解約したところ、Fから「本件契約を解約した場合には解約時期を問わず、解約金として旅行代金の5割を支払うこと」という契約条項に基づいて旅行代金（20万円）の5割である10万円の支払を請求された。Eはこの請求に応じなければならないのか。

参考　❶最判昭和53年2月24日民集32巻1号110頁
　　　❷最判昭和50年4月8日民集29巻4号401頁

▶▶解説

1. ある行為が形式を欠くため無効とされるが、他の法律行為として生かしうる場合には、他の行為として生かすのが当事者の意図に合致するともいえる。これを無効行為の転換という。無効行為の転換が認められるためには、無効な行為と転換される行為とが同じ目的を有し、無効行為の代わりに他の行為を欲したと認められることが必要である。

　判例では、例えば、非嫡出子を妻の生んだ嫡出子として届け出た場合にその届出を認知の届出として認めたものがある（❶）。この判例によれば、**(1)** も認知の届出としての効力が認められる。その一方で、他人の子を自分の嫡出子であるとして届け出た場合に養子縁組としての効力があるかが争われた事案では転換が否定されている（❷）。また、明文で転換が認められていることもある（例えば、秘密証書遺言〔970〕の方式を備えていない遺言も自筆証書遺言〔968〕としては有効である〔971〕）。

2. 法律行為の一部に無効となる原因がある場合に、当該法律行為の全部が無効となるのか、それとも無効の原因となる一部についてのみ無効となるかにつき、民法では明文の規定が存在しないが、学説・判例では、原則として（残部のみでの効力維持が当事者の意思に反する、またはそれでは契約目的を達せられない、という場合は全部無効となるため）無効原因となる一部についてのみの無効が認められ、残部の効力は維持されるという見解が一般的である。これを一部無効という。**(2)** の契約条項は顧客の解約によって旅行会社に発生する損害を補填するためにあらかじめ一定の金額を違約金や損害賠償額として定めた条項である。顧客からの解約によって旅行会社に一定の損害が生じることは否定できない一方で、違約金・損害賠償額の予定額が高額に過ぎると顧客には多大な負担となることから、**(2)** のような契約条項を定めることが暴利行為に当たり、90条に違反して無効となるか否かが問題となる。しかし、顧客の保護という趣旨と旅行会社の損害補填という趣旨をふまえると、違約金・損害賠償額の予定条項全部を無効とする必要はなく、高額に過ぎる部分のみを無効とすれば足りる。このような場合に当該契約条項の一部無効が認められるというのが一般的な考え方である。**(2)** でいえば、旅行開始日1週間前に顧客から旅行契約を解除された場合にFに生じる損害を上回る部分のみを無効とすれば足りる（なお、消契9①も参照）。　　　　　　［**大澤　彩**］

29 取消権の行使と消滅

(1) 未成年者であるAは、親権者Bの同意を得ることなく、また、Bに代理してもらうこともなく、携帯電話販売店Cでスマートフォン端末（6万円）を購入する売買契約をCとの間で締結した。Aは、この契約を取り消すことができるか。Bはどうか。

(2) D（30歳）は自宅を訪れてきた訪問販売業者Eから「この布団を買わないと今すぐこの玄関に火を付けるぞ」と強迫行為をされて、恐怖心を感じてEとの間で布団の売買契約を締結した。Dは、この契約を取り消すことができるか。

(3) 高校生E（17歳）は、親権者Fの同意を得ることなく、また、Fに代理してもらうこともなく、家電量販店Gでノートパソコン1台（12万円）を購入する売買契約をGとの間で締結した。親権者FがEがノートパソコンを購入しても差し支えないと考えているような場合であっても、本件売買契約を有効なものとして確定することはできないか。

▶▶解説

1. **(1)**でAが単独で行った契約は、5条3項に該当しない限り、取り消すことができる（5Ⅰ・Ⅱ）。

　取消しは取消権者（120）による取消行為によって初めて契約の効力が否定される。制限行為能力者自身も取り消すことができるのは、取消しが契約の効力を否定し制限行為能力者が不利益な状態から脱することを可能にするものであることから、単独での取消行為を認めても差し支えないからである。**(1)**ではAおよびBが本件契約を取り消すことができる。もっとも、取消権は、追認ができる時点（124条1項にいう「取消しの原因となっていた状況が消滅し、かつ、取消権を有することを知った後」）から5年間か、法律行為がなされた時から20年間か、どちらか早い方の期間の経過によって消滅し（126）、当該法律行為が有効に確定する。**(1)**ではAが成年に達し、かつ、取消権を有することを知ってから5年間か本件契約を締結してから20年間のどちらか早い方の期間の経過によって、取消権が消滅する。

2. また、**(2)**の売買契約も120条2項で定められた者によって取り消すことができる。**(2)**ではDが本件契約を取り消すことができる。もっとも、Dが強迫行為を脱し、かつ、取消権を有することを知ってから5年間か本件契約を締結した時から20年間のどちらか早い方の期間の経過によって、取消権が消滅する（126）。

3. 取り消しうる行為であっても、取消権者によって追認がなされた場合には有効なものとして確定する（122・123）。ただし、追認は取消しの原因となっていた状況が消滅し（**(3)**ではEが未成年者でなくなった後でなければならない）、かつ、取消権を有することを知った後にしなければその効力を生じない。もっとも、Eが未成年である間であってもEの法定代理人であるFが追認をすること（124Ⅱ①）や、EがFの同意を得て追認をすること（同Ⅱ②）はできる。

　また、取消権者が明示的に追認していない場合であっても、追認を行うことができるようになった時以降に125条に列挙された事実があったときには追認をしたものとみなされる。その際に、法定追認に該当する行為をする者が取消権を有することを知っている必要はないとされている。**(3)**ではEが成年になった後にノートパソコン代金を一部支払った場合には、追認したものとみなされる。

　なお、2022年4月1日より、満18歳未満の者が未成年者となる。［**大澤　彩**］

30 取消しの効果

　Aは、Bに対して、自己の所有する掛け軸甲を5万円で売却する旨の契約（以下、「本件売買契約」という）を締結した。Aは、Bから代金5万円の支払を受けるのと引換えに、甲をBに引き渡した。

　Aは、Bから受け取った5万円のうち、3万円をパチンコ等の遊興費として浪費し、2万円を通常の生活費として費消した。ところが、その後、Aは、Bに対して、本件売買契約を取り消す旨の意思表示をした。

　次の場合に、AとBは、互いにどのような内容の返還義務を負うことになるか。

(1)　Aによる本件売買契約の取消しが、Aの錯誤を理由とするものであった場合。
(2)　本件売買契約の締結に先立って、Aは後見開始の審判を受けており、Aによる本件売買契約の取消しが、行為能力の制限を理由とするものであった場合。

参考　❶最判昭和47年9月7日民集26巻7号1327頁
　　　❷大判昭和7年10月26日民集11巻1920頁

▶▶解説

1. 法律行為が取り消された場合、取り消された行為は、初めから無効であったものとみなされる（121）。そして、無効な行為に基づく債務の履行として給付を受けた者は、相手方を原状に復させる義務（原状回復義務）として、その受けた給付の返還をする義務を負う（121の2Ⅰ）。

　設例では、Aは、本件売買契約に基づく債務（代金債務）の履行として、Bから代金5万円の支払を受けていることから、本件売買契約が錯誤を理由として取り消された場合には、Aは、原状回復義務として、Bに対して、5万円を返還する義務を負う。このとき、Aは、5万円をすでに費消した場合であっても、Bに対して、5万円の返還をしなければならない。

　他方、このとき、Bもまた、本件売買契約に基づく債務（目的物引渡債務）の履行として、Aから甲の引渡しを受けていることから、原状回復義務として、Aに対して、甲を返還する義務を負う。そして、判例（❶参照）によれば、AとBが相互に負う原状回復義務は同時履行の関係にあるものとされる。

2. 行為能力の制限を理由とする取消しの場合には、制限行為能力者を特に保護するために、原状回復義務の範囲について例外的な取扱いが認められている。すなわち、行為の時に制限行為能力者であった者は、その行為によって「現に利益を受けている限度」において（取消しの時点で現存している利益についてのみ）返還をすればよいものとされている（121の2Ⅲ）。

　設例では、本件売買契約の締結時に成年被後見人であったAは、Bから支払を受けた5万円をすでに費消している。そうすると、Aが現に受けている利益は存在せず、Aは、返還義務を負わないようにもみえる。

　しかし、判例（❷）によれば、給付を受けた利益が、いずれにしてもされるべきであった出費（通常の生活費や債務の弁済など）に充てられた場合には、その出費を免れたという形で、現に受けている利益が存在することから、制限行為能力者も、その利益の返還義務を負うとされる（「出費の節約」といわれる考え方）。

　これによれば、Aは、遊興費として浪費した3万円については、返還義務を負わないが、通常の生活費として費消した2万円については、現に受けている利益として、返還義務を負うことになる。これに対し、Bの返還義務の内容は、**(1)**におけるのと同様（甲の返還）である。

[田中　洋]

31 条件

　Aが、学業成績の芳しくない法学部生の娘Bに、「Cロースクールに合格したら、おまえが欲しがっていたフルートを買ってやろう」という手紙を送ったところ、BはAに「パパ、がんばる」という返事を電子メールでよこした。

　次の諸場合に、AはBにフルートの所有権を供与する債務を負うか。

(1)　Bは一念発起して勉学に勤しみ、翌年、見事Cロースクールに合格した。

(2)　BはCロースクールの合格を目指して勉強していたが、まもなくCロースクールは廃校を決め、学生募集を停止した。

(3)　BがCロースクールの入学願書を書いているのをみていたAは、「パパが出しておいてあげよう」と言ってBから入学願書を受け取ったが、期限までに発送するのを忘れたため、結局BはCロースクールを受験できなかった。

(4)　A夫妻がBを海外旅行に誘ったところ、Bは試験日に重なることを知りつつ旅行に行ったため、Cロースクールを受験できなかった。

(5)　BはカンニングをしてCロースクールに合格した。

参考　❶大判明治40年5月6日民録13輯503頁
　　　❷大判昭和6年7月15日法律新聞3310号11頁
　　　❸最判平成6年5月31日民集48巻4号1029頁

▶▶解説

1. AとBとの間には書面によるフルートの贈与契約が成立しているが（549・550）、その効力発生には、「BがCロースクールに合格する」という停止条件が付されている（127 I）。電子メールは550条の「書面」に当たらない可能性があるが、書面で示される必要があるのは贈与者の権利移転意思のみであり、受贈者の意思は書面で示される必要はない（❶）。

　停止条件が成就しているので、AはBにフルートの所有権を供与する債務を負う。条件成就によって不利益を受ける当事者が故意にその条件の成就を妨げた場合（130 I）とは異なり、条件成就によって利益を受ける者が故意に（条件を成就させることを知りながら）条件を成就させても、条件の成就は否定されない（ただし、5.を参照）。

2. Cロースクールが学生募集を停止したことにより、条件の不成就が確定するため、その時点で停止条件付贈与契約は無効となる。AはBにフルートの所有権を供与する債務を負わない。後発的不能の場合は不能条件（133）とはいわない。

3. Aには条件成就を妨げる「故意」がないので、条件成就は擬制されず、AはBにフルートの所有権を供与する債務を負わない（130 I）。ただし、AはBに損害賠償責任を負う可能性がある（128）。

4. 旅行によりBはCロースクールに合格できなくなるとAが認識していたとしても、Bも旅行という条件成就を妨げる行為に同意しており、条件付権利を放棄した（129）のと同視できるから、条件成就は擬制されず（❷）、AはBにフルートの所有権を供与する債務を負わない。

5. Bは「不正に」条件を成就させたので、Aはその条件が成就しなかったものとみなすことができる（130 II）。判例（❸）として確立した解釈論が、今回の改正で明文化された。もっとも、❸は、旧130条（現130 I）の文言に倣い、「故意に」条件を成就させたときに同条項を類推適用したが、条件成就によって利益を受ける者が条件を成就させることを知りながら条件を成就させても、(1)のように、その者を非難できるとは限らない。そこで、改正法は、条件を成就させた者が非難されうる場合にのみ条件不成就を擬制するため、「不正に」と表現することにした。

　　　　　　　　　　　　　　　　　　　　　　　　　　　　　　［大久保邦彦］

32 消滅時効の起算点、期間の計算

　2020年8月1日、Aは、Aが所有するフクロウ甲をBに20万円で売却し、直ちに甲をBに引き渡したが、代金は支払われていない。

(1)　代金支払時期につき、合意されていなかったとき、Aの代金債権はいつ消滅時効にかかるか。

(2)　AB間で代金支払日を2020年9月1日とする合意が契約時にされていたとき、Aの代金債権の消滅時効は、いつから進行を開始するか。

(3)　2020年8月10日、Bは40度の高熱を出し、10日間入院した。また、Bの入院中に甲が死んだ。同年10月3日には、甲の死亡はAB間の売買契約の前から甲が罹患していたオウム病が原因であり、Bの病気も甲から感染したものであることが判明した。このとき、BのAに対する損害賠償請求権の消滅時効は、いつから進行を開始するか。

参考　❶大判昭和6年6月9日法律新聞3292号14頁
　　　　❷最判昭和57年10月19日民集36巻10号2163頁
　　　　❸最判平成10年4月24日判時1661号66頁

▶▶解説

1. 166条1項は、「債権者が権利を行使することができることを知った時」を（主観的）起算点とする5年の消滅時効と、「権利を行使することができる時」を（客観的）起算点とする10年の消滅時効とを規定する。

(1) ではAは契約時から代金債権を行使でき、しかもAはそのことを知っている。しかし、初日不算入の原則があるため、5年の消滅時効期間（166 Ⅰ①）は、2020年8月2日から起算される(140本)。5年の期間は暦に従って計算され(143)、2025年8月1日の終了をもって満了する（141）。なお、10年の消滅時効期間も同時に進行を開始する（166 Ⅰ②）。両者の時効の関係について、立案担当者の解説によれば、いずれかの時効期間が満了した時に消滅時効が完成する。

2. 確定期限の定めのある債権については、債権者が債権の発生時に、これを基礎づける事実を現実に認識しているのが通常であり、期限の到来によって現実的な権利行使が可能になることから、主観的起算点と客観的起算点とは一致する。**(2)** でAが代金債権を行使することができる時が2020年9月1日の取引時間の開始時か終了時かは履行期の合意の解釈によって決まるが、いずれにしても9月1日の午前零時ではないので、初日不算入の原則が適用され、2020年9月2日が消滅時効の起算点となる（❶）。

3. AはBに病気に罹患していない甲を供与する債務を負担していたと考えられるが、甲の死亡によりその債務の履行は不能となった（412の2）。この場合、BはAに対し債務の履行に代わる損害賠償を請求できるが（415 Ⅱ①）、その消滅時効の起算点は、本来の債務の履行請求権の消滅時効の起算点（2020年8月2日）と同じである（❸）。Bの身体侵害を理由とする損害賠償請求権の消滅時効は、債務不履行を理由とするときも（167）、不法行為を理由とするときも（724の2）、初日不算入の原則（❷）により、5年の消滅時効はBが「権利を行使することができることを知った時」「損害及び加害者を知った時」の翌日（2020年10月4日）から、20年の消滅時効はBが「権利を行使することができる時」「不法行為の時」（損害発生時）の翌日（2020年8月11日）から、その進行を開始する（166 Ⅰ・724）。

[大久保邦彦]

33 時効障害

Aは、友人であり取引先でもあるBに対して500万円を貸したが、返済期から4年10か月を経過したのに、全く返済を受けられていない。次の場合に、Aとしては、消滅時効を完成させずにこの債権を回収するためにどのような措置を講ずることが考えられるか。

(1) Aが、可能ならば、任意弁済を受けるなど、時間をかけてでもBとの間で任意に問題を解決していこうとする場合。
(2) Aが、Bとの間で任意に問題を解決することは難しいと判断した場合。

▶▶解説

1． Aは、返済期を認識しているはずであり、2か月弱で債権の消滅時効が完成する（166 I①）。Aとしては、Bから債権の承認を得られるなら、その承認の時から新たに期間5年の時効の進行が開始する（152 I）ので、手軽さと効力からそれが望ましい。Bが、承認はしないが話合いには応じるようなら、Bとの間でAの債権につき協議を行う旨の書面による合意（以下、「協議の合意」という）をすることが考えられる。この場合、合意の時から最長1年間は時効が完成しない（151 I）。また、時効の完成前に協議の合意を繰り返せば、当初時効が完成すべきであった時から5年間は、時効の完成を先延ばしにすることができる（同II）。

2． Bの任意の弁済が期待できない以上、Aは、最終的には強制執行を通じて債権の回収を図るほかない。そのためには、債権につき執行証書がある場合を除き、債務名義を取得するため裁判に訴える等する必要がある。その準備に時間を要する場合、催告をすれば、その時から6か月間は時効が完成しない（150 I）。ただ、この完成猶予中に協議の合意や再度の催告をしても、さらなる完成猶予は認められない（150 II・151 III）。判決を待っていては強制執行が奏功しなくなりそうなら、Bの財産に対する仮差押命令の手続をとれば、その手続の終了から6か月間は時効が完成しない（149①）。これは、催告による完成猶予中でも認められる。

　ついで、時効完成前に、支払を求める裁判、支払督促、または和解もしくは調停の手続をとる。Bが争う場合には裁判以外の手続でAの権利が認められることはないが、その場合でも各手続の終了後6か月が経過するまで時効は完成しない（147 I）。裁判についても、取下げ等により判決に至らずに終了したときは同じである。Aの債権が判決で確定した場合のほか、上記の他の手続で確定した場合も、各手続の終了の時から時効が新たに進行を開始する（同II。時効期間10年〔169 I〕）。

　債務名義を取得すれば、強制執行の申立てをする。申立ての後、手続終了までに時効が完成することはない（148 I①）。Aがその手続で債権全部を回収できなかった場合には、残債権について、その手続の終了の時から進行を開始する時効期間の5年（同II本）または完成猶予期間の6か月（同I・II但）と、確定判決の時から10年とのいずれか遅い方の期間が経過するまで、時効が完成することはない。

［佐久間毅］

34 時効の援用権者

　A銀行は、2020年6月1日、B株式会社に対し1000万円を利息年6％、弁済期を1年後の約定で貸し付けた。Bから保証委託を受けたCは、同日、Aとの間で、Bの上記債務（α債務）を保証する旨の契約を有効に締結した（446・465の6）。また、Bから物上保証委託を受けたDは、同日、α債務を担保するために、Dが所有する甲土地の上に1番抵当権を設定した。その後、甲土地上には、同年9月1日にDのEに対するβ債務を担保するために2番抵当権が、同年12月1日にDのFに対するγ債務を担保するために3番抵当権が設定された。そして、2026年6月1日の終了により、α債務の消滅時効が完成した（166Ⅰ①）。

　今日は2026年7月1日である。以下の者はα債務の消滅時効を援用できるか。また、以下の者がα債務の消滅時効を援用できるとした場合の法律関係を説明せよ。

(1) C

(2) D

(3) F

参考　❶大判明治43年1月25日民録16輯22頁
　　　❷大判大正4年7月13日民録21輯1387頁
　　　❸最判昭和43年9月26日民集22巻9号2002頁
　　　❹最判昭和48年12月14日民集27巻11号1586頁
　　　❺最判平成11年10月21日民集53巻7号1190頁

▶▶解説

1. 145条は「当事者」を援用権者とする。従前の判例（❷❸❹）をふまえ、今回の改正で「消滅時効にあっては、保証人、物上保証人、第三取得者その他権利の消滅について正当な利益を有する者」が「当事者」に当たることが明文化された。したがって、保証人であるCは、a債務の消滅時効を援用できる。

Cがa債務の消滅時効を援用すると、時効の援用には原則として相対効しかないため、AとCとの相対的関係においてはa債務が消滅し、付従性によって保証債務も消滅するが、AとBとの間ではa債務は存続する。

2. Dも145条括弧書の「物上保証人」として時効援用権を有する。Dがa債務の消滅時効を援用すると、AとDとの相対的関係においてはa債務が消滅し、付従性によりAの抵当権が消滅するが、Dは登記権利者、Aは登記義務者ゆえ（不登2⑫⑬）、DとAは抵当権設定登記の抹消を申請でき、抵当権設定登記が抹消されるとAの抵当権の消滅は事実上絶対効をもつ。

3. 先順位抵当権の被担保債権が消滅すると、後順位抵当権者の抵当権の順位が上昇し、これにより後順位抵当権者の配当額が増加することがある。判例（❶）によると、消滅時効の援用権者は権利の消滅により直接利益を受ける者に限定されるが、この関係を「直接」と呼ぶことができるかについては問題がある。判例（❺）は、この配当額の増加に対する期待は、抵当権の順位の上昇によってもたらされる「反射的な利益」にすぎないので、後順位抵当権者は、先順位抵当権の被担保債権の消滅により直接利益を受ける者に該当せず、先順位抵当権の被担保債権の消滅時効を援用することができないとする。

Fがa債務の消滅時効を援用できるとすると、FとAとの相対的関係において1番抵当権は消滅する結果、3番抵当権は1番抵当権に優先する。しかし、消滅時効を援用しないEにとっては、1番抵当権は2番抵当権に優先し、2番抵当権は3番抵当権に優先する。抵当権の相対的消滅を認めると、このように配当の順位が決まらないという問題が生じる。

［大久保邦彦］

35 時効利益の放棄と喪失

　A銀行は、2020年6月1日、B株式会社に対し1000万円を利息年6％、弁済期を1年後の約定で貸し付けた。Bから保証委託を受けたCは、同日、Aとの間で、Bの上記債務を保証する旨の契約を有効に締結した（446・465の6）。

　その後、BもCも全く弁済をしないまま、2026年6月1日の終了により、Bの主債務とCの保証債務の消滅時効が完成した（166 I ①）。

　以下の各場合において、Cは主債務の消滅時効を援用できるか（各問は独立の問いとする）。

(1)　2026年10月1日、BはAに、「利息を免除してくれれば、借りた1000万円を分割して支払う」という手紙を送った。
(2)　2026年10月1日、Cは保証債務の一部弁済としてAに100万円を支払った。

参考　❶大判大正5年12月25日民録22輯2494頁
　　　　❷最大判昭和41年4月20日民集20巻4号702頁
　　　　❸東京高判平成7年2月14日判時1526号102頁

▶▶解説

1. Bの手紙はAの債権の存在を前提にしているので、BはAの債権を承認していることになる。しかし、Bによる債権の承認は消滅時効の完成後に行われているので、時効の更新事由（152）にはならない。Bが時効援用権のあることを知りつつ債権の承認をしたときは、時効利益を放棄したものと解釈される。146条は時効利益（時効援用権）の事前の放棄を禁止しているが、その反対解釈として、時効完成後は時効利益を放棄することができる。それに対して、Bが時効援用権のあることを知らずに債権の承認をした場合には、自認行為となり、旧法下の判例（❷）によると、信義則により、時効援用権を喪失する。もっとも、時効利益の放棄・喪失には相対効しかないので、主債務者Bが時効利益を放棄・喪失しても、保証人Cは主債務の時効を援用できる（❶）。主債務者による債権の承認は、時効完成前であれば、時効の更新事由として保証人にもその効力を生じる（457 I）のとは異なる。

2. Cの一部弁済は、Aの債権の存在を前提にしているので、CはAの債権を承認していることになる。Cが、保証債務について、時効援用権のあることを知っていたときは、時効利益を放棄したものと解釈されるのに対して、時効援用権のあることを知らなかったときには、自認行為となり、時効援用権を喪失する。しかし、主債務の時効完成後に保証人が保証債務を履行した場合でも、主債務が時効により消滅するか否かにかかわりなく保証債務を履行するという趣旨に出たものであるときは格別、そうでなければ、保証人は、主債務の時効援用権を失わない（❸）。したがって、Cが主債務の時効完成を知らなかったときには、保証人は、主債務の時効を援用できるが、主債務の時効完成を知っていたときには、主債務の時効利益を放棄したと解釈される可能性がある。保証人は主債務の時効利益を「放棄」できるが、保証人について主債務の時効利益の「喪失」という事態は生じない。保証人は、主債務については、承認も自認行為もできない。

［大久保邦彦］

36 物権的請求権

Aが所有する甲土地とBが所有する乙土地は隣り合って存在している。Bが乙土地上に設置した石垣の一部が、台風により破損し、大きな石丙が、甲土地上に落下し、そのまま放置されている。

(1) AはBに対して、どのような請求をすることができるか。また、石垣が不安定な状態であり、甲土地上にさらに石が落下してきそうな場合は、どのような請求をすることができるか。
(2) BはAに対して、何らかの請求をすることができるか。

参考 ❶大判昭和5年10月31日民集9巻1009頁
　　　❷大判昭和12年11月19日民集16巻1881頁

▶▶解説

1．物権的請求権は、民法に明文規定はないが、物に対する支配が正当な権原なく侵害されている、またはそのおそれがある場合に、物権者が行使できる権利であり、返還請求権、妨害排除請求権、妨害予防請求権の３種類がある。請求の相手方は現に侵害をしている者、またはそのおそれを生じさせている者であり、その故意・過失は不要である。したがって、侵害の発生が自然力や第三者による場合でも物権的請求権を行使できる。また、判例は、物権的請求権の内容は、侵害者に侵害の除去のために必要な行為を請求できる行為請求権であるとする（**❶**。侵害が不可抗力による場合の例外を示唆するものとして**❷**）。

　設例で、丙の存在により、甲土地は占有侵奪以外の方法によりＡの所有権の行使が侵害されており、Ａは所有権に基づく妨害排除請求権を行使し、Ｂに丙の撤去を請求できる。また、石垣が不安定な場合、石垣が崩壊し甲土地の支配を侵害する高度の蓋然性があり、Ａは妨害予防請求権を行使し、Ｂに石垣の修理を請求できる。

2．自らの意思によらずに丙が甲土地に存在し、Ａが丙を占有しＢが丙を自由に利用することができないとして、ＢもＡに対して所有権に基づく返還請求権を行使することができるのか、その結果、Ａの妨害排除請求権とＢの返還請求権の衝突が生じるのだろうか。相互に所有権を侵害し、物権的請求権が衝突すると考えると、先に物権的請求権を行使した者が、相手の費用負担で侵害除去を求めることができることになろう。

　現在の学説の多くは、設例のような場合には、所有権の侵害は１つであり、物権的請求権の衝突はないとする。占有とは、自己のためにする意思をもって物を所持することであるので（180）、自分の支配する土地に物が入ってきただけでは占有を取得することにはならない。つまり、甲土地上に丙があることによって、ＡがＢの物を占有していることにはならず、ＡはＢの所有権を侵害していないと考えるのである。したがって、ＢはＡに対して所有権に基づく返還請求権を行使することはできない。もっとも、Ａが妨害排除請求権を行使しない限り、Ｂは自力で丙を取り戻すことができないというのは不都合である。したがって、ＢはＡに対して、丙を引き取るために甲土地に立ち入ることを、Ａの利益を害さない限度で忍容せよと請求することができる。これは、物権的請求権ではなく、物権の効力として当然に認められる権利であると考えられる。　　　　　[**石綿はる美**]

37 物権変動の原因と時期

　Aは、ある年の9月1日に、所有する甲土地を3000万円でBに売却する契約（以下、「本件売買契約」という）を締結した。本件売買契約では、代金のうち300万円は契約締結時に、残代金は契約から1か月後に甲土地の所有権移転登記に必要な書類と引換えに、それぞれ支払われることが定められた。甲土地の所有権移転時期については何も合意されていない。Bは、同日、300万円をAに支払った。現在は同じ年の9月20日である。

(1)　9月14日、Cは、何の権原もなく甲土地を占拠した。Bは、Cに対し、所有権に基づき甲土地の返還を請求することができるか。
(2)　Aは、本件売買契約締結当時、甲土地上にBのために地上権を設定し、Bは、甲土地上に乙建物を所有していた。この場合における甲土地上の地上権の帰趨について説明しなさい。

参考　❶大判大正2年10月25日民録19輯857頁
　　　❷最判昭和33年6月20日民集12巻10号1585頁
　　　❸最判昭和25年12月19日民集4巻12号660頁

▶▶解説

1. 物権変動が生じるためには、物権変動原因があれば足り、登記や物の引渡しなどの形式は必要ない。例えば、法律行為を原因とする物権変動は、意思表示のみによって生じる（176）。そして、当該法律行為が売買や贈与など所有権の移転を終局的な目的とする契約である場合、同条の意思表示は契約を成立させる意思表示で足りるとするのが判例（❶）である。また、相続、時効など法律行為以外の原因による物権変動も、その原因の発生により、他に何らの形式を要することなく直ちに生じる。

AとBは、甲土地の売買を成立させる意思表示をしている。判例は、少なくとも抽象論としては、所有権移転時期に関する特約がない限り、売買成立時に所有権は移転するとする（❶❷）。本問では、所有権移転時期については何も合意されていないので、このような考え方によれば、Bは、代金の1割に相当する金額しか支払っていなくても、契約時に所有権を取得する。そして、不法占拠者Cは177条の第三者ではない（❸）から、Bは、所有権移転登記をしていなくても、Cに所有権の取得を対抗することができる。したがって、Bは、Cに対し、所有権に基づく甲土地の返還を請求することができる。

これに対し、有償契約において対価的給付が同時履行の関係にあることを重視する見解（有償性説）によれば、所有権は代金支払時に移転するのが原則である。本問では代金支払期限が到来しておらず、また、Aが同時履行の抗弁権を放棄してBに所有権を移転したとみるべき事情も存しない。したがって、有償性説によれば、Bは、所有権を取得しておらず、Cに対し、所有権に基づく甲土地の返還を請求することはできない。

2. Bが甲土地の所有権を取得すると、Bの甲土地上の地上権は混同により消滅する（179 I）。混同が生じるのは、Bが本件売買契約によりAから所有権を取得した時である。したがって、Bの地上権が消滅するかどうかは、本問において、Bが所有権を取得したかどうかによる。すなわち、契約成立時にBに甲土地の所有権が移転していれば、9月1日にBの甲土地上の地上権は消滅するが、現在まだBが甲土地の所有権を取得していないとすれば、Bの地上権は現時点では存続していることになる。

［横山美夏］

38 取消しと登記、解除と登記

　Bは、Aから購入した甲土地をCに転売した。Cは、Bから甲土地の引渡しを受け、BからCへの所有権移転登記が行われた。

(1)　Aは、甲土地がCへ転売された後に、売買の意思表示をBの詐欺を理由に取り消した。Cは、Bとの間で売買契約を締結した当時、AB間の売買がBの詐欺によることを知っていた。Aは、Cに対し、甲土地の返還を請求することができるか。

(2)　Aは、甲土地がCへ転売される前に、売買の意思表示をBの詐欺を理由に取り消していた。Cは、Bとの間で売買契約を締結した当時、AB間の売買がBの詐欺によることにつき善意・無過失であった。Aは、Cに対し、甲土地の返還を請求することができるか。

(3)　Aは、甲土地がCへ転売された後に、Bの代金不払を理由にAB間の売買を解除した。Cは、Bとの間で売買契約を締結した当時、BがAに売買代金を支払っていないことを知っていた。Aは、Cに対し、甲土地の返還を請求することができるか。

(4)　Aは、甲土地がCへ転売される前に、Bの代金不払を理由にAB間の売買を解除していた。Aは、Cに対し、甲土地の返還を請求することができるか。

参考　❶大判昭和 4 年 2 月 20 日民集 8 巻 59 頁
　　　　❷大判昭和 17 年 9 月 30 日民集 21 巻 911 頁
　　　　❸大判大正 10 年 5 月 17 日民録 27 輯 929 頁
　　　　❹最判昭和 35 年 11 月 29 日民集 14 巻 13 号 2869 頁

▶▶解説

1．AがBの詐欺を理由に売買の意思表示を取り消すと、AB間の売買は初めから無効であったものとみなされる（121）。では、Aが、取消しによる所有権の遡及的回復を第三者Cに対抗するには、登記をしなければならないか。

　判例は、第三者の登場時期が取消しの前か後かによって結論を異にする。Cが登場したのが取消しの前である場合、判例によれば、Aは、登記がなくても第三者に取消しの遡及効を対抗することができる（❶）。ただし、CがBによる詐欺の事実につき善意・無過失であったときは、Aは、Cに取消しを対抗することができない（96Ⅲ）。しかし、本問のCは悪意であるので、Aは、Cに対し、甲土地の返還を請求することができる。

2．判例によれば、96条3項は、取消し後に現れたCには適用されない（❷）。しかし、判例は、Aは、取消しにより生じたBからの所有権の遡及的回復を登記しなければ、これを177条の第三者であるCに対抗することができないとする（❷）。それによれば、その登記をしていないAは、Cに対し、甲土地の返還を請求することができない。

3．判例は、解除の遡及効を肯定した上で（❸）、545条1項但書の趣旨は、解除前の第三者との関係で解除の遡及効を制限することにあるとする。それによれば、Aは、545条1項但書により、売買の解除より前に甲土地の所有権を取得したCに対し、解除の遡及効を対抗することができない。Cが甲土地の所有権を取得した時に解除原因を知っていたときも同じである。判例（❸）は、解除前に登場した第三者が、所有権取得の対抗要件を備えていない場合に解除の効果を認めているが、Cは、甲土地につきCへの所有権移転登記を備えている。したがって、この判例によっても、Aは、Cに対し、甲土地の返還を請求することができない。

4．CがAの解除後に甲土地をBから購入した場合、判例によれば、545条1項但書は適用されない。しかし、判例は、Aは、解除による所有権の遡及的回復につき、その旨の登記をしなければ、第三者に対抗することができないとする（❹）。本問では、甲土地につきすでにCへの移転登記がされているから、Aは、Cに対し、甲土地の返還を請求することができない。

［横山美夏］

39 取得時効と登記

　Aは、1998年に、Bの所有する甲土地を自己所有地と過失なく信じて駐車場とし、以来その占有を継続している。

(1)　Cは、2005年にBから甲土地を買い受けて登記をし、2013年に、Aに甲土地の引渡しを請求した。Aは、甲土地を時効取得したと主張した。Cの請求は認められるか。

(2)　**(1)**において、Cが2009年に甲土地を買い受けて登記をしていた場合はどうか。

(3)　**(2)**において、Cは、2013年に、Aに甲土地の引渡しを請求した。Aは、取得時効の起算点を2001年とし、2011年に甲土地を時効取得したと主張した。Cの請求は認められるか。

(4)　設例と異なり、Aは、甲土地をBの所有地と知りつつその占有を開始した。2009年にBから甲土地を買い受けて登記をしたCが、2018年に、Aに甲土地の引渡しを請求したところ、Aは、甲土地を時効取得したと主張した。Cの請求は認められるか。

(5)　設例において、Cは、2009年にBから甲土地を買い受けて登記をし、2020年に、Aに対し、甲土地の引渡しを求めた。Aは、甲土地を時効取得したと主張した。Cの請求は認められるか。

参考　❶大判大正9年7月16日民録26輯1108頁
　　　❷最判昭和41年11月22日民集20巻9号1901頁
　　　❸最判昭和33年8月28日民集12巻12号1936頁
　　　❹最判昭和35年7月27日民集14巻10号1871頁
　　　❺最判昭和36年7月20日民集15巻7号1903頁

▶▶解説

1．Aは、所有の意思をもって平穏・公然に甲土地の占有を継続しており、かつその占有開始時に善意無過失であったから、占有開始から10年後（2008年）に甲土地の取得時効が完成する（162Ⅱ）。Aの時効取得により甲土地の所有権を失うCは、判例によれば、時効の当事者に当たる（❶）から、Aは、登記がなくても、甲土地の時効取得をCに対抗することができる（❶❷）。したがって、Cの請求は認められない。

2．Cは、Aの取得時効が完成した後（2009年）にBから甲土地を買い受けている。この場合、判例によれば、BからA、BからCへの競合的物権変動が生じ、Aは、177条の第三者であるCに対し、登記がなければ甲土地の時効取得を対抗することができない（❸）。Cは、甲土地の所有権移転登記をしているから、Cは、Aに甲土地の取得を対抗することができる。したがって、Cの請求は認められる。

3．判例によれば、時効取得を主張する者は、時効の起算点を任意に選択することはできず、時効の基礎となる事実が開始した時を起算点として時効完成の時期が決定される（❹）。それによれば、本問でも、Aが甲土地の占有を開始した時から10年後（2008年）に甲土地の取得時効が完成する。そうすると、(2)の場合と同様、Aは、時効完成後の2009年にBから甲土地を取得したCに対し、登記がなければ甲土地の時効取得を対抗することができない。Cは、甲土地の所有権移転登記をしているから、その請求は認められる。

4．Aは、自己所有地でないことにつき悪意で甲土地の占有を開始しているから、占有開始から20年後（2018年）にその取得時効が完成する（162Ⅰ）。時効完成以前（2009年）に甲土地をBから取得したCは、1．に述べたとおり、判例によれば、時効の当事者に当たる（❶）。したがって、Aは、登記がなくても甲土地の時効取得をCに対抗することができ（❶❷）、Cの請求は認められない。

5．2．に述べたとおり、Aは、時効完成後に甲土地を取得したCに対し、登記なくして甲土地の時効取得を対抗できない（❸）。しかし、判例によれば、2009年に甲土地を取得してCが直ちに登記してから10年後（2019年）に、再びAによる甲土地の取得時効が完成する（❺）。このとき、Cは、時効の当事者に当たるから、Aは、未登記であっても、甲土地の時効取得をCに対抗することができる（❶❷）。したがって、Cの請求は認められない。

[横山美夏]

40 相続と登記

　Ａが死亡した。Ａは、死亡時に甲土地および乙土地を所有していた。Ａの相続人はＡの子ＢとＣであり、２人とも相続を単純承認した。以下の**(1)**～**(4)**の場合に、ＢまたはＣの請求は認められるか。

(1)　Ａは遺言を遺していなかった。Ｂは、書類を偽造して、Ｂが甲土地を単独相続した旨の登記を行い、甲土地をＤに売却して所有権移転登記をした。Ｃは、Ｄに対し、甲土地につき２分の１の持分権を主張し、更正登記手続を求める訴えを提起した。

(2)　**(1)**において、Ａが、Ｃの相続分を３分の２とする旨の遺言を遺していたとする。この場合において、Ｃが、甲土地につき３分の２の持分権を主張して更正登記手続を求める訴えを提起したとき、Ｃの請求は認められるか。

(3)　Ａは遺言を遺していなかった。遺産分割により、Ｂは甲土地を、Ｃは乙土地をそれぞれ単独で取得した。その後、Ｂが甲土地の所有権移転登記を行う前に、Ｃの債権者Ｅが甲土地につきＣの持分を差し押さえた。Ｂは、Ｅに対し、差押えの無効を主張して第三者異議の訴えを提起した。

(4)　Ａは、甲土地をＢに相続させる旨の遺言を遺していた。Ｂが甲土地の所有権移転登記を行う前に、Ｃは、書類を偽造してＣが甲土地を単独相続した旨の登記を行い、甲土地をＦに売却して所有権移転登記を行った。Ｂは、Ｆに対し、甲土地のＣからＦへの移転登記の抹消を求める訴えを提起した。

参考　❶最判昭和 38 年 2 月 22 日民集 17 巻 1 号 235 頁
　　　　❷最判平成 5 年 7 月 19 日家月 46 巻 5 号 23 頁
　　　　❸大連判明治 41 年 12 月 15 日民録 14 輯 1276 頁
　　　　❹最判昭和 46 年 1 月 26 日民集 25 巻 1 号 90 頁
　　　　❺最判平成 14 年 6 月 10 日家月 55 巻 1 号 77 頁

▶▶解説

1．相続による権利の承継は、法定相続分を超える部分については、対抗要件を備えなければ第三者に対抗することができない（899の2Ⅰ）。

　相続人が複数である場合において、遺言が遺されていなかったとき、遺産分割まで各相続人は相続財産に属する財産を法定相続分に応じて共有する。Ｃの法定相続分は2分の1である（900④）。Ｃは、法定相続分に相当する甲土地の持分権の取得を登記がなくても第三者Ｄに対抗することができる（899の2Ⅰの反対解釈）。本項は、判例（❶）を変更するものではなく、Ｃの請求は認められる。

2．899条の2第1項は、立案担当者によれば、相続分の指定による権利の承継にも適用される。したがって、従来の判例（❷）と異なり、Ｃは、相続の指定により取得した甲土地の持分権のうち、法定相続分を超える6分の1の取得は、登記しなければ第三者Ｄに対抗することができない。Ｃの請求は、**(1)**と同様、法定相続分に相当する2分の1の持分権についてのみ認められる。

3．遺産分割により、Ｂは甲土地、Ｃは乙土地を、相続開始時に遡って単独で取得する（909本）。Ｅは、遺産分割後に遺産分割の目的物を差し押さえたから、909条但書の第三者には当たらない。しかし、Ｂは、甲土地の所有権移転登記を行わなければ、2分の1を超える持分権の取得を第三者Ｅ（❸）に対抗することができない（899の2Ⅰ）。本項と同じ考え方に立つ判例（❹）は、遺産分割は、遡及効を有するが、第三者との関係では、分割時に新たな変更を生ずるのと実質上異ならないとしていた。Ｅの差押えは有効であり、Ｂの請求は認められない。

4．Ｂは、特定財産承継遺言によって甲土地の所有権を取得している。特定財産承継遺言は相続による権利の承継にあたるから、従来の判例（❺）と異なり、Ｂは、甲土地の所有権移転登記をしなければ、その2分の1を超える持分権の取得を、第三者Ｆに対抗することができない。その結果、ＢとＦは、甲土地を、それぞれ2分の1の割合で共有する。Ｂは、Ｆに対して、その旨の更正登記手続を求めることはできるが、ＣからＦへの所有権移転登記の抹消は認められない。

［横山美夏］

41　177条の「第三者」

　Aは、甲建物をBに売却して代金全額を受け取った。しかし、Bへの甲建物の所有権移転登記は行われていない。

(1)　Aは、甲建物をCに賃貸して引き渡した。Bは、Cに対し、甲建物の引渡しを請求することができるか。

(2)　Aは、甲建物をCに賃貸して引き渡した。その後、Aは、Cの賃料不払を理由として甲建物の賃貸借を解除したが、Cは、正当な理由なく甲建物の占有を継続している。Bは、Cに対し、甲建物の引渡しを請求することができるか。

(3)　Aは、Bに甲建物を引き渡した後、甲建物をDに売却して登記を移転した。Dは、Aとの売買契約締結時に、Bがすでに甲建物の所有権を取得していることを知っていた。Dは、Bに対し、甲建物の引渡しを請求することができるか。

(4)　**(3)**において、Dが甲建物を取得した目的が、Bが移転登記をしていないことを利用して、Bに甲建物を高値で売りつけるためであった場合はどうか。

参考　❶大連判明治41年12月15日民録14輯1276頁
　　　　❷大判昭和6年3月31日法律新聞3261号16頁
　　　　❸最判昭和43年8月2日民集22巻8号1571頁

▶▶解説

1．Bは、Aから甲建物の所有権を取得しているが、所有権移転登記をしていないため、第三者に対し、甲建物の所有権取得を対抗することができない（177）。177条の第三者とは、判例（❶）によれば、当事者およびその包括承継人（相続人など）以外の者で、「不動産に関する物権の得喪及び変更の登記欠缺を主張する正当の利益を有する者」をいう。

　不動産の賃借人はこれに当たるとするのが判例（❶❷）である。これによれば、Bは、甲建物の所有権取得をその賃借人Cに対抗できず、Cに対し甲建物の引渡しを請求することができない。

2．Cは、賃貸借契約を解除されて甲建物を占有する権原を失っており、留置権も成立していないと考えられる。占有権原のない無権利者は177条の第三者に当たらない（❶）。したがって、Bは、Cに対し、登記がなくても甲建物の引渡しを請求することができる。

3．Dは、Aとの間で甲建物の売買契約を締結し、売買による甲建物の所有権の取得につき登記をしている。しかし、Dは、甲建物の所有権取得時に、Bがすでに同一不動産をAから取得していることを知っていた。このように、客観的にみれば177条の第三者に当たる者が、先行する競合的物権変動の存在を知っていた場合、その者はなお同条の第三者に当たるかが問題となる。判例（❸）は、「物権変動があつた事実を知る者において右物権変動についての登記の欠缺を主張することが信義に反するものと認められる事情がある場合」、その者（＝背信的悪意者）は177条の第三者に当たらないとする。本問では、Dは、甲建物の所有権がBに移転した事実を知っていたにすぎず、Bの登記の欠缺を主張することが信義に反する事情はない。したがって、Dは、背信的悪意者には当たらず、判例によれば、Bに対し甲建物の引渡しを請求することができる。

4．甲建物の所有権がBに移転した事実を知りつつ、その移転登記がされていないことを奇貨として、Bにこれを高値で売る目的で甲建物を取得して登記をしたDが、Bの登記の欠缺を主張することは、信義に反する（❸）。Bは、背信的悪意者であるDには、登記がなくても甲建物の所有権取得を対抗することができる。したがって、Dは、Bに対し甲建物の引渡しを請求することができない。

［横山美夏］

42 動産譲渡の対抗要件

　画廊を営むAは、所有する絵画甲をBに売却する契約（以下、「本件契約」という）を締結し、代金を受け取った。もっとも、甲はAの画廊で開催中の画展に展示されていたため、Aは、この画展が終了するまで15日間引き続き甲を手元に置きたい旨を申し出、Bはこれを了承した。

(1)　本件契約締結の3日後に、Aは、Cに対し甲を1か月間賃貸する契約をCとの間で締結し、甲をCに現実に引き渡した。その翌日、事実を知ったBが、Cに対し、甲の返還を請求した。Bのこの請求は認められるか。

(2)　Aは、**(1)**のCとの契約締結の3日後に、Cから、甲の購入希望者（D）がある旨の連絡を受けた。同日、Aは、Dに甲を売却して代金を受け取り、Dの同意を得て、Cに対し、賃貸借期間の終了後に甲をDに返還するよう伝えた。その翌日、事実を知ったBが、Cに対し、甲の返還を請求した。Bのこの請求は認められるか。

参考　❶大判明治43年2月25日民録16輯153頁
　　　❷大判大正4年4月27日民録21輯590頁
　　　❸最判昭和35年2月11日民集14巻2号168頁
　　　❹大判昭和12年9月16日法律新聞4181号14頁
　　　❺最判昭和57年9月7日民集36巻8号1527頁

▶▶解説

1. (1)と(2)のＢの請求は、いずれも、所有権に基づく返還請求である。Ｂは、本件契約により甲の所有権を取得したが、甲の引渡しを受けなければ、その取得を第三者に対抗することができない（178）。

　動産の引渡しの方法には、現実の引渡し（182Ⅰ）、簡易の引渡し（同Ⅱ）、占有改定（183）、指図による占有移転（184）の4つがある。後二者の場合、所有権を有しない者が物を現実に占有し、所有権の所在はこの者をいわばインフォメーションセンターとして公示されることになる。ところが、この者に所有権の所在に関する照会に答える義務はなく、また、この者が照会に対して真実の回答をするとは限らない。そのため、これらの公示方法が不安定であることは否めない。しかしながら、取引の便宜を考慮して、これらの方法による引渡しも、178条の対抗要件としての引渡しと認められている（占有改定につき、❶）。

　Ｂは、すでに代金を支払っており、Ａの甲の占有継続の申出とそれに対するＢの了承により、ＡＢ間で占有改定がされたとみることが相当である。したがって、動産賃借人は178条の第三者に当たる（❷）ことからＣが対抗要件の抗弁で争ったとしても、Ｂの請求は認められる。

2. 同一動産の買主であるＤも178条の第三者に当たるが、Ｂは、甲の取得につき対抗要件を具備したから（1.参照）、Ｄのために甲を占有するＣに対し、甲の所有権を主張することができる。もっとも、Ｄは、甲を間接占有するＡとの間で売買という「取引行為」をし、それに基づく指図による占有移転により甲の「占有を始めた」から、甲の所有権を取得した（192）可能性がある。その場合、Ｂの請求は認められない。

　判例によれば、192条の即時取得の成立には、「一般外観上従来の占有状態に変更を生ずるがごとき占有を取得する」ことが必要であり、占有改定の方法による占有取得はこれを充たさない（❸）。指図による占有移転の場合も同様に解されることはあるものの（❹）、動産の所有者（本問ではＢ）から現実の占有を委ねられた者（本問ではＡ）が、その動産を他人（本問ではＣ）に現実に占有させ、その後に別の者（本問ではＤ）にこれを売却し指図による占有移転の方法により引き渡した場合には、即時取得の成立が認められうる（❺）。

[佐久間毅]

43 動産の即時取得

(1) 映画館を経営するAは映写機甲を所有している。2019年3月、AはBから融資を受け、その担保として、甲をBに譲渡したが、債務不履行がない限り引き続きAが占有すると約し、使用を続けた。同年4月、AはさらにBとの間と同様の契約をCと結び、Cから融資を受け、その担保として、甲をCに譲渡し、引き続きその使用を続けた。翌2020年7月、Aが弁済期を過ぎても債務を弁済しなかったため、BおよびCは、各々、Aに甲の引渡しを求めたが、Aからの対応はなかった。同年8月、Cは、AB間の契約の存在を知り、甲を自宅に持ち帰った。同年9月、甲がCのもとに移転している事実を知ったBが、Cに対してその引渡しを請求した場合、Bの請求は認められるか。

(2) 資産家Dは、2020年1月、ギャラリーを経営するEに絵画乙を貸与した。同年3月、EはFに乙を保管することを委託し、Fは乙の保管を開始した。同年4月、Eは、自らが乙の所有者であると偽り、Gに乙を売却した。Gは引き続きFが乙を占有することに同意したため、EはFに所有者の交代があったことを通知した。同年7月、上記の事情を知ったDが、Fに対して甲の引渡しを請求した場合、Dの請求は認められるか。

参考 ❶最判昭和30年6月2日民集9巻7号855頁
❷最判昭和35年2月11日民集14巻2号168頁
❸最判昭和57年9月7日民集36巻8号1527頁

▶▶解説

1．Aは甲について動産譲渡担保の二重設定を行っている。動産譲渡担保において、譲渡担保契約後も債務者が引き続き担保物件を占有する場合、占有改定（183）があると認められる（❶）。そして、占有改定は、物の現実の移転はないが、動産譲渡の対抗要件の引渡しと認められる（178）。設例で、BはCより先に占有改定による引渡しを受けており、対抗関係でCに優先する（項目**42**も参照）。

　しかし、取引安全のため、無権利の動産占有者を権利者と信頼して取引をした者は、即時取得による権利取得が認められる場合がある（192）。Cが甲を即時取得すると、Bが甲の所有権を失うことから、即時取得の成否の検討が必要となる。では、AからCへの占有改定による引渡しが、即時取得の成立要件の「占有取得」に該当するか。判例は、無権利者からの譲受人が即時取得により所有権を取得するためには、「一般外観上従来の占有状態に変更を生ずるがごとき占有を取得することを要」するとし、一般外観上変更が生じない占有改定による即時取得の成立を認めない（❷）。その理由は、従来の占有状態に変更が生じない場合には、原所有者の追及権を考慮し、その権利を保護する必要があるためと考えられる。したがって、CはAからの占有改定の時点（2019年4月）では甲を即時取得せず、現実の引渡しを受けた時点を基準に即時取得の成否を検討することになる。現実の引渡しの時点（2020年8月）では、CはAB間の譲渡担保契約の存在を知り、Aが甲の所有権者でないことにつき悪意であることから、Cの即時取得は成立しない。よって、Bの請求は認められる。

2．GはEから指図による占有移転（184）を受けている。指図による占有移転では、占有改定と同様、物の所在の変化が生じない。しかし、判例は、設例のように、原所有者から現実の引渡しを受けた者が、目的物の占有を他に委託した後、指図による占有移転により目的物を第三者に譲渡した事案で、指図による占有移転を即時取得の要件の「占有取得」と認める（❸）。Fが乙を現に占有していることで原所有者DのEへの信頼は形の上でも完全に裏切られていること、指図による占有移転によりEを媒介とするDの乙に対する占有関係が喪失していることなどがその理由であろう。即時取得成立のための他の要件を充たせばGが乙を即時取得することから、Dは乙の所有権を失い、その請求は認められない。

[石綿はる美]

44 盗品の回復

　建設業を営むＡは、土木機械バックホー甲を所有していたが、2019年2月、Ｂに窃取された。何らかの経緯により、甲は中古土木機械販売業を営むＣのもとに移転した。2019年3月、ＤはＣから甲を300万円で購入し、その代金を支払い、引渡しを受けた。Ｄは、Ｃに甲の処分権限があると信じ、かつ、そのように信じることについて過失がなかった。

　甲がＤのもとにあることを知ったＡは、翌2020年5月1日、Ｄに対して甲の引渡しと、訴状送達日の翌日から引渡し済みまでの使用利益相当額（月額30万円）の支払を求めた。

(1)　ＤはＡの請求に応じ甲を引き渡さなくてはいけないか。また、ＤがＡに対して、甲の購入代金である300万円を支払うまで甲を引き渡さないと主張した場合、このＤの主張は認められるか。

(2)　ＤはＡに対して使用利益相当額を支払わなくてはいけないか。

(3)　Ｄは訴訟係属中に甲をＡに引き渡した後、Ａに対して甲の購入代金300万円の支払を請求した。Ｄの請求は認められるか。

参考　❶最判平成12年6月27日民集54巻5号1737頁
　　　　❷大判大正10年7月8日民録27輯1373頁

▶▶解説

1．前主の占有という外観を信頼して無権利者と動産取引をした者を保護する制度が即時取得（192）である。取引安全と原所有者の保護の均衡から、例外として、目的物が盗品等である場合には、原所有者の保護のため、原所有者は盗難等から2年間は物の回復ができる（193）。ただし、取引安全の保護のため、占有者が競売等において善意で買い受けた場合は、原所有者は代価を弁償しなければ物の回復ができない（194）。

　設例で、Dは即時取得の要件を備えているが（192）、AがBによる窃盗で甲の占有を失ったこと、盗難の時から2年以内であることから、AのDに対する請求は認められる（193）。ただし、Dが中古土木機械販売業者であるCから善意で甲を購入していることから、Dからの購入代金の弁償請求に応じなければ、Aの引渡しの請求は認められない（194）。

2．判例（❶）は、占有者が194条に基づき代価弁償があるまで盗品等の引渡しを拒むことができる場合には、占有者は弁償の提供があるまで盗品等の使用収益を行う権限を有するとする。その理由は、⒤194条は占有者と原所有者の保護の均衡を図った規定であり、占有者は、原所有者が盗品等の回収を諦めた場合には、占有取得後の使用利益を享受できるのに、原所有者が代価弁償を選択した場合には、代価弁償以前の使用利益を喪失するのでは、その地位が不安定になり194条の趣旨に反する、⒤弁償される代価には利息は含まれないこととの均衡で、占有者の使用収益を認めることが両者の公平に適う、からである。同判決は、193条所定の期間の所有権の帰属先については明示せず、条文の趣旨から使用収益権が占有者に認められると説明する。なお、従来の判例は、所有権は原所有者に帰属するとする（❷）。設例で、Dは代価弁償まで甲の引渡しを拒むことができることから、代価弁償まで甲を使用収益する権限を有し、Aの請求は認められない。

3．Dは、甲の引渡し後に代価弁償を請求できるか。判例（❶）は、原所有者が代価弁償をして盗品を回復することを選択して、盗品の引渡しを受けた場合には、占有者は、盗品の返還後においても、194条に基づき代価弁償を請求することができるとする。設例で、Aが甲の引渡しを請求したということは、代価弁償をした上での盗品回復を選択したということであるから、DはAに甲を返還した後であっても、Aに対し甲の購入代金の支払を求めることができる。　　［**石綿はる美**］

45 取得時効の完成と占有

　1997 年にＡは自己が所有する甲土地をＢに賃貸したが、その占有管理は叔父Ｃにずっと任せており、Ｃは取り立てた賃料を生活費に充てていた。2001 年にＣが死亡し、妻Ｄが単独相続した。ＤはＣから「甲土地はＡからＣに贈与された」と聞いていたので、直ちに甲土地の占有管理を単独で現実に開始し、取り立てた賃料を生活費に充てているほか、甲土地の登記済証を所持し、2001 年から固定資産税を納付している。2015 年にＡが死亡し、長男Ｅが単独相続した。その後現在に至るまで、甲土地の登記簿上の所有名義人はＡのままであり、ＥはＤによる甲土地の占有管理を知りながら異議を述べたことはない。2018 年になって初めて、ＤはＥに対し、甲土地の所有権移転登記手続を請求しようと思い立った。

(1)　ＤがＣの占有開始時を起算点とする甲土地の取得時効を主張する場合、Ｄは何を主張・証明する必要があるか。
(2)　Ｄの **(1)** の主張に対し、Ｅにはどのような反論が可能か。
(3)　Ｄが自己の占有開始時を起算点とする甲土地の取得時効を主張する場合、Ｄは何を主張・証明する必要があるか。

参考　❶最判昭和 42 年 7 月 21 日民集 21 巻 6 号 1643 頁
　　　❷最判昭和 58 年 3 月 24 日民集 37 巻 2 号 131 頁
　　　❸最判平成 8 年 11 月 12 日民集 50 巻 10 号 2591 頁

▶▶解説

1. 162条1項の文言によると、長期取得時効の要件は、ⓘ20年間、ⓘ所有の意思をもって（自主占有）、ⓘ平穏に、かつ、ⓘ公然と、ⓥ他人の物を占有することである。このうち、ⓘ⑩⑩は推定される（186Ⅰ）。また、判例（❶）によると、ⓥは要件とされていない。さらに、「前後の両時点において占有をした証拠があるときは、占有は、その間継続したものと推定」されるので（同Ⅱ）、結局、Dは、ⓐ1997年X月Y日にCが甲土地を占有していたこと、ⓑ2001年にCの死亡によりDがCの占有を承継したこと（187Ⅰ）、ⓒ20年後の2017年X月Y日にDが甲土地を占有していたことを主張・証明し、ⓓ時効を援用すればよい（145）。

2. 自主占有は推定されるので（186Ⅰ）、取得時効の成立を争う者が他主占有の証明責任を負うところ、所有の意思は、占有者の内心の意思によってではなく、占有取得の原因である権原または占有に関する事情により外形的客観的に定められる。したがって、Eは、AがCに甲の占有管理を任せたという委任契約（他主占有権原）に基づきCが占有を取得した事実を証明すれば、Dによる長期取得時効の主張を排斥できる（❷）。

3. 短期取得時効の要件は、長期取得時効の要件（**1.**）に加え、占有開始時にⓥ善意・⑩無過失だったことであるが（162Ⅱ）、このうちⓥは推定される（186Ⅰ）。占有者の承継人は自己の占有のみを主張することができるが（187Ⅰ）、他主占有者の相続人が独自の占有に基づく取得時効の成立を主張する場合（185）には、相続人において、その事実的支配が外形的客観的にみて独自の所有の意思に基づくものと解される事情（自主占有事情）を証明しなければならない（❸）。

したがって、Dは、ⓐ2001年Z月W日にDが甲土地を占有していたこと、ⓑその時点で甲土地がDに属すると信ずべき正当な理由があったこと（無過失の評価根拠事実）、ⓒ自主占有事情、ⓓ10年後の2011年Z月W日にDが甲土地を占有していたことを主張・証明し、ⓔ時効を援用すればよい（145）。自主占有事情となるのは、Dによる甲土地の占有管理、収受した賃料の生活費への充当、甲の登記済証の所持、固定資産税の継続納付といった具体的事実である（❸）。

［大久保邦彦］

46 占有の訴え

　Aがパソコン甲を、図書館の机に置いたまま席を離れた隙に、Bが甲を窃取した。

(1)　Aが甲をCから無償で借りて利用していた場合、Aは、Bに対して甲の返還を請求することができるか。

(2)　Bは、甲を利用した後、Dに甲を無償で譲り渡した。DはBがパソコンを所有していなかったように記憶しており、Bが甲を盗んできたのではないかとも考えたが、Bに確認することなく、甲を譲り受けた。Dが甲を利用していることを発見したAは、Dに対して甲の返還を請求することができるか。

(3)　数日後、図書館でBが利用している席で甲を発見したAは、Bに無断で甲を持ち帰った。Bは、Aに対して何らかの請求をすることができるか。

(4)　**(3)** において、BがAに対して占有回収の訴えを提起し、甲の返還を求め、その訴え提起が認められると仮定した場合に、Aは、自らが甲の所有権者であるということをどのような方法で主張することができるか。

参考　❶最判昭和 56 年 3 月 19 日民集 35 巻 2 号 171 頁
　　　❷大判大正 13 年 5 月 22 日民集 3 巻 224 頁
　　　❸最判昭和 40 年 3 月 4 日民集 19 巻 2 号 197 頁

▶▶解説

1. 占有の訴えは、占有者が、占有を侵害された、またはそのおそれがある場合に提起することができる訴えであり、占有保持の訴え（198）、占有保全の訴え（199）、占有回収の訴え（200）の３種類がある。そして、占有者であれば、設例のAのように他人のために占有をする賃借人等の占有代理人も提起することができる（197後）。したがって、Aは、甲を窃取されその占有を奪われていることから、Bに対し占有回収の訴えを提起し、甲の返還を請求することができる（200Ⅰ）。

2. 占有回収の訴えは、占有侵奪者の特定承継人に対しては、その者が侵奪の事実を知っていた場合にのみ提起することができる（200Ⅱ）。悪意というためには、占有侵奪の可能性の認識では足りず、何らかの形での侵奪があったことについて認識していたことが必要である（❶）。設例で、DはBの特定承継人であり、Bによる甲の占有侵奪の事実を知っていたとはいえないことから、Aの請求は認められない。

3. 占有の訴えは、占有者であれば、物を窃取して占有をしている者など正当な権原に基づかず占有する者でも提起することができる（項目**47**も参照）。したがって、Aにより甲の占有を奪われたBは、占有回収の訴えを提起できるようにもみえる。ただし、AもBにより占有を奪われており、占有の交互侵奪が生じている。Bの侵奪から１年が経過していない設例においては、Aも占有回収の訴えを提起することができることから（201Ⅲ）、Bの占有回収の訴えの提起を認めるべきか問題になる。判例は、Bによる占有回収の訴えの提起を認める（❷）。したがって、Bは、占有回収の訴えを提起し、甲の返還を求めることができる。ただし、Bの占有回収の訴えの認容後、Aも占有回収の訴えを提起でき、訴訟経済上、不経済である。そこで、学説は最初のBの侵奪から１年以内の自力救済に対しては、第１の侵奪者Bの占有回収の訴えは認めるべきではないとする。

4. Bの占有の訴えの中で、Aは自らが所有権者であることを防御方法（抗弁）として主張することはできないが（202Ⅱ）、別訴を提起して所有権に基づく返還請求権を行使することはできる。また、判例（❸）は、反訴（民訴146）の提起を認める。その結果、AB双方の請求が認容され、最終的には、甲は所有者であるAのもとに戻ることになる。

［**石綿はる美**］

47 無権原占有と目的物の返還

　競技用自転車甲を所有するAは、駅前に駐輪していた甲を何者かによって盗まれた。その8か月後、Aは、スーパーの駐輪場で甲に似た自転車を発見し、よく調べると、盗まれた甲そのものであることが判明した。甲を駐輪したBが戻ってきたので、Bに事情を尋ねると、以下の事実が明らかとなった。①現在から5か月ほど前、Bは、サイクリングを趣味にしている友人C（職業は医者）から甲を5万円で購入し、それ以降現在まで甲を使用している。②現在から1か月ほど前、甲の部品が壊れたので、Bは、修理代金1万5000円を支払ってサイクルショップに修理してもらった。

(1) Aは、Bに対し、どのような請求をすることができるか。
(2) Bは、Aに対し、どのような請求をすることができるか。

▶▶解説

1．(1)では、Bが甲の占有を取得したことについて192条の要件を充たしていたとしても、甲の盗難の時から2年間が経過していないから、即時取得は成立しない（193。なお、Cは甲と「同種の物を販売する商人」ではないから、194条の適用を考える必要はない）。また、192条の要件を充たしていなければ、そもそも即時取得は成立しない。以上より、Aは甲の所有権を有しているから、甲の所有権に基づき、Bに対し、甲の返還を請求することができる。

　他方で、Aの返還請求に従ってBが甲を返還するまでの間、Bは、何らの権原がないにもかかわらず、A所有の甲を5か月間使用することによって利益（使用利益）を得ている。そこで、Aは、Bに対し、使用利益の返還を請求することが考えられる（使用利益は果実と同様に扱われると解されているので、以下のルールにおける果実は使用利益と読み替えればよい）。ⓐBが自分に果実の取得権能を含む本権（本問では所有権）があると信じている場合（善意の占有者の場合）には、Bが果実を取得するので（189 I）、AがBに対して使用利益の返還を請求することはできない。ただし、Bが本権の訴え（本問ではAのBに対する所有権に基づく返還請求訴訟）において敗訴すると、その訴えの提起の時から、後述の悪意の占有者として扱われる（同Ⅱ）。ⓑBがⓐに当たらない場合（悪意の占有者の場合）には、収取した果実を返還するだけでなく、消費・損傷した果実や収取を怠った果実の代価も償還しなければならないので（190 I）、AのBに対する使用利益の返還請求は認められる。

2．(2)の修理代金は甲の保存のために支出した費用（必要費）に当たるから、Bは、甲を回復者（本問では所有者）Aに返還するときに、Aに対し、その費用の償還を請求することができる（196 I）。その際に、必要費の償還請求権は甲に関して生じた債権であることから、Bは、Aが弁済をするまで、甲を留置することもできる（295 I）。

　ただし、Bが善意の占有者として果実（使用利益）を取得した場合（上記**1．**ⓐの場合）には、通常の必要費（平常時の保管に要する費用。本問の修理代金はこれに当たるだろう）はBの負担に帰するので、Aに対し、その費用の償還を請求することはできない（196 I但）。

［秋山靖浩］

48 添付

次の **(1)**〜**(3)** に解答しなさい。

(1) Aは、B所有の甲土地をBが放置して空地にしていることに目をつけて、Bに無断で、甲土地の一角に種をまいて野菜を栽培していた。その後、Bがこのことに気づいた。この時点で、甲土地上には、Aが栽培している生育途中の野菜が存在している。この場合において、Bは、Aに対し、甲土地上の野菜の除去を請求することができるか。

(2) **(1)** において、Aが、Bに無断ではなく、Bとの間で甲土地の賃貸借契約を結び、賃借権に基づいて野菜を栽培しているとすれば、結論はどうなるか。

(3) Cは、客の持ち込んだ布地を、客の希望する仮装用衣装に仕立てる仕事をしている。Cは、Dからハロウィンの仮装用衣装の仕立てを依頼されていたところ、同じ時期に別の依頼を受けていたEの布地を誤って使用し、Dのための仮装用衣装を仕立ててしまった。この場合において、CE間の法律関係はどうなるか。

▶▶解説

1. **(1)**では、甲土地上の野菜が⒤Aの所有であれば、Bは、甲土地の所有権に基づき、Aに対して野菜の除去を請求することができるが、⒤Bの所有であれば、自分の所有物である以上、そのような除去請求は認められない。そこで、野菜の所有権の帰属が問題になる。

242条本文によると、野菜が甲土地（不動産）に「従として付合した」場合には、甲土地の所有者Bが野菜の所有権を取得する。「従として付合した」とは、野菜と不動産とを分離すると社会経済的な損失が生じるほどに、両者が結合している状態をいう。このような結合状態であるときは、両者を無理に分離すると社会経済的な損失になるので、野菜の所有権をBに取得させ、⒤の除去請求（両者の分離）をできなくしたわけである。以上の基準によると、生育途中の野菜を甲土地から分離すると社会経済的な損失が生じるほどに両者は結合しているといえるであろうから、Bがその所有権を取得し、⒤の結論になる。

その上で、付合により損失を受けた（野菜の所有権を失った）Aは、Bに対し、703条および704条のルールに従い、償金を請求することができる（248）。所有権を失ったことを金銭で調整するわけである。

2. 野菜が甲土地に従として付合した場合であっても、Aが「権原」（他人の不動産に物を付属させてその不動産を利用する権利）によって野菜を付属させたときは、野菜の所有権はAにとどまる（242但）。Aの賃借権は権原に当たるから、**(2)**では、野菜はAの所有となる。その結果、**1.**⒤の結論になりそうであるが、Aは甲土地の賃借権を有しており、これに基づいて甲土地で野菜を栽培することができるから、BのAに対する野菜の除去請求は認められない。

3. **(3)**では、Eの布地にCが工作を加えて新たな物（仮装用衣装）が生じている。このように、他人の動産（材料）に工作を加えて新たな物（加工物）を生じさせることを「加工」という。

加工物（仮装用衣装）の所有権は、ⓐ材料（布）の所有者Eに帰属するのが原則であるが、ⓑCの工作によって生じた価格がEの布地の価格を著しく超えるときは、Cに帰属する(246 I。仮にCも材料の一部を提供した場合は、同条2項に従って処理される)。いずれの場合も、加工により損失を受けた者は、仮装用衣装の所有権を取得した者に対し、償金を請求することができる（248）。　　　［秋山靖浩］

49 共有物の管理

　ＡＢＣは、等しい持分の割合で自動車甲を共有し、共同で甲を使用している。なお、ＡＢＣの間には、甲の使用等に関して特段の合意はないものとする。

(1)　甲のエンジンの調子が悪くなり修理が必要になった場合に、Ａは、自動車修理工場に頼んで甲を修理することができるか。また、その修理にかかった費用をＢＣに請求することができるか。

(2)　Ｃが、ＡＢに無断で甲を独占して使用するようになり、Ａが自分にも使わせてほしいと要求してもこれを拒否している場合に、Ａは、Ｃに対し、甲の返還を請求することができるか。また、Ａは、甲を独占して使用するのであればＣからその使用料をとれるはずだと考えて、Ｃに対し、使用料（賃料）に相当する額の支払を請求することができるか。

参考　❶最判昭和 41 年 5 月 19 日民集 20 巻 5 号 947 頁
　　　　❷最判平成 12 年 4 月 7 日判時 1713 号 50 頁

▶▶解説

1．共有物の取扱いについては、ＡＢＣの間に合意（甲の管理は全てＡが負担する旨の合意など）があればその合意に従って処理される。民法は、合意がない場合について、次のルールを定めている。ⓘ共有物の変更（物の性質を変えること）には、共有者全員の同意を要する（251）。ⓘⓘ共有物の管理（物の性質を変えることなく物を利用・改良する行為）に関する事項は、各共有者の持分の価格に従ってその過半数で決める（252本）。ⓘⓘⓘ共有物の保存行為（物の現状を維持するための行為）は、各共有者が単独ですることができる（同但）。

(1)はⓘⓘⓘに当たるので、Ａは単独で甲を修理することができる。そして、修理にかかった費用は「管理の費用」（共有物の利用、保存、管理または変更に必要な費用等をいう）に当たるから、これを支出したＡは、ＢＣに対しそれぞれ、その費用の３分の１の支払を請求することができる（253Ⅰ）。

2．Ａは、自己の持分権に基づき、持分の割合に応じて甲を使用することができる（249）。ところが、(2)では、Ｃが甲を独占使用することによって、Ａは甲についての自己の持分権の行使を妨げられている。そこで、Ａは、持分権に基づき、Ｃに対して甲の返還を請求することができそうであるが、❶はＡの返還請求が当然には認められないとした。Ｃも自己の持分権に基づいて甲を使用できるところ（249）、Ａの返還請求を認めると、今度はＣからその権利を奪ってしまうことになるからである。

もっとも、❶は、「返還を求める理由」を主張立証すれば、Ａの返還請求が認められる余地があるとしていた。そこで、ＡがＢＣと協議し、あわせて持分の３分の２を有するＡＢの賛成により、Ｃの使用を認めない旨の協議を成立させた場合には（甲をどのように使用するかは上記ⓘⓘの管理に当たるので、持分の価格に従ってその過半数で決められる）、これが「返還を求める理由」となり、Ａの返還請求が認められると解されている。

他方で、Ｃは自己の持分の範囲を超えて（＝法律上の原因なく）甲を使用することで利益を受け、それによってＡが損失を被っている。そこで、Ａは、不当利得返還請求（703および704）として、Ｃに対し、この利益の額（甲の賃料相当額と算定される）の支払を請求することができる（❷。もっとも、Ａは３分の１の持分しか有していないから、請求できるのは賃料相当額の３分の１である）。　　　　［秋山靖浩］

50 共有物の分割

　ＡＢＣは、等しい持分の割合で、甲土地とその上の乙建物を共有している。ＡとＢは以前から別の所に住宅を所有して居住しており、乙建物にはＣが長年居住している。

(1)　ＡＢＣの間で話し合った結果、甲土地と乙建物をＣの単独所有とした上で、Ｃは、ＡとＢに対し、甲土地と乙建物の時価相当額の３分の１の金銭をそれぞれ支払うという内容の共有物分割の協議が調った。このような共有物分割は有効か。

(2)　ＡＢは甲土地と乙建物の共有物分割を希望したが、Ｃが協議に応じないことから、共有物分割を求める訴えを提起した。ＡＢは、甲土地と乙建物を競売してその売却代金をＡＢＣで分割する方法を希望したのに対し、Ｃは、上記**(1)**の内容で分割する方法を希望した。裁判所は、共有物分割としてどのような方法を命じればよいか。

参考　❶最判平成 8 年 10 月 31 日民集 50 巻 9 号 2563 頁

▶▶解説

1. 物権法の定める共有では、各共有者は、原則としていつでも共有物の分割を請求することができる（256 I 本）。その上で、民法は、協議による分割を原則とし、共有者間での協議が調わないときに裁判による分割を行うとした（258 I）。

協議による分割は、共有者全員による協議が調う限り、契約自由の原則ゆえに、どのような方法で分割してもよい（さらに、分割によって各共有者が取得する分を、持分の割合に対応させる必要もない）。したがって、**(1)** の共有物分割は有効である。

2. **(2)** では、ＡＢＣ間の協議が調っていないので、裁判による分割が行われる。裁判による分割は、ⅰ共有物を現実に分割する方法（現物分割と呼ばれる）を原則とし、ⅱ現物分割ができない場合、または、現物分割によると共有物の価格が著しく減少するおそれがある場合には、競売を命じる（共有物を競売してその売却代金を分割する＝代金分割と呼ばれる）とされている（258 II）。以上によると、甲土地と乙建物については現物分割が困難であるからⅱに該当し、ＡＢの主張する代金分割の方法が採用される。

しかし、判例は、共有物分割では、「共有者間の公平を保ちつつ、当該共有物の性質や共有状態の実状に合った妥当な分割が実現される」べきだとして、裁判による分割の方法を柔軟化・多様化している。その一環として、❶は、Ｃが主張する、特定の共有者に共有物を現実に取得（単独所有）させ、その取得者が他の共有者に対して持分の価格を支払うという方法（全面的価格賠償と呼ばれる）も、次の@および⑥の要件のもとで認めている。@共有物の性質・形状、共有の発生原因、共有者の数や持分の割合、共有物の利用状況や分割された場合の経済的価値、分割方法についての共有者の希望やその合理性等の諸事情を総合的に考慮して、共有物を特定の共有者に取得させるのが相当であること、⑥共有物の価格が適正に評価され、その特定の共有者に支払能力があり、他の共有者にはその持分の価格を取得させることにしても共有者間の実質的公平を害しないこと。**(2)** においても、@および⑥の要件を充たすならば（Ｃが乙建物に長年居住していることや、ＡとＢが別の所に居住しており乙建物を取得する必要がないことなどは@を充たす方向で考慮されるだろう）、Ｃの主張する全面的価格賠償の方法が採用される可能性がある。

［秋山靖浩］

51 隣地通行権と地役権

　Aが甲土地、Bが乙土地、Cが丙土地をそれぞれ所有している。各土地の位置関係は【図】のとおりである。

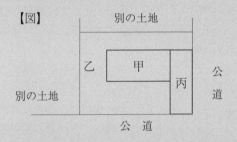

【図】

別の土地

乙　甲　丙

別の土地

公　道

公　道

(1)　Aは、甲土地から公道に出入りするために、乙土地あるいは丙土地を通行する権利を有するか。
(2)　ABが元々は甲土地と乙土地を共有していたところ、共有物の分割によって甲土地がA、乙土地がBにそれぞれ帰属した場合には、**(1)** の結論はどうなるか。
(3)　**(1)** において、Aが丙土地を通行する権利を有するとされた場合に、Aが乙土地を通行するにはどうすればよいか。

参考　❶最判平成 18 年 3 月 16 日民集 60 巻 3 号 735 頁

▶▶解説

1．甲土地は他の土地（囲繞地）に囲まれて公道に通じない土地（袋地）であるから、(1)では、Aは、公道に出入りするために、囲繞地を通行する権利を有する（210 I。隣地通行権）。公道との接続を確保することによって袋地の有効利用を図るのが、その趣旨である。

　Aが囲繞地である乙土地と丙土地のどちらを通行できるか、乙土地・丙土地のどの部分を通行できるかは、Aの通行の必要性、通行によって乙土地または丙土地にかかる負担の程度、付近の地理的状況などの諸事情を考慮して判断される（211 I）。本問では、丙土地の方が甲土地から公道までの距離が短く、丙土地の端であれば丙土地にかかる負担も重くないから、丙土地の端の部分の通行が認められる可能性が高いだろう。また、上記の諸事情を考慮した結果、Aが自動車で通行することが認められる場合もある（❶）。

　なお、Aは、通行によって囲繞地（乙土地あるいは丙土地）に生ずる損害について、囲繞地の所有者に償金を支払う必要がある（212本）。

2．(2)のように、共有物の分割によって袋地（甲土地）が生じた場合には、甲土地の所有者Aは、公道に至るため、他の分割者Bの所有地＝乙土地のみを通行することができ（丙土地を通行することはできない）、Bに償金を支払う必要はない（213 I）。なぜなら、①通行権の問題は共有物の分割に関わった甲土地と乙土地の間で処理すべきであり、これに関わっていない丙土地に迷惑をかけてはならず、また、⑪共有物の分割の際に、AとBは、甲土地が袋地になることを事前に想定して対処できるので（通行の負担を受ける分だけ乙土地を広くするなど）、乙土地が通行の負担を受けても損害は生じないとみるべきだからである。

3．(3)では、Aは、丙土地に隣地通行権（210）を有する場合であっても、Bとの間で、乙土地の通行を内容とする地役権設定契約を結ぶことにより、乙土地に通行地役権を取得し、これに基づいて乙土地を通行することができる（280）。

　隣地通行権と通行地役権を比較すると、前者は要件を充たした場合に限り認められる法律上の権利（相隣関係上の権利）であり、償金の支払が必要（ただし(2)のように213条が適用される場合は不要）であるのに対し、後者は設定契約によって自由に設定することができる用益物権であり（さらに時効〔163・283参照〕によって取得されることもある）、対価（通行料）の支払は必須でない。　［秋山靖浩］

52 担保物権の意義と種類

　会社Aは、新規事業を行うため、弁済期を1年後、利息を年利8％と定めて、金融機関Bから1500万円を借り入れた。1年後、Aは、当該事業に失敗したために、大勢の債権者に対して多額の負債を抱えており、負債総額が会社の資産総額を上回っている。

(1)　Bは、Aに対する融資にあたり、担保を取得していなかった。この場合に、Bは、Aから債権全額を回収することができるか。

(2)　Bは、Aに対する融資にあたり、Aの代表取締役Cを保証人に立てさせ、C個人と保証契約を締結していた。**(1)**の場合と比べて、Bの地位はどのように有利になるか。

(3)　Bから融資を受けた当時、Aは、甲土地（時価1300万円）、絵画乙（時価100万円）、α敷金返還債権（債権額150万円）などの財産を有していた。Bは、これらの財産上に担保を取得しておくことができなかったか。担保を取得していた場合に、Bは、債権全額を回収することができるか。

(4)　Dは、Aの従業員であるが、2か月分の給料の支払を受けていない。BがAの財産上に何らの担保も取得していなかった場合に、Dは、給与債権につき、Bの貸金債権よりも優先して満足を受けることができるか。

▶▶解説

1. Bの貸金債権は、債務者Aの一般財産を引当てとしており、Aが債務を履行しないときは、Bは、最終的には、強制執行の方法で、Aの一般財産から債権の満足を得る。ところが、Aに対してはB以外にも多数の債権者があり、Aの一般財産の総額はAの全債務を弁済するのに不足している（債務者の無資力）。このような場合には、債権の平等性の現れとして、各債権者は、債務者の一般財産から平等に、各自の債権額に応じて按分した額の弁済（比例弁済）を受けるべき地位にある（債権者平等の原則）。そのため、Aの財産に対して強制執行をかけた場合やAについて破産手続等が開始された場合に、無担保のBは債権全額の満足を受けることができない。

2. 設例では、Bが、保証人Cという人的担保を取得して、債務者の無資力の危険に備えている。Bは、貸金債権に基づき、債務者Aの一般財産に強制執行をかけるだけでなく、保証債権に基づき、保証人Cの一般財産にもかかっていくことができる。保証債務は、このように、債権の引当てとなる責任財産の範囲を、債務者の一般財産プラス保証人の一般財産に拡大する機能をもつ。Aが無資力の場合にも、Cに十分な資力があれば、Bは債権全額の満足を受けることができる。

3. Aの財産には、担保価値のある甲（不動産）・乙（動産）・*a*（債権）が含まれていたので、Bは、Aとの間での合意により、それらの上に担保物権（物的担保）を取得して、債務者の無資力の危険に備えることができた。民法が定める典型担保でいえば、甲・乙・*a*債権の順に、抵当権（369）、動産質（352）、権利質（362）の設定が考えられる。

　例えば、甲土地の上に抵当権の設定を受けておけば、Bは、Aが貸金債権を弁済しない場合に、抵当権を実行して甲土地を競売にかけ、その競売代金から優先的に貸金債権の満足を受けることができる。甲土地の交換価値はBの抵当権が（その被担保債権の範囲で）排他的に支配しているから、一般債権者は、たとえ他にAの財産がない場合にも、甲土地にかかっていくことができない。

4. 給料債権については法律上当然に一般先取特権が成立し（306②・308）、Dの給料債権は、無担保のBの貸金債権に優先する。この例が示すように、法定担保物権は、債権者平等の原則を修正して、特定の種類の債権に他の債権よりも優先して満足を受ける地位を与える。

[橋本佳幸]

53 担保物権の通有性

商社Aは、銀行Bから事業資金1000万円を借り入れ、その担保として、A所有の甲土地に、Bのための抵当権を設定した（抵当権設定登記もされている）。甲土地は、その後、代金1200万円でAからCに売却され、所有権移転登記もされた。

他方、Aは、メーカーDから、工作機械乙を代金50万円で仕入れた。その後、Aは、乙を代金60万円でEに転売し、乙をEに引き渡した。

なお、AC間の甲土地の売買、DA間・AE間の乙の売買のいずれについても、代金の支払は未了である。

(1)　Bは、C所有の甲土地上に、何らかの担保物権を有するか。

(2)　Dは、E所有の乙上に、何らかの担保物権を有するか。

(3)　Dは、Aに対する売買代金債権について、AがEに対して有する乙の転売代金債権から優先弁済を受けることができるか。

(4)　Bは、Aに対する貸金債権について、AがCに対して有する甲土地の売買代金債権から優先弁済を受けることができるか。

▶▶解説

1． 物権は、物の所在・支配が移転して何人かの手に帰した場合にも、その物に追及して主張することができ、また、制限物権は、物の所有権が第三者に移転された場合にも、その第三者に対して主張することができる（物権の追及効）。設例のBは、甲土地に抵当権の設定を受けて対抗要件を備えているから、その後に登場した甲土地の第三取得者Cに対しても抵当権を対抗することができる。

2． 追及効は、物権全てに共通するものではない。権利者による占有と結びついた担保物権である留置権・質権は、追及効がないか、制限されている（302・352）。また、動産の上の先取特権も、公示がないため、第三者への処分によって追及効が切断される（333）。

　設例のDは、動産乙の売買代金債権に関し、乙の上に動産売買の先取特権を取得したが（311⑤・321）、その後、Aが乙をEに転売して引き渡したことにより、Dが乙上に有した先取特権は消滅した（333）。

3． 先取特権・質権・抵当権の目的物が滅失・損傷等した場合には、先取特権者等は当該目的物から優先弁済を受けることができなくなるが、その代償物として生じた債権に対する物上代位が認められる（304・350・372）。そこでは、先取特権等による把握（優先弁済権）の対象が、滅失・損傷等した本来の目的物の交換価値から、その代償物として生じた債権に切り替わる。

　設例では、Dは、乙の「売却」による転売代金債権に対して動産売買先取特権に基づく物上代位権を行使することができ（304Ⅰ）、Aに対する売買代金債権につき、AのEに対する転売代金債権から優先弁済を受ける。動産売買先取特権において、このような転売代金債権に対する物上代位は、転売による追及効の切断（前記**2．**）を埋め合わせるものとなる。

4． 設例では、Bの抵当権が設定された甲土地が売却されて売買代金債権を生じており、**(3)** と同様、抵当権者Bが①売買代金債権に対して物上代位権を行使すること（372→304Ⅰ）が考えられる。他方、動産の上の先取特権の場合（前記**2．**）と異なり、Bは、第三取得者Cの登場後も、⑪甲土地上の抵当権を実行して優先弁済を受けることができる地位にある（抵当権の追及効）。

　通説は、抵当権者が①の方法を選択することを排除しないが、近年の有力説は、①を認めず、抵当権者はもっぱら⑪によるべきとする。　　　　［橋本佳幸］

54 留置権

　Aは、半年間の海外出張を命じられたため、自己が所有するスポーツカー甲を知人Bに預けて車庫で保管してもらうことにした。

(1)　Aの不在中、Bは、勝手に甲を乗り回して自損事故を起こし、修理工場Cに修理を依頼した。修理完了後、Cが、Bに対して修理代金100万円を請求したところ、Bは「手持ちの金がない」と言って支払に応じず、行方をくらました。そのため、甲もBに返還されないままになっていた。
　そうこうするうちにAが帰国し、Cに対して甲の返還を求めた。Cが修理代金100万円の支払を確保するには、どのような手段をとればよいか。
(2)　**(1)**で、Aが、帰国後すぐ、Dに対し、甲を代金200万円で売却したとする。この場合に、Dから甲の返還を請求されたCは、**(1)**の手段をとることができるか。
(3)　Aの不在中、Bは、甲の所有者のように振る舞い、Eに対し、甲を代金200万円で売り、引渡しも済ませた（甲はA名義で登録されていたが、Eはそのことを知らなかった）。3か月後、Aが帰国し、Eに対して甲の返還を請求した。Eは、これを拒むことができるか。なお、Aの請求を受けて、Eは、Bに対し、売買契約の不履行による損害賠償を請求したが、Bは行方をくらました。

参考　❶最判昭和 47 年 11 月 16 日民集 26 巻 9 号 1619 頁
　　　❷最判昭和 51 年 6 月 17 日民集 30 巻 6 号 616 頁

▶▶解説

1. Cは、Bに対して修理代金債権を有するが、Bからその支払を受けることはできそうにない。Cは、甲の上の留置権（295）を行使して修理代金債権の支払を確保することになる。

甲について、所有者Aは、占有者Cに対し、所有権に基づく返還請求権を有する。これに対して、甲を占有するC（「他人の物の占有者」）は、甲についての修理代金債権（「その物に関して生じた債権」）を有するから、甲の上に留置権を取得している。なお、甲は修理代金債権の債務者（B）の所有物でないが、そのことは留置権の成立を妨げない。

Cは、この留置権を行使して、修理代金債権100万円の弁済を受けるまで甲の返還を拒むことができる。これによって、Cは、Aに対し、修理代金債権の弁済（Aからみれば他人Bの債務の第三者弁済に当たる）を間接に強制することになる。なお、留置権の効力は目的物の「留置」に尽きるから、留置権者Cは、甲を競売にかけてその交換価値から修理代金債権の優先弁済を受けることはできない。

2. 本問では、A所有の甲の上にCの留置権が成立した後に、甲の所有権がAからDに移転されている。留置権も物権であり対世効をもつから、Cは、留置権が成立した後に目的物を譲り受けた第三者Dに対しても、当然、留置権を対抗することができる（**❶**）。

したがって、Cは、Dによる返還請求に対しても、**(1)**と同様に、留置権を行使して返還を拒み、Dに対し、修理代金債権の弁済（他人Bの債務の第三者弁済）を間接に強制することができる。

3. Bは、売買契約上、Eに対し甲の所有権を取得させる債務があったから、その不履行による損害賠償債務を負う。この債権につき、甲の上にEの留置権が成立するならば、Eは甲の所有者Aによる返還請求を拒みうることになるが、結論として、留置権の成立は否定される。さもなければ、Eが、無権利者Bとの取引によって甲上の物権を取得する結果になるからである。判例も、他人物売買の履行不能の場合には、買主Eが目的物の返還を拒絶することによって売主Bの損害賠償義務の履行が間接に強制される関係にないから、「その物に関して生じた債権」要件を充たさないという論理により、留置権の成立を否定している（**❷**）。

なお、甲は登録自動車なので、Eによる即時取得は問題とならない。

［橋本佳幸］

55 先取特権

Aは、Bが所有する駅前のビルで、ペットショップの営業を始めた。A
は、Bから、店舗用の1区画を月額賃料15万円で借りている（敷金は差し入
れていない）。また、Aは、ショップの店員としてパートCを雇い、商品の動
物については卸問屋Dから代金後払で仕入れている。なお、店内には、集客
のため、愛好家Eから借り受けた珍しい品種の犬・猫数頭を、販売用に見せ
かけて陳列しているが、客が購入を希望した場合には、売約済みと説明して
断っている。

開店から1年が経った現在、ショップの経営は思わしくない。Aは、Bに
対して2か月分の賃料を滞納しているほか、Cには、半月分に相当する給料
8万円の支払を待ってもらっている。また、Dからも、期日が過ぎた卸売代
金50万円の支払を求められている。

他方、ショップ内には、Dから仕入れた動物（甲）、Eから借りている犬・
猫（乙）、金庫の中の現金（丙）などがある。また、Aは、客Fに対して子犬
の販売代金15万円の売掛債権（α債権）を有している。

(1) BCDは、各自のAに対する債権について、甲乙丙・α債権の上に優
先弁済権を有するか。
(2) BCDの優先弁済権が競合するものについて、相互の優劣関係はどの
ようになるか。

| 参考 | ❶大判大正3年7月4日民録20輯587頁 |

▶▶解説

1. Bは、建物（その一部）をAに賃貸しており、賃料債権について不動産賃貸の先取特権を有する（311①・312）。この先取特権は「賃借人がその建物に備え付けた動産」を目的物とするが（313Ⅱ）、判例によれば、賃借人が一定時間継続して存置するため建物内に持ち込んだ動産全てが該当する（❶）。したがって、甲と丙は、Bの先取特権の目的物となる。これに対して、乙は、Eの所有であり、「賃借人の動産」（312）といえない。ただし、不動産賃貸の先取特権には即時取得の規定が準用される（319→192）ため、Bが乙をAの所有と信じており、過失もなかった場合には、乙の上にもBの先取特権が成立することになる。

　Cは、Aに雇用されており、給料債権について雇用関係の先取特権を有する（306②・308）。この先取特権は、債務者Aの総財産の上に成立する。甲丙・a債権はその範囲に含まれるが、E所有の乙は含まれない。

　Dは、動産甲の売主であり、代金債権について動産売買の先取特権を有する（311⑤・321）。この先取特権は、売買の目的動産を目的物とするから、甲（仕入代金が未払のもの）の上に成立する。

　AがFに売却した子犬の上には、もともと、甲と同様に、BDの先取特権が成立していた。子犬の販売によって、この先取特権が子犬の売買代金債権に対する物上代位権に切り替わり（333・304）、BDは、a債権に対して物上代位権を行使することができる。

2. 前記1. から、優先弁済権の競合は甲丙・a債権についてのみ生じる。

　甲については、⒤Bの動産先取特権、⒤⒤Cの一般先取特権、⒤⒤⒤Dの動産先取特権が競合する。このうち、特別先取特権と一般先取特権の間では前者が優先する（329Ⅱ）から、⒤⒤⒤⒤が⒤⒤に優先する。また、動産先取特権相互の間では、不動産賃貸の先取特権が動産売買の先取特権に優先する（330Ⅰ①③）から、⒤が⒤⒤⒤に優先する。全体としては⒤⒤⒤⒤⒤⒤の順となる。ただし、BがDの先取特権の存在を知っていた場合には、BとDの順位が逆転し、⒤⒤⒤⒤⒤⒤の順となる（330Ⅱ）。そして、a債権についても、BDの動産先取特権が物上代位権に置き換わる以外は、甲と同様になる。

　丙については、⒤Bの動産先取特権と⒤⒤Cの一般先取特権が競合し、両者の優劣はこの順となる（329Ⅱ）。

[橋本佳幸]

56 動産質権

　印刷業を営むAは、Bから融資を受ける際に、その担保として、Aの作業場に置いてあるが最近使用していない、A所有の印刷機械甲に質権を設定する旨をBとの間で合意した。

(1)　Aが甲をBに引き渡す前に、CがAに無断で甲を持ち出して使用している場合、Bは、Cに対して甲の引渡しを求めることができるか。
(2)　Aが上記合意に基づき甲をBに引き渡した後に、Bが、Dに甲を詐取された。Bは、Dに対して甲の引渡しを求めることができるか。
(3)　Aは上記合意に基づき甲をBに引き渡したが、その後、Aが甲を使用する仕事を請け負ったため、Bは、Aの依頼を受けて、甲をAの作業場に戻した。Bの質権はどうなるか。
(4)　Aが被担保債権の弁済をしない場合には、Bに弁済として甲の所有権を取得させることをAが約束した。ところがAはその弁済をしなかった。Bは、甲の所有権を取得するか。

参考　❶大判大正 11 年 11 月 27 日民集 1 巻 692 頁
　　　　❷大判大正 5 年 12 月 25 日民録 22 輯 2509 頁

▶▶解説

1. 質権の設定は、債権者にその目的物を引き渡すことによって、その効力を生ずる (344)。すなわち、質物の「引渡し」が質権の効力発生要件である。この「引渡し」は、178条の「引渡し」と同様、「占有権の譲渡」と理解されているが、「占有改定」(183) によることはできない。345条が、質権設定者による代理占有を禁止しているからである。したがって、Aから甲の引渡しを受けていないBは、まだ質権者ではない。Bは、Aに対しては、質権設定の合意に基づき、甲の引渡しを求めることができるが、Cに対しては、423条が定める債権者代位権の要件を充たさない限り、甲の引渡しを求めることができない。

2. 動産質権者は、質物の占有を失ったときは、占有回収の訴えによってのみ、その質物を回復することができる (353)。占有回収の訴えは、200条により、「占有者がその占有を奪われたとき」にのみ認められ、「奪われた」とは、占有者がその意思によらずして物の所持を失ったことであり、占有者が他人に任意に物を引き渡したときは、それが他人の欺罔行為によってなされた場合であってもこれに当たらない (❶)。したがって、Bは、Dに対して甲の引渡しを求めることはできない。

3. 動産質権者は、継続して質物を占有しなければ、その質権をもって第三者に対抗することができない (352)。すなわち、質物の「継続占有」が動産質権の対抗要件である。それでは、質物が設定者に返還された場合に、動産質権者は、設定者に対しても、質権を主張することができないのか。判例は、質物の返還により、動産質権は対抗力を失うに止まり、動産質権それ自体は消滅しないとする (❷)。これに対して、学説には、質物の返還後も動産質権は存続することを認めると、「質権者は、質権設定者に、自己に代わって質物の占有をさせることができない」とした345条を容易に潜脱できるとして、判例に反対し、質物の返還により、動産質権は消滅すると解するものもある。

4. 流質契約は禁止されている (349)。これは設定者の窮迫状態に乗じて、質権者が暴利を貪ることを防止するためである。したがって、Aの約束は無効であり、Bは甲の所有権を取得しない（ただし、商人間では、力の格差が前提とならないので、流質も認められる。商515）。

［占部洋之］

57 転質

大阪に住むAは、Bに300万円を融資する際に、その担保として、Bが所有する動産甲について質権の設定を受けた。ところが、Aは、資金不足が生じたため、神戸に住むCから200万円の融資を受けることになった。

(1) Aは、Cから受けた融資の担保として、甲を利用してどのような手段をとり得るか。
(2) Aは、Bに無断で、Cのために甲について質権を設定した。AがCに対して被担保債権の弁済をしない場合、Cは、誰に対して何を請求できるか。BがAに対してすでにAの被担保債権の弁済をしていた場合はどうか。
(3) Aは、Bに無断で、Cのために甲について質権を設定した。その後に、神戸で起きた地震により甲が滅失した場合、BはAに対して甲の滅失により生じた損害の賠償を請求できるか。

▶▶解説

1. 質権も１つの財産権であり、質権者はこれを処分することができる。これにより、質権者は自己の債権の弁済期前に資金を第三者から調達することができ、一旦債務者に貸し付け固定した資金を流動化し、投資の回収と同じ効果を発揮することができる。

　質権の処分方法は２つある。１つは、質権の被担保債権を譲渡する（466 I）ことである。担保物権の随伴性により、質権も被担保債権の譲受人に移転する。しかし、その結果、被担保債権（さらには質権）を失う。したがって、例えば、被担保債権の利息も、譲渡時以降については失うことになる。そこで、民法は、質権者が被担保債権（さらには質権）を失うことなく資金を調達することを可能にする、もう１つの方法を認めた。それが「転質」（348）である。

2. 348条は、質権者が質物について転質をするために、質権設定者の同意を要求していない。学説はこれを「責任転質」と呼んで、質権設定者の同意を得て質物を質入れする「承諾転質」と区別する。しかし、「承諾転質」は、質権者の質権と全く独立して存在し、質権者の質権が消滅しても、承諾転質は消滅しない。すなわち、これは、質権設定者が質権者の債務の「物上保証人」になるのであって、質権者による質権の処分ではないのであり、これを「転質」と呼ぶ必要はない。

　転質権実行の方法は、質権の実行方法と同じである。Aの債権の弁済期も到来していれば、Cは甲について競売（民執190）を申し立てることができる。転質の性質を、「質権と被担保債権の双方に質権を設定するもの」（債権・質権共同質入説）と考えると、Cは、さらに、Aの債権を直接取り立てることもできる（366 I）ことになる。また、364条により、Bへの通知またはBの承諾があれば、Bは、Aへの弁済をもってCに対抗することができない。

3. 質権者が転質をした場合において、転質をしたことによって生じた損失については、不可抗力によるものであっても、その責任を負わなければならない（348後）。すなわち、質権者は、質権設定者の承諾なくして転質をすることができる代わりに、このような重い責任を負わされることになるのである。したがって、Bは、Aに対して、甲の滅失により生じた損害の賠償を請求できる。

［占部洋之］

58 抵当権の効力が及ぶ 目的物の範囲

　Aは、Bに対する貸金債権を担保するため、Bが所有し、劇場として利用している甲建物と、その敷地である乙土地とについて、Bから抵当権の設定を受け、それぞれその旨の登記を備えた。その後、Bは、甲建物の入口付近にあたる乙土地の一部に、Cが所有する若木丙を植栽した。また、Bは、甲建物を改装するため、新しく音響設備丁と照明器具戊をDから購入し、それぞれを甲建物の中に設置した。

(1)　Eは、煙草の不始末により、丙を損傷した。Aは、抵当権に基づく物上代位権の行使として、BのEに対する不法行為による損害賠償請求権を差し押さえることができるか。
(2)　Bの一般債権者であるFは、強制執行により丁を差し押さえた。Aは、第三者異議の訴えを提起して、強制執行の不許を求めることができるか。
(3)　Bは、戊を甲建物から取り外して、自分の倉庫に移した。その後、戊は、BからGへと売却され、Gの倉庫に搬入された。Aは、Gに対し、抵当権に基づく妨害排除請求として、戊を甲建物へと戻すよう求めることができるか。

参考　❶大連判大正 8 年 3 月 15 日民録 25 輯 473 頁
　　　　❷最判昭和 44 年 3 月 28 日民集 23 巻 3 号 699 頁
　　　　❸最判平成 2 年 4 月 19 日判時 1354 号 80 頁
　　　　❹東京高判昭和 53 年 12 月 26 日下民集 29 巻 9＝12 号 397 頁
　　　　❺最判昭和 57 年 3 月 12 日民集 36 巻 3 号 349 頁

▶▶解説

1. 乙土地に植栽された丙は、乙土地の付合物であり、Bが所有する乙土地の一部となる（242本）。そのため、丙は、乙土地の付加一体物（370本）にあたる。したがって、丙にも、Aの抵当権の効力が及ぶ。そして、BのEに対する不法行為による損害賠償請求権は、抵当権に基づく物上代位の目的となる（372→304Ⅰ本）。したがって、Aは、同請求権について物上代位をすることができる。

2. 丁は、抵当権設定後に甲建物に設置された従物（87Ⅰ）である。今日では、従物の設置された時期が、抵当権設定の前であるか（❶❷❸）、その後であるか（❹）にかかわらず、従物にも抵当権の効力が及ぶと考えられている。その根拠については、従物は、抵当不動産と経済的一体性をもつ物として、付合物と同様に、付加一体物（370本）にあたるという見解と、独立の物である従物には、87条2項により、つまり同条項の「処分」を、抵当権の設定からその実行に至るまでの一体ととらえることで、抵当権の効力が及ぶという見解とがあり、前者が通説とみられる（❷は、対抗力について370条を挙げている）。丁が高価であっても、従物である限り、抵当権の効力はこれに及ぶ（❸❹参照）。もっとも、AとBとの間で、排除特約（370但）が黙示にされていると認定されることがある（特約の効力を第三者に対抗するためには、登記〔不登88Ⅰ④〕が必要である）。Aの抵当権の効力が丁に及ぶときは、甲建物について抵当権設定登記がされていれば、そのことを第三者に対抗することができる（❷）。この場合において、抵当権は、第三者異議の訴えを根拠づける権利にあたる（❷）。

3. 抵当権の効力は、従物である戊に及ぶ（**2.**）。Bが戊を甲建物から分離したときは、通常の使用収益の範囲を超えるならば、抵当権の効力が存続する。Bが戊を搬出したときも、同様であると考えられる。もっとも、対抗力について、公示の衣に包まれている範囲でこれを認めるならば、Gが背信的悪意者でない限り、Aは、Gに対抗することができない。他方、一旦備えられた対抗力は、戊の搬出後も存続するとみるならば、Gに即時取得（192）が成立しない限り、Aは、Gに対抗することができる（同旨を説く❺は、工場抵当についてのものであることに注意）。抵当権に基づく妨害排除請求が認められるときは、Aは、Gに対し、戊を甲建物へと回復するよう求めることができる（❺）。これにより、Aは、抵当権に基づいて、戊を甲建物とともに競売することができる。

［水津太郎］

59 抵当権の侵害

　Aは、Bに対する貸金債権を担保するため、Cが所有する甲建物と乙建物とについて、Cから抵当権の設定を受け、それぞれその旨の登記を備えた。Bは、上記Aの貸金債権について履行遅滞に陥った。

　甲建物は、Dが正当な権原に基づかずにこれを占有している。また、乙建物は、Aの抵当権設定登記がされた後、CがEに対し、これを賃貸し、その引渡しをしている。

(1)　Aは、Dに対し、抵当権に基づく妨害排除請求として、甲建物の明渡しを求めることができるか。
(2)　Aは、Eに対し、抵当権に基づく妨害排除請求として、乙建物の明渡しを求めることができるか。
(3)　上記 **(1) (2)** において、Aは、Cではなく、自分に甲建物や乙建物を明け渡すよう求めることができるか。
(4)　Aは、DやEに対し、不法行為を理由として、それぞれ明渡し時までの賃料相当額の損害の賠償を求めることができるか。
(5)　Aが抵当権の実行として、甲建物や乙建物について担保不動産競売の申立てをしようとするときに、Aは、DやEの占有を排除するため、上記 **(1) (2) (3)** のほかに、どのような手段をとることができるか。

参考　❶最判平成 3 年 3 月 22 日民集 45 巻 3 号 268 頁
　　　　❷最大判平成 11 年 11 月 24 日民集 53 巻 8 号 1899 頁
　　　　❸最判平成 17 年 3 月 10 日民集 59 巻 2 号 356 頁

▶▶解説

1．Aの抵当権は、甲建物を占有することを内容としていない（369）。そうすると、Dが甲建物を占有していても、Aの抵当権は、侵害されないようにみえる（❶）。しかし、甲建物がDにより不法に、つまり正当な権原に基づかずに占有されることで、ⓘ抵当不動産の交換価値の実現が妨げられ、ⓘⓘ抵当権者の優先弁済権の行使が困難となるような状態があるときは、その状態は、Aの抵当権に対する侵害と評価される（❷）。この場合には、Aの換価権（ⓘ）と優先弁済権（ⓘⓘ）とが害されるからである。この要件は、ⓘ抵当権の実行としての競売手続の進行が阻害され、ⓘⓘ売却価額が適正な価額よりも下落するおそれがあるときなどに充たされる。

2．これに対し、乙建物がEにより適法に、つまり正当な権原に基づいて占有されているときに、Aの抵当権に対する侵害が生じていると評価されるためには、上記の客観的要件（**1.**）に加え、次の主観的要件を充たす必要がある（❸）。それは、占有権原の設定について、抵当権の実行としての競売手続を妨害する目的があることである。この目的は、賃料が低額であったり、敷金が高額であったり、占有者と所有者との間に一定の関係があったりしたときなどに認められる。

AがDに対して甲建物の明渡しを求めるためには、ⓐ抵当権に基づく妨害排除請求を行う方法（❷傍論·❸）のほかに、ⓑAが抵当不動産の所有者Cに対して有する侵害是正請求権（❷）または担保価値維持請求権（❷奥田昌道補足意見）（Aが債務者Bに対して有する被担保債権ではない）を保全するため、CのDに対する所有権に基づく返還請求権を代位行使（423条の法意〔いわゆる債権者代位権の転用〕）する方法（❷）がある。もっとも、ⓑは、賃借人Eには、これを用いることができない。また、ⓐが認められた以上、ⓑによる必要はない。

3．Aは、Cにおいて、抵当権に対する侵害が生じないように甲建物や乙建物を適切に維持管理することが期待できないときは、直接自分への明渡しを求めることができる（❸）。これにより、Aは、その建物について管理占有を取得する。

4．Aは、DやEの占有によって、賃料相当額の損害を被るわけではない（❸）。Aには、甲建物や乙建物を使用する権限がないからである。

5．Aは、担保不動産競売の開始決定前の保全処分（民執187）を申し立てることができる。執行官保管（同Ⅱ）がされれば、Aは、建物を管理する負担（**3.**）を負わず、保管に要した費用は、共益費用として扱われる（同Ⅴ→55 Ⅹ）。［**水津太郎**］

60 抵当権に基づく
物上代位

　Aは、Bに対する貸金債権を担保するため、Bが所有する甲建物について、Bから抵当権の設定を受けた。甲建物は、抵当権設定登記がされた後、BからCへと賃貸された。Cは、Bに対し、敷金を差し入れるとともに、甲建物の外壁の修繕費用を融資する目的で、保証金を交付した。Bは、上記Aの貸金債権について履行遅滞に陥った。Aは、抵当権に基づく物上代位権の行使として、BのCに対する賃料債権のうち、履行遅滞前に生じた3か月分の未払賃料（α債権）、その後に生じた3か月分の未払賃料（β債権）、将来生ずる6か月分の賃料（γ債権）について差押命令を取得し、同命令は、BおよびCへと送達された。以下の場合において、Aは、どの範囲で賃料を取り立てることができるか。

(1)　Bは、Dに対し、αおよびβ債権を譲渡し、その旨を内容証明郵便によりCに通知した。同通知は、差押命令の送達前にCへと到達した。
(2)　Cは、BのCに対するα、βおよびγ債権と、CのBに対する保証金返還債権とを相殺する旨の意思表示をした。
(3)　Cは、Bとの間で、甲建物の賃貸借契約を合意解除し、これを明け渡した。Cは、敷金分について、賃料を支払わないとしている。

参考　❶最判平成元年10月27日民集43巻9号1070頁
　　　❷最判平成10年1月30日民集52巻1号1頁
　　　❸最判平成13年3月13日民集55巻2号363頁
　　　❹最判平成14年3月28日民集56巻3号689頁

▶▶解説

1. 抵当権に基づく物上代位には、抵当不動産の代替的価値（損害賠償請求権や保険金債権）に対するもの（代替的物上代位）のほかに、抵当不動産の派生的価値（賃料債権）に対するもの（付加的物上代位）が認められている（平成 15 年改正前について、**❶**）。抵当権は、被担保債務の不履行「後に生じた抵当不動産の果実」に及ぶ（371）。「果実」には、賃料が含まれる（88 Ⅱ）。そして、賃料債権は、抵当権に基づく物上代位により差し押さえることができる（372 → 304 Ⅰ但）。したがって、Aは、BのCに対する賃料債権について、物上代位をすることができる。

　もっとも、不履行「後に生じた」という文言からは、α 債権は、物上代位の目的から除かれそうである。しかし、民事執行法 188 条の準用する 93 条 2 項は、賃料債権の発生時期を問題としていない。また、抵当権の実行段階に至った以上、未払賃料すべてについて抵当権の効力を及ぼしても、抵当権の本質に反しない。このように考えると、β 債権だけでなく、α 債権についても、Aの物上代位とBからDへの債権譲渡との競合が生ずる。

　❷によれば、「差押え」の趣旨は、主として第三債務者Cの保護にある。他方、物上代位の公示は、抵当権設定登記によりされている。したがって、Dが抵当権設定登記後に α および β 債権を譲り受け、第三者対抗要件を備えた後も、Aは、同債権について物上代位をすることができる。

2. Aが物上代位により α、β および γ 債権を差し押さえた後は、Cは、抵当権設定登記後にBに対して取得した保証金返還債権を自働債権とする同債権との相殺をもって、Aに対抗することができない（**❸**）。物上代位の公示は、抵当権設定登記によりされているからである。つまり、AとCとの間の優劣は、差押え時ではなく、登記時を基準に判断される。もっとも、Aが物上代位による差押えをする前に、Cが相殺をしたときは、差押え前に生じていた α および β 債権については、Cの相殺が優先する。この場合には、物上代位による差押えの前に、「払渡し」（372 → 304 Ⅰ但）があったと評価されるからである。

3. Aが物上代位による差押えをした後も、Cが賃貸借契約の終了後に甲建物を明け渡したときは、賃料債権は、敷金の充当により、その限度で消滅する（**❹**）。Cは、賃料債権が敷金の充当を予定したものである（622 の 2 Ⅰ）ことを、Aに対して主張することができるからである。　　　　　　　　　　　　　　　　　［水津太郎］

61 抵当権の処分

　Aが所有する甲建物には、Aを債務者かつ設定者として、Bの1番抵当権（被担保債権額1500万円）、Cの2番抵当権（被担保債権額2000万円）およびDの3番抵当権（被担保債権額1500万円）が設定され、それぞれその旨の登記が備えられている。

(1)　Eは、Aに対し、1000万円を融資するのと引換えに、1番抵当権を与えるよう求めた。Aの依頼を受けたBは、BからEへと抵当権を譲渡し、その旨の付記登記をした。甲建物の換価金4000万円は、B、C、DまたはEにどのように配当されるか。また、BからEへと抵当権が放棄されたときはどうか。

(2)　Dは、Aに対し、1番抵当権が得られれば、新たな融資に応ずるとした。Aの依頼を受けたBは、BからDへと抵当権の順位を譲渡し、その旨の付記登記をした。甲建物の換価金4000万円は、B、CまたはDにどのように配当されるか。また、BからDへと抵当権の順位が放棄されたときはどうか。

(3)　上記**(2)**と抵当権の順位の変更とは、どこが違うか。

(4)　Bは、Fから2000万円の融資を受けたため、Fに対し、1番抵当権について転抵当権を設定し、その旨の付記登記をした。甲建物の換価金4000万円は、F、B、CまたはDにどのように配当されるか。

▶▶解説

1. 抵当権の処分には、ⅰ抵当権の譲渡、ⅱ抵当権の放棄、ⅲ抵当権の順位の譲渡、ⅳ抵当権の順位の放棄、ⅴ転抵当（以上、376）と、ⅵ抵当権の順位の変更（374）とがある。ⅰ～ⅳとⅵは、債務者が新たな融資を受けることを容易にしたり、複数の債権者の利害を調整したりするために行われる。これに対し、ⅴは、抵当権者が融資を受けたり、弁済期到来前に被担保債権を回収することを欲したりしたときに行われる。

抵当権の譲渡または放棄（ⅰⅱ）は、一般債権者に対してされる一方、その順位の譲渡または放棄（ⅲⅳ）は、後順位抵当権者に対してされる。譲渡（ⅰⅲ）とは、処分者が優先弁済権を受益者に取得させることをいい、放棄（ⅱⅳ）とは、処分者が優先弁済権を受益者に主張しないことをいう。甲建物の換価金4000万円は、抵当権の処分がされなければ、Bに1500万円、Cに2000万円、Dに500万円と配当されるはずであった。EがBから抵当権の譲渡（ⅰ）を受けたときは、Eは、Bに対して優先する。そのため、配当額は、E・1000万円、B・500万円、C・2000万円、D・500万円となる。これに対し、EがBから抵当権の放棄（ⅱ）を受けたときは、BとEは、債権額に比例して平等に扱われる。そのため、配当額は、B・900万円、E・600万円、C・2000万円、D・500万円となる。

2. BとDは、抵当権の処分がされなければ、合計で2000万円の配当を受けることができたはずであった。したがって、DがBから抵当権の順位の譲渡（ⅲ）を受けたときは、配当額は、D・1500万円、B・500万円、C・2000万円となる。これに対し、DがBから抵当権の放棄（ⅳ）を受けたときは、配当額は、B・1000万円、D・1000万円、C・2000万円となる。

3. 抵当権の順位の譲渡または放棄（ⅲⅳ）は、処分者と受益者との間の相対的な効力しか有しない。そのため、BとDとの間の合意ですることができる。他方、抵当権の順位の変更（ⅵ）がされると、順位が絶対的に入れ替わる。そのため、Cを含めた合意と利害関係人の承諾が必要である（374Ⅰ）。また、権利関係を明確にするため、その旨の登記をしないと効力が生じないとされている（同Ⅱ）。

4. 転抵当権（ⅴ）を有するFは、Bの被担保債権額1500万円の限度でしか優先弁済を受けることができない。CやDへの配当額は、変わらない（Bは、0円）。そのため、FとBとの間の合意ですることができる。ⅴの処分がⅰ～ⅳと競合したときは、その優劣は、付記登記の先後で定まる（376Ⅱ）。　　　　[**水津太郎**]

62 共同抵当

Aは、Bに対する 5000 万円の借入金債務を担保するため、Aが所有する甲土地（価額 6000 万円）と乙土地（価額 4000 万円）とについて、Bのために共同抵当権を設定し、その旨の登記を備えた。Aは、甲土地についてCの 2 番抵当権を設定し（被担保債権額 4000 万円）、乙土地についてDの 2 番抵当権を設定し（被担保債権額 5000 万円）、それぞれその旨の登記を備えた。

(1) Bが抵当権に基づいて甲土地と乙土地とを競売した場合において、各換価金は、B、CまたはDにどのように配当されるか。

(2) Bが抵当権に基づいて甲土地を競売した後、乙土地が競売された場合において、各換価金は、B、CまたはDにどのように配当されるか。

(3) 上記 **(2)** とは逆に、Bが抵当権に基づいて乙土地を競売した後、甲土地が競売されたときはどうか。

(4) 上記 **(1) (2)** において、甲土地についてCの 2 番抵当権が設定されていなかったらどうか。

(5) 上記 **(1) (2)** において、甲土地がAから委託を受けてBのために抵当権を設定した物上保証人Eの所有に属しており、Eが甲土地についてCの 2 番抵当権を設定していたとしたらどうか。

参考 ❶最判昭和 44 年 7 月 3 日民集 23 巻 8 号 1297 頁
❷最判昭和 53 年 7 月 4 日民集 32 巻 5 号 785 頁
❸最判昭和 60 年 5 月 23 日民集 39 巻 4 号 940 頁
❹大阪地判平成 26 年 12 月 4 日金判 1473 号 48 頁

▶▶解説

1. 甲乙両土地が競売され、各換価金が同時に配当される場合（同時配当）には、各土地の価額に応じて、債権の負担が割り付けられる（392 I）。そのため、Bは、甲土地の換価金から 5000 万円 × $\frac{3}{5}$ = 3000 万円、乙土地の換価金から 5000 万円 × $\frac{2}{5}$ = 2000 万円の配当を受ける。甲土地の残金 3000 万円は、Cに配当され、乙土地の残金 2000 万円は、Dに配当される。

2. 甲土地のみが競売され、その換価金が配当される場合には、Bは、債権全部の弁済を受ける（392 II 前）。その後、乙土地が競売されたとき（異時配当。順序が逆のとき〔3.〕もある）は、Cは、Bが同時配当の規律により乙土地から弁済を受けることができた金額の限度で、Bに代位してその抵当権を行使することができる（同 II 後）。甲土地の換価金のうち、5000 万円は、Bに配当され、1000 万円は、Cに配当される。さらに、Cは、乙土地の換価金から、Bに代位することで、2000 万円の配当を受けることができる。Dには、残金 2000 万円が配当される。

3. 乙土地、甲土地の順に異時配当がされたときも、配当額の合計は、変わらない。B・5000 万円、C・3000 万円、D・2000 万円となる（各自計算せよ）。

4. Cの2番抵当権が設定されていなかった場合において、同時配当がされたときは、**1.** の割付がされる結果、Dには、2000 万円しか配当されない。他方で、甲土地、乙土地の順に異時配当されたときは、Dは、4000 万円の配当を受けることができる。このようにみると、異時配当の規律は、Dに最低限、同時配当のケースと同一の配当額を保障する意味を有するものであるといえる。

5. 物上保証人Eは、甲土地が競売されたときは、Bに代位し（499）、Aに対する求償権の範囲内で、原債権を被担保債権として、乙土地を目的とするBの抵当権を行使することができる（501 I・II）。この期待は、乙土地にDの抵当権が設定されたからといって奪われるべきではない（❶）。他方で、Eは、甲土地に設定したCの抵当権に対して劣後する。Cは、物上代位（372→304）するのと同様に、Eが取得したBの抵当権から優先弁済を受けることができる（❷❸）。甲土地の換価金のうち、5000 万円は、Bに配当され、1000 万円は、Cに配当される。乙土地の換価金のうち、3000 万円は、Cに配当され、1000 万円は、Eに配当される。

　異時配当がされたときと、同時配当がされたときとで、物上保証人Eの負担が変わるというのは、不合理である。したがって、同時配当がされたときも、**1.** の割付は、されるべきではないと考えられる（❹）。　　　　　　　　［水津太郎］

63　法定地上権⑴

　老舗旅館Aは、営業資金の不足を解消するために、B銀行から融資を受け、その担保として、旅館として利用している甲建物の敷地である乙土地に抵当権を設定し、その旨の登記を経由した。ところが、隣家の火災により甲建物が類焼したので、Aは、乙土地の上に丙建物を再築し、その資金を融資したC銀行のために、丙建物について抵当権を設定し、その旨の登記を経由した。その後、AがBに被担保債権の弁済をしなかったため、Bは乙土地の抵当権を実行し、Dがこれを買い受け、その旨の登記を経由した。

(1)　Dは、Aに対して、乙土地の所有権に基づき、丙建物の収去と乙土地の明渡しを求めることができるか。
(2)　乙土地への抵当権設定の当時、甲建物が著しく老朽化しており、近く取り壊されることが予想されたので、Bが乙土地を更地と評価していた場合、**(1)**の結論は異なるか。
(3)　丙建物の建築後に、丙建物がAとEの共有とされていた場合、**(1)**の結論は異なるか。

参考　❶大判昭和 10 年 8 月 10 日民集 14 巻 1549 頁
　　　　❷最判昭和 52 年 10 月 11 日民集 31 巻 6 号 785 頁
　　　　❸最判昭和 36 年 2 月 10 日民集 15 巻 2 号 219 頁
　　　　❹最判昭和 46 年 12 月 21 日民集 25 巻 9 号 1610 頁

▶▶解説

1．土地およびその上に存する建物が同一の所有者に属するので、あらかじめその建物のために敷地利用権を設定できない場合において、その土地または建物について抵当権が設定され、その実行により、その土地の所有者とその建物の所有者が異なるに至ったときは、その建物のためにその土地について地上権が成立する（388）。これを「法定地上権」という。

　土地抵当権設定時にその土地の上に存した土地所有者の建物が、その後滅失したため、その土地上に新たに建物が建築された場合に、その新建物のために法定地上権が成立するか。土地について抵当権が設定された段階で、その上に土地所有者の建物が存在していたのであるから、抵当権者は法定地上権の成立を覚悟していたはずであり、新建物のために法定地上権が成立しても、直ちに抵当権者を害するわけではなく、不測の損害を被ることにはならない。判例は、本問のように、土地についてのみ抵当権が設定されていた場合において、このことを認める（❶）。これは、法定地上権の制度趣旨が、単に建物それ自体の保護にとどまらず、土地抵当権設定者の土地利用権まで保護することにあると理解していることを示すものであろう。

2．判例は、抵当権者が建物の再築を承知していた場合、新建物を基準として法定地上権の内容を定めるとする（❷）。これは、抵当権者の主観的な担保価値の評価を基にして法定地上権の成否を決定しているとも理解できる。そうであるなら、Ｂが乙土地を更地と評価していたのであれば、法定地上権は成立しないということにもなりそうである。判例は、抵当権者が建物の築造をあらかじめ承認していたとしても、更地としての評価に基づき抵当権が設定された場合には、法定地上権は成立しないとする（❸）。

3．判例は、建物の共有者の１人がその建物の敷地を単独で所有する場合においても、その土地の所有者は、自己のみならず他の建物共有者のためにもその土地の利用を認めているものというべきであるとして、法定地上権の成立を認める（❹）。確かに、抵当権者は設定者Ａも所有する建物の存続を覚悟しているといえるし、土地を所有しないＥにとっても、法定地上権の成立はむしろ好都合であろう。以上のことは、建物が再築された場合にも妥当しよう。したがって、判例によれば、この場合も、**(1)**の結論は異ならないことになる。　　　　　[**占部洋之**]

64 法定地上権(2)

　老舗旅館Aは、新規事業資金を調達するために、B銀行から融資を受け、その担保として、旅館として利用している甲建物とその敷地である乙土地に共同抵当権を設定し、その旨の登記を経由した。ところが、隣家の火災により甲建物が類焼したので、Aは、乙土地の上に丙建物を再築し、その資金を融資したC銀行のために、丙建物について抵当権を設定し、その旨の登記を経由した。その後、AがBに被担保債権の弁済をしなかったため、Bは乙土地の抵当権を実行し、Dがこれを買い受け、その旨の登記を経由した。

(1)　Dは、Aに対して、乙土地の所有権に基づき、丙建物の収去と乙土地の明渡しを求めることができるか。
(2)　Cのために丙建物について抵当権が設定される前に、上記Bからの融資を担保するために、丙建物について共同抵当権が設定され、その旨の登記がされた場合どうなるか。

参考　❶大判昭和 10 年 8 月 10 日民集 14 巻 1549 頁
　　　❷大判昭和 13 年 5 月 25 日民集 17 巻 1100 頁
　　　❸最判平成 9 年 2 月 14 日民集 51 巻 2 号 375 頁
　　　❹東京高決昭和 53 年 3 月 27 日判時 888 号 93 頁
　　　❺最判平成 9 年 6 月 5 日民集 51 巻 5 号 2116 頁

▶▶解説

1. 土地についてのみ抵当権が設定されていた場合において、その設定時にその土地の上に存した土地所有者の建物が、その後滅失したため、その土地の上に新たに建物が建築されたときは、その抵当権の実行により、新建物のために法定地上権が成立する（**❶**）。項目 **63** で解説したように、新建物のために法定地上権が成立しても、直ちに抵当権者を害するわけではなく、不測の損害を被ることにはならない。抵当権者は地上建物のための法定地上権を予期していたからであり、このことは、土地についてのみならず、建物についても、被担保債権を同じくする抵当権（共同抵当権）が設定されていた場合においても、変わらないはずである。現に、**❷**も、このことを認め、これについてその後数十年間、異論はなかった。

　ところがバブル経済の崩壊をきっかけに頻発した、執行妨害を目的とする建物の再築に対応するために、東京地裁執行部は、「敷地の抵当権者が、滅失した旧建物についても抵当権の設定を受けることにより、土地の担保価値の全部を把握していた」（東京地裁執行処分平成 4 年 6 月 8 日判タ 785 号 198 頁）として、新建物のために法定地上権は成立しないとした。このような考え方（全体価値考慮説）を**❸**も採用して、**❷**を変更した。これによると、Ｄの請求は認められることになる。しかし、これは同時にＣが抵当権を失うことを意味するから、Ｃからの融資は期待できず、建物が再築される可能性は著しく減少することになろう。

2. **❹**は、更地に抵当権が設定された後に、その更地の上に建てられた建物について、抵当権者が共同抵当権の設定を受けた場合には、抵当権の実行により、法定地上権が成立するとした。成立を認めても、抵当権者の利益を害することはないからである。**❸**も「特段の事情」として、これを認める。したがって、この場合は、法定地上権が成立し、Ｄの請求は認められない。ただし、**❺**は、「新建物の所有者が土地の所有者と同一であり、かつ、新建物が建築された時点での土地の抵当権者が新建物について土地の抵当権と同順位の共同抵当権の設定を受けた場合であっても、新建物に設定された抵当権の被担保債権に法律上優先する債権が存在するときは、右の特段の事情がある場合には当たらず、新建物のために法定地上権が成立しない」とした。

［占部洋之］

65 根抵当権

　家電メーカーのA社は、大手量販店のB社に対して、継続的に電気製品を供給しており、その売掛代金債権を担保するために、Bが所有する不動産について、確定期日を4年後、極度額を3000万円とする根抵当権の設定を受けようとしている。

(1)　被担保債権の範囲をどのように定める必要があるか。

(2)　根抵当権設定後、元本確定前に、Bへの供給量が増えたため、極度額を増額する場合には、何をする必要があるか。逆に、Bへの供給量が減ったため、極度額を減額する場合には、何をする必要があるか。

(3)　根抵当権設定後に、確定期日の定めを取りやめるためにはどうすればよいか。その取りやめ後は、どうすれば元本が確定するか。

(4)　Aの子会社Cにも、Bへの供給を担当させることになった。この場合、どうすれば設定された根抵当権からCも優先弁済を受けられるようにできるか。

(5)　根抵当権設定後、2800万円の売掛代金債権が元本として確定したが、この債権について、600万円の遅延利息が発生していた。根抵当権の実行により、Aは、いくらの配当を受けることができるか。

▶▶解説

1．369 条が定める「抵当権」は、特定の債権を担保するためのものであり、「普通抵当」と呼ばれる。しかし、本問の売掛代金債権のような、継続的に発生しては消滅する債権を、「普通抵当」で担保しようとすると、債権が発生する度に抵当権を設定する必要があり、しかもその抵当権は弁済により程なく消滅することになる。このような債権を担保するために設けられたのが「根抵当」である。

　根抵当権の特性は、被担保債権が特定されていない点にある。しかし、民法は、債権者・債務者間に生じる一切の債権を被担保債権とする「包括根抵当」を許さず、被担保債権を一定の範囲に特定することを要求し、その方法を 398 条の 2 第 2 項と 3 項に定める。そのうち、本問のような、取引によって生ずる債権を特定する方法は、2 項が定める。

2．元本の確定前であれば、利害関係人の承諾を得ることにより、極度額を変更することができる（398 の 5）。「利害関係人」とは極度額の増減で不利益を被る者であり、極度額を増額する場合には、後順位担保権者・第三取得者・差押債権者であり、極度額を減額する場合には、転抵当権者である。

3．確定期日の変更（延長・繰り上げ・廃止）に、後順位抵当権者等の承諾は要しない（398 の 6 Ⅱ→398 の 4 Ⅱ）が、旧期日前に登記をしないと、元本は旧期日で確定する（398 の 6 Ⅳ）。確定期日の定めがない場合にも、ⅰ確定請求（398 の 19）、ⅱ根抵当権者の優先弁済権実現（398 の 20）、ⅲ債権者・債務者の相続（398 の 8 Ⅳ）・合併（398 の 9 Ⅳ）により元本が確定する。

4．根抵当権者は、確定前の根抵当権を 2 個に分割して、その 1 つを譲渡する（398 の 12 Ⅱ。分割譲渡）ことや、確定前の根抵当権を準共有（264）する関係を生ぜしめる（398 の 13。一部譲渡）ことができる。

5．極度額を「担保される元本の最高限度額」とする考え方（元本極度額説）もあるが、民法は、元本・利息・遅延利息を含めた限度額としている（398 の 3 Ⅰ。債権極度額説）。したがって、確定根抵当権にも 375 条の適用はない。Aの配当は 3000 万円に限られる。

［占部洋之］

66 非典型担保

　Aは、自宅の隣で金具を製造する町工場を営んでいる。Aは、資金繰りに窮したため、金融業者Bに800万円の融資を申し込もうとしているが、町工場の建物と敷地は、以前銀行から借入れをした際に設定した抵当権があるため、担保価値が残っていない。

(1)　Aは、工場で使用している工作機械を担保としてBから融資を受けたいと考えている。どのような方法をとることができるか。
(2)　Bは、Aが所有する自宅とその敷地（以下、「甲不動産」という。評価額2500万円）の所有権を自己に移転させ、その旨の登記をする形をとるのなら融資に応じてもよい、と言ってきた。この方法によった場合、抵当権を設定するのとどのような違いがあるか。
(3)　Bは、800万円を期日までに弁済できないときは代わりに甲不動産の所有権を移転させることとし、将来の所有権移転のために仮登記をする形をとるのなら融資に応じてもよい、と言ってきた。この方法では、抵当権や**(2)**の方法を用いるのとどのような違いがあるか。
(4)　Aは、卸売業者Cに対して金具を継続的に販売し、代金は1か月分をまとめて後払してもらうという、掛売りの方法をとっていた。Aは、Cの代金不払の事態に備え、代金債権の回収を確実にするために、どのような方法をとることができるか。

参考　❶最判昭和46年3月25日民集25巻2号208頁
　　　　❷最判昭和42年11月16日民集21巻9号2430頁

▶▶解説

1．Aが機械の占有・使用を続けたままこれを担保に供するという動産抵当の制度は民法には用意がなく、譲渡担保の方法をとるほかない。そのしくみを本問に即して説明すると、次のとおりである。Aは、自己の機械をBに譲渡するが、現実の占有は自己にとどめたまま占有改定による引渡しをする。Aが期日までに貸金を返済できれば機械の所有権をBから受け戻せるが、返済できなかった場合は、Bは機械をAの元から引き揚げ、他に売却するなどして貸金の回収を図る。

2．譲渡担保は不動産でも用いられる。抵当権の実行として不動産競売がされた場合には、抵当権者は目的物の売却代金の中から被担保債権額の分だけ配当を受けうるのみである。それに対し、譲渡担保の場合は、債務を弁済して受け戻すことができないとき、約定どおりでいくとすると、被担保債権を上回る価値の物を譲渡担保権者が丸取りすることもできてしまう。かつては、そうしたうまみをねらった債権者が、債務者の窮状に乗じて、抵当権ではなく、あえて不動産譲渡担保の設定をさせることもあった。しかし、その後判例は、目的物評価額から被担保債権額を差し引いた額を必ず債務者に支払うべきことを命じ、譲渡担保権者に清算義務を課した（❶）。現在、不動産譲渡担保のもつ独自の意義は、不動産競売ではなく私的実行を確実に行える担保を設定できることに限られている。

3．譲渡担保が金銭貸借時に目的物の所有権を移転させる形をとるのに対し、**(3)** にみられる仮登記担保は、債務不履行時に所有権を移転させることを約するものである。抵当権とは異なり、所有権移転のしくみを用いた私的実行を前提とする担保である点は共通するが、所有権の移転時期の定め方に違いがある。判例は、仮登記担保の清算義務を譲渡担保に先駆けて示していたが（❷）、その後、仮登記担保法が制定され、清算義務や実行方法などが詳細に規律された。

4．譲渡担保や仮登記担保が主として貸金債権の担保に用いられる非典型担保であるのに対し、割賦販売のような代金後払の売買契約に際し、売買代金債権の担保として用いられるのが、所有権留保である。売買時に買主Cが売買目的物の引渡しを受け、占有・利用を開始するが、代金が完済されるまでの間、所有権は売主Aに留保される旨が約される。Cが代金を支払えなくなったときは、Aは、留保していた所有権に基づいてCの元から目的物を引き揚げ、残代金の回収を図る。

［田髙寛貴］

67 非典型担保の実行と清算

　町工場を営むAは、金融業者Bから800万円を借り受ける際、その担保として自己所有の甲不動産（評価額2500万円）を譲渡担保に供した。その際、甲不動産の所有権の登記名義はAからBに移転されたが、貸金の弁済期日までは引き続きAが占有・利用すること、弁済期までにAが借入金債務を弁済できれば甲不動産の所有権を回復できるが、弁済期までに弁済ができなければ、Bは清算金の支払を要せず、Aは直ちにBに対して甲不動産の引渡しをすべきこと等が約された。結局、Aは、期日までにBに対して800万円の弁済ができなかった。

(1)　Bが甲不動産を直ちに自己に引き渡すよう請求してきたのに対して、Aはどのような主張をすることができるか。

(2)　Aは、弁済期日から6日後、ようやく弁済に充てる800万円の用意ができた。ところが、そのことを察知したBは、甲不動産を友人Cに贈与し、登記名義もCに移転させた。Aは、Bに800万円を弁済することにより、Cに甲不動産の所有権が自己にあると主張することができるか。

(3)　AがBのために甲不動産に設定したのが、譲渡担保ではなく仮登記担保であった場合、Bは、弁済期後に仮登記担保を実行するのに、どのような手続をとるべきことになるか。

参考　❶最判昭和46年3月25日民集25巻2号208頁
　　　　❷最判昭和57年1月22日民集36巻1号92頁
　　　　❸最判昭和62年2月12日民集41巻1号67頁
　　　　❹最判平成6年2月22日民集48巻2号414頁
　　　　❺最判平成11年2月26日判時1671号67頁

▶▶解説

1．譲渡担保権者には目的物の価額と被担保債権額の差額を支払う清算義務が課されているから、本問にあるような無清算特約は無効である（項目 **66** の**❶**）。また判例は、目的物の引渡しは譲渡担保権者の清算金支払と引換給付になるとする（**❶**）。よって、本問では、Bから清算金 1700 万円の支払があるまで、Aは甲不動産の引渡しを拒むことができる。

2．債務者は、譲渡担保の実行前なら債務を弁済して目的物を受け戻すことができる。譲渡担保の実行方法には、清算金の支払によって譲渡担保権者が目的物の所有権を確定的に取得するものとする帰属清算と、譲渡担保権者が目的物を売却し、その売却代金の中から債務者に清算金を支払う処分清算とがある。帰属清算であれば、本来は清算金の支払があるまでは受戻しができてよいはずだが、判例は、たとえ帰属清算が約されていたとしても、譲渡担保権者は、弁済期後には目的物を処分することができ、清算金の支払がされていなくとも、以降は受戻しができなくなるとする（**❷❸**）。さらに判例は、譲受人が背信的悪意者であったとしても、弁済期後には譲渡担保権者に処分権能がある以上、債務者は受戻権行使により自己に所有権があると主張することはできないとする（**❹**）。

上記判例によれば、本問では、弁済期後の譲渡である以上、（たとえDが背信的悪意者であったとしても）Aは受戻しをすることができず、Cに甲不動産の所有権を主張することはできない。もっとも、判例は、譲渡担保権者に対する清算金支払請求権をもって留置権が成立することを認めており（**❺**）、Aは、Bから清算金の支払があるまでは、Cからの甲不動産の引渡請求を拒むことができる。

3．仮登記担保法では、仮登記担保の実行方法として帰属清算のみが認められている。同法によれば、弁済期後に仮登記担保権者Bが清算金の見積額を債務者Aに通知し、その到達から 2 か月が経過しなければ、所有権移転の効果は生じない（同法 2）。Aは、その間は債務を弁済して仮登記担保を消滅させることができるし、また、2 か月が経過して所有権がBに移転した後も、清算金の支払、清算期間経過時から 5 年の経過、第三者の目的物取得のいずれかがあるまでは、Aは弁済すべきであった金額を提供して目的物の受戻しをすることができる（同 11）。なお、清算金支払と本登記、引渡しは同時履行とされている（同 3 Ⅱ→民 533）。

［田髙寛貴］

68 不動産譲渡担保

　町工場を営むAは、金融業者Bから800万円を借り受ける際、その担保として自己所有の甲不動産（評価額2500万円）を譲渡担保に供することとし、その登記名義をAからBに移転させるとともに、弁済期までに弁済をすればAは甲不動産を受け戻せる旨をBとの間で合意した。その後も甲不動産の占有はAが続けている。

(1) 　Bは、上記約定に反して弁済期前に甲不動産をCに譲渡し、登記名義の移転もされてしまった。Aは、Bに被担保債権を弁済することにより、自己に甲不動産の所有権があるとCに主張することができるか。

(2) 　弁済期前にBから甲不動産を譲り受けたCが、Aに対して甲不動産の引渡しを請求してきた。Aは、Bが約定に反して弁済期前に甲不動産を第三者に譲渡したことを理由とする損害賠償請求をBにしているが、その支払がされていないことをもって、Cの引渡請求を拒むことができるか。

(3) 　AがBに対して800万円の債務を弁済したにもかかわらず、Bは甲不動産をDに譲渡し、登記も移転された。Aは、自己に甲不動産の所有権があることをDに主張することができるか。

参考　❶大判大正9年9月25日民録26輯1389頁
　　　❷最判昭和34年9月3日民集13巻11号1357頁
　　　❸最判昭和62年11月12日判時1261号71頁
　　　❹最判平成18年10月20日民集60巻8号3098頁

▶▶解説

1. 譲渡担保権者から目的物を譲り受けた第三者と設定者（債務者）との関係をめぐる問題は、譲渡担保の法的構成により結論が変わる。

所有権的構成では、約定に反する処分をしたBは、Aに債務不履行責任を負うとしても、所有者の立場にある以上、Bからの譲受人Cは有効に所有権を取得できる。Aは、被担保債権を弁済してもCに所有権を主張できない。

一方、債務者に何らかの物権があることを認める担保的構成によれば、AのCに対する権利主張が認められる余地が生じる。担保的構成には、所有権は譲渡担保権者にあるとしつつ債務者にも設定者留保権といった物権があるとするものと、譲渡担保権を制限物権と構成して債務者に所有権があるとするものとがあるが、いずれも、本問のように弁済期前に譲渡担保権者BがCに譲渡したときには、債務者AはBに債務を弁済すれば、Cに対し所有権を主張できると解される。ただし、Cが譲渡担保の事実につき善意ならば、94条2項の適用により、Cは完全な所有者の地位を認められ、Aは権利主張できなくなる。

古い判例には、弁済期前の譲受人は善意か否かを問わず所有権を取得するとしたものがある（❶）。しかし、近時の判例は、譲渡担保権者は弁済期後には目的物の処分権能を取得するから譲受人は所有権を取得できるとしており（項目67の❹）、これを反対解釈すれば、弁済期前の譲受人は所有権を取得できない、という担保的構成を採ったとも読める（❹参照）。

2. 判例には、所有権的構成に依拠し、譲渡担保権者に対する損害賠償請求権をもってする設定者の留置権の主張を否定したものがある（❷）。しかし、近時の判例は、債務不履行をした債務者が清算金支払請求権をもって譲受人に留置権を主張することを認めている（項目67の❺）。それとの対比からすれば、弁済期前の処分という債務不履行を譲渡担保権者にされた設定者は、なおのこと留置権による保護が認められるべきといえ、❷は先例としての意味を失っているとも解しうる。そうした理解にたてば、AはCに留置権を主張して引渡しを拒めることになる。

3. 弁済後に譲渡がされた場合につき、判例は、弁済による債務者への所有権の復帰と譲渡担保権者による譲渡とを二重譲渡類似とみて、譲受人が背信的悪意者に当たらない限り、債務者は登記ある譲受人に対抗できないとしている（❸）。これは、所有権的構成を基礎としたものといえるが、担保的構成によるなら、**(1)** と同様、AがDに対して所有権を主張する余地も認められる。　　　　　　[田髙寛貴]

69 動産譲渡担保

　町工場を営むAは、金融業者Bから300万円を借り受ける際、自己所有の工作機械甲（評価額は400万円）を譲渡担保に供した。その際、Bへの引渡しは占有改定の方法で行い、債務不履行に陥るまでAが引き続き甲動産の占有・使用を続けるものとされた。

(1)　Aは、甲をCに譲渡し、現実の引渡しも行った。その後、Aが弁済期までに被担保債権の弁済をできなかったため、Bは譲渡担保の実行としてCに甲の引渡しを求めた。Cはこれを拒むことができるか。

(2)　Aは、新たにDから300万円の融資を受ける際、甲を譲渡担保に供し、Dへの引渡しも占有改定によって行われた。Dが譲渡担保の実行としてAに100万円の清算金を支払って甲につき現実の引渡しを受けたとき、Bはどのような主張をすることができるか。

(3)　Aの町工場にEが運転するダンプカーが突っ込んできて、甲が修理不能なほどに大破した。Bは、Eに対して損害賠償請求をすることができるか。

参考　❶最判昭和30年6月2日民集9巻7号855頁
　　　❷最決平成11年5月17日民集53巻5号863頁

▶▶解説

1. 動産譲渡担保においては、本問のように、動産の現実の占有を債務者にとどめたまま、占有改定の方法による引渡しによって対抗要件の具備が図られることが多い（❶）。(1)では、譲渡担保の法的構成について、所有権的構成と担保的構成のいずれを採るかによって結論が分かれる。

　所有権的構成によれば、所有権をもたないAからの譲受人Cが所有権を取得することはできず、所有者の立場にあるBの引渡請求をCは拒むことができない。他方、担保的構成によれば、CはBの譲渡担保の負担が付いた甲の所有権を取得する。後者の理解では、譲渡担保権者が譲渡担保の実行として目的物の引渡しを求めるには清算金を支払わなければならないから（項目**67**の❶）、Bが清算金100万円の支払をAにするまで、Cは甲の引渡しを拒むことができる。

　なお、いずれの法的構成によったとしても、Cは、甲をAから譲り受けて平穏、公然に占有を開始し、譲渡担保の存在につき善意無過失であったなら、即時取得（192）により担保の負担のない完全な所有権を取得することができ、Bからの引渡請求を退けることができる。

2. 所有権的構成によれば、Aは甲につき何らの物権ももたない以上、譲受人Dは物権を取得できず、Bからの引渡請求を拒むことができない。ただ、Dは、即時取得の要件を充たしたならば、所有者の地位を認められ、Bからの引渡請求を拒むことができる。

　他方、担保的構成によれば、後順位担保権の設定も可能となる（項目**70**の❸参照）。第2順位の譲渡担保権者Dは、先順位譲渡担保権者Bの譲渡担保実行で生じた清算金100万円を取得できるにとどまるため、Bは、Dが得た300万円のうちの200万円につき不当利得返還請求ができる。なお、Dは、即時取得の要件を充たした場合には、第1順位の譲渡担保権の取得が認められるため、Bからの請求を拒むことができる。

3. 法的構成によって被侵害利益が変わるが、Bは不法行為者Eに対して損害賠償を請求できる。その額は、所有権的構成によれば甲動産の評価額400万円、担保的構成によれば被担保債権額300万円となる。また、担保的構成によれば、Bは、設定者AのEに対する損害賠償請求債権につき差押えをし、譲渡担保権に基づく物上代位権の行使として、Eに賠償金の支払を請求することもできる（❷）。

[田髙寛貴]

70　集合動産譲渡担保

　菓子製造業者Aは、Bに対する債務の担保として、甲倉庫に保管している原料の砂糖の全部につき、将来搬入される分も含めて譲渡担保に供し、Bは占有改定の方法によりその引渡しを受けた。

(1)　Aは、Cから購入した砂糖を甲倉庫に搬入し、保管をしていたが、支払期日を過ぎてもCに代金を支払わなかった。Cが動産売買先取特権（311⑤・321）の実行として申し立てた砂糖の競売の不許をBは求めることができるか。また、AC間で所有権留保が特約されていたとして、それに基づいてCが行おうとしている砂糖の搬出をBは拒むことができるか。

(2)　資金繰りに窮したAは、同業者のDに対して甲倉庫内の砂糖を安価で全て売り払い、すでにその半分は甲倉庫から搬出し、Dの倉庫への移動が完了した。Bはどのような主張ができるか。

(3)　Bへの返済の目処を立てられなかったAは、支払期日の直前に甲倉庫内の砂糖の大半を自身の乙倉庫へと移動させた。Bは、乙倉庫内の砂糖に譲渡担保の効力が及んでいると主張することができるか。

(4)　何者かの放火により甲倉庫内の砂糖が焼失したため、Aが保険会社Eに対し保険金請求権を取得した場合、Bは、物上代位権の行使として、この保険金の自己への支払をEに請求することができるか。

参考　❶最判昭和 54 年 2 月 15 日民集 33 巻 1 号 51 頁
❷最判昭和 62 年 11 月 10 日民集 41 巻 8 号 1559 頁
❸最判平成 30 年 12 月 7 日民集 72 巻 6 号 1044 頁
❹最判平成 18 年 7 月 20 日民集 60 巻 6 号 2499 頁
❺最決平成 22 年 12 月 2 日民集 64 巻 8 号 1990 頁

▶▶解説

1. 在庫商品のように、搬入や搬出が繰り返され構成物が流動する集合物（流動動産）についても、その範囲が特定されていれば、有効に譲渡担保を設定することができる。判例は、本問のように、「倉庫内の在庫商品の一切」といった特定のしかたならば有効としている（**❶❷**）。

　判例によれば、動産先取特権のある動産を譲渡担保設定者が取得し、これが集合物の構成部分となった場合、譲渡担保権者は、その動産についても引渡しを受けたものとして譲渡担保権を主張でき、333条に基づいて先取特権者の申立てによる動産競売の不許を求めることができる（**❷**）。他方、所有権留保特約がある場合につき、当該事案の下では代金完済まで動産の所有権は買主に移転しないから、外形上は集合物の構成部分になっていたとしても譲渡担保権の効力は及ばないとした判例がある（**❸**）。そうすると、Ｃの搬出をＢは拒めないことになる。

2. 流動動産譲渡担保の設定者には、通常の営業の範囲内での動産の処分権限が認められ、その処分により譲受人は動産の完全な所有権を取得することができる。他方、この範囲を超える処分がされた場合、判例は、「譲渡担保契約に定められた保管場所から搬出されるなどして当該譲渡担保の目的である集合物から離脱したと認められる場合でない限り」、譲受人は目的物を承継取得できないとする（**❹**）。本問において、安価で在庫を全部売り払ったというのは、通常の営業の範囲を超える処分といえ、甲倉庫内の砂糖に譲渡担保の効力が及ぶのは明らかである。他方、搬出された砂糖については、集合物から離脱した以上効力が及ばないとする見解と、追及効を認めてよいとする見解とがある。仮に搬出後の動産に効力が及ばないとしても、売買代金債権への物上代位は認められてよいだろう。

3. 上に示した判例**❹**によれば、甲倉庫から搬出され集合物から離脱した以上、譲渡担保の効力は及ばなくなるようにも思えるが、同判決はあくまで第三者へ処分された事案のものである。設定者Ａがまだ所有を続ける本問では、Ｂの譲渡担保の効力が及んでおり、元の場所に戻すよう請求できると解される。

4. 設定者Ａに支払われる保険金は、新たな砂糖の購入に充てられるべきものであり、Ｂがこの保険金を取得してしまうとＡの営業継続に支障が生じかねない。したがって、本問では、Ａが通常の営業を継続している限り、Ｂは目的動産の滅失から生じた保険金請求権への物上代位はできない（**❺**）。

[田髙寛貴]

71 債権の効力

　Aは、子どもたちのために自宅の庭にすべり台を設置していた。その後、子どもたちは成長してすべり台を使わなくなり、Aは処分先を探していた。結局、Aは、近隣で保育園を経営するBに5万円でこのすべり台を譲ることになった。ところがABで約束した時が過ぎても、すべり台はAの自宅の庭にあるままである。

　Aは、すべり台は好意でBに譲るものだから、Aとしては新たに何らかの負担をするつもりはない。このすべり台には中古でも50万円は下らない価値があるので、5万円は対価というよりはお礼である、として、Bがすべり台を引き取るように主張している。

　他方でBは、保育園の新年度に間に合うようにすべり台を準備する予定であり、そのことをAにも伝えていたにもかかわらずAがいつになってもすべり台の引渡しをしないとして、Aには早く園庭にすべり台を設置するように求めている。

　AがBに対してすべり台の引渡しをしない場合、BはAに対してその強制を求めることができるか。できると考える場合、どのような方法での強制を求めることができるか。

参考　❶大判昭和10年4月25日法律新聞3835号5頁

▶▶解説

1. 契約から生じた債権について、債権者は、履行の請求をすることができる。債務者が履行に応じなければ、債権者は、その履行の強制を請求することができる（414Ⅰ）。債権者は、さらに債務不履行による損害賠償（415）、契約の解除（540以下）を請求する余地もあるだろう。以下では、履行の強制の点に絞って検討する。

2. Bは、一見したところによれば、すべり台の売買契約に基づいて、Aに対してすべり台の引渡しを求める権利があるから、その履行強制手段として、直接強制（民執169Ⅰ）、代替執行（同171）または間接強制（同172）を選択することができる（同173Ⅰ）ように思われる。しかし、Aの言い分も考慮すると、Bの履行強制の請求が認められるかどうかは慎重な検討を要する。

3. そもそもAB間の契約がすべり台の贈与であり、書面もないとすれば、Aはこの契約を任意に解除できる（550）。その場合、Bの債権自体が消滅するから当然に履行の強制もできない。また、贈与ないし売買契約が有効でBに債権があるとしても、この契約が基本的に好意に由来するものであることから、履行の強制まで許す趣旨でないと解される可能性もある（❶）。

4. AB間の契約において、Aがいかなる内容の債務を負っていたのかを明らかにすることも不可欠である。Aがわずかな謝金でBにすべり台を譲ったことを考慮すると、AはBの引取りを拒まない債務を負うにとどまると解される可能性がある（この場合、Aに債務不履行はなく、Bは履行強制を求める余地がない）。しかし、処分費用もかさみ置き場に困るすべり台を移設することがAにとって利益だと解されるような事情があれば、AはBに対してすべり台の⒤分解、⒤⒤運搬、⒤⒤⒤設置の債務を負っていたとみることもできるかもしれない。AがBに対して負う債務が、⒤⒤⒤⒤⒤であり、これらが一体のものであるとすれば、それは単に動産の引渡しをする債務ではないから、Bは直接強制を選択できない。もっとも⒤⒤⒤⒤⒤はA以外の者による代替が可能と思われる。そうであれば、Bは代替執行か間接強制のいずれかを選択することはできる（民執173Ⅰ）。本問の解答に際しては、AB間での契約の不成立の可能性も含め、当事者の意図を慎重に吟味して債務内容を確定したうえで、結論を導くことが重要である。

［小粥太郎］

72 履行不能

　大物歌手Ｐのバックバンドを率いるＡは、Ｐとともに日本中を公演旅行するための手頃な値段のマイクロバスを探していたところ、中古車販売業を営むＢが、人気歌手Ｑのバックバンドが使っていたマイクロバス甲を買い取って売却先を探していたので、これを 300 万円で購入することにした。

(1)　甲の引渡し直前にエンジンの不具合が判明し、交換が必要になった。甲の車種は 10 年ほど前に製造中止となり、後継車種のエンジンを載せるしかないが、別の中古車を購入するほうがエンジン交換よりも断然安上がりになる見通しである。Ａは、Ｂに対してエンジンを載せ換えて甲を引き渡すことを請求できるか。

(2)　甲の引渡し前に甲が原因不明の火災により焼失していた場合、Ａは、Ｂに対して、甲をＰのファンに転売することによって得られたはずの利益についての損害賠償を請求することができるか（Ｐの公演旅行に使用されたマイクロバスは、Ｐのファンが高値で購入することが常であり、そのことは、中古車販売業界において周知の事実であった）。

▶▶解説

1. Bは中古車販売業者で、Aはマイクロバス甲を公演旅行に使用するために購入したこと等を考慮するなら、AB間の契約から、Aが、Bに対して公演旅行に耐えるマイクロバスを引き渡すべき債権が発生したとみたい。この債権に基づき、Aはエンジンの交換も請求できる可能性がある（562条1項も参照）。しかし、債務の履行が「不能」であれば、この請求は認められない（412の2I）。「不能」は履行請求権の限界を示す概念であり、その意味はもちろん物理的な不可能にとどまらない。契約から生じた債権が「不能」となるか否かは契約および取引上の社会通念——当該契約における履行請求権の範囲——に照らして判断される。しかるに本問では、契約によりAが得られたはずの利益に比して履行のためには過分な費用を要するから「不能」に当たるとみてよいのではないか。したがって、**(1)** のAのBに対する請求は認められない（履行不能を理由とする損害賠償請求〔415 I・II①〕の余地はある）。

2. かつては、甲が契約成立前に焼失していれば、原始的不能ゆえ契約が無効となり、AのBに対する甲の引渡しを求める債権も発生しない（履行利益の賠償も否定。Aは契約締結上の過失法理による信頼利益の賠償を得る可能性はある）とする考えが有力だった。しかし、原始的不能が常に契約無効をもたらすと考える必然性はない。AB間の契約からは、甲の焼失が契約成立の前でも後でも、AがBに対して甲の引渡しを求める債権が発生したとみるべきだろう。もちろん、債務の目的が焼失している本問は履行不能に当たり、AはBに対して履行請求はできない（412の2I）。しかし、Aは、Bに対して損害賠償請求はできる。412条の2第2項は、原始的不能の契約から生じた債務の履行不能の場合であっても履行利益の賠償請求が妨げられないことを明示する。これを本問についてみると、Aが甲の転売によって得られたはずの利益は履行利益である。Aの請求は、履行利益の賠償を求めるものであることを理由に否定されることはない。もっとも、現実的には転売利益でなく代替品購入に要した費用の賠償請求が穏当だろう。

　なお、履行不能についてBに免責事由がある場合、Aからの損害賠償請求は認められない（415 I但）。この場合、無責のAは、契約を解除（542 I①）して代金債務を免れ、または契約の解除をせずに代金支払を拒むことができる（536 I）。

［小粥太郎］

73　種類債権

　　次の場合に、BはAに目的物の引渡しを求めることができるか。

(1)　灯油販売業者Aは、Bと、B宅の暖房・給湯用の灯油の継続的供給契約を締結している。引渡しは、月1回、Aが灯油を積載した配送車でB宅を訪れ、ホースでB宅の屋外に設置した灯油タンク（容量200リットル）が満タンになるように給油する方法によるとされていた。ところが、ある引渡期日に、Bは価格が高いとの不満を表明して受領を拒絶した。Aが給油せずに配送車で他の顧客の給油に向かったところ、赤信号で停車中に後続車に追突され、配送車の灯油が一部流失してしまった。Bは翻意してAに給油を求めたいと考えている。

(2)　灯油販売業者Aは、Bに、灯油72リットルとそれを入れる容器（容量18リットル）4個を販売する契約を締結した。引渡しは、翌日朝9時にAの営業所で行われることとされたので、Aはその日のうちに容器4個に灯油72リットルを分けて入れ、Bの名前を書いたラベルを貼り付けて、引渡しの準備を終えた。Bは、より安価な販売業者をみつけたので、その受領を拒んだが、それが勘違いであることに気づいて、改めてAに引渡しを求めた。しかし、Bの受領拒絶後に、Aの在庫は、隣家からの失火によって全焼してしまっていた。

参考　❶大判大正8年12月25日民録25輯2400頁
　　　❷最判昭和30年10月18日民集9巻11号1642頁

▶▶解説

1. 両当事者の帰責事由によらない目的物の滅失・損傷の危険は、受領遅滞によって買主に移転する（567Ⅱ。項目 **101** も参照）。ただし、それは目的物が特定していることが前提である（同Ⅰ括弧）。**(1)** では、Ｂの受領遅滞後にＡの配送車の灯油が両当事者の帰責事由なく一部滅失しているから、Ｂの引渡請求が認められるか否かは、目的物が特定していたか否かにかかる（特定した灯油が滅失したのであれば、危険は移転しているからＢの引渡請求は認められない）。

　種類債権の特定は、当事者の合意によってできる他、債務者が物の給付をするのに必要な行為を完了すること（必要行為完了）、または、債務者が債権者の同意を得て（＝指定権を得て）給付すべき物を指定することによって行うことができる（401Ⅱ）。**(1)** では、必要行為完了による特定があったか否かが問題となる。

　(1) は持参債務の事案である。持参債務においては、「現実の提供」をしなければ必要行為が完了したとはいえないとされる（❶）。しかし、特定が生じるためには、現実の提供だけで足りるわけではない。給付する物が他の種類物から外形的に区別できること（例、容器に灯油を入れてＢのために取り分ける）も必要であろう（これに対して、弁済の提供による免責〔492〕を得るためには特定は不要である。項目 **100** も参照）。Ａは現実の提供をしているが、事故で流失した灯油が、Ｂに給油する灯油として他から区別されていたわけではないから、必要行為完了による特定は生じておらず、Ａには配送車に残った灯油のなかから引渡しをする義務があることになろう。

2. **(2)** でも、必要行為完了による特定の有無が問題となるが、**(2)** は取立債務の事案である。取立債務においては、「目的物の分離・分別」と「債権者への通知」によって必要行為が完了し、目的物が特定するとされることが多い（❷を承けた学説）。しかし、引渡期日が不確定の場合には、引取りができることを債務者が債権者に通知しなければ必要行為を完了したといえないとしても、**(2)** のように引渡期日が確定している場合には、債権者への通知をしなくても給付をするのに必要な行為は完了しているといえよう。ＡがＢに引き渡すべき容器を他から外形的に区別できるようにしたことによって特定が生じ、Ｂの受領遅滞によって危険がＢに移転した結果、Ｂは改めて引渡しを求めることはできない。

[曽野裕夫]

74 特定物の引渡債権

　Aは、隣人Bに対して乗用車甲を引き渡す債務を負っていたが、商業施設の駐車場で当て逃げされて、甲のヘッドランプが壊れてしまった。次の場合において、Aが甲のヘッドランプが壊れた状態でBに引き渡したとすれば、Aは債務不履行責任を負うか。

(1)　Aが、足腰の弱ったBから依頼されて、Bの所有する甲を用いて無償でBのために買い物をしている間に当て逃げされた場合。
(2)　Aが、足腰の弱ったBから依頼されて、Bの所有する甲を用いて無償でBのために買い物をした後、甲を返還せずに無断でそのままドライブにでかけた先で当て逃げされた場合。
(3)　Aは、Bに甲を売却する契約を締結していたが、引き渡す前に当て逃げされた場合。

▶▶解説

1．(1)のAは、無償の委任契約に基づく受任者の受取物返還義務（646Ⅰ）、すなわち特定物（甲）の引渡債務を負っている。特定物債権の債務者は、引渡しをすべき時（履行期）の現状での引渡しをする義務を負う（483）。これは、①履行期前に滅失・損傷が生じた場合、債務者がその状態で引き渡しても債務不履行ではないこと、および、ⅱ履行遅滞中に滅失・損傷が生じた場合には、債務者の債務不履行に当たることの2点を意味する。しかし、特に①の場合には、目的物を占有する債務者は目的物の保存に関心をもたず、債権者に一方的に不利である。そこで、特定物債権の債務者には引渡しをするまで善良な管理者の注意をもって目的物を保存する義務（善管注意義務）が課されている（400）。善管注意義務の程度は合理人を基準として客観的に定まり、この義務の違反によって目的物に滅失・損傷が生じた場合には、債務者は損害賠償責任を負う（415）。

(1)では、引渡し（返還）すべき時より前に損傷が生じているからAは損傷した状態で甲をBに引き渡せば足り（483）、善管注意義務の違反（400）もないから、Aは債務不履行責任を負わない。

2．(2)でも、Aは受任者の受取物返還義務（646Ⅰ）を負う。しかし、(1)と異なり、引渡遅滞中に損傷が生じているから、善管注意義務違反の有無にかかわらず、Aが甲を損傷した状態で引き渡すことは履行期の現状での引渡しに当たらず（483）、Aは債務不履行に基づく損害賠償責任（415）を負う。

3．(3)では、483条は適用されない。同条の適用は、契約等の債務発生原因および取引上の社会通念に照らして引渡しをすべき時に目的物が有すべき品質を定めることができない場合（事務管理や不当利得などの法定債権や、契約であっても委任・寄託などに基づく特定物返還債務のように品質についての合意のない契約の場合）に限られるからである。売買契約に基づく特定物引渡債務に関する(3)のように、引き渡すべき物の品質が契約で明示的または黙示的に合意されている場合には、債務者はその品質を有する目的物を引き渡さなければならない（562Ⅰ・567Ⅰ参照）。したがって、Aは、善管注意義務違反の有無にかかわらず、修繕せずに甲を引き渡せば、契約適合性義務違反による債務不履行責任を負う。この事案では、Aは、追完請求（562Ⅰ）や代金減額請求（563Ⅰ）を受けうるほか、損害賠償責任（415・564）を負う。

［曽野裕夫］

75 利息概念と法定利率

2021年7月1日（Ⅰ）、A建設会社に勤務する作業員Bは、高所での塗装作業中に転落し、地面に頭を強く打って即死した。Bが転落した地点には、転落防止のための養生網が張られておらず、このことについて、Aに安全配慮義務違反があった。Bの相続人であるCは、2024年10月1日（Ⅱ）、Aに対し、Bの死亡について、損害賠償を請求した。

(1) 法定利率が意義を有するのは、どのような場面か。

(2) B死亡による逸失利益についての遅延損害金の計算は、ⅠまたはⅡのいずれの時点における法定利率を基準として行われるか。

(3) B死亡による逸失利益の算定における中間利息の控除は、ⅠまたはⅡのいずれの時点における法定利率を基準として行われるか。

参考 ❶最判平成17年6月14日民集59巻5号983頁
❷最判昭和55年12月18日民集34巻7号888頁
❸最判昭和37年9月4日民集16巻9号1834頁

▶▶解説

1. 利息とは元本を利用しうることの対価であり、当事者の合意により生じる場合（約定利息。利息付消費貸借等）と法律の規定により生じる場合（法定利息。利得物返還の際の利息返還義務等）がある。法定利率は主に後者の基準となる一方（前者でも利率の約定がなければ適用。404 I）、利息の定義に厳密には該当しない場面でも用いられる。1つは⓵金銭債務の履行遅滞による損害賠償金（遅延損害金ないし遅延利息）の計算であり、約定利率がない限り法定利率による（419 I）。もう1つは⓶中間利息の控除であり、将来の利益・費用を現在価額に換算する基準として法定利率が使われる（417の2。722条1項で不法行為に準用。改正前民法下の❶も参照）。

　人身侵害による損害賠償請求権に関しては、⓵・⓶の双方が問題となる。その際、改正で法定利率変動制が採用されたため（404 II以下）、どの時点の法定利率を基準とするかが問われる。また、設例のような安全配慮義務違反事例では、債務不履行による損害賠償請求（債務不履行構成）も不法行為による損害賠償請求（不法行為構成）も可能であり（項目**76**参照）、両者を想定する必要がある。

2. ⓵は、「債務者が遅滞の責任を負った最初の時点」における法定利率を基準とする（419 I本）。判例によれば、債務不履行による損害賠償債務は期限の定めのない債務（412 III）であるため請求時に履行遅滞に陥るのに対し（❷）、不法行為による損害賠償債務は損害発生時に履行遅滞に陥る（❸）。それゆえ、債務不履行構成ではII（の翌日）、不法行為構成ではIの時点における法定利率を基準に、各時点から支払日までの期間につき遅延損害金が生じる。債務不履行構成と不法行為構成とで額が異なることになるが（後者が有利なことが実際上多いだろう）、その合理性は平成29年改正前民法下（法定利率は固定制だったが起算日の相違は存在）でも疑問視されていた。

3. ⓶は、「その損害賠償の請求権が生じた時点」における法定利率を基準とする（417の2 I）。債務不履行による損害賠償請求権は債務不履行時に、不法行為による損害賠償請求権は不法行為時に発生すると単純に考えれば、どの構成でもIの法定利率が基準となる。もっとも、積極損害か消極損害か等により区別する方向性もありえよう。

［中原太郎］

76 安全配慮義務

　呉服・毛皮・宝石等の高価品の卸売を業とするA会社では、男子従業員1名が交代制で社屋に宿直し、夜間の営業業務や盗難防止・火災予防のための戸締り・見回りを行う体制がとられていたところ、新入社員のBが宿直勤務していた夜、元従業員のCがBの意に反して立ち入り、社屋内に保管されていたAの商品を奪い取るために、Bを殴って殺害した。

　Aでは、本件以前にも商品の紛失や盗難が発生したり、不審な電話がしばしばかかってきていたりしていた。また、Cは勤務当時から素行の悪さを警戒されていた。さらに、Aの社屋にはインターホン、防犯チェーン、防犯ベル等の設備が施されておらず、宿直業務に関する従業員教育も行われていなかった。

(1)　Bの相続人であるDは、Aに対し、415条1項に基づいて、損害賠償を請求することができるか。

(2)　Bの相続人であるDは、Aに対し、709条に基づいて、損害賠償を請求することができるか。

参考　❶最判昭和50年2月25日民集29巻2号143頁
　　　❷最判昭和59年4月10日民集38巻6号557頁
　　　❸最判平成12年3月24日民集54巻3号1155頁

▶▶解説

1．Aの債務不履行責任（415 I）の根拠となるのは、安全配慮義務違反である。安全配慮義務とは、労務提供者との関係で労務受領者が負う義務であり、労務受領者は、労務提供過程で発生する生命・身体等への危険から労務提供者を保護するよう配慮しなければならないというものである（ただし、学校事故事例等、労務提供関係を超えた広がりも見せつつある）。安全配慮義務を初めて承認した最高裁判決（❶）は公務災害（公務員と国）に関するものであったが、同様の判示は労働災害（労働者と使用者）でも踏襲され（❷。設例は同判決が題材）、以後、多数の裁判例が蓄積されて今日に至っている（労契5条も参照）。

「安全配慮義務」は義務の総称にすぎず、その具体的内容は「労働者の職種、労務内容、労務提供場所等安全配慮義務が問題となる当該具体的状況等によって異なる」（❷）。設例では、窃盗目的の第三者の侵入を防いだり当該第三者による危害を従業員が免れることができるような物的設備を施す義務、あるいは、宿直員の増員や安全教育の実施などの人的環境を整備する義務が想定できよう。ただし、結果発生の予見可能性の存在が、義務を課す前提となる。設例では、高価品が社屋内に保管され、しかも、すでに紛失・盗難が発生していたこと、不審な電話がしばしばあったこと、Cの素行の悪さが指摘されていたことが、予見可能性があったとの評価を基礎づけうる。

2．一般不法行為責任（709）の追及は可能か。「一方が他方の活動を支配し危険回避措置を把握する関係」から生じる安全配慮義務は他人の法益を積極的に保護する義務であり、不法行為上の義務としては妥当しないとの見解もある。しかし、当事者間の関係に着目して作為義務を設定すること自体は不法行為法でも禁じられず、不作為不法行為の1類型として把握されうる（安全配慮義務関連の最高裁判例として、❸）。

平成29年改正前民法下で安全配慮義務論が展開された背景には、債務不履行責任と不法行為責任の消滅時効期間の相違（前者が後者より長い）があった。当該相違が消失し（166 I ①・724の2、167・724 ②）、かえって不法行為構成の優位（項目75でみた法定利率のほか、近親者固有の慰謝料請求権〔711〕）が際立っており、少なくとも損害賠償責任の文脈で安全配慮義務論に依拠する実益は乏しくなっている。

[中原太郎]

77 履行遅滞による損害賠償

　ある年の4月1日、画商Aは、その所有する絵画甲をB美術館に売却した。6月1日現在、Aは、代金1000万円の支払を受けたけれども、甲を未だ引き渡していない。しかし、Bもただ待っているだけでAに対して引き渡すよう促してはいない。また、甲の制作者Cも生存している。美術館の目玉を欠いて来館者の減少による減収に悩むBは、Aに対し、甲が引き渡されていれば得られたであろう収入額を証明して減収分の損害賠償を請求することができるか。

　甲の引渡しの時期についてのABの合意がどのようなものであったか、次の **(1)**〜**(3)** の場合に分けて答えなさい。

(1) 「5月1日」と合意していた場合。
(2) 「甲の制作者Cの生存中」とだけ合意していた場合。
(3) 合意がなかった場合。

参考　❶最判昭和 28 年 11 月 20 日民集 7 巻 11 号 1229 頁

▶▶解説

1. 履行が可能であるにもかかわらず履行期に債務者が履行しないことを履行遅滞という。履行遅滞によって債権者に損害が生じるときは、債権者は、415条の規定に従って、債務不履行による損害賠償を請求することができる。同条1項の「債務者がその債務の本旨に従った履行をしないとき」に当たるからである。ただし、その債務の不履行が契約その他の債務の発生原因および取引上の社会通念に照らして債務者の責めに帰することができない事由によるものであるときは、損害賠償を請求することができない（同Ⅰ但）。

履行遅滞による損害賠償は、原則として、債務の履行が遅れたために生じた損害（遅延損害）の賠償である。例外として債務の履行に代わる賠償（填補賠償）を請求できる場合がある（415Ⅱ②・③）。

2. 本問では、甲が引き渡されていないことが履行遅滞に当たり、かつ、引き渡されていれば得られたであろう収入額を損害額として証明することができれば、Bは、その金額を遅延賠償としてAに請求することができる（❶）。履行遅滞に当たるかどうかは、履行期の合意による。

(1) 債務の履行について確定期限があるときは、債務者は、その期限の到来した時から遅滞の責任を負う（412Ⅰ）。本問では、Aは、5月1日を徒過した時から履行遅滞の責任を負い、Bは、翌2日以降の減収分の損害賠償を請求することができる。

(2) 債務の履行について不確定期限があるときは、債務者は、その期限の到来した後に履行の請求を受けた時またはその期限の到来したことを知った時のいずれか早い時から遅滞の責任を負う（412Ⅱ）。本問では、Cの生存中であれば、甲の引渡しはいつでもよく、履行期は到来していないので、Aは、履行遅滞の責任を負わず、Bは、損害賠償を請求することができない。

(3) 債務の履行について期限を定めなかったときは、債務者は、履行の請求（催告）を受けた時から遅滞の責任を負う（412Ⅲ）。本問では、甲の引渡しについてBが催告をしていないので、Aは、履行遅滞の責任を負わず、Bは、損害賠償を請求することができない。しかし、Bは、これから催告をすれば、それ以降の証明できた減収分については損害賠償を請求することができる。

［田中宏治］

78 金銭債務の不履行による損害賠償

Aは、Bに対し、2021年3月31日までに返済するという約定で100万円の債務を負っていた（利息の約定はなかった）。しかし、2022年3月31日になっても、Aは、返済していない。Bは、Aに対し、100万円の支払を求めることができるのはもちろんであるが、それに加えて、損害賠償としてどのような請求ができるか。

次の (1)～(4) の場合に分けて答えなさい。

(1)　Aが返済しようと準備していたところ、未曾有の大地震が発生して交通や通信が途絶したため、返済する手段が全くなかった場合。

(2)　Bが、その被った損害を明らかにできない場合。

(3)　Bは、約定どおり2021年3月31日までにAから100万円の返済を受けていたとしても、投資など一切せずに放置していたであろうことが明らかな場合。

(4)　Bは、約定どおり2021年3月31日までにAから100万円の返済を受けていたとすれば、株式投資で200万円に増やしていたであろうことが明らかな場合。

| **参考**　❶最判昭和48年10月11日判時723号44頁

▶▶解説

　金銭債務の不履行による損害賠償としては、履行不能がないため、履行遅滞だけが問題となるところ、その要件と効果に特則がある（419）。つまり、履行遅滞による損害賠償の一般則（415 I）と比べ、要件においては、履行遅滞の責任を生じやすくし、効果においては、その責任を一律にしている。その立法趣旨は、⒤金銭の用途が千差万別であるために債権者に生じる損害を確知できないこと、⒤⒤それでも大部分の場合においては法定利率（404 II）によって算定される法定利息相当額の損害が生じること（項目 **75** 参照）、である。

　要件の特則の第1として、「債務者は、不可抗力をもって抗弁とすることができない」（419 III）。すなわち、債務者は、履行遅滞が不可抗力によるものであることを証明しても、遅滞の責任を免れることができないという重い責任を負う。したがって、**(1)** では、Aは、大地震による交通・通信の途絶によって返済することができなかったことを証明しても、遅滞の責任を免れることができない。

　要件の特則の第2として、「債権者は、損害の証明をすることを要しない」（419 II）。すなわち、損害は、一律に法定利息相当額と擬制されるため（同 I 参照）、証明の対象とはならない。したがって、**(2)** では、Bは、損害を明らかにすることができなくても、損害賠償請求をすることができる。

　効果の特則として、「損害賠償の額は、債務者が遅滞の責任を負った最初の時点における法定利率によって定める。ただし、約定利率が法定利率を超えるときは、約定利率による」（419 I）。すなわち、一方で、現実に生じた損害額が法定利率または約定利率によって算定される損害額より少ないことが証明されても、損害賠償の額は、減額されない。他方で、現実に生じた損害額が法定利率または約定利率によって算定される損害額より多いこと（利息超過損害）が証明されても、損害賠償の額は、増額されない（❶）。したがって、**(3)** でも **(4)** でも、Bの損害賠償請求権の金額は、法定利率によって算定される。

　結局、**(1)** 〜 **(4)** いずれの場合でも、Bは、100 万円の支払に加え、法定利率によって算定される3万円（404 II）の遅延賠償（遅延利息）を請求することができる。

[田中宏治]

79 履行不能による 損害賠償

　ある年の4月1日、Aは、時価2000万円の甲土地をBに対して1800万円で売却した。ところが、Aが未だ登記も引渡しもせず、Bも代金を支払わないうちに、2000万円で購入しようというCが登場したため、同年5月1日、Aは、Cに対して2000万円で売却してしまった。その後の同年6月1日、Cが所有権移転登記を具備して引渡しも受け、代金2000万円も支払った。
　次の(1)～(3)の問いに答えなさい。

(1)　BがAに対して損害賠償を請求することはできるか。
(2)　損害賠償額はどの時点を基準に算定されるか。
(3)　BがAに対して損害賠償を請求する場合において、Bが契約を解除するかどうかでどのような違いが生じるか。

| 参考　❶最判昭和35年4月21日民集14巻6号930頁

▶▶解説

1. 履行不能によって債権者に損害が生じるときは、債権者は、415条の規定に従って、債務不履行による損害賠償を請求することができる。履行不能は、原始的か後発的かを問わない。いずれにしても同条1項本文の「債務の履行が不能であるとき」に当たるからである。履行不能による損害賠償は、債務の履行に代わる賠償（塡補賠償）である（415 Ⅱ①）。

　履行不能としてしばしば生じるものとしては、不動産の二重譲渡において買主の一方が対抗要件の登記（177）を備えた場合における他方の買主に対する債務の履行不能がある（❶）。

　本問では、Cが甲土地の所有権移転登記を具備したことによって、AがBに対して負う所有権を移転するべき債務が履行不能となる。したがって、Bは、Aに対して塡補賠償を請求することができる。

2. 物の引渡しを目的とする債務の履行不能による損害賠償請求権の金額は、原則として、（それより後の時点ではなく）不能となった時点の目的物の交換価値としての市場価格である。なぜならば、不能となった時点ですでに債務者が塡補賠償請求権を取得するからである。

　本問では、6月1日の所有権移転登記手続完了時を基準時として算定される。BはAに対して、登記手続完了前は甲土地の所有権移転を目的とする債権を、登記手続完了以後は2000万円の損害賠償を目的とする債権を有することになる。

3. 解除との関係も重要である。債権者は、契約を解除せずに塡補賠償を請求するか（415 Ⅱ①）、解除して塡補賠償を請求するか（同③）、選択することができる。後者を選択するときは、解除によって債権者が債務を免れる限度で、塡補賠償請求権は法律上当然に減額される（損益相殺）。

　本問では、Bは、契約を解除せずに代金1800万円を支払いつつ塡補賠償2000万円を請求することもできるし、解除して自ら免れる代金1800万円を減額した200万円の塡補賠償を請求することもできる。前者の場合には、ＡＢの一方が相殺の意思表示をすれば（506 Ⅰ）、Bは、代金債務を免れて200万円だけの塡補賠償を請求することができる（505 Ⅰ）。

［田中宏治］

80 損害賠償の範囲

　ある年の4月1日、Aは、Bに対し、時価1000万円の甲土地を代金1000万円で売却した。しかし、同年6月1日、Aは、Cに対しても甲土地を売却してしまった。Cが1200万円での買受けを申し出たからである。Cは、代金1200万円を支払い、所有権移転登記を具備して引渡しも受け、甲土地の所有権を確定的に取得した。なお、甲土地の時価は、同年6月1日に1200万円、同年8月1日現在1400万円と鰻昇りに上昇し続けている。

　Bは、Aに対し、いくらの損害賠償を請求することができるか。
　次の(1)～(3)の場合に分けて答えなさい。

(1)　6月1日の時点で、甲土地の時価が上昇し続けることについてABCの誰も予見すべきであったとはいえない場合。
(2)　6月1日の時点で、甲土地の時価が上昇し続けることについてBは予見すべきであったが、Aはそうであったとはいえない場合。
(3)　4月1日の時点で、甲土地の時価が上昇し続けることについてAは予見すべきであったとはいえないが、6月1日の時点では、Aは予見していた場合。

参考　❶大判大正7年8月27日民録24輯1658頁
　　　❷最判昭和47年4月20日民集26巻3号520頁

▶▶解説

1．債務不履行によって債権者に損害が生じるときは、債権者は、415 条の規定に従って、債務不履行による損害賠償を請求することができる。損害賠償の範囲は、原則として、「通常生ずべき損害」（通常損害）である（416 Ⅰ）。例外として「特別の事情によって生じた損害」（特別損害）の賠償請求が認められるのは、「当事者がその事情を予見すべきであったとき」に限られる（同Ⅱ）。なお、旧 2 項の「予見し、又は予見することができた」という事実的な文言から「予見すべきであった」という規範的な文言へ改められている。

　価格騰貴中の物の引渡しを目的とする債務の履行不能においては、不能となった時点の市場価格が通常損害（項目 **79** 参照）、騰貴中という特別事情を当事者が予見すべきであった場合の騰貴した時の価格が特別損害となる（❷）。

(1) では、当事者が特別の事情を予見すべきであったとはいえないため、B は、通常損害だけ、つまり不能となった 6 月 1 日の時価 1200 万円を賠償請求することができる。

2．ところで、事情を予見すべきであった「当事者」（416 Ⅱ）とは誰かも問題となる。従来の判例（❶）・通説は、債務者と解している。

(2) では、債務者 A がその事情を予見すべきであったとはいえないので、B は、やはり、通常損害の 1200 万円だけを賠償請求することができる。なお、C が予見すべきであったかは問題とはならない。

3．予見すべきであったかどうかを判断する時期は、契約成立時ではなく債務不履行時である（❶・通説）。

　したがって、**(3)** では、B は、特別損害の 1400 万円を賠償請求することができる。

4．なお、設例は特定物売買に関するものであるが、種類売買の場合には、別の考慮が必要になる。つまり、種類債権者は、いつでも市場で同種の物を調達することができるため、債務不履行の場合においても、他から目的物を調達すること（代替取引）によって、自己の損害を軽減することができ、そうすべきだと考えられるからである（損害軽減義務）。それを債権者が怠ったことによって発生または拡大した損害は、賠償の範囲に含まれないことになる。

　　　　　　　　　　　　　　　　　　　　　　　　　　　　［田中宏治］

81 履行補助者

　Aは、B社が企画したP国への観光旅行に参加することにした。主要な旅程は、P国の首都観光と近傍の絶景めぐりであった。Aは、予定どおり、他のツアー客らとともに絶景めぐりのバスツアーに参加したところ、現地のC社が運行するバスが断崖から転落する事故を起こし、重症を負った。

　Aは、B社に対して、被った損害（医療費や仕事を休まざるをえなくなったことによる逸失利益）の賠償の請求をすることができるか。

参考　❶東京地判昭和 63 年 12 月 27 日判タ 730 号 190 頁
　　　❷東京地判平成元年 6 月 20 日判タ 730 号 171 頁
　　　❸東京地判平成 25 年 4 月 22 日 LEX/DB25500937

▶▶解説

1. かつての通説における履行補助者の故意過失の議論枠組みによれば、Aの損害賠償請求の可否は、債務者（B）でない履行補助者（C）の故意過失がいかなる要件の下で債務者自身の故意過失と評価できるかにかかってくる。本問は、債権者Aが債務者Bに対して補助者の使用を許可した場合に当たり、この場合、債務者は補助者の選任および監督について責任を負うにとどまると解されていた（旧105 I参照）。上記見解によれば、Bが標準的な安全確保措置を講じていないようなバス会社を手配したのでもない限り、Cに落ち度があったとしても、AからBへの賠償請求が認められる可能性は低い。

2. しかし、債務者が損害賠償責任を負う理由は、その故意過失ゆえではなく、基本的には、契約によって引き受けた債務を履行しなかったこと自体に存する。この理解が法改正の議論の過程で共有されるに至ったとみるべきである。そうなると問題は、債務者が契約によって引き受けた債務内容如何となる。債務者の履行行為と評価される補助者の行為であれば、債務者が補助者に干渉できる可能性の有無にかかわらず、補助者の行為が債務者の責任を生じさせると考えられる。これを本問についてみると、Bが、単にツアーバスの手配を引き受けたにとどまると解されるなら、Cの行為につき責任を問われる可能性は低い。しかし、Bは、旅行の計画を確実に提供する債務を引き受けたとみるべきである（旅行業法2 I①参照）。そうだとすれば、本件バス事故がBの債務不履行に当たり、医療費や逸失利益の賠償義務を生じさせると解する余地はあるだろう（Bは自らに免責事由があることを主張立証すれば責任を免れる。415 I）。

　もっとも、❶❷❸をみると、かかる解釈にはやや苦しいところもある。しかし、仮に旅行会社に上記の「債務」が認められないとしても、一方で旅行客は現地のバス会社に直接賠償請求することは難しいこと、他方で旅行会社は、バス会社を選択でき、また、保険の利用・保険料の顧客への分散ができる立場にあることを考慮するなら、旅行会社は、事故の結果について補償する「責任」があるとみることもできるだろう（旅行契約の内容として、旅行会社の損害担保約束が含まれていると評価する）。

　実際の旅行会社の「債務」ないし「責任」の相当な部分は、標準旅行業約款に明示されている。例えば、旅行会社の補償責任について、同約款「募集型企画旅行契約の部」28条および同条が指示する特別補償規程を参照。　　　　[小粥太郎]

82　損害賠償に関する約定

次の請求は認められるか（ＡＣＥは消費者ではないとする）。

(1)　ＡはＢホテルのホームページで宿泊の予約をしたが、近親者に不幸があったため前日にキャンセルした。予約サイトには、前日キャンセルの場合は理由の如何を問わず宿泊料の50％相当額のキャンセル料がかかるとの記載があったが、当日、Ｂは満室であった。Ｂは、Ａに宿泊料50％相当額の支払を請求した。

(2)　Ｃは、1年後のパーティーのためにＤホテルの宴会場を予約したが、3日後にキャンセルした。予約の際、Ｃは、Ｄから、いつでも解約はできるが、同日の宴会場使用について問い合わせがあってそれを断ったときは契約金全額を解約料として申し受ける旨の説明を受けていた。Ｄは、この間に他者からの問い合わせを断ったとしてＣに契約金額全額の支払を請求した。

(3)　ＥはＦホテルに宿泊し、宝石（2000万円相当）が入った鞄を、それと知らせずＦのベルボーイＧに託したところ、Ｇが放置し、鞄は盗まれてしまった。ＥＦ間の宿泊契約には、宿泊客の貴重品がホテル内でＦの故意・過失により滅失・損傷等したときはＦはその損害を賠償するが、あらかじめ種類および価額の明告がなかったものは15万円を限度とする旨の条項があった。Ｅは、Ｆに鞄の盗難の損害賠償として2000万円を請求した。

参考	❶東京地判平成9年11月12日判タ981号124頁
	❷最判平成15年2月28日判時1829号151頁

▶▶解説

1．当事者は、債務の不履行について損害賠償の額を予定することができる（420Ⅰ）。これにより、因果関係がある損害の額を証明する必要がなくなる。本問の合意は、解約自体は認められるので、必ずしも債務不履行による損害賠償の局面ではないが、解約に伴う損害賠償額の予定であると解される。Bは満室で実損はないとしても、合意に基づき損害賠償額として予定された額の支払を請求できる。

2．この請求も、解約に伴う損害賠償額の予定を根拠とする。損害賠償額の予定（420Ⅰ）は、実損の有無・額を問わないが、暴利行為となるなど公序良俗に反すれば全部または一部が無効となり（90）、信義則による制限（1Ⅱ）もありうる（裁判官による額の増減を認めない文言〔旧420Ⅰ後〕は改正により削除された）。本問では、Cの窮迫、無思慮などの状況は見受けられないが、契約から短時日で解約の申出がなされていることから、実際のDのサービス提供まで1年近くあり、食事用の原材料購入等の準備をDがしていたとは考えられない時期の解約であって、Dが、サービス提供を免れた分まで支払を求めうることになる。このような場合、契約の性質に照らし、過大な利益をDに得させるものであって、著しく不公平となる場合として、「信義則ないし公平の原則上」一部に限って請求が認められることがありえよう（ファイナンス・リース契約に関して、❶参照）。

3．ＥＦ間には責任制限条項があり、同条項によれば、Ｅの損害賠償請求（415条または715条による）は、15万円に限って認められる。本件条項の基礎には、客の来集を目的とする場屋の主人の責任を定める商法596条、597条と共通する価値判断がある。つまり、ＥがＦに持ち込みフロントに預けなかった貴重品で明告がない場合、Ｆが物品等の種類および価額に応じた注意を払うことを期待するのが酷で、かつ、時として損害賠償額が巨額に上りうること等が考慮されている。このような合意の趣旨からは、Ｆに故意または重大な過失がある場合にまで損害賠償義務の範囲を15万円に制限することは、著しく衡平を害するものであって、当事者の通常の意思に合致しないであろう（❷）。その場合には、Ｅの損害賠償請求は15万円に制限されないが、過失相殺がありえよう。

［角田美穂子］

83　代償請求権

AがBに対して市場価格100万円の名画甲を売却した。しかし、引渡し前に第三者Cの過失不法行為によって（Aの責めに帰することができない事由によって）甲は焼失した。

(1)　CがAに対して賠償金として100万円を支払ったとしよう。Bは、Aに対して100万円の支払を請求することができるか。
(2)　CがAに対して賠償金・見舞金として120万円を支払ったとしよう。Bは、Aに対して120万円の支払を請求することができるか。
(3)　CがAに対して未だ賠償金を支払っていないとしよう。Bは、AのCに対する不法行為による100万円の損害賠償請求権の移転をAに対して請求することができるか。

| **参考**　❶最判昭和41年12月23日民集20巻10号2211頁

▶▶解説

1. 債権者は、422条の2の規定に従って、代償請求権を取得する。要件は、ⓘ履行不能、ⓘ目的物の代償である権利または利益を債務者が取得したこと、ⓘそれが履行不能と同一の原因によること、ⓘ代償以上の損害が発生したこと、であり、効果は、債権者が債務者に対して代償請求権を取得すること、である。ⓘの要件があるため、代償の額が損害の額を超えるときは、損害の額の代償請求権が発生する。

　422条の2の規定は、❶を明文化したものであり、当事者意思の推定を立法趣旨とする制度である。この制度が適用される典型事例は、設例のような第三者の不法行為によって債務が履行不能となる場合である。加害者たる第三者に対して債務者が取得する不法行為による損害賠償請求権が既履行か未履行かにかかわらず、債権者は代償請求権を取得し、既履行（**(1) (2)**）であれば金銭の償還、未履行（**(3)**）であれば損害賠償請求権の移転が代償請求権の目的となる。

　設例では、ⓘCの不法行為によってAの債務の履行が不能となり、ⓘ代償としてAが **(1)** では金銭100万円、**(2)** では金銭120万円、**(3)** では損害賠償請求権100万円を取得し、ⓘそれが履行不能と同一の原因によるものであり、ⓘBの損害額は100万円である。以上から、Bは、**(1)** ではAに対して100万円の支払を請求することができる。仮にAの責めに帰すべき事由による履行不能であれば、Bには填補賠償請求権も発生し（415Ⅰ・Ⅱ①）、代償請求権とは請求権競合の関係に立つ（履行不能が債務者の責めに帰することができない事由によることを要求するなど、損害賠償請求権が発生する場合には代償請求権を否定する見解もあったが、422条の2の文言上は採用されていない）。

　なお、設例のBは、契約の解除をして自らの代金債務を消滅させることができる（542Ⅰ①）。しかし、先に解除権を行使してしまうと、もはや代償請求権を行使することができない、と解すべきである。

2. **(2)** では、ⓘの要件が充たされないため、Aに対して120万円の支払を請求することができず、ⓘの要件が充たされる限度の100万円の支払しか請求することができない。

3. **(3)** ではAのCに対する不法行為による100万円の損害賠償請求権の移転をAに対して請求することができる。　　　　　　　　　　　　　　　　[田中宏治]

84 債権者代位権

Aは、Bに対して300万円の金銭債権を有していた。Bは、Cに対して500万円の金銭債権を有していたが、Bは無資力状態にあり、Cに対して債権を行使していなかった。

(1) Aは、BのCに対する金銭債権を代位行使することとした。この場合、Aは、いくらの範囲でBの債権を代位行使することができるか。
(2) Aは、BのCに対する金銭債権を代位行使して、Aに対して交付するよう求めた。この場合、Bは、Cに対して金銭債権の取立てを行うことができるか。

参考 ❶大判昭和14年5月16日民集18巻557頁

▶▶解説

1. 債権者は、自己の債権を保全するため必要があるときは、債務者に属する権利（被代位権利）を行使することができる（423 I）。債権者のこの権利を債権者代位権という。債権を代位行使する債権者（設例のA）を、代位債権者という。設例では、被代位権利を金銭債権とする、債権者代位権の基本的な事例を題材としている。

　Aの被保全債権の債権額が300万円、Aが代位行使する被代位権利の債権額が500万円の場合、Aは、いくらの範囲で代位行使することができるのか。423条の2は、「被代位権利の目的が可分であるときは、自己の債権の額の限度においてのみ、被代位権利を行使することができる」と規定する。設例では、Aは、300万円の範囲内で代位行使することができる。

2. まず、Aは、Cに対して、自己に対して金銭の支払を求めることができるのかが問題となる。423条の3前段は、「被代位権利が金銭の支払又は動産の引渡しを目的とするものであるときは、相手方に対し、その支払又は引渡しを自己に対してすることを求めることができる」と規定する。せっかく代位債権者Aが訴訟で勝訴しても、債務者Bが引取りを拒否すると実効性がなくなってしまうためである。もちろん、Aは、受け取った金銭をBに返還する義務を負うが、Aは、自らのBに対する債権を自働債権、Bへの返還債務を受働債権とする相殺が可能である。つまり、Aは、Bの他の債権者との関係で、事実上優先して弁済を受けることができる。

　次に、Aが債権者代位権を行使して、Cに対してAに金銭を交付するよう求めた場合に、BがCに対して自らの債権を行使できるかが問題となる。423条の5前段は、債権者が被代位権利を行使した場合であっても、債務者は、被代位権利について、自ら取立てその他の処分をすることを妨げられないと規定する（代位債権者から債務者への通知、または債務者の代位行使の了知により債務者の処分権限が失われるとしていた改正前の❶を変更している）。債権者代位権を行使することにより、債務者の処分権限を奪うのは過剰であるという考えに基づく。この場合、Cは、Bに対して履行をすることも可能であるし（同後）、Aに対して履行することも可能である。

　　　　　　　　　　　　　　　　　　　　　　　　　　　　　　　［幡野弘樹］

85 登記請求権と債権者代位権

　AはBに対して、自己が所有する甲土地を売却したが、登記はBに移転していなかった。Bは、甲土地をさらにCに売却した。Cは、Bに対して、甲土地についての登記をまずBに移転し、さらにCに移転するよう求めたが、Bは何もしようとしない。

(1)　この場合、CはAに対し、Bに所有権移転登記をするよう請求することができるか。
(2)　この場合、CはAに対し、Cに所有権移転登記をするよう請求することができるか。

参考　❶大判明治 43 年 7 月 6 日民録 16 輯 537 頁
　　　❷最判平成 22 年 12 月 16 日民集 64 巻 8 号 2050 頁

▶▶解説

1. ＡＢ間で締結された甲土地の売買契約により、ＡはＢに登記を移転して対抗要件を備えさせる義務を負う（560）。ＢＣ間の売買契約においても同様に、ＢはＣに対抗要件を備えさせる義務を負う。

　甲土地は、登記をしなければ権利の得喪を第三者に対抗することができない財産（177）であるから、譲渡人ＢがＡに対して有する対抗要件具備（所有権移転登記手続）を請求する権利を行使しない以上、甲を譲り受けたＣは、ＢのＡに対する登記手続請求権を行使することができ、Ａに対しＢに登記を移転するよう請求することができる（423の7前。平成29年民法改正前の❶を踏まえた明文化）。金銭債権の実現のための責任財産の保全の類型ではなく、ＣのＢに対する所有権移転登記請求権を保全するための代位行使である（いわゆる「債権者代位権の転用」）ため、金銭債権を被保全債権とする場合に一般に必要とされている、債務者の無資力という要件は必要とされない（同前。❶）。ただし、相手方Ａは、債務者Ｂに主張することができる抗弁をもって対抗できるから（同後→423の4）、例えば、Ｂが甲の代金を未払いであるなどの事情のあるときは、同時履行の抗弁（533）をもってＣに対抗することができる。

2. Ｃが直接に登記をＣに移転するようＡに求める法律構成として、債権者代位権の行使、および、所有権に基づく物権的請求権が考えられる。しかし、まず債権者代位権については、Ｃが代位行使するＢの登記手続請求権は、登記をＡからＢに移転することを求めるものであり、Ｃは、423条の7により、登記を直接にＣに移転するよう求めることはできない（423条の3による代位債権者への直接交付は金銭支払または動産の引渡しについての規定であり、また、423条の7により準用されていない）。次に所有権に基づく請求については、Ｃは、自分の売主であるＢではなくＢの売主であるＡに対して、所有権に基づいてＣのもとに登記を移す（このような登記を中間省略登記という）ことを求めることはできない（❷）。

［幡野弘樹］

86 不動産譲渡行為と 詐害行為取消権

　Aは、総額 5000 万円の債務を負っており、唯一の財産として時価 1500 万円の甲不動産を有していた。Aは、甲を親族のBに贈与し、登記も移転した。Bは、その後甲をCに転売した。このような状況の下で、AがBに甲を贈与する以前からAに対して 1000 万円の債権を有しているDがBに対して詐害行為取消権を行使することができるか。

| 参考 　❶大判大正 6 年 1 月 22 日民録 23 輯 8 頁

▶▶解説

詐害行為取消権の行使が認められるには、債務者が「債権者を害する」行為をすることが必要となる（424 Ⅰ）。「債権者を害する」行為とは、424条の2から424条の4に挙げられている特則による場合を除けば、当該行為によって債務者の責任財産の総額から債務者の負っている債務の総額を差し引いた額がマイナスとなる場合、またはそのマイナスが拡大する場合を指すと解されている。本問のAによる甲の贈与も問題なく「債権者を害する」行為に当たる。

さらに債務者Aが、「債権者を害することを知って」いることも必要となる（424 Ⅰ）が、未知の債務が存在していたなどの例外的な事情がない限り、設例の事情下ではAの悪意は推認されよう。

また、被保全債権は、詐害行為取消の対象行為の時点で発生していなければならないと解されている（❶）。債務者の財産処分に介入する以上、当該財産を責任財産として期待できた債権者に限られるべきという考えに基づいている。本件におけるDの債権は、AのBに対する贈与よりも前に発生したものであるため、この要件も充たされる。なお、424条3項は、被保全債権が詐害行為の「前の原因に基づいて生じたもの」であればよいとしており、❶よりも被保全債権の発生時期の要件を緩和している。例えば、被保全債権に係る遅延損害金は、詐害行為後に発生したものであっても被保全債権に含まれる。

Aの詐害行為により利益を受けた受益者Bがその行為の時において債権者を害することを知らなかったときには、詐害行為取消権は行使できないが（424 Ⅰ但）、BはAの親族であり、無償で甲不動産を譲り受けていることから、その悪意が推認されることが多いであろう。

以上の要件を充たす場合に、Dは受益者Bを被告として詐害行為取消請求をすることができる（424の7 Ⅰ①）が、Dは、債務者Aに対して遅滞なく訴訟告知をしなければならない（同Ⅱ）。また、甲不動産がCに転売されており、DはBに対し甲不動産自体の返還請求はできないため、甲不動産の価額を請求することになる（424の6 Ⅰ後）。Dが請求できるのは、Dの債権額である1000万円が限度となる（424の8 Ⅱ）。Dは、その価額の支払をAではなくDに対してするよう求めることもできる（424の9 Ⅱ）。

［幡野弘樹］

87 債務消滅行為と 詐害行為取消権

　AはBに対して200万円の金銭債権を有しており、CもBに対して100万円の金銭債権を有していた。どちらの金銭債権も履行期を過ぎていた。Bは他の債権者に対しても債務を負っていたが、Bの事業はうまくいかず、銀行預金の残高もほとんどない状態が続いており、これらの債務を弁済する見込みの立たない状況にあった。

　Bは、唯一のめぼしい財産といえる未回収の売掛代金債権を200万円分有していたが、Aが自分に弁済するよう強硬に主張したため、Bが債権回収に行くのにAが付き添い、受け取った200万円を直ちにAに支払った。

　このような状況の下、Cは、Bの行った弁済行為に対して詐害行為取消権を行使することができるか、検討しなさい。

| **参考** | ❶最判昭和 33 年 9 月 26 日民集 12 巻 13 号 3022 頁

▶▶解説

　本問では、ＢはＡに対して債務を弁済しており、Ｂの責任財産はそれだけ減少はするものの、その分Ａに対して負っていた債務は消滅している。もっとも、Ｂが唯一の財産を用いてＡに弁済してしまえば、Ａ以外の債権者は、実際上Ｂから弁済を受けることができなくなってしまう。このような場合に、いかなる要件のもとで詐害行為取消権の行使が認められるのかが問題となる。

　424条の３第１項は、本問のような債務消滅行為について、①その行為が、債務者が支払不能の時に行われたものであること、②その行為が、債務者と受益者とが通謀して他の債権者を害する意図をもって行われたものであること、という２つの要件のもとで詐害行為取消権を行使しうるとしている。平成29年民法改正法が①の要件を設けたのは、破産法が、破産者が支払不能になった後になされた債務の消滅に関する行為のみを否認の対象とすることとしている（破162Ⅰ①）こととのバランスを考慮したためである。②の要件は、改正前の判例（❶）を受け継いだものである。

　そこで、本問が、424条の３第１項の要件を充たすのかが問題となる。まず①についてみてみると、支払不能とは、「債務者が、支払能力を欠くために、その債務のうち弁済期にあるものにつき、一般的かつ継続的に弁済することができない状態をいう」（424の３Ⅰ①括弧）。本問においても、Ｂは、偶発的に支払能力を欠く状態となったのではなく、一定期間継続して債務を弁済することができない状態となっているので、①の要件を充たす。

　②について、❶は、債権者が弁済を強く要求した結果、債務者が弁済をしたという事案において、それだけでは債務者と弁済を受けた債権者との間の通謀の存在を認めることはできないとしている。したがって、❶を前提にすると、Ａが自己に弁済するよう強硬に主張したというだけでは②の要件は充たされず、さらにＡＢが通謀して他の債権者を害する意図があったという事情を証明しない限り、Ｃは詐害行為取消権を行使することができないということができる。

［幡野弘樹］

88 分割債権・分割債務

　ＡＢ夫婦は、Ｃとの間で、Ｃが所有する版画１枚（甲）を 300 万円で購入する契約を締結した。

(1)　Ｃは、Ａに対し、300 万円の支払を請求することができるか。
(2)　Ｃが死亡し、子ＤＥがＣを相続した。遺言はなく、遺産分割はまだされていない。ＤはＡに対し、300 万円の支払を請求することができるか。

参考　❶大判大正 4 年 9 月 21 日民録 21 輯 1486 頁
　　　❷最判昭和 45 年 10 月 13 日判タ 255 号 148 頁
　　　❸最判昭和 29 年 4 月 8 日民集 8 巻 4 号 819 頁

▶▶解説

1． ＡＢとＣとの間の甲の売買契約により、ＡＢがＣに対して負う300万円の代金債務は、「債務の目的」が金銭の支払であって、一般にその性質上可分であり、連帯の合意（当事者の意思表示）があるときは連帯債務になり、そのような合意がないときは分割債務となる（427・436）。

　分割債務となったときは、別段の意思表示があればそれによるが、そうではないときは平等割合となるので、ＡＢは、Ｃに対してそれぞれ150万円の債務を負い、逆に、Ｃは、ＡＢそれぞれに対して150万円の債権をもつことになる。したがって、ＣがＡに対して請求できるのは150万円である。これに対し、連帯の合意があったときは、ＡＢは連帯してＣに対し300万円の債務を負い、ＣはＡＢに対して300万円の債権を有し、全部または一部の履行を各人に請求することができる。したがって、ＣはＡに対し300万円の支払を請求できる（436）。

　連帯の合意については黙示でも足りる。共同での購入の場合、その一事では連帯の特約ありとはいえない（❶。❷も参照）。学説では、債務者全員の資力が総合的に考慮されたとみるべき事情があるときは、黙示の連帯の合意（特約）があると説かれる。夫婦が共同で買主となる場合には、通常は、両者が契約の履行全体について責任を負う趣旨と考えられ、連帯の合意が認められよう（なお、夫婦の場合、1人が契約当事者となるときも、日常家事の範囲内なら連帯債務となる〔761〕）。

2． 債権者Ｃの共同相続である。一般に遺産分割前の遺産は共有となるが（898）、ＣのＡＢに対する300万円の金銭債権は、売買代金債権であり、その性質上可分であり、遺産分割を経ずに、相続開始と同時に当然に相続分に応じて分割される（❸参照。預金債権等とは異なる）。

　ＡＢがＣに対して負う債務が分割債務であったときは、ＣがＡＢそれぞれに対して150万円の債権を有し、それが共同相続により、分割債権となるから、ＤＥは、各自、ＡＢに対し75万円の債権（単独分割債権）を有する。ＤがＡに対して請求できるのは75万円である。これに対し、ＡＢの債務が連帯債務であったときは、Ｃが有する300万円の債権が150万円ずつに分割され、ＡＢは、Ｄに150万円、Ｅに150万円の債務を連帯して負うことになる。したがって、Ｄは、Ａに対して、150万円の支払を請求できる。

［沖野眞已］

89 連帯債権

　ＡとＢは、共同して、Ｃに対して、300万円を貸し付けた。ＡＢＣ間では、ＡＢのＣに対する債権について連帯の特約がある。同日、Ｃは、その300万円の借入債務の担保として、Ｃ所有の甲土地にＡのために抵当権を設定し、登記を了した。

(1)　Ｃが約定の期日に300万円を支払わなかった。ＢはＣに対し300万円の支払を請求できるか。
(2)　Ｃが約定の期日に300万円を支払わなかった。Ｂは、甲土地の抵当権を実行することができるか。
(3)　ＡがＣに対して、300万円につき、債務免除をした。Ｂは、Ｃに対して、300万円の支払を請求できるか。
(4)　ＡがＣに対して、300万円につき、債務免除をした。Ｃは、Ａに対し抵当権登記の抹消を求めることができるか。
(5)　Ａが死亡して、Ｃが単独でＡを相続した。Ｂは、Ｃに対して300万円の支払を請求できるか。

1．ＡＢのＣに対する300万円の金銭債権は、ＡＢＣ間の合意による連帯債権である（432）。ＡＢは各自がＣに対して全部または一部の履行を請求できるから（432）、Ｂは、Ｃに対して300万円全額の履行を請求することができる。

2．被担保債権についての債務不履行により、抵当権者は抵当権を実行することができる。しかし、設例においては、抵当権はＡのために設定されており、Ｂは抵当権者ではない。したがって、ＢはＡのために設定された抵当権を行使することはできない（なお、連帯債権でありながら、その一部の債権者のためにのみ抵当権が設定されることには、抵当権の管理や実行を1人に集約する意味がありうる）。

3．連帯債権者の1人が免除をしたときは、連帯債権者の分与利益部分について、他の連帯債権者は履行請求ができなくなる（433。利益部分絶対効）。ＡとＢとの間の利益分担については、ＡＢ間に合意がなければ平等割合と解されるので、Ｂは、Ａの利益部分の150万円については履行請求ができず、請求できるのは150万円のみである。ＡＢ間に内部分与割合について別段の合意があるとき、Ｃとの関係でそれを主張できるかが問題となる。Ｃの与り知らないＡＢ間の合意にＣの地位が左右されることをどう評価するかであり、それを問題視するなら、Ｃが知りうる場合、またはＣが認めた場合に内部割合によることになろう。

4．ＢはＣに一部の履行請求ができるが、抵当権者はＡのみであり（**2**.参照）、Ａの被担保債権は免除により消滅し、抵当権は付従性により消滅することから、ＣはＡに対し抵当権設定登記の抹消を請求できる（Ｂの内部分与割合がゼロというわけではなく、抵当権の管理のためにＡのみを抵当権者とした場合〔**2**.末尾参照〕には、債権者ＡＢ間でＡの抵当権管理に関する債務不履行の問題は生じうる）。

5．債権者Ａと債務者Ｃの地位が同一人Ｃに帰することになり、混同による債務消滅が生じる（520）。連帯債権者の1人Ａと債務者Ｃの間の混同により、債務者Ｃは、弁済をしたものとみなされる（435）。そのため、Ｂは、債務者Ｃに債務の履行を請求することはできないが、債権者Ｃに利益の分与を請求できる。分与割合はＡＢ間の合意があればそれによる（Ｃも拘束される）。合意がなければ平等（150万円）である。

〔沖野眞已〕

90 連帯債務者の1人について生じた事由

　ＡＢＣは共同で事業をするため、Ｄから連帯して4000万円を借り入れた。返済期限は1年後であったが、返済期限後も弁済はされなかった。返済期限から1年半後、Ａらの事業の支援を申し出たＥが、Ａらの負う債務について併存的債務引受をしたため、Ｄは請求せずに支払を待っていた。しかし、それでも支払われないので、Ｄは、返済期限から2年後、Ａのみを相手どり、4000万円全額について、貸金返還請求訴訟を提起した。訴え提起から2年後にＤの勝訴判決が確定したが、Ｄは、その後もＡから本件貸金債権を一切回収することができていない。

　他方で、Ｄは、Ｂ個人にはめぼしい財産がないことを知っており、Ｂを免除していた。また、Ｄは、返済期限から5年半後、Ｃに対して訴訟を提起し、4000万円全額について支払を請求した。

(1)　ＤのＣに対する請求は認められるか。

(2)　Ｄは、Ｃに対する請求から半年後、Ｅに対しても、4000万円全額について支払を請求した。この請求は認められるか。

▶▶解説

1．連帯債務者の1人について生じた事由については、他の連帯債務者に対してその効力が生じないのが原則である（441本。相対的効力の原則）。絶対的効力事由は、債権を満足させる弁済およびこれと同視すべき事由としての相殺（439Ⅰ）・代物弁済・供託のほか、債権は満足させないものの債務者としてなすべきことをした場合（弁済の提供・受領遅滞）、さらに、更改（438）・混同（440）に限られる。もっとも、債権者と各連帯債務者との間で、他の連帯債務者にある事由が生じた場合には、その効力が当該連帯債務者に及ぶ旨を事前に合意することにより、絶対的効力事由を創設することは可能である（441但）。

　一般の債権の消滅時効は、主観的起算点からの5年と客観的起算点からの10年の二重期間構成であり、いずれかの期間が満了すると完成する（166Ⅰ）。確定期限付の契約債権の債権者は通常その期限を知っているため、その主たる給付に関する債権の時効は期限到来時から5年の経過により完成する（同Ⅰ①）。

　(1) において、DのCに対する貸金返還請求訴訟が提起されたのは、返済期限から5年半後であり、時効完成後である。Cに対する請求に先立ってされたDのAに対する裁判上の請求の結果であるDの勝訴判決の確定により、Aに対しては、時効の更新（147Ⅱ）の効果が生じ、判決確定の時点（＝返済期限の4年後）から10年（169Ⅰ）の時効が新たに進行しているが、DのAに対する裁判上の請求によってCの消滅時効に影響は生じることはなく、また、DのBに対する免除の効力もCに及ばない（441本）。したがって、CはDからの請求に対して、消滅時効を援用して支払を拒絶することができる。

2．**(2)** について、Eは、ABCの債務について、その返済期限の1年半後に併存的債務引受をしているが、これにより、Eも連帯債務者となる（470Ⅰ）。このような場合（いわゆる異時連帯）には、Eの消滅時効の起算点は、Eが債務を引き受けた時点より早くなることはないため、各連帯債務者の時効の起算点が異なる原因となる。EがDから請求を受けたのは、Eが債務を引き受けた4年半後であり、Eのために消滅時効は完成していない。Aに対する請求、Bに対する免除、Cについての時効完成の各効力は、Eに及ばない（441本）。したがって、Eは、4000万円全額について支払を免れない。

［齋藤由起］

91 連帯債務者の１人による履行と求償

ＡＢＣは共同で事業をするため、Ｄから連帯して6000万円を借り入れた。負担部分は各３分の１である。次の場合に、ＡＢＣ間の求償関係はどうなるか。なお、利息および遅延損害金については、考えないものとする。

(1) 返済期限が到来し、Ｄから全額について請求を受けたＡは、何とか工面することのできた1500万円のみ弁済した。Ａは、ＢとＣに対して求償することができるか。

(2) **(1)**において、ＢがＤに対して、2000万円の反対債権を有していたが、Ａは、Ｄからの請求を受けた際に、ＢとＣに対して事前の通知をすることなく、1500万円を弁済していた。この場合に、Ｂは、Ａからの求償を拒絶することができるか。

▶▶解説

1．連帯債務者の1人は、「その免責を得た額が自己の負担部分を超えるかどうかにかかわらず」、求償することができる（442 I）。これは、自己の負担部分を超える額の支出をしなくても一部求償を認めた方が、債務者間の負担を公平にし、また、連帯債務の弁済が促進されて債権者にとっても不都合がない、との考えに基づくものである。したがって、**(1)**において、Aによる一部弁済額（1500万円）は、その負担部分（2000万円）を下回る額であるが、Aは、BとCに対して、500万円ずつ求償することができる。

2．BがDに対して反対債権を有する場合にも、AがDに弁済したうえで求償できるとすると、Bは相殺によって弁済を免れる利益を害されてしまう。すなわち、Bは、相殺による反対債権回収の可能性を失い、Dの無資力リスクを負うことになる。そこで、連帯債務者の1人が弁済等の免責行為をしようとする場合には、他の連帯債務者に対して免責行為をすることにつき事前に通知する義務を負い、この通知を怠った場合には、他の連帯債務者は自己の負担部分につき、債権者に対抗できた事由をもって免責行為者に対抗することができる（443 I前）。事前通知義務は、債権者に対する抗弁権を有する連帯債務者の抗弁権行使の機会を失わせないための義務である。連帯債務は債務者間に主観的共同関係がない場合にも成立しうるが、この義務を負うのは、他の連帯債務者の存在について悪意の場合に限られるため（同 I前）、自らの知らない連帯債務者に対する事前の通知は不要であり、他の債務者の存否を調査する義務も負わない。

　設例の場合、Aは、BやCと共同で事業をするために連帯して借り入れている以上、BとCが連帯債務者であることを知っている。したがって、**(2)**では、Aが事前の通知を怠った以上、Bは、その負担部分について、相殺することができたことをAに対抗できるので、Aからの求償（500万円）を拒絶することができる。

　なお、この場合には、Aは、相殺により消滅するはずであったとして拒絶されたAの求償権に相当するBの反対債権（500万円）について、Dに対して直接に請求することができる（443 I後）。これは、この範囲でBの反対債権が当然にAに移転するものである。したがって、Aは、Dから一部弁済の残額（4500万円）について請求を受けたときは、これをもって相殺することもできる。

［齋藤由起］

92 保証債務の範囲

　美術品のギャラリーを営むＡは、焼き物の収集家であるＢとの間で、作家Ｃが制作した茶碗甲を 500 万円で買い受ける売買契約を締結し、代金全額をＢに支払った。同じ日に、Ｂの紹介者であるＤが、Ｂの売買契約上の債務を連帯保証する契約をＡとの間で締結した。しかし、Ｂは、引渡期限を過ぎても、甲をＡに引き渡さなかった。

　甲について、Ａは、Ｃの作品の展覧会を企画していたＥ美術館に賃貸する契約を結んでいたが、甲を入手できなかったため、Ｅから賃貸借契約を解除された。Ｂは甲について貸出予定があることを知っていたが、手放すのが惜しくなったのであった。

(1)　Ａは、Ｂの履行遅滞によって、Ｅから得られたはずの賃料相当額についてＢに対する損害賠償請求権が生じたとして、Ｄに連帯保証債務の履行を請求した。この請求は認められるか。

(2)　その後、Ａは、Ｂに対して催告し、その期間内に引渡しがなかったので、本件売買契約を解除した。Ａは、Ｂに対する既払代金の返還請求権について、Ｄに連帯保証債務の履行を請求した。この請求は認められるか。

参考　❶大判明治 43 年 4 月 15 日民録 16 輯 325 頁
　　　　❷大判明治 36 年 4 月 23 日民録 9 輯 484 頁
　　　　❸最大判昭和 40 年 6 月 30 日民集 19 巻 4 号 1143 頁
　　　　❹最判昭和 47 年 3 月 23 日民集 26 巻 2 号 274 頁

▶▶解説

1. 保証債務の範囲は、保証債務の付従性と保証契約の解釈によって定まる。447条1項は、保証契約の当事者間に特約がない場合における解釈基準を規定するが、同項によれば、保証債務の範囲には、主債務の元本のみならず、利息、違約金、損害賠償その他全ての従たる債務が含まれる。これは、保証債務は主債務の履行を担保するものであるから、保証契約締結時の主債務の状態で固定されるのではなく、その後の主債務の変化に応じて変化することを意味する。主債務者の債務不履行に基づき生じた損害賠償債務について、判例は、契約が解除されたか否かを問わず、保証債務が及ぶとする（❶）。

また、連帯保証人は催告・検索の抗弁権を有しないため（454）、債権者は、主債務者への請求を経ずに、連帯保証人に対して請求することができる。

(1) では、Aは、Bに対する履行遅滞に基づく損害賠償請求権（415 I）について、Dに対して連帯保証債務の履行を請求することができる。

2. 次に、主債務を発生させる契約の解除による原状回復義務（545 I 本）が、保証債務の範囲に含まれるかが問題となる。かつての判例は、保証人が責任を負うべき債務を、本来の債務との同一性の有無によって決定していた。これによれば、解除による売買契約の遡及的消滅（直接効果説）に基づき、原状回復義務は本来の契約上の債務と発生原因が異なり同一性を欠くため「その債務に従たる」もの（447 I）に当たらず、保証人は特約がない限り責任を負わないとされていた（❷）。これに対し、現在の判例・通説は、解除の効果論をはなれて、保証債務の範囲を保証契約の当事者の意思解釈を基準に決定する。特定物の売主のための保証は、契約から直接生じる売主の債務というよりも、債務不履行に基づき売主が負担する債務について責任を負う趣旨であるから、保証人は、反対の意思表示のない限り、売主の債務不履行により解除された場合の原状回復義務について責任を負う（❸）。したがって、**(2)** では、Dの連帯保証債務はAの解除に基づく既払金の返還請求権に及ぶため、AのDに対する請求は認められる。

なお、判例は、請負契約が請負人の債務不履行に基づき合意解除された場合についても、請負人の保証人の責任が請負人の前払金の返還債務に及ぶとした（❹）。

[齋藤由起]

93　根保証

　製粉業者のAは、パン製造・販売業を営むBとの間で小麦粉の継続的供給契約を締結した。取引を開始するにあたり、Bに将来発生する買掛金債務について、Bの長年の友人であるCが、極度額を150万円、元本確定期日については定めずに、Aとの間で根保証契約を締結し、私製の書面によって根保証契約書を作成した。次の各事実がある場合に、Aの請求は認められるか。

(1)　Bの営業するパン製造・販売業の経営は取引開始当初は順調であったが、取引開始の6年後から買掛金の支払が滞り始め、7年目には未払債務が200万円に達した。Bの事業が停止に陥ったため、Aは、Cに対して、根保証債務の履行として200万円の支払を請求した。

(2)　Cは根保証契約締結から3年2か月後に病死し、DがCを単独相続した。Cの死亡時におけるBの買掛金債務は50万円であった。その後もBの事業は継続し、根保証契約締結から4年後には買掛金債務が100万円に達した。Bの事業が停止に陥ったため、Aは、Dに対して、根保証債務の履行として100万円の支払を請求した。

▶▶解説

1．全ての保証契約は、書面によって締結されなければ、効力を生じない（446
Ⅱ・Ⅲ）。この書面は公正証書である必要はなく、私製の書面で足りる。設例では、
事業のための継続的売買取引から生じる債務について根保証契約が締結されてい
るが、これは事業のための貸金等債務の根保証（465の6Ⅰ参照）ではないため、
主債務者が行う事業と無関係の第三者個人が根保証人となる場合であっても、保
証契約の締結に先立って、保証意思宣明公正証書を作成する必要はない。

　一定の範囲に属する不特定の債務を主債務とする根保証契約のうち、個人が根
保証人となる場合を個人根保証契約という（465の2Ⅰ）。個人根保証契約におい
ては、根保証人の責任範囲の予測可能性を確保し、根保証人に責任範囲を認識さ
せるため、極度額の定めが有効要件となっている（同Ⅱ）。この極度額は、主債務
に関する利息、違約金その他の全ての従たる債務全部に関する債権極度額である。
元本確定期日については、主債務に貸金等債務を含む個人貸金等根保証契約の場
合にのみ、5年を上限とする元本確定期日の定めが強制され、これを定めない場
合には3年の経過により元本が確定する（465の3Ⅰ・Ⅱ）。しかし、設例のよう
な継続的売買の代金債務の根保証について、同条の適用はない。

　したがって、**(1)**では、Bが負担する200万円の買掛金債務のうち、極度額で
ある150万円について、AのCに対する根保証債務の履行請求が認められる。

2．主債務に貸金等債務を含まない個人根保証契約において、主債務の元本は、
元本確定期日の定めがあってこれを経過したときのほか、ⅰ債権者が、保証人の
財産について、金銭の支払を目的とする債権についての強制執行または担保権の
実行を申し立てたとき（各手続の実行があった場合に限る）、ⅱ保証人が破産手続開
始決定を受けたとき、ⅲ主債務者または保証人が死亡したときに、自動的に確定
する（465の4Ⅰ）。このうち、ⅲの趣旨は、根保証は保証人と主債務者の人的信
用関係を基礎に引き受けられているため、保証人の死亡後に生じた主債務につい
て保証人の相続人が責任を負わされるべきでないし、主債務者の死亡後に生じた
主債務について保証人が責任を負わされるべきではないからである。

　(2)では、Cの死亡により主債務の元本は確定し（465の4Ⅰ③）、Dはその時点
で既発生の主債務の元本（50万円）にかかる保証債務のみを相続するため、その
限りでAのDに対する請求が認められる。　　　　　　　　　　　　［齋藤由起］

94 保証債務の履行と求償

　AはBに対して200万円を貸し付け、Bからの委託を受けたCが、Aとの間でBの貸金債務について保証契約を締結した。次の各事実がある場合に、CのBに対する求償はどの範囲で認められるか。なお、利息および遅延損害金については、考えないものとする。

(1)　返済期限の翌日に、Cは、200万円の支払の代わりに、Cが所有する240万円相当の絵画甲を給付することについてAの承諾を得て、甲を引き渡した。

(2)　返済期限の翌日に、Cは、あらかじめBに知らせることなくAに対して200万円を弁済した。Cからの求償に対して、Bは、Aに対して150万円の反対債権を有することを理由に求償に応じることを拒絶している。

(3)　返済期限の翌日に、BはAに対して200万円を弁済したが、このことをCに知らせなかったところ、CもAに対して200万円を弁済した。

参考　❶最判昭和57年12月17日民集36巻12号2399頁（連帯債務の事案）

▶▶解説

1. 保証人が自己の財産をもって免責行為をした場合には、主債務者に対して求償権を取得する。求償権の範囲は委託の有無によって異なる。委託保証の場合には、支出額（459 I）に加えて、免責行為日以後の法定利息および避けることができなかった費用その他の損害賠償の合計である（同 II→442 II）。

　受託保証人が代物弁済をしたときは、支出額（代物の価値）と債務消滅額に差が生じ得る。求償金の元本は、原則的に支出額であるが、支出額が債務消滅額を超える場合には、債務消滅額である（459 I 第2括弧）。したがって、**(1)** において、C の B に対する求償権の元本は、債務消滅額の 200 万円である。これに対し、仮に、甲の価値が 180 万円相当しかない場合には、支出額の 180 万円である。

2. 受託保証人は、主債務者に対して事前通知義務を負うため、この通知を怠って免責行為をしたときは、主債務者は債権者に対抗することができた事由（相殺、時効の完成など）をもって保証人に対抗することができる（463 I 前）。これは、主債務者の債権者に対する抗弁権を行使する機会を確保する趣旨である。したがって、**(2)** では、C は 50 万円に限り B に求償できる。なお、C は、相殺によって消滅するはずであったとして B から支払を拒絶された 150 万円について、A に対して請求することができる（同 I 後）。

3. 委託保証の場合には、受託保証人を二重弁済の危険から保護するため、主債務者も、免責行為をしたことについて事後通知義務を負う（463 II）。主債務者がこの通知を怠った場合には、後に善意で免責行為をした保証人は自己の行為を有効とみなし、主債務者に求償することができる。しかし他方で、受託保証人も主債務者に対して事前通知義務を負っている（同 I）。したがって、**(3)** では、C が B に事前の通知をしたが、B からの返事がなく、B が弁済した事実を知らずに支払った場合には、B に対して 200 万円を求償することができる。これに対し、C も事前の通知を怠っていた場合には、463 条 2 項は同条 1 項について過失ある受託保証人を保護する趣旨ではないため（❶参照）、原則に戻って B による第 1 の弁済が有効となると解すべきであり、第 2 の弁済をした C は B に求償できないことになろう。この場合、C は、二重弁済を受けた A に対して不当利得返還請求をすることができるが、A の無資力のリスクを負うことになる。

［齋藤由起］

95 債権譲渡の対抗要件

　Aは、Bに対して100万円の債権を有していたが、これをまず9月1日にCへ、次いで9月2日にDへと二重に譲渡した。現時点は9月5日であり、Bはまだ誰にも弁済していない。次の **(1)～(4)** の各場合において、BはCとDのいずれに弁済すべきか。

(1)　Aは、9月1日、Cへの譲渡について普通郵便で通知し、これは9月3日にBに到達した。他方Aは、9月2日、Dへの譲渡について内容証明郵便で通知し、これは9月4日にBに到達した。
(2)　Aは、9月1日、Cへの譲渡について内容証明郵便で通知し、これは9月4日にBに到達した。他方Aは、9月2日、Dへの譲渡についても内容証明郵便で通知したが、これは9月3日にBに到達した。
(3)　AはCおよびDへの譲渡についてどちらも内容証明郵便で通知を行ったが、これらは9月3日に同時にBに到達した。
(4)　Aは、9月1日、Cへの譲渡について債権譲渡登記を行った。他方Aは、9月2日、Dへの譲渡について内容証明郵便で通知し、これは9月3日にBに到達した。9月4日、Cは登記事項証明書をBに持参し、これを交付して譲渡を通知した。

参考　❶大連判大正8年3月28日民録25輯441頁
　　　❷最判昭和49年3月7日民集28巻2号174頁
　　　❸最判昭和55年1月11日民集34巻1号42頁

▶▶解説

1． 債権が二重に譲渡された場合、譲受人相互の優劣は、第三者対抗要件（債務者以外の第三者に対する対抗要件）の先後によって決する。民法が定める第三者対抗要件は確定日付のある証書による通知または承諾であり（467Ⅱ）、Dへの譲渡についてされた内容証明郵便による通知はこれに当たる（民法施行法5Ⅰ⑥）。他方、**(1)** では、Cへの譲渡については普通郵便による通知しかされていないが、これは債務者対抗要件（467Ⅰ）にはなるものの、第三者対抗要件とはならない。Cは先に債務者対抗要件を備えてはいるが、後から第三者対抗要件を備えたDが現れるとこれに劣後するので、BはDに弁済しなければならない（❶）。

2． 債権の二重譲渡において、どちらの譲渡についても確定日付のある通知がされた場合、その優劣をどのように決するか。通知に付された確定日付の先後を基準とするという考え方もありうるが、判例は、確定日付のある通知が債務者に到達した日時の先後によるとした（❷）。これは、債務者の認識を通じて譲渡を公示するという「債務者インフォメーションセンター」の考え方からの帰結である。したがって、**(2)** においてBは、通知に付された確定日付が先であるCではなく、確定日付のある通知を先に到達させたDに弁済しなければならない。

3． 確定日付のある通知が同時に債務者に到達した場合、上記**2．**のルールでは譲受人相互の優劣は決まらない。そこで判例は、各譲受人が債務者に対して全額の弁済を請求することができ、債務者は同順位の譲受人がほかにいることを理由としては弁済を免れられないとする（❸）。**(3)** では、BはCDのどちらに弁済しても免責されるが、どちらの請求も拒むということはできない。

4． 債権譲渡登記制度は、債務者に譲渡を知らせなくとも第三者対抗要件を備えられる点に特徴があり、登記時が第三者対抗要件の具備時とされる（動産債権譲渡4Ⅰ）。**(4)** でCは、Dが確定日付のある通知によって第三者対抗要件を備える前に登記をしているから、CD間ではCが優先する。この場合でもCは債務者対抗要件を備えなければBに弁済を求めることはできないが、これは登記事項証明書を交付して債務者に通知することで備わる（この通知は譲受人が行ってもよい。同4Ⅱ）。Cは債務者対抗要件も備えており、BはCに弁済しなければならない。

［白石　大］

96 債権譲渡と債務者の地位

　Aは、Bのために部品を製造し、これをBに供給していた。この取引は、AがBから毎月注文を受けて月内に部品を納入し、その翌月にBが代金を支払うという約定だった。2021年1月、Aは、Cから融資を受けるのに際し、同年中にAがBに対して取得する売買代金債権について、Cのために譲渡担保を設定した。同年4月、Aはこの債権譲渡をBに通知し、CはBに対して、Aに対する代金債務を以後はCに支払うよう求めた。

(1)　CがBに弁済を求めた債権には、Aが2021年2月に受注したもののまだ納入していない部品の代金債権が含まれていた。Bは、この2月分の代金債務についてCからの請求を拒むことができるか。
(2)　Bは、2021年2月、Aに対し、弁済期を同年5月として100万円を貸し付けていた。Bは、同年6月、この貸付金と3月分の代金債務を相殺したとしてCの請求を拒んだ。これは認められるか。
(3)　Bに債権譲渡の通知がされた後もAB間の取引は継続したが、2021年7月にAが納入した部品に欠陥があったため、Bの製造ラインが一時ストップするという事故が生じた。Bは、この事故によりAに対して取得した損害賠償請求権を7月分の代金債務と相殺したとして、Cの請求を拒んだ。これは認められるか。

| 参考 | ❶最判昭和50年12月8日民集29巻11号1864頁

▶▶解説

1．債権譲渡（担保目的の場合を含む）は、譲渡人と譲受人との間の契約によって行われ、債務者の同意は要求されない。しかし、債務者が自らの関知しない債権譲渡によって不利益を被ることはあってはならないはずである。そこで、債務者は、債権譲渡の対抗要件が具備された時点までに譲渡人に対して有していた抗弁をもって、譲受人に対抗できるとされている（468Ⅰ）。ＡＢ間の売買契約ではＡの先履行が約定されており、ＢはＡが２月分の納品をしていないことを理由に、Ｃからの２月分代金の弁済請求を拒むことができる。また、Ｂは、履行遅滞を理由に２月分の売買契約を解除し、代金債務の消滅をＣに対抗することもできる。

2．譲渡された債権の債務者は、自らも譲渡人に対して債権を有していれば、相対立するこれらの債権を相殺して事実上の優先弁済を受けられたはずである。それが、債権譲渡がされると相互性が失われて相殺ができなくなるというのでは、債務者の利益を不当に害する。そこで、債務者は、債権譲渡の対抗要件具備時までに譲渡人に対して債権を取得していれば、これを自働債権とし、譲渡された債権を受働債権として相殺することができるとされている（469Ⅰ）。このとき、自働債権と受働債権の弁済期の先後は問われない（平成29年民法改正前の判例である❶はこの点が明らかでなかったが、改正によって明確にされた）。ＢがＡに対して貸付金債権を取得した時点（2021年2月）は債権譲渡の対抗要件具備時（同年4月）より前だから、Ｂは貸付金債権と代金債務を相殺してＣの請求を拒むことができる。

3．債務者が自働債権を取得したのが受働債権の譲渡の対抗要件具備時より後であっても、この自働債権が対抗要件具備時より前の原因に基づいて生じた場合には、債務者はなおも相殺ができる（469Ⅱ①）。また、将来債権譲渡において、自働債権が譲渡対象債権と同一の契約に基づいて生じた場合には、その発生原因が対抗要件具備時より後であっても相殺が可能である（同Ⅱ②）。後者のケースでは、自働債権は譲渡対象債権と強い関連性を有しており、この場合にも相殺を認めるのが衡平にかなうからである。Ｂは、対抗要件具備時に後れる2021年7月になってはじめてＡに対する損害賠償請求権を取得したが、この債権は7月分の売買契約に基づいて発生したと考えられるので（564・415）、Ｂはこれを7月分の代金債務と相殺してＣの請求を拒むことができる。

［白石　大］

97　債務引受

AはBに甲土地を売り、500万円の代金債権を有している。Bは甲土地を
さらにCに売り、Cは、Bに代金を支払うかわりに、BのAに対する代金債
務を引き受けようとしている。なお、Cはまだ甲土地の引渡しを受けていな
い。

(1)　CがBとともにAに対して債務を負うためには、誰と誰が契約するこ
とが必要か。このような引受けが行われたとして、Cは、甲土地の引渡しを
まだ受けていないことを理由にAからの履行請求を拒むことができるか。ま
た、引受けの後に、BのAに対する債務について消滅時効が完成したとき、
CのAに対する債務はどうなるか。
(2)　CがBのかわりにAに対して債務を負い、BがAに対する債務を免れ
るようにするためには、誰と誰が契約することが必要か。このような引受け
が行われたとして、Cは、甲土地の引渡しをまだ受けていないことを理由に
Aからの履行請求を拒むことができるか。また、引受けの前に、BのAに対
する債務についてDが保証していたとき、Dは引受け後のCのAに対する債
務を保証するか。

参考　❶最判昭和41年12月20日民集20巻10号2139頁

▶▶解説

1． 併存的債務引受は、引受人が、債務者と連帯して、債務者が債権者に対して負担する債務と同一の内容の債務を負担するという仕組みである（470Ⅰ）。これは、A（債権者）・B（債務者）・C（引受人）の三者間契約によって行うことができるほか、①AとCとの契約や②BとCとの契約によることも可能である。ただし、②の場合にはAの承諾が効力発生の要件とされている（同Ⅱ・Ⅲ）。

引受人は、債務引受の時点で債務者が有していた抗弁をもって債権者に対抗することができる（471Ⅰ）。甲がAからBに引き渡されていなければ、CはBが有する同時履行の抗弁（533）をもってAへの弁済を拒むことができる。これに対し、AはBに甲土地を引き渡したがBがCに引き渡していないときは、特約がない限り、CはBに対する同時履行の抗弁をもってAに対抗することはできない。②でも、CがAに対抗できるのはBC間の引受契約上の抗弁であり（470Ⅳ・539）、引受契約で抗弁の対抗について特約がされている必要がある。

併存的債務引受がされると、債務者と引受人は連帯債務関係に立つ（470Ⅰ）。Bの債務について消滅時効が完成しても、これは相対的効力しかないので（441。項目**90**参照）、CのAに対する債務は影響を受けず存続する（平成29年民法改正で連帯債務のルールが変更されたため、❶とは結論が逆になる）。

2． 免責的債務引受は、債務者が債権者に対して負担する債務と同一の内容の債務を引受人が負担し、債務者が債務を免れるという仕組みである（472Ⅰ）。これは、ABC三者の契約によるほか、③AとCが契約してこれをBに通知するか、④BとCとの契約にAが承諾を与えることによっても成立する（同Ⅱ・Ⅲ）。

免責的債務引受においても、引受人は債務引受の時点で債務者が有していた抗弁をもって債権者に対抗することができるので（472の2Ⅰ）、Aが甲土地をBに引き渡していなければCはAの請求を拒める。これに対し、Bが甲土地をCに引き渡していなくても、CはBに対する同時履行の抗弁をもってAからの請求を拒むことはできないと解される。

免責的債務引受によって債務者は自己の債務を免れるが、債権者は、この債務の担保として設定された担保権や保証を、引受人が負担する債務に移すことができる（472の4）。ただし、これには保証人・物上保証人の承諾を要するため（同Ⅰ但・Ⅲ）、Dは自ら承諾しない限りCの債務を保証しない。　　　　　［白石　大］

98 更改

AはBに対して100万円の金銭債権（a債権）を有している。いまAは、このa債権について、債務者をCにすることや債権者をDにすることを検討している。

(1) a債権の債務者をBからCに交替させる方法として、債務者の交替による更改を用いた場合に、免責的債務引受による場合と比べて要件・効果の面でどのような相違があるか。
(2) a債権の債権者をAからDに交替させる方法として、債権者の交替による更改を用いた場合に、債権譲渡による場合と比べて要件・効果の面でどのような相違があるか。

参考 ❶大判大正10年6月2日民録27輯1048頁

▶▶解説

1. 民法では、更改は債権の消滅原因の1つとして規定されているが、このうち債務者の交替による更改（513②）は、債務者の変更を実現する点で免責的債務引受と類似の機能を果たしうる。

　債務者の交替による更改は、A（債権者）・B（旧債務者）・C（新債務者）の三者間契約によるほか、AとCとの契約によって行うこともでき、この場合にはAがBに更改契約を通知した時に更改の効力を生じる（514 I）。ここまでは免責的債務引受の規律（472 II）と同じであるが、BとCとの契約にAが承諾を与えるという方法（同III）は債務者の交替による更改では認められていない。

　債務者の交替による更改がされても、新債務者は旧債務者に対して求償権を取得しない（514 II）。免責的債務引受でもこれは同様である（472の3）。また、債権者は、旧債務の担保として設定された質権・抵当権を、（物上保証の場合には設定者の承諾を得たうえで）新債務に移すことができる（518）。これも免責的債務引受の規律（472の4）とほぼ同じだが、移転させることができる担保権が質権・抵当権に限定されている点では異なる。なお、免責的債務引受の引受人は債務者が有していた抗弁をもって債権者に対抗できるが（472の2）、債務者の交替による更改では新旧債務の同一性が失われるので、新債務者は旧債務者の有していた抗弁をもって債権者に対抗することができない（❶）。

2. 債権者の交替による更改（513③）は債権譲渡と類似の機能を有するが、A（旧債権者）・B（債務者）・D（新債権者）の三者間契約によることが求められ、債権譲渡よりも要件が重い（515 I）。この更改は確定日付のある証書によってしなければ第三者に対抗できないが（同II）、これは債権譲渡の第三者対抗要件（467 II）に倣ったものである。なお、債権者の交替による更改は常に債務者を当事者としなければならないので、譲渡制限特約に反する更改の効力（466以下参照）は問題とならない。

　DのBに対する新債権はAのBに対する旧債権とは同一性がないから、債権譲渡と異なり、旧債権の担保として設定された担保権や保証は原則として新債権を担保しない（518条の要件を充たす場合はその例外）。また、新旧債権の同一性が失われることの帰結として、BはAに対して有していた抗弁をもってDに対抗することはできない。これも債権譲渡との相違点である（468参照）。　　　［白石　大］

99 有価証券

Aは、①船荷証券、②記名式の社債券、③コンサートチケットを所持している。これらにつき、以下の **(1)** 〜 **(3)** の問いを検討せよ（それぞれの問いは相互に独立のものとする）。

(1) Aが①〜③をBに譲渡するには、どのような方法によればよいか。
(2) ①〜③は、CからAが盗んだものだった。Aから①〜③を譲り受けたBは、これらの返還をCから求められた場合に応じる必要があるか。
(3) Aは、①〜③を取得する際に、船会社D（①）、社債発行会社E（②）、コンサート主催者F（③）に対して、それぞれ対価を支払っていなかった。Aから①〜③を譲り受けたBが権利を行使したとき、DEFは、Aが対価をまだ支払っていないことを理由にこれを拒むことができるか。

▶▶解説

1. 民法は、4種類の有価証券に関する規定を設けており（520の2～520の20）、特別法に個別の規定がなければこれらが適用される。本問の⒤は指図証券（証券において権利者として指定された者またはその者が指定する者に対して弁済をすべき旨の記載がある証券）、⒤は記名式所持人払証券（債権者を指名する記載がされ、その所持人に弁済をすべき旨が付記されている証券）、⒤は無記名証券（証券に特定の権利者名が書かれておらず、その所持人に対して弁済をすべきとされる証券）にそれぞれ該当する。

　指図証券（⒤）の譲渡は、証券への裏書と譲受人への交付が効力要件である（520の2）。これに対して、記名式所持人払証券（⒤）および無記名証券（⒤）は、証券の交付のみで譲渡の効力を生じる（520の13・520の20）。

2. 有価証券の譲渡人が無権利者であった場合に、その譲受人が有効に権利を取得できるかどうかは、善意取得の成否にかかっている。すなわち、指図証券（⒤）の占有を失った者（C）がある場合に、所持人（B）が裏書の連続によりその権利を証明すれば、その所持人は悪意または重過失でない限りその証券を返還する義務を負わない（520の5）。記名式所持人払証券（⒤）および無記名証券（⒤）の所持人も、証券上の権利を適法に有するものと推定され（520の14・520の20）、悪意または重過失でない限り同様の扱いを受ける（520の15・520の20）。ただし、Cが公示催告手続をとった場合にはこれらの証券は無効となり、Bは証券上の権利を取得することはできない（520の11・520の18・520の20）。

3. 有価証券は流通が予定されており、取引の安全を保護するため、譲受人に対する債務者の抗弁主張が一定の場合には制限される。これは人的抗弁の切断とよばれる。すなわち、指図証券・記名式所持人払証券・無記名証券のいずれにおいても、証券の債務者は、その証券に記載した事項およびその証券の性質から当然に生じる結果を除き、その証券の譲渡前の債権者に対抗することができた事由をもって善意の譲受人に対抗することができない（520の6・520の16・520の20）。したがって、Aの対価未払いについてBが善意である限り、ＤＥＦはこの未払いを理由としてはBの権利行使を拒むことができない。

〔白石　大〕

100 弁済の提供

電器問屋であるＡは電器店を経営するＢとの間で、ＡがＢに対して液晶テレビ（以下、「本件テレビ」という）100台を売却する旨の本件売買契約を締結した。本件売買契約においては、履行期日にＡがＢの倉庫に本件テレビを納入するとともに、同日に売買代金1000万円が支払われることとされた。ところがその後ＢはＡに対して、需要の減少を理由に本件テレビの入荷を半数に減らす旨を申し入れ、50台にしなければ本件テレビを一切受け取れないと通告してきた。やがて履行期日になり、Ａは本件テレビ100台を搬出する準備を整えたうえで引取りに応じるようＢに通知したが、Ｂが態度を改めないため、本件テレビの引渡しが全く行われないままとなるに至った。次の各設問について検討しなさい。

(1) Ｂが本件テレビの引渡しがないことを理由としてＡに対して損害賠償を求めた場合、Ａはこれを拒むことができるか。

(2) Ａは本件売買契約を解除することができるか。

参考　❶最大判昭和 32 年 6 月 5 日民集 11 巻 6 号 915 頁
　　　❷最判昭和 44 年 5 月 1 日民集 23 巻 6 号 935 頁
　　　❸最判昭和 46 年 12 月 16 日民集 25 巻 9 号 1472 頁

▶▶解説

1. 設例において、AはBに対して履行期日に本件テレビの引渡しを完了しておらず、本件売買契約上の債務の本旨に従った現実の提供がないため（493本）、一見すると履行遅滞に陥っているようにもうつる。しかしながら、Bはあらかじめ本件テレビの受領を拒んでおり、これにつき事情変更の原則が適用されるか、またはBの申入れに沿った契約改訂がされるなどの特段の事情がなければ、Bの受領拒絶には正当な理由がなく、このような場合Aは口頭の提供をすれば（同但）、債務不履行による責任を免れる(492)。Aは本件売買契約に従って本件テレビ100台を引き渡す準備を調え、その旨をBに通知したのであるから、弁済の提供が認められ、**(1)**においてAはBの請求を拒むことができよう。なお、判例によれば、Bの受領拒絶の意思が明確である場合は口頭の提供すら不要となるが（❶）、このような判断は少なくともAが弁済できる状態にあることを前提としている（❷）。

2. (2)において、本件テレビに関する信義則上の引取義務がBに認められる場合であれば、Bの受領遅滞を理由とする解除も成り立ちうるが（❸）、履行期日にBが本件テレビ100台全量を引き取ることが本件売買契約の実現にとって不可欠であるとはにわかにいえず、設例のような双務契約においては、Bの履行遅滞に基づく解除が検討されるべきである。

　設例の場合、Aがなすべき弁済の提供が口頭の提供で足りるとすれば、その効果としてBは同時履行の抗弁権（533）を失い、履行遅滞に陥る。そして、Aが本件売買契約を解除するためには、本件テレビについて口頭の提供をするとともに、売買代金1000万円の支払につきBに対して相当期間を定めて催告することが必要である（541本）。Bはあらかじめ本件テレビの受領を一切拒絶しており、その態度を改めていないことから、本件テレビの引渡しと同日に支払われるべき売買代金の提供も全くしないまま上記の期間が経過すれば、Aによる解除が認められよう。なお、設例でBの履行拒絶の意思も明確である場合、Aには催告によらない解除が認められる（542 I ②）。

　このような双務契約においては、Aの弁済の提供＋Bの受領拒絶の有無とあわせて、Bの弁済の提供・履行拒絶が問題となりうる点に留意が必要である。

［武川幸嗣］

101 受領遅滞

　AはB所有の甲建物につき、2019年7月よりBから月額50万円で賃借していたが（以下、「本件賃貸借契約」という）、同年9月に突然Bから「翌月から賃料を60万円に値上げする」と通告された。Aは同月末に10月分の賃料として50万円をB方に持参したが、Bは「60万円支払わなければ受け取らない」と述べて頑として受領を拒み、その態度を改めないまま、同年10月分から12月分までの賃料が未納となった。この事実を前提として、次の各設問について検討しなさい。

(1)　Bは、Aの賃料不払を理由として本件賃貸借契約を解除することができるか。
(2)　Aが2019年10月分から12月分までの賃料債務を消滅させるためには、何をすればよいか。

参考　❶最判昭和45年8月20日民集24巻9号1243頁
　　　❷大判大正10年4月30日民録27輯832頁
　　　❸大判大正11年10月25日民集1巻616頁

▶▶解説

1. 継続的契約関係である不動産賃貸借においては、借賃増減請求権（借借32）の有無が問題となりうるが、設例のような賃貸借開始直後における賃料増額請求は否定されるべきであろう。

そのうえでＡの賃料不払の有無を検討するに、2019年10月分については現実の提供がされたものの、11月・12月分についてはそれが行われていないため、問題となる。判例は、賃貸人が受領拒絶の態度を改めてその旨を賃借人に表示するなど、受領遅滞を解消する措置を講じない限り、拒絶後においても受領遅滞が継続するとみなし、賃貸人は賃借人から弁済の提供がないことを理由として債務不履行責任を問うことはできないと解する（❶）。したがって、この場合は口頭の提供（493但）も不要となろう。設例において、賃料に関するＢの受領拒絶の態度に変化がないとすれば、Ａに債務不履行はないということになる。

2. Ａは賃料不払を理由とする責任を負わないとして、賃料債務そのものから解放されるためには、弁済の供託（494以下）をしなければならない。それでは、供託の要件として、Ａによる弁済の提供＋Ｂの受領遅滞は必要であろうか。10月分については現実の提供＋受領拒絶が認められるが、11月・12月分につき、少なくともＡは口頭の提供をした上でなければ供託することができないのであろうか。債権者があらかじめ受領を拒む場合における口頭の提供の要否につき、判例は必要説に立つが（❷）、学説上は、債務者は口頭の提供により債務不履行責任を免れるにとどめるか、または供託によって債務を消滅させるかについて選択することができ、このように解しても債権者には供託金還付請求が認められるため不利益はないとする不要説と、債務不履行責任からの免責と債権・債務の消滅とは次元が異なり、弁済の提供なくして債権を消滅させ、債権者は供託金還付のための手続をとらなければならないというのは行き過ぎであると解する必要説が対立していた。

平成29年民法改正法では、必要説が採用されて弁済の提供＋受領拒絶が供託の要件となるが（494 Ⅰ①）、債権者の受領拒絶の意思が明確な場合に不要（❸）としてよいかについては解釈に委ねられており、さらに設例においては、受領遅滞の継続を理由として口頭の提供を要せずに供託を認めることも考えられよう。

［武川幸嗣］

102 表見的受領権者に対する弁済

　AはB銀行に定期預金債権（a債権）を有しているが、Cが預金証書および印鑑を所持していた。この事実を前提として、以下の各設問について検討しなさい。なお、設問は別個の問いであるものとして考えなさい。

(1)　CがAの代理人であると偽り、a債権につき期限前解約を行ったうえで払戻しを受けた。後でこれを知ったAがBに対して預金の払戻しを求めた場合、Bは免責を主張してこれを拒むことができるか。

(2)　Cから融資を求められたBは、a債権を担保として貸付を行い、BC間において上記貸金債権とa債権に関する相殺予約が締結された。その後Bは、Cから貸金の返済がなかったため、上記予約に従って相殺した。後でこれを知ったAがBに対して預金の払戻しを求めた場合、Bは免責を主張してこれを拒むことができるか。

参考　❶最判昭和 37 年 8 月 21 日民集 16 巻 9 号 1809 頁
❷最判昭和 41 年 10 月 4 日民集 20 巻 8 号 1565 頁
❸最判昭和 59 年 2 月 23 日民集 38 巻 3 号 445 頁
❹最判昭和 52 年 8 月 9 日民集 31 巻 4 号 742 頁

▶▶解説

1. 債権の受領権者としての外観を有する者に対して善意無過失でした弁済は、その者の受領権限の有無を問わず有効となる（478）。同条の要件については、⒤表見的受領権者と⒤弁済の意義が問題となるが、ⓐ新たな法律行為による処分と異なり弁済は義務の履行であるため、請求を受けた債務者保護の必要性が高いこと、ⓑ日常頻繁に行われる弁済における簡易迅速性の要請、ⓒ定型化・没個性化している銀行取引の円滑に配慮すべきことに注意を要する。

⒤につき、判例は、受領権限者としての外観を有する者に詐称代理人を含む（平成29年民法改正前の❶の明文化）。不動産・動産の処分権限については自己または代理人の名による処分とで異なるが、弁済に関しては、請求者が債権者本人であるか否かよりも受領権限の有無が重視されるところ、その外観については本人と代理人間に実質的差異がないといえるからである。よって **(1)** では、Cが払戻しを受ける権限を推認させるに足りる外観を有しており、かつ疑念を抱くべき特段の事情がなければ、Bは免責される。

2. ⒤について判例は、期限前解約＋弁済の構造を有する定期預金の期限前払戻しを弁済と同視する（❷）。銀行取引では、預金者からの求めに応じて期限前払戻しを行うことが金融機関に義務づけられているためである。**(2)** のような預金担保貸付＋相殺については、弁済よりも無権限者による担保設定＋処分としての要素が強く、法律構成としては表見代理または94条2項類推適用が適合的であるとの見方が十分に成り立つが、判例は478条類推適用に拠る（❸）。その根拠は、預金担保貸付は実質的に期限前払戻しの代替手段として機能しており、貸付＋相殺予約＋相殺という取引過程を全体としてみれば、預金の決済方法の1つとして保護すべきである点に求められている。このような表見的受領権者に対する弁済保護について留意すべきは、第1に、預金者を預金の預入者でなく出捐者と解する客観説（❹）を補充して決済における銀行保護が図られる点である。第2に、表見代理・94条2項類推適用との重要な相違点は、真正債権者の帰責性の要否にある。478条はこれを独立要件とせず、弁済者の無過失判断における考慮要素として場合に応じて検討する構成に立つ。そのため **(2)** においては、Cの行為につきAの関与等がなくても、Cの権限に対する信頼が正当と認められればBは免責されうる。

[武川幸嗣]

103　弁済による代位

　AがBに対して有する債権につきCが弁済を行ったことに基づいて、Cが Aに代位する場合に関する以下の各設問について検討しなさい。なお、設 問は別個の問いであるものとして考えなさい。

(1)　AのBに対する貸金債権（2000万円）のためにCが保証人となるとと もに、B所有の甲土地（評価額3000万円）上に第1順位の抵当権が設定され た。その後、Cが弁済による代位に基づいて上記の抵当権を実行しようとし ているが、BC間の保証委託契約における遅延損害金条項により求償金額が 2500万円となって貸金債権額（2年分の利息・遅延損害金を含む）を上回って いる。なお、甲地上にはDのために第2順位の抵当権が存している。Cは上 記抵当権の実行により2500万円を回収することができるか。

(2)　AがBに対して有する債権につきCが立替払いを行い、弁済による代 位が生じた。その後Bについて破産手続開始決定がされた。Aの債権は全額 が財団債権たる給料債権である。このときCは、弁済による代位に基づい て、破産手続によらずに上記給料の支払を求めることができるか。

参考　❶最判昭和59年5月29日民集38巻7号885頁
　　　❷最判昭和61年2月20日民集40巻1号43頁
　　　❸最判平成23年11月22日民集65巻8号3165頁

▶▶解説

1. 弁済による代位により代位弁済者は、債務者に対する求償権の範囲内において、債権者が有していた一切の権利を行使することができる（501Ⅰ・Ⅱ）。その意味につき判例は次のように解する（❶❷）。①債権者が有していた原債権および担保権が法律上当然に代位弁済者に移転し、求償権と併存する（原債権移転＋併存構成）。そこで、代位によって取得した原債権と求償権との関係が問われるが、ⅱ両者は成立原因・内容・性質を異にする別個の債権であり（別債権性）、ⅲ代位による原債権の移転は求償権を確保するために生じるのであるから、両権利は目的と手段の関係に立ち、付従性が認められる（原債権の付従性）。したがって、原債権とは別個に、求償権の不成立・無効あるいは弁済や時効による消滅がありうるが、その場合は代位による権利行使が認められない。

　(1)においては、甲地上の抵当権だけが代位によってCに移転するのではなく、被担保債権は求償権ではなく原債権となる。したがって、設例のように求償権の額が原債権を上回る場合であっても、Cは原債権の範囲を限度として抵当権を行使しうるにすぎないため、後順位抵当権者Dが代位によって不利益を被ることはない。なお、これとは反対に原債権額が求償権の額を上回るときは、付従性により求償権の範囲内でのみ原債権および担保権の行使が認められる。

2. (2)の場合、求償権は破産債権であり、破産手続に従って原則として各債権額の割合に応じて配当されるにすぎない（破100Ⅰ・194Ⅱ）。これに対して原債権は財団債権であり（破149Ⅰ）、破産手続によらずに破産債権に先立って弁済を受けることができる（破151）。それでは、Cは破産手続外において弁済を受けることが許されるか。原債権移転・別債権性・求償権確保の必要性を重視すれば肯定されようが、原債権の行使を求償権において認められる限度に制限するという観点を強調すれば、否定すべきことになる。付従性の意味につき、求償権の存否・範囲に関する実体上の制約に限定するか、手続上の制約を含む求償権の性質・効力における従属性までを指すと解すべきかが問われるところである。この問題につき判例は肯定説に立つが（❸）、代位における原債権の付従性に関する一般論を示したものではなく、倒産法秩序および破産債権者との公平の見地から肯定したにすぎないとの指摘もある。

［武川幸嗣］

104 弁済の充当

　AがBに対して1個または数個の貸金債権を有しており、弁済期が到来している が、Bがその全てを満足させるには至らない給付をした場合における 以下の各設問について検討しなさい。なお、設問は別個の問いであるものと して考えなさい。

(1)　AのBに対する α 貸金債権（元本100万円、利息10万円〔年利率5％〕） および β 貸金債権（元本100万円、利息10万円〔年利率10％〕）は無担保であ るが、γ 貸金債権（元本100万円、利息10万円〔年利率5％〕）についてはA が担保権を有している。これらの弁済としてBが110万円を支払った場合、 どのように充当されるか。
(2)　(1)において、Bが利息の弁済として10万円を支払った場合、どのよ うに充当されるか。
(3)　δ 貸金債権（元本100万円、利息20万円〔年利率5％〕、費用10万円）の 弁済としてBが元本にと指定して100万円を支払った場合、どのように充当 されるか。

参考　❶大判大正6年3月31日民録23輯591頁

▶▶解説

1. 弁済の充当方法については、つねに当事者間の合意が優先される（490）。したがって、**(1)** では、ＡＢ間の合意に従ってＢが支払った110万円が$\alpha\beta\gamma$のいずれかに充当される。合意がない場合、数個の債務について元本のほか利息および費用を支払うべき場合においては、費用→利息→元本の順に充当されるため（489 Ⅰ）、まず$\alpha\beta\gamma$債権の利息に10万円ずつ充当される。残額80万円に関する充当の順序は一方当事者による指定充当となり（489 Ⅱ→488）、弁済者であるＢが充当すべき債務を指定することができる（488 Ⅰ）。Ｂの指定がないときは受領者Ａが指定してよいが（同Ⅱ）、Ｂは自己に不利な充当に対して直ちに異議を述べることができる（同Ⅱ但）。指定充当がない場合は法定充当となる（同Ⅳ）。その順序は、ⅰ弁済期到来の有無、ⅱ債務者における弁済の利益の大小に従って決せられ、ⅲⅱが相等しいときは弁済期の先後、ⅳⅱⅲが相等しいときは按分充当となる。$\alpha\beta\gamma$は弁済期にあるため、まずはⅱに従う。αよりβの方が高利率であり、無担保のαより担保付きのγの方が債務者Ｂの負担が大きいが、弁済によりＢが受ける利益の大きさにつき$\beta\gamma$間の優劣が不明であればⅲに従う。$\beta\gamma$の弁済期が同時であれば、ⅳにより40万円ずつ充当される。

2. 数個の債務における利息相互間の充当の順序については、**(1)** の場合と同様となる（489 Ⅱ→488・490）。**(2)** では合意があればそれに従う。合意がない場合はＢまたはＡによる指定充当となり、指定もないときは法定充当となる。その場合、利息債権はいずれも弁済期が到来しているため、Ｂのために利益が多いものから充当される。そうすると、複利の特約の存在や元本の組入れの可能性（405）から、Ｂが支払った10万円は最も高利率のβの利息に充当される（488 Ⅳ②）。

3. 元本・利息・費用を含む1個の債務を消滅させるに至らない給付がされた場合においても、合意充当が優先される。**(3)** では、Ａも元本からの決済を望むのであれば、合意によりＢが支払った100万円は全額元本に充当される。合意がない場合は、費用→利息→元本の順序による法定充当となる（489 Ⅰ）。債務者の一方的意思表示によってこの順序を変更すべきではないため、Ｂによる指定充当は認められない（❶）。よって、費用・利息の順に充当された後、残額70万円が元本に充当される。

［武川幸嗣］

105　相殺の要件

　AはBに対して500万円の金銭債権（α債権）を有しており、BはAに対して350万円の貸金債権（β債権）を有している。次の場合、Aからα債権の支払の請求を受けたBは、β債権と相殺し、差額の150万円のみを支払うことができるか。

(1)　β債権について消滅時効が完成していた。

(2)　α債権は、Bが自動車を運転していて、飛び出してきた子どもを避けようとしてAの店舗に突入したことによる損害賠償債権であった。幸い、店舗は無人であったため、けが人はなく、物損のみであった。

(3)　Bは個人病院の院長であり、α債権は、Aを診察し、治療にあたったBの医療過誤によりAが後遺障害を負ったことによる損害賠償債権であった。

参考　❶最判平成25年2月28日民集67巻2号343頁

▶▶解説

1. 自働債権が時効により消滅していても、その消滅以前に相殺適状にあったときは、相殺ができる（508）。①基準となる「消滅」時とは、当事者の相殺に対する期待を保護し、差引決済されるものと考え自働債権についてあえて請求しないまま時効期間満了に至ることも是とするという508条の趣旨から、消滅時効期間経過時である。また、ⅱ相殺適状については、受働債権は期限未到来であっても、期限の利益を放棄して相殺することができるが、相殺適状にある（505Ⅰ）というためには、期限の利益を放棄しうる状態にあるだけではなく、期限の利益の放棄や喪失により、現実に弁済期が到来したことが必要である（以上につき❶）。したがって、設例の場合、β債権の消滅時効期間経過以前に α債権の弁済期が到来していたのであれば、Bは β債権と α債権とを相殺することができる。

2. 相殺の受働債権である α債権は、不法行為に基づく物損の損害賠償債権であるから、「悪意」の不法行為によるものでない限り（509①）、相殺は禁止されない。509条1号の相殺禁止は、不法行為の誘発や不法行為を通じた債権回収を防止する趣旨であり、「悪意」とは損害を加える意図（害意）を意味する。設例では、過失不法行為によるものであるから、509条の相殺禁止は妥当しない。この場合も、もとより、505条の要件を充たす必要がある。α債権は期限の定めのない債務であり弁済期が到来している。したがって、Bは、自働債権である β債権について弁済期が到来しているなら、相殺することができる。

3. AのBに対する損害賠償債権である α債権は、AB間の診療契約上の債務不履行（415）またはBの不法行為（709）に基づくものである。債権者Aはいずれの法律構成によることもできる（請求権競合）。そして、いずれの法律構成によっても、α債権はAの身体の侵害による損害賠償債権であるから、その債務者であるBは、それを受働債権として相殺することはできない（509②）。相殺の制度趣旨である、決済の便宜、当事者の合理的意思、当事者間の公平よりも、人損の被害者に現実の給付を得させることの方が重視されるため、法律構成が不法行為であるか債務不履行であるかを問わず、生命身体侵害による損害賠償債権は、相殺の受働債権とすることができない。

[沖野眞已]

106 差押えと相殺

AはBに対して500万円の代金債権（α債権、弁済期6月1日）を有しており、Aに対し600万円の金銭債権を有するCがα債権を差し押さえた（差押命令の送達は同年5月10日）。その後，同年6月20日にCがBに対し500万円の支払を求めたところ、BはAに対して有している350万円の貸金債権（β債権）と相殺すると告げた。Bの相殺は認められるか。

(1) β債権の弁済期は同年6月15日であった場合。
(2) β債権の弁済期は同年12月1日であった場合。

参考　❶最判昭和45年6月24日民集24巻6号587頁

▶▶解説

1．差押えを受けた債権（α債権・受働債権）の第三債務者Bは、差押え前に取得した債権による相殺をもって差押債権者に対抗できる（511Ⅰ後）。差押え時に相殺適状にある必要はなく、差押え後に相殺適状になる場合も、受働債権の弁済期より後に自働債権の弁済期が到来するときでも相殺を対抗できる（❶の採用する無制限説の明文化）。また、差押え後に取得した債権であっても、他人から取得した場合を除き、差押え前の原因に基づいて生じた債権であるときは、それを自働債権とする相殺を差押債権者に対抗できる（同Ⅱ）。したがって、Bは、β債権を5月10日より前に取得していたか、5月10日より後の（他人からの譲受等ではない）取得であるが同日より前の原因によるときは、β債権とα債権との相殺をもってCに対抗できる。β債権は貸金債権であるから、β債権がAB間の消費貸借契約によるものであれば契約時に貸金債権が発生するため、その時点で「取得」がある。したがって、β債権の原因である消費貸借契約がAB間で差押え前にされているか、差押え前にBがβ債権を譲受け等によって取得していたかのいずれかであれば、Bは、α債権とβ債権を相殺でき、対当額（350万円）についてα債権が消滅したとして、Cの支払請求を拒むことができる。

2．511条は差押えと相殺についての調整規定であり、同条による相殺の対抗は、相殺の可否についての他の要件（505～510）を不要とするものではない。設例において、BがCに対し、β債権との相殺を主張するためには、1．のとおり、差押え（5月10日）の前にβ債権を取得しているか、または、差押え後の取得（他人からの譲受けを除く）であるが、債権の発生の原因が差押えの前にあるかのいずれかである必要があるが、それとともに、相殺適状になければならないし（505Ⅰ）、相殺禁止（509等）に該当するものでないことも必要である。

　相殺適状が生じるのは、自働債権であるβ債権の弁済期が到来する12月1日であるから、Bは、それまでは相殺はできず、その前にCの取立てが完了するともはやBはα債権とβ債権とを相殺することはできない。このため、差押えとの関係で相殺を確実にするには、少なくとも、自働債権の弁済期を到来させる必要がある。無制限説のもとでも、相殺に関する約定（例えば、期限の利益喪失約定やさらには相殺することまで含めた相殺約定）が金融実務上用いられるのには、これに対応する意味もある。

[沖野眞已]

107 　混同・免除

　Aは、その所有する甲建物をBに賃貸し、Bが甲建物の引渡しを受けて居住していたが、Aは、資金の必要から、甲建物をBに売却した。

(1)　AB間の賃貸借契約に基づき甲建物がBに引き渡された後、甲建物のBへの売却前に、Aは甲建物につきCのために抵当権を設定し、登記がされていた。Cが抵当権を実行し、Dが甲建物を買い受けた。Bは、Dに対し、甲建物の賃借権を主張できるか。

(2)　Bが甲建物についての所有権移転登記を経る前に、Aは甲建物をEに譲渡し所有権移転登記を経た。EがBに対し、甲建物の明渡しを請求した。Bは、Eに対して、甲建物の賃借権を主張できるか。

(3)　AB間で、AB間の賃貸借契約は終了させ、Bは原状回復義務を負わず、Bから差し入れられていた敷金（120万円）につきAは返還義務を負わないこと、以上をふまえて甲建物の売買代金を1500万円とすることが合意された。これに先だって、BはAに対する敷金返還請求権につき、Fのために質権を設定し、Aに通知していた。弁済期にBから履行のなかったFはAに対し、敷金120万円の支払を求めることができるか。

参考　❶最判昭和46年10月14日民集25巻7号933頁
　　　❷最判昭和40年12月21日民集19巻9号2221頁

▶▶解説

1. 賃貸目的物甲の譲渡により、対抗力ある賃借権（借借31）を有する賃借人は新所有者に賃借権を対抗でき、賃貸人の地位は新所有者に承継される（605の2Ⅰ）。賃借人が譲受人である場合、賃貸借契約における両当事者の地位が同一人（Ｂ）に帰し、また、賃貸目的物の所有権と賃借権が同一人（Ｂ）に帰すことになり、賃貸借契約ないし賃借権を維持する意味に乏しいため、混同により賃借権は消滅する（後者の側面につき179条1項の準用ないし類推適用）。しかし、抵当目的不動産の場合は、それでは、Ｂは抵当権者に賃借権を対抗でき（借借31）、抵当権の実行後も買受人に賃借権を対抗できた地位（民執59Ⅰ・Ⅱ、188参照）を失うことになる。そのため、混同による消滅の例外が認められ（❶は179条1項但書準用）、ＢはＤに甲建物の賃借権を対抗できる。

2. Ｂが甲建物について所有権を取得したことにより、Ｂの賃借権（債権といわれるが正確には契約上の地位）は、混同により消滅する（1.参照）。Ｅが背信的悪意者でない以上、Ｂは、先に登記を備えたＥに対し、所有権を対抗することはできない。この場合には、いったん混同により消滅した賃借権であるが、二重譲受人Ｅとの関係では、Ｅの所有権取得に伴い、Ｂの賃借権は消滅しなかったものと扱われる（❷）。元来、混同による消滅は必然ではなく、存続させる意味がないと考えられるためにすぎない。第三者の権利の目的となっている場合に限らず、存続させることに法律上の実益のあるときは混同による消滅（179Ⅰ本・520本）を制限する、あるいはその例外（179Ⅰ但・520但）を拡張して解釈することが相当と考えられている。

3. 賃貸借契約の終了によりＢのＡに対する敷金返還債権が現実化する（通常は明渡し時であるが、設例では明渡しは行われないか、観念的に同時に行われている）。Ａが敷金返還債務を負わない旨のＡＢ間の合意は免除の意思表示（519）ないし合意である。しかし、それによって第三者の権利を害することはできないのは当然である。また、ＡＢ間の合意を売買代金の対当額による相殺の合意とみてもＢは受領権限を有しない者であるから（366・479参照）、Ｆに対抗することはできない。したがって、ＦはＡに対し敷金返還額の支払を請求できる（366Ⅰ）。

[沖野眞已]

108 契約の成立

　農業を営むAは、自分の畑で獲れたタマネギ300 kgを6万円で売却したい旨を取引先の小売商Bに対してファックスで伝えた。ただし、その文面に有効期間の記載はなかった。

　以上の事案につき、次の小問における契約の成否を論じなさい。

(1)　連絡を受けた翌日、Bは、タマネギ300 kgを6万円で買う旨のファックスをAに送信したが、その1時間後、やや高いのではないかと思い直し、Aに電子メールで「6万円では買わない」と連絡した。

(2)　連絡を受けた2か月後、Bはタマネギ300 kgを6万円で買う旨をAにファックスで連絡した。

(3)　連絡を受けた翌日、Bは「6万円は高いので、何とか5万円にならないか」とAにファックスで照会した。そして、ほかの農家にあたってみたが、適当な品物がなかったので、6万円でよいかと思い直し、2日後、Aに6万円で買う旨をファックスで伝えた。

(4)　連絡を受けたBは、ほかの農家にあたったが、Aのつけた価格が一番安かったので、2日後、Aに6万円で買う旨を連絡しようとした矢先、Aが交通事故で死亡したとの一報が入った。しかし、Bは、いつものように、ファックスでA宅に6万円で買う旨の連絡をした。

▶▶解説

1．Aは、Bに対して、契約の内容を示してその締結を申し入れる意思表示、すなわち、申込みをしており、Bが承諾すれば、AB間で売買が成立する（522 I）。そして、Bはファックスで承諾の意思表示を発信し、その効力発生時期は到達時なので（97 I）、Aにファックスが届いていれば、その時点で売買は成立し、その後、Bが思い直しても、契約の成否に影響はない。他方、BのファックスがAに届いていない場合、そもそも契約は成立していないから、この場合も後のBの電子メールが契約の成否に影響することはない（もっとも、この場合、BはAの申込みを断っており、Aの申込みは失効したもの〔＝承諾適格を失ったもの〕とされよう）。

2．承諾の期間の定めのない申込みは、承諾の通知を受けるのに相当な期間内は、撤回することができない（525 I本）。しかし、この相当な期間を経過しても、撤回されない限り、直ちに失効するわけではない。ただし、たとえ撤回されなくても、さらに一定の期間が経過した場合、申込みは失効するとされる。したがって、もしAの申込みが失効しているとすると、Bが承諾しても、契約は成立しない。この場合、Bの意思表示はAに対する（新たな）申込みとされよう。

3．変更を加えた承諾は、申込みの拒絶とともに、新たな申込みをしたとみなされる（528）。しかし、Bは単に値下げの可能性を照会しただけで、新たな申込みとはいえるものの、Aの申込みを確定的に拒絶したわけではない。とすると、Aの申込みは失効しておらず、後のBの承諾によって、6万円での売買が成立することになる。結局、Bが値下げの打診をした時点で、AのBに対する6万円での申込みとBのAに対する5万円での申込みが並立する状態になるわけである。

4．一般に、意思表示は表意者が発信後に死亡しても、その効力に影響はない（97 III）。ただし、申込みにあっては、申込者が死亡した場合、相手方が承諾を発信する前にそのことを知ったなら、申込みは失効する（526）。したがって、Aの申込みは効力を失っているので、Bが承諾しても、契約は成立しない。

　もっとも、BがAの申込みを承諾できると信じて、ほかからの申込みを断っていた場合、Bに不利益が生じる可能性がある。したがって、立法論としては、異なる選択肢もありうるところである。

〔池田清治〕

109 契約締結交渉の破棄

　Aは、自己所有のビルを建設すべく、建設会社大手Bと建築請負契約（以下、「本件請負契約」という）の交渉を始めた。ＡＢ間では、工事の概要や代金額およびその支払方法については合意したが、内装等の詳細については、さらに内容を詰め、その上で契約書を取り交わして契約を締結することとなった。

　Bは、このような交渉の経緯から、ＡＢ間で本件請負契約が締結されることは確実であると考え、下請業者Cに工事の一部をさせるため、Cと下請契約（以下、「本件下請契約」という）を締結した。

　ところが、Aは、経営方針を転換して、ビルの建築計画は中止することとし、Bとの交渉を打ち切った。

(1)　Bは、Aに対して、どのような請求をすることができるか。
(2)　Cは、AがBとの交渉を打ち切る前に、工事に備えて設計図を作成するなど、準備行為をしており、その後、AがBとの交渉を打ち切った、とする。この場合、Cは、Aに対して、何か請求することができるか。

参考　❶最判昭和 58 年 4 月 19 日判時 1082 号 47 頁
　　　❷最判昭和 59 年 9 月 18 日判時 1137 号 51 頁
　　　❸最判平成 18 年 9 月 4 日判時 1949 号 30 頁
　　　❹最判平成 19 年 2 月 27 日判時 1964 号 45 頁
　　　❺最判平成 23 年 4 月 22 日民集 65 巻 3 号 1405 頁

▶▶解説

1. 契約は意思表示の合致によって成立するが、合致の仕方としては、当事者の一方が契約内容を定めて、それを相手方に申し込み、相手方が承諾する形態（「申込承諾型」）もあれば、当事者間で個別条項ごとに合意を積み重ね、最後にそれらをまとめて契約を締結する形態（「練り上げ型」）もある。設例は後者に当たり、ＡＢ間では、さらに詳細を詰めて契約を締結することになっているから、まだ契約は成立しておらず、また、契約の大綱について合意されているものの、当事者の一方に契約を成立させる権限が与えられているわけではないので、この合意は予約（559→556 I）ではない。そして、本件請負契約が成立していない以上、ＢはＡに対して請負代金を請求することはできない。

しかし、例えばＡＢ間で誠実に交渉する旨の合意がされていた場合、Ａが理由もなく交渉を打ち切ったなら、Ｂは誠実交渉義務違反を理由にＡに対して責任追及できるし、そのような合意がされていなくても、契約成立の可能性につき、ＡがＢに誤った見通しを与えたり（❷）、Ａが理由もなく交渉を破棄したとき（❶）、ＢはＡに対して信義則上の義務違反を理由に不法行為責任を追及できる（❺）。

もっとも、この場合、ＢがＡに請求できるのは、請負代金ではなく、契約の成立を見込んで支出したのに、結局、無駄になってしまった費用である。したがって、Ｂがそのような費用を費やしていれば、賠償されるし、Ｂは、Ｃとの本件下請契約を解除せざるを得ないから（641）、Ｃに支払うことになる損害賠償も賠償の対象とされよう。

2. 本件下請契約は成立しているから、Ｂがこれを解除した場合、ＣはＢに損害賠償を請求することができる（641）。また、仮に本件下請契約が締結されていなくても、ＢがＣに過大な期待を与えたためにＣが準備行為をしていた場合には、本件下請契約がＡＢ間の本件請負契約に依存していることをＣが知っていても、ＣはＢに不法行為責任を追及することができる（❹）。

では、ＣはＡに損害賠償を請求できるのか。Ａが直接Ｃに準備するように働きかけていた場合には、ＣはＡに不法行為責任を追及できるが（❸）、設例の場合には、そのような事情はなく、またＣはＢに責任追及すれば足りるようにみえる。しかし、もしＣにＡの交渉破棄と因果関係のある損害が生じているなら、あえてＡへの責任追及を否定すべき理由はなかろう。　　　　　［池田清治］

110 契約締結過程における説明義務

　Aは、自分が使っているスマートフォン甲の調子が悪くなったので、修理をしてもらうため、携帯ショップBに赴いた。Bに調べてもらうと、甲はハードの面でかなり損傷しており、修理するのは難しく、また、たとえ修理したとしても、これから発売される予定の新型アプリには対応していない、との説明を受けた。そこで、Aは、この際、新しい機種のスマートフォンに買い替えることとし、Bと相談のうえ、Bからスマートフォン乙を購入した。

　その後、Aが別の携帯ショップに勤めている友人にこの話をしたところ、どのような故障であるかに興味をもったその友人は、Aから甲を借りて、勤務先のショップで確認をした。すると、甲のハードは損傷しておらず、簡単に修理できるばかりか、新しいアプリにも対応可能であることが判明した。

(1)　Aは、乙をBに返還し、乙の代金を返してもらいたい。Aの請求は認められるか。

(2)　Aは、乙にアプリも入れたので、乙をそのまま使い続けることにしたが、Bが間違った説明をしたことには納得がいかない。Aは、Bに対して、どのような請求をすることができるか。

参考　❶最判平成 15 年 12 月 9 日民集 57 巻 11 号 1887 頁
　　　　❷最判平成 17 年 9 月 16 日判時 1912 号 8 頁
　　　　❸最判平成 23 年 4 月 22 日民集 65 巻 3 号 1405 頁

▶▶解説

1．判例によれば、契約締結過程において、各当事者は、相手方に対し、信義則上、説明義務（情報提供義務）を負う（❶❷❸）。そして、説明義務の対象は、契約内容そのものであることもあれば（❶）、目的物の使用方法であることもある（❷）。この義務に違反した場合の効果は損害賠償である。

また、もし適切な説明がされていれば、そもそもそのような契約を締結しなかったであろう場合もある（❸）。この場合、詐欺や錯誤といった契約の解消を導く法制度との関係も問題となる。

設例の場合、もしBがAをだますつもりであったときは、Aは詐欺を理由としてBとの契約を取り消すことができる（96 I）。しかし、例えばB自身が勘違いをしていた場合、Bには故意がないから、詐欺に基づく取消しは認められない。

次に、Aは、錯誤を理由として、自身の意思表示を取り消すことも考えられる。ただし、Bの誤った説明は、売買目的物である乙に関するものではなく、甲に関するものであり、これが「法律行為の基礎とした事情」（95 I ②）に当たるか否かは今後検討を要するが、Bの誤導がAの意思表示の決定的な要因である以上、肯定してよいように思える。

さらに、Bの誤った説明を不法行為ととらえ、もし適切な説明がされていたなら、Aが乙を買うことはなかったことに着目し、AがBに支払った代金を損害賠償として請求することも考えられる。これは一般に「原状回復的損害賠償」と呼ばれる（BがAに賠償した場合、賠償者代位〔422〕により、乙の所有権はBに移転し、Aは乙を使用できないこととなろう）。

なお、AB間の売買に消費者契約法が適用されるなら、Aには、民法とは別に、消費者契約法に基づき取消権が与えられる（同法4 I）。

2．(2) の場合、**(1)** と異なり、AはBとの契約の解消を望んでいない。そのため、詐欺や錯誤だけでなく、――乙の所有権がBに移転することになる――「原状回復的損害賠償」も、Aの求めるところではない。

とはいえ、Bが適切な説明をしていれば、Aは甲を使い続けることができたはずであり、Bの誤った説明によって、使えるはずであった甲が無駄となったといえる。すると、この無駄になったことを「損害」と解し、乙を購入した時点における甲の残存価値を賠償の対象と考えることができるであろう。　　　　[池田清治]

111 手付

　Aは、自己所有の甲土地をBに 5000 万円で売却し、契約締結時に手付と
して、BはAに 500 万円交付した。ただし、甲土地はもともとAが居住用建
物を建てるために取得したものであり、Aが代替地を探す期間を確保するた
め、甲土地の引渡しおよび登記移転と代金の支払は契約締結の 1 年後と定め
られていた（なお、代金支払の際には、BがAに交付した 500 万円は代金の一部
に充て、BはAに対して残代金として 4500 万円を支払うこととされていた）。

(1)　Bは、Aと売買契約を締結した 1 か月後、Aの同意のもと、甲土地を
測量し、整地もした。またいつでも代金を払えるよう、Bは個人向け国債を
中途換金し、銀行の普通預金口座に 4500 万円預け、Aにその旨を連絡した。
Aは、Bがこれらの行為をした後であっても、Bとの契約を解除することが
できるか。
(2)　甲土地を 7000 万円で買いたいというCが現れたため、AはBに「1000
万円支払うので、契約を解除したい」と申し入れたが、Bは「そんなお金は
受け取れない。代金については再交渉しよう」と言って突っぱねた。AはB
との契約を解除することができるか。

参考　❶最大判昭和 40 年 11 月 24 日民集 19 巻 8 号 2019 頁
　　　　❷最判昭和 41 年 1 月 21 日民集 20 巻 1 号 65 頁
　　　　❸最判平成 5 年 3 月 16 日民集 47 巻 4 号 3005 頁
　　　　❹最判平成 6 年 3 月 22 日民集 48 巻 3 号 859 頁
　　　　❺大判大正 7 年 11 月 11 日民録 24 輯 2164 頁

▶▶解説

1．買主が売主に手付を交付した場合、通常、解約手付と解釈される（557 I本）。そうだとすると、各当事者は契約を解除することができるが、相手方が契約の履行に着手した後は、解除することはできない（同但）。そのため、何が履行の着手に当たるかが問題となる。

　一般に、履行の着手とは、履行行為の一部をするか、履行の提供をするために欠くことのできない前提行為をした場合を指し（❶）、それは履行期前の行為でもよい（❷）。(1)の場合、甲土地の測量や整地がBの履行にとって不可欠の前提行為といえるかは疑問であるが、代金の準備はそのような行為と評価される可能性もある。

　しかし、解約手付とは、当事者に再考の機会を与えるためのものであるから、契約締結直後にされた行為を履行の着手と解すると、解約手付を授受した意味が損なわれる。まして設例の場合、代替地の確保が困難なときには、契約が解除される可能性が織り込まれていたともいえる。そのため、履行の着手の判断にあたっては、当該行為の態様、債務の内容、履行期が定められた趣旨・目的等諸般の事情を総合勘案して決すべきである、とされる（❸）。すると、(1)の場合、Bの履行の着手を認めるのは困難であろう。

2．AがBとの契約を解除するには、Bに対して手付の倍額である1000万円を現実に提供しなければならない（557 I本。これは❹を受け継いだものである）。したがって、(2)でも、Bの履行の着手が否定されるなら、同様の取扱いがされる。

　しかし、(2)では、Bは1000万円の受領をあらかじめ拒んでおり、すると、Aが解除権を行使するには、口頭の提供で足りるのではないか（493但参照）、との疑問が出てくる。

　とはいえ、買主の目的は、目的物を取得することであって、手付の倍額を得ることではない。すると、「手付の倍額は受け取れない」と言うのは当然であり、交渉の一コマといえよう。であるなら、自身が結んだ契約を解除する以上、売主にはやはり現実の提供が求められてしかるべきであろう。

　なお、買戻しの実行（＝解除権の行使）の場合にも、代金等の提供を要するが（583 I）、その実態は――解約手付と異なり――債務の弁済であるから、ここでは493条がそのまま適用されよう（❺）。　　　　　　　　　　　　　　［池田清治］

112 同時履行の抗弁

(1) Aから依頼されて、Bは、いずれもA所有の自動車甲のタイヤ交換と、自動車乙のエンジン修理を行った。Aは、甲のタイヤ交換の代金は支払ったが、乙のエンジン修理の代金を支払っていない。

Aが Bに対して甲の引渡しを求めた場合、Bは乙のエンジン修理代金の提供がないとして、甲の引渡しを拒むことはできるか。

また、Aが乙を第三者Cに譲渡し、Cが所有権に基づいてBに乙の引渡しを求めた場合、Bは、Aが乙のエンジン修理代金の支払を提供していないとして、乙の引渡しを拒むことはできるか。

(2) AはBとの建物建築請負契約に基づいて建物を建築し、Bに建物を引き渡したが、建物に契約の内容に適合しない部分があったため、BはAに修補費用相当額の損害賠償（200万円）を求めた。他方、Bは工事の進捗に応じて請負代金を段階的に支払っていたが1500万円が未払いである。Aが残代金1500万円の支払をBに請求したところ、Bは200万円の損害賠償が支払われていないとして、1500万円全額につき支払を拒んだ。このとき、Bは残代金債務について履行遅滞による責任を負うか。

参考 ❶最判平成9年2月14日民集51巻2号337頁

▶▶解説

1. 双務契約の当事者の一方は、同一の双務契約から生じた相手方の債務の弁済期が到来していれば、相手方が履行の提供をするまで、自己の債務の履行を拒むことができる（同時履行の抗弁〔533〕）。また、債務者は、履行期までに履行しなければ履行遅滞に陥るのが原則であるが（412）、533条に基づいて履行を拒むことができる場合には履行遅滞とはならない（例えば、金銭債務であれば遅延利息〔419 I〕が発生しない）。

甲の返還とその代金支払、乙の返還とその代金支払は、それぞれ同時履行の関係にある（633または656→648の2 I）。Bは、乙の修理代金の提供がないからといって、甲の引渡しを拒むことはできない。これらは同一の双務契約から生じた債権と反対債権ではないからである。同時履行の抗弁は、あくまでも、双務契約における履行上の牽連関係を認める制度である（別々の双務契約から生ずる債権債務には牽連関係はない）。

また、Cの、所有権に基づく返還請求に対して、Bは同時履行の抗弁を用いることはできない。これも、BとCは、履行上の牽連関係を確保すべき双務契約の当事者ではないからである（もっとも、Bは物権である留置権〔295 I〕をCに主張することはできよう。項目 **54** も参照）。

2. Bが修補請求（559→562 I）をしていれば、Aが修補（仕事完成義務の追完）するまでBは残代金支払について同時履行の抗弁権を行使できるが、Bは修補請求に代えて修補費用相当額の損害賠償を請求している。この追完に代わる損害賠償とBの残代金支払も、同時履行の関係にある（533括弧）。問題は、Bが両金銭債務の対当額（200万円）だけでなく、残代金債務全額（1500万円）について、同時履行の抗弁を主張することができるかどうかである。この場合、対当額についてしか同時履行の抗弁を認めないとすると、Bが修補を求めれば全額について同時履行の抗弁を主張することができ、残代金全額（1500万円）について遅滞にならないこととの均衡が図れない。したがって、契約不適合の程度や修補をめぐる各当事者の交渉態度等からみて、信義則に反しない限り、Bは残代金全額について同時履行の抗弁を主張することができるとされている（❶）。この結果、Bは、信義則に反しない限り、Aが修補費用相当額の損害賠償の支払の提供をするまで、残代金全額（1500万円）について履行遅滞に陥ることはない。

[曽野裕夫]

113 危険負担

Aは、著名なアニメーション監督が描いた絵コンテ甲を代金10万円で売却する契約をBと締結した。Bはそれを転売目的で購入している（12万円で転売できるものとする）。次の場合、Bは代金を支払う必要があるか。

(1) 引渡期日前に、Aが誤って甲をシュレッダーにかけてしまった。

(2) 引渡期日前に、Aの隣家からの類焼で甲が焼失してしまった。

(3) BがAの住所で引渡しを受けることになっていたので、Aはいつでも引渡しをできる準備をして待っていたが、Bが引渡期日を過ぎても受け取りに行かないでいる間に、Aの隣家からの類焼で甲が焼失してしまった。

▶▶解説

1. 双務契約では、一方の債務が履行不能で、その債権者が契約から利益を得られなくても、その債権者は反対債務に基づく対価的な給付をしなければならないのかが問題となる（「対価危険」の問題）。この問題を扱う制度として、「解除」と「危険負担」がある（ともに、平成29年民法改正で大幅な変更が加えられた制度である）。

(1)では、Aの債務は履行不能だから、Bは、履行は請求できない（412の2 I）。しかし、この履行不能はAの帰責事由によるものであるから、Bは損害賠償（填補賠償）を求めることができる（415 I・II①。交換価値10万円＋逸失利益2万円。項目79も参照）。このときBの反対債務（10万円の代金債務）も存続しているから、対価的均衡は崩れていない（代金未払のBは、両債務を相殺して、差額の2万円の支払を受けることになる）。他方、Bは契約を解除することもできる（542 I①）。このときも双方の債務が消滅するから対価的均衡は崩れず、Bは逸失利益（2万円）の損害賠償のみを請求することができる（415 I・II①・545 IV）。

2. (2)では、Aの債務が履行不能で、そのことにAの帰責事由はないから、Bは、履行も損害賠償も求めることができない。このとき、Bが契約から利益を得られないのに反対債務を履行しなければならないとすれば対価的均衡を図れない。そこで、Bは、契約を解除して反対債務を消滅させることができる（542 I①）。しかし、解除の意思表示は、その効力が生じないことや（例、意思表示の不到達〔97 I〕）、手間がかかることがある（例、公示による意思表示〔98〕）。そこで、履行不能が債務者の帰責事由によらない場合には、解除をして反対債務を消滅させなくても、反対債務の履行拒絶権を認める危険負担制度も設けられている（536 I）。これらにより、Bは代金を支払う必要がない。

3. (3)では、Aの債務の履行不能が、債権者Bの帰責事由によって生じている（受領遅滞中の不能は、当事者双方に帰責事由がない場合には、債権者の帰責事由によるものとみなされる〔413の2 II〕）。この場合、履行不能の原因をつくったBに、危険負担による履行拒絶権や解除権を認めるのは公平に反する。そこで、債権者に帰責事由がある履行不能の場合には、危険負担制度による履行拒絶は認められないし（536 II前）、契約解除も認められない（543）。したがって、Bは代金を支払わなければならない。

[曽野裕夫]

114 事情変更の法理

食品メーカーAと化学メーカーBは、Aが加工食品に用いる添加物（以下、「本件添加物」という）を、BがAに対して5年間にわたって固定価格で継続的に供給する契約を締結した。

(1) 1年後に、本件添加物の原材料を電子機器のバッテリーの発熱抑制に用いる技術が開発されて、その需要が急に高まり、その原材料の市場価格が10倍に高騰した。もっとも、添加物の増産体制が半年後には調うことが見込まれていることから、この価格高騰は一過性のものであり、もとの水準に戻ることは確実視されている。それでも、それまでの間、BはAと合意した納入価格では大幅な原価割れを起こすこととなる。Bは、Aが代金増額に応じなければ、契約を解除すると主張している。これは認められるか。

(2) 1年後に、本件添加物が人体に健康被害を及ぼすことが明らかとなり、本件添加物を食品に使用することが法令で禁止された。しかし、本件添加物は他にも用途があるために、販売が禁止されたわけではなかった（BがAに本件添加物を売ることは法令に抵触しないが、Aはそれを食品添加物としては使用することはできない）。Aは、Bとの契約を解除することができるか。

参考　❶大判昭和 19 年 12 月 6 日民集 23 巻 613 頁
　　　❷最判昭和 30 年 12 月 20 日民集 9 巻 14 号 2027 頁
　　　❸最判平成 9 年 7 月 1 日民集 51 巻 6 号 2452 頁

▶▶解説

1. Bは、契約改訂（代金増額）または解除を主張して、当初に合意した契約の拘束から逃れようとしている。「契約は守られなければならない」という契約法の原則からすれば、このような主張は認められないはずである。しかし、契約締結後の事情の変更によって、当初に合意した契約内容での履行を強いることが、一方の当事者にとって酷なことがある。明文の規定はないが、そのような場合に、信義則を根拠に、契約改訂または契約解除を認めるのが「事情変更の法理」である。

その要件は、⑴契約の基礎とされていた事情が契約締結後に変更したこと、⑵契約締結時にその事情変更が予見できなかったこと、⑶事情変更が当事者の帰責事由によって生じたのではないこと、⑷事情変更の結果、当事者を当初の契約内容に拘束することが、信義則上、著しく不当となったことの4点であるとされるのが一般的である（❸は⑵⑶を否定した事案）。

設例は、⑴〜⑶の要件は充たしていよう。⑷の例としては、履行コストの増加やインフレの進行などによって履行が著しく困難になる事案（「経済的不能」の類型）や、両当事者が契約から得る利益の均衡が崩れる事案（「等価関係の破壊」の類型）が挙げられる。設例はどちらの類型にも当たる。もっとも、事情変更の法理は、取引安全を害するものであるから、その適用には慎重を要する。最高裁はこの法理を一般論として認めるものの、実際にこの法理による解除等を認めたことはない。特に、価格高騰が一時的なものであれば、Bを契約に拘束しつづけることが、信義則上、著しく不当とはいえないから、設例では事情変更の法理による契約改訂や解除まで認める必要はないであろう（❷参照）。

2. Aは、Bから本件添加物の引渡しを受けても、契約目的を達成することができない。このような「契約目的達成不能」の事案も、事情変更の法理が適用されうる一類型であり、Aによる契約解除がありうる。上記の⑴〜⑶の要件はここでも充たされていよう。そして、⑷についても、残された4年の契約期間を通じて、Aが用途のない本件添加物を購入し続けなければならないとするのは、信義則上、著しく不当であるといえるように思われる（判断は分かれうる）。なお、「契約目的達成不能」の類型については、事情変更の法理による契約解除を認めた大審院判例がある（❶）。

［曽野裕夫］

115　契約の解除の要件

　Aは、Bに対して、自己が所有する絵画甲を50万円で売却する旨の契約を締結した（以下、「本件売買契約」という）。その際、AとBとの間で、⒤甲の引渡しは、1週間後にBの自宅で行うこと、⒤代金の支払は甲の引渡しと引換えに行うこと、⒤引渡期日までの甲の保管費用（1万円）はBが負担することが合意された。

(1)　引渡期日に、Aは、甲の引渡しが可能であったにもかかわらず、Bに甲を引き渡さなかった。このとき、Bは、本件売買契約を解除することができるか。

(2)　引渡期日の3日前に、甲が焼失したため、Aは、引渡期日にBに対して甲を引き渡すことができなかった。このとき、Bは、本件売買契約を解除することができるか。

(3)　引渡期日において、AとBは、それぞれ甲の引渡しと代金の支払を行った。ところが、Aが、Bとの合意に従って、Bに甲の保管費用（1万円）の支払を請求したところ、Bは、これを支払おうとしない。このとき、Aは、本件売買契約を解除することができるか。

参考　❶最判昭和29年7月27日民集8巻7号1455頁

▶▶解説

1. Aは、Bに対し、本件売買契約に基づいて甲の引渡債務を負っている。しかし、引渡期日になっても、Aは、Bに甲を引き渡していない（Aの債務不履行）。このとき、541条本文によれば、Bは、Aに対し、相当の期間を定めてその履行の催告をし、その期間内に履行（甲の引渡し）がないときは、本件売買契約を解除することができる。

　もっとも、判例によれば、相手方に同時履行の抗弁（533）が認められる場合に、催告解除をするためには、反対給付の履行の提供をして、相手方の同時履行の抗弁を消滅させておく必要がある（❶）。ここでも、Bが、本件売買契約を解除するためには、上述した催告に加えて、Aに対し、自己の債務（代金債務）の履行の提供をして、Aの同時履行の抗弁を消滅させておくことが必要である。

2. 甲の滅失により、Aが甲の引渡債務を履行することができない場合は、「債務の全部の履行が不能であるとき」（542 I ①）に当たる。したがって、このとき、Bは、Aに催告をすることなく、直ちに本件売買契約を解除することができる（542 I）。

　このほか、債務の履行が不能であるためにその履行がされない場合は、「当事者の一方がその債務を履行しない場合」（541本）にも当たる。そのため、Bは、上の無催告解除のほか、催告をしたうえで本件売買契約の解除をすることもできる（541本）。Bが甲の滅失の事実を知らない場合には、さしあたり催告をして契約の解除をするのが通常であろう。

3. Bは、Aとの合意により、Aに甲の保管費用を支払う債務を負う。しかし、BはAに甲の保管費用を支払っていない（Bの債務不履行）。ここでは、この債務不履行を理由に催告解除が認められるかが問題となる。

　541条但書によれば、債務不履行がある場合でも、催告後相当の期間を経過した時における債務の不履行がその契約および取引上の社会通念に照らして「軽微」であるときには、催告解除は認められない。

　設例においてBが履行しなかった債務は、本件売買契約との関係では、目的物の保管費用という付随的事項に関わる債務にすぎず、その不履行は、本件売買契約に照らして「軽微」なものにとどまるといえる。したがって、Aは、Bによる甲の保管費用支払債務の不履行を理由として、本件売買契約の解除をすることはできない。

[田中　洋]

116 契約の解除の効果

　Aは、Bに対して、自己の所有する自動車甲を200万円で売却する旨の契約（以下、「本件売買契約」という）を締結した。Aは、Bから代金のうち50万円の支払を受けるのと引換えに、甲をBに引き渡した。その際、残代金150万円については、2か月後に支払うことが合意された。Bは、Aから甲の引渡しを受けて以降、甲を自ら使用している。

　ところが、2か月後の支払期日になっても、Bは、残代金150万円を支払わなかった。そこで、Aは、Bに対して催告をしたうえで、本件売買契約を解除する旨の意思表示をした。

(1)　AとBは、本件売買契約の解除に基づく原状回復義務として、それぞれどのような内容の義務を負うか。
(2)　**(1)**において、Aによる契約解除の意思表示の時に、すでにBの運転中の事故によって甲が滅失していた場合はどうか。

参考　❶大判昭和11年5月11日民集15巻808頁
　　　　❷最判昭和51年2月13日民集30巻1号1頁

▶▶解説

1. 契約が解除された場合、各契約当事者は、未履行の債務については履行義務を免れる一方で、既履行の債務については相手方を原状に復させる義務（原状回復義務）を負う（545 Ⅰ本）。

この原状回復義務の内容として、各契約当事者は、ⓘ解除された契約に基づく債務の履行として給付を受けた物を相手方に返還する義務を負うほか、ⓘⓘ金銭を返還するときは、その金銭を受領した時からの利息を付して返還する義務を負い（545 Ⅱ）、ⓘⓘⓘ金銭以外の物を返還するときは、その物を受領した時以降に生じた果実を返還する義務を負い（同Ⅲ）、また、その物の使用利益についても返還義務を負うとされている（❶❷参照）。

設例では、Bの代金債務の不履行を理由として、Aは、催告により本件売買契約を解除している（541）。この契約解除に基づく原状回復義務として、Aは、Bに対し、Bから支払を受けた50万円の返還義務を負うほか、50万円を受領した時からの利息を返還する義務を負う。

他方、Bは、Aに対し、契約解除に基づく原状回復義務として、Aから引渡しを受けた甲の返還義務を負うほか、甲を受領した時以降の甲の使用利益を返還する義務を負う。このとき、甲の使用利益は無形のものであり、そのまま返還することはできないため、Bは、Aに対して、甲の使用利益に相当する価値（甲の賃料相当額）の償還をする義務を負うことになる。

なお、以上で述べたAB双方の原状回復義務は、同時履行の関係に立つものとされている（546 → 533）。

2. 契約解除の時において、甲がすでに滅失していた場合には、Bは、原状回復義務の内容として、甲の返還をすることができない。しかし、このような場合においても、明文の規定はないものの、契約当事者間で行われた給付を巻き戻して清算するという原状回復義務の目的から、Bは、原状回復義務の内容として、Aに対し、甲の価額（客観的価値）を償還する義務を負うものと解される。

ここでも、AB双方の原状回復義務は、同時履行の関係に立つことになる（546 → 533）。しかし、これらは、いずれも金銭債務であって、相互に現実の履行をさせなければならない特別の利益があるとはいえない。したがって、ABは、双方の原状回復義務を対当額で相殺することができるものと解すべきである。

［田中　洋］

117 解除権の不可分性

Aは、BCDの代理人として、Eから甲乙不動産をBCDが持分各3分の1の割合で共有するために買い取り、BCD共有（持分各3分の1）の丙不動産をEに売却した（あわせて「本件契約」という）。

(1) Eが甲を引き渡さない。BCは本件契約全体を解除すべきだとの意見だが、Dは甲の売買だけを解除すべきとの意見である。BCDは、本件契約全体の解除ができるか。また、BCDは、甲の売買のみ解除できるか。

(2) Aが、BCDの無権代理人だった場合、BCDはそれぞれ独立に無権代理行為を追認するか否かを決めることができるか。また、値下がりした甲の買取・値上がりした丙の売却については追認を拒絶し、値上がりした乙の買取については追認することはできるか。

(3) Aが、Eの詐欺によって本件契約のための意思表示をした場合、BCDは、それぞれ独立に取消権を行使してよいか。また、値下がりした甲の買取・値上がりした丙の売却については取消権を行使し、値上がりした乙の買取については取消権を行使しないことはできるか。

参考　❶最判昭和 39 年 2 月 25 日民集 18 巻 2 号 329 頁
❷最判平成 5 年 1 月 21 日民集 47 巻 1 号 265 頁

▶▶解説

1. 本件契約全体の解除の意思表示は、ＢＣＤ全員からＥに対して行わなければ
ならない（544 Ⅰ）。もっとも、解除権の行使はともかく、解除の意思決定は、全
員一致でなく、持分価格の過半数で決定できよう（252。直接の先例ではないが❶）。
もちろんＥの不履行が軽微なものであるときは、契約全体の解除はできない
（541）。では、甲の売買だけの解除ができるか。甲の売買が他の売買から独立して
いれば、それも可能である。もっとも、一見したところ甲の売買が独立している
ようにみえても、例えば本件契約によりＢＣＤの住居甲とＥの住居丙との実質的
な交換が意図されていた場合や、甲乙が登記簿上は別個の不動産だが実際には甲
乙一体として価値評価が行われていた場合など、他の売買と依存関係がある場合
は、甲の売買のみの解除を許すべきではないだろう。

2. 本件契約が不可分の１個の契約であるとすると、ＢＣＤが無権代理行為を追
認する権利は、ＢＣＤに不可分的に帰属するから、全員一致でその行使の決定を
して、全員から相手方Ｅに伝えるべきだろう（❷。法定解除権行使と異なる）。甲乙
丙の売買が相互に独立であったらどうか。ＢＣＤは自己に結果的に有利となった
取引のみ追認して不利となった取引の追認を拒絶すること──「つまみ食い」─
─が許されてよいかとも（無権代理行為が甲乙丙につき各別に行われた場合にはつま
み食いへの抵抗感はさらに乏しくなろう）思われる。しかし、１回の無権代理行為の
結果について本人につまみ食いを許すことは、無権代理の本人に対する一般的保
護以上の利益を与え、相手方にも酷ではないか。したがって、ＢＣＤは、甲乙丙
の売買が相互に独立であったとしても無権代理行為全体を追認するか全体につき
追認を拒絶することしかできないと解すべきであるように思われる。

3. 本件契約についての取消権は、その決定（持分価格の過半数）、行使の手続（全
員で）について、それぞれ解除権と同様に考えてよいだろう。それでは、甲乙丙
の売買が相互に独立であった場合、ＢＣＤにつまみ食い──選択的な取消権行使
──が許されるか。無権代理行為の追認の許否の場面と異なり、相手方Ｅは詐欺
者であり、つまみ食いによる不利益を甘受すべき立場にある。ＢＣＤは、選択的
に取消権を行使できてよいのではないか。すなわち、ＢＣＤは、甲の買取と丙の
売却について取消権を行使し、乙の買取について取消権を行使しないこともでき
ると解したい。　　　　　　　　　　　　　　　　　　　　　　　　　　　［小粥太郎］

118 第三者のためにする契約

　Aは、Bとの間で、Aの所有する動産甲を50万円でBに売却し、代金50万円を1か月後にC名義の普通預金口座に振り込む形で支払うことを合意し、Cも了承した。Aは甲をBに引き渡したが、1か月を経過してもBからの振込みがない。

(1)　ACは、Bに対して、代金50万円および遅延損害金の支払を求めることができるか。

(2)　Aは、Bに対して、代金50万円を1週間以内に支払うよう求め、支払がないときは契約を解除すると告げた。1週間を経過してなお、Bからの支払はない。AB間の売買契約が第三者のためにする契約であるとき、Aの解除は有効か。

(3)　Aは、錯誤によりAB間の売買契約を締結したことに気づいた。AB間の売買契約が第三者のためにする契約であり、かつ、Aの錯誤について95条の要件が充たされるとき、Aは錯誤を理由にAB間の売買契約を取り消すことができるか。

▶▶解説

1. 第三者Ｃ名義の預金口座への振込みの方法による売買代金支払が合意された場合には、当該第三者Ｃに対し代金を支払うことが合意されたことになる。この合意の趣旨が、単に支払先として第三者Ｃを指定したもの（Ｃの利益は事実上のもの）なのか、それとも、第三者ＣにＢに対し代金の支払を求め、それを得る権利を取得させるものなのかは、当事者ＡＢ間の合意の解釈の問題である。第三者に権利を取得させる旨の合意であるときは、第三者のためにする契約、設例に即すると、第三者に権利を取得させる付款付きの売買契約となる。

支払先として指定されたにすぎないときは、債務者Ｂの債務不履行に対して、債権者として履行請求や損害賠償請求をできるのは当事者であるＡのみである。これに対し、第三者のためにする契約であるときは、第三者Ｃは、債務者Ｂに対し受益の意思表示をすることで権利を取得し（537Ⅲ・Ⅰ）、債権者としての地位に基づき、債務者に対し履行請求や損害賠償請求ができる。その場合、Ａもまた、契約当事者としての地位に基づき、契約の履行、つまり、所定の代金をＣ名義の所定口座に振り込む形でＣに支払うよう契約相手方Ｂに対し請求できると解される。

損害賠償請求については、金銭債務の場合は実損の有無を問わず遅延損害金が発生するが（419）、それは債権者に発生すると解されるので、Ｃの損害となる。これについてもＡがＢに対しＣへの賠償を請求できるか、仮に金銭債務以外の場合でＡにも損害が生じたときに債権者ではないＡが債務不履行に基づく損害賠償請求ができるかは、両論がある。

2. 契約解除権は、契約当事者たる地位に基づくものであり、契約当事者であるＡのみが行使できるが、第三者Ｃの権利を左右するため、受益の意思表示後は、その行使に第三者Ｃの承諾が必要である（538Ⅱ）。Ｃの承諾のないＡの解除は効力を有しない。

3. Ｃの権利発生後は、契約当事者ＡＢはＣの権利を変更・消滅させることができない（538Ⅰ）が、これはＡＢ間の合意（任意）での変更・消滅を指し、意思表示の瑕疵による取消しは封じられない。また、債務不履行解除と異なり、意思表示の瑕疵による取消しの場合には第三者Ｃの承諾は要求されていないので、ＡはＣの承諾なく錯誤取消しができる。

［沖野眞已］

119 定型約款

　Aは海外出張に出かけた配偶者Bが自宅に置いていったC鉄道会社の通勤定期券を使って、連日、D中央駅のエキナカ施設で食事・ショッピングを満喫していたところ、10日目にAがBの定期を使用していることが発覚した。駅事務所に連れていかれたAは、不正乗車の場合には正規運賃の3倍額を徴収されると聞いたことがあったと思い出し、ABの自宅の最寄り駅からP中央駅までの運賃は200円なので、その3倍の600円を置いて立ち去ろうとしたら、駅員から制止された。

　駅員は、C鉄道会社が策定している旅客営業規則を示した。そこには、(i)定期乗車券は記名者以外が使用した場合は無効として回収すること、(ii)その場合、普通旅客運賃と、その2倍相当額の増運賃をあわせて収受すること、(iii)定期乗車券他人使用の場合の普通旅客運賃は定期乗車券の効力が発生した日から無効事実を発見した当日まで、毎日1往復ずつ乗車したものとして計算することが記載されていた。

(1)　C鉄道会社は、Aにどのような請求をすることが考えられるか。Bは100日前に定期券を購入していたとする。

(2)　Aはそのようなことは知らなかった、納得できないといっている。契約も約束である以上、知らないものに拘束されるいわれはない、とのAの主張は認められるか。

▶▶解説

1. 設例の規則は、JR東日本旅客営業規則265条、168条1項1号を下敷きにしたものである（その法的性質については**2.**参照）。まず、600円を置くにあたってAが思い出したのは「乗車券の不正使用の旅客に対する旅客運賃・増運賃の収受」に関するルールであろう（同営業規則264参照）。しかしながら、本問は、「乗車券」ではなくBの「定期乗車券」を、他人であるAが不正に使用した場合に該当する。この場合、C鉄道会社の駅員が示した通り、まず、Bの定期乗車券は無効となり、回収される（旅客営業規則ⅰ）。さらに、普通旅客運賃と、その2倍相当額の増運賃をあわせて収受するとされているところ（同ⅱ）、普通旅客運賃は定期乗車券の効力が発生した日から無効事実を発見した当日まで、毎日1往復ずつ乗車したものとして計算するとされていること（同ⅲ）から、Bが定期を購入した日に効力が発生したとして、200円×2×100日で4万円となり、駅員は、割増金8万円とあわせて12万円を支払うよう請求すると考えられる。

2. 鉄道の利用は旅客運送契約という契約関係だが、不特定多数を相手に、その内容が画一的に行われることが当事者双方にとって合理的であることから、その契約内容を効率的に律するために約款が用いられている。改正では、このような定型取引について準備された約款の条項が契約内容になるための要件が創設されている。それによれば、当事者間で、定型取引を行うことの合意をし、定型約款を準備した者（C社）があらかじめその定型約款を契約内容とする旨を相手方に表示すれば、個別の条項についても合意をしたとみなされることになる(548の2Ⅰ)。

　本問では、Aの不知が問題となっているが、このような理由で、準備された約款が契約内容にならないとすれば取引の効率性が害されかねないことから、規律が整備された。また、ここでの旅客運送契約の当事者は、定期乗車券を購入したBだけでなくAも問題となる。Aが定期乗車券をかざして自動改札を入り、鉄道を利用したことをもって旅客運送契約を締結している。その際の表示については、逐一、表示をすることが期待できないことから、契約内容は旅客営業規則等による旨の公表があれば足りる（鉄道営業法18の2）。公表はインターネットによれば足り（JR東日本のウェブサイト参照）、それがなされていれば、B以外が定期乗車券を使用した場合には不正使用として扱われること、および所定の割増料金を支払う旨の条項にもAは合意したとみなされるので、Aの主張は理由がない。

［角田美穂子］

120 贈与

　AとBとの間で、Aが所有する甲土地をBに贈与する旨の契約が成立したが、契約書などの書面は作成されていなかった。

(1)　甲土地は、AがCから購入したものであり、代金も完済していたが、登記は依然C名義のままであった。そこで、AはCに対し、「甲土地をBに贈与したので、登記をAに移転せよ」と記載した内容証明郵便を送った。その後、Aが死亡し、Dが相続人となった。この場合、Dは、AB間で締結された贈与契約を解除することができるか。

(2)　AB間の契約締結後に、甲土地の登記名義はAからBに移転されたが、引渡しはなされていなかった。この場合、Aは、AB間で締結された贈与契約を解除することができるか。

参考　❶最判昭和 60 年 11 月 29 日民集 39 巻 7 号 1719 頁
　　　❷最判昭和 40 年 3 月 26 日民集 19 巻 2 号 526 頁

▶▶解説

1. 贈与契約に関する550条は、「書面によらない贈与は、各当事者が解除をすることができる。ただし、履行の終わった部分については、この限りでない。」と規定する。平成29年民法改正前550条では、「解除」ではなく「撤回」という語が用いられていたが、「撤回」の語については、同条を除けば、意思表示の効力を消滅させる意味で用いられていた。そこで、改正により550条は、意思表示に瑕疵があることを理由としないで契約の効力を消滅させる行為を意味する「解除」という語を用いることになった。

550条は、贈与が書面によらず、かつ、履行が終わっていない場合に、契約の解除を認めるものである。**(1)** では契約当事者であるAB間では契約書が作成されておらず、Aが甲土地の前主Cに対して送った書面が存在するにすぎない。このような場合にも、550条の「書面」の要件を充たすのか。

❶は、550条の趣旨は、「贈与者が軽率に贈与することを防止し、かつ、贈与の意思を明確にすることを期すため」であるので、書面が贈与の当事者間で作成されたことは必要ではなく、「書面に贈与がされたことを確実に看取しうる程度の記載があれば足りる」とする。そのうえで、❶は、**(1)** と類似の事案において、AがCに対して送った「直接Bに」（この点が **(1)** の事案と異なる）登記を移転するよう求める書面をもって、550条にいう書面に当たると判示している（なお、①判決時とは異なり、現在の不動産登記法では、登記原因である物権変動を裏付ける情報の提供が義務付けられており〔不登61〕、CからBへの所有権移転登記はできない）。本問でも、贈与がされたことを確実に看取しうる記載があるといえるので、Dは、AB間で締結された贈与契約を解除することができない。

2. **(2)** では、550条の「履行の終わった」とはいかなる場合を指すのかについて問題となっている。この点については、厳密な意味での履行の完了が必要であるとは考えられておらず、贈与者の贈与の意思が明確に表現されている外部的な行為態様があればよいと解されている。❷は、不動産を贈与する旨の合意がなされた後、受贈者に登記を移転したが、引渡しはなされていなかった事案で、不動産の所有権移転登記が経由されたときは、不動産の引渡しの有無を問わず、贈与の履行が終わったものと解すべきであるとしている。したがって、本問のAは、AB間で締結された贈与契約を解除することができない。

［**幡野弘樹**］

121 他人物売買

　Aは、父Bに無断で、Bの所有する甲土地に関する書類やBの実印等を持ち出し、これを用いて、甲土地についてBからAへの所有権移転登記手続を行った。そのうえで、Aは、上の事情を知らないCに対して、甲土地を5000万円で売却する旨の契約を締結し、Cから代金の支払を受けるのと引換えに、甲土地をCに引き渡し、甲土地についてAからCへの所有権移転登記手続を行った。

(1)　CがAから甲土地の引渡しを受けてから2年後に、上の事情を知ったBが、Cに対して、甲土地の返還と甲土地についてBへの所有権移転登記手続を請求した。この請求は認められるか。
(2)　**(1)**において、Cは、Aに対して、何らかの請求をすることができるか。

| 参考　●最判昭和51年2月13日民集30巻1号1頁

▶▶解説

1．Ｂの請求が認められるためには、Ｂが甲土地を所有していることが必要である。そこで、Ｂが甲の所有権を有しているかが問題となる。

　Ａは、Ｂに無断で、甲土地の登記名義をＡに移転し、そのうえで、Ｃとの間で、甲の売買契約を締結している。ＡＣ間の売買契約は、他人Ｂの所有物である甲を目的物とする他人物売買である。こうした他人物売買も契約としては有効であり、この契約に基づいて、売主であるＡは、買主であるＣに対して、目的物の所有権を取得して買主に移転する義務を負う（561）。しかし、この契約により直ちに、甲の所有権が、所有者であるＢからＣに移転するわけではない。Ｃが甲の所有権を取得するためには、原則として、ＡがＢから甲の所有権を取得し、それをＣに移転することが必要である。

　設例でも、ＡはＢから甲土地の所有権を取得しておらず、甲の所有権はなおＢに帰属している（なお、94条2項の類推適用が認められる場合には、Ｂは、善意のＣに対して、Ａが甲の所有権を取得していないと主張できないことになるが、同規定の類推適用を基礎づけるような事情は存在しない）。したがって、所有権に基づくＢの請求は、認められることになる。

2．ＡＣ間の甲土地の売買契約により、Ａは、Ｃに対し、甲の所有権を取得してＣに移転する義務を負う（561）。しかし、甲の所有者Ｂが、Ｃに対して甲の返還等を請求していることからすると、Ｂは、甲の所有権をＡに移転することを承諾しないものと考えられる。そうすると、ＡはＢから甲の所有権を取得することができず、ＡのＣに対する甲の所有権移転義務は、もはや履行不能であるとみることができる。

　このとき、Ｃは、Ａに対して、甲土地の所有権移転義務の不履行（履行不能）を理由に、債務の履行に代わる損害賠償を請求することができる（415 I・II①）。また、Ｃは、甲の所有権移転義務の不履行（履行不能）を理由に、Ａとの売買契約を解除することもできる（542 I①）。ＡＣ間の売買契約が解除された場合、Ｃは、Ａに対して、解除に基づく原状回復として、すでに支払った代金5000万円およびその受領時からの利息の返還を請求することができる（545 I・II）。このとき、Ａも、Ｃに対して、解除に基づく原状回復として、甲の受領時以降の甲の使用利益（甲の賃料相当額）の返還を請求することができる（❶）。その際、ＡＣ双方の債権は、対当額で相殺することが可能である。　　　　　　　　　　　　　　〔田中　洋〕

122 売買契約の目的物の契約不適合

　Aは、Bから、最新式のN型ノートパソコン（1台10万円相当）10台を100万円で購入する旨の契約を締結した。Bは、代金100万円の支払を受けるのと引換えに、Aに対して、ノートパソコンの引渡しを行った。

　次の各場合において、Aは、Bに対して、履行の追完として、どのような内容の請求をすることができるか。

(1)　BからAに10台のN型ノートパソコンが引き渡されたものの、そのうち2台のディスプレイに欠陥があったことが判明した場合。
(2)　BからAに10台のノートパソコンが引き渡されたものの、それがすべてN型ではなく旧式のM型（1台9万円相当）であった場合。
(3)　BからAに引き渡されたN型ノートパソコンの数量が10台ではなく8台であった場合。

▶▶解説

1. ＡＢ間の売買契約により、Ｂは、Ａに対して、種類・品質・数量に関して契約の内容に適合したノートパソコンを引き渡す義務を負う。

　ここで、ＢがＡにディスプレイに欠陥のないノートパソコンを引き渡すべきことは、ＡＢ間の契約において当然に予定されていたものであり、（黙示的に）ＡＢ間の売買契約の内容となっているものと考えられる。そうすると、Ｂに引き渡されたノートパソコンのディスプレイに欠陥があることは、引き渡された目的物が「品質」に関して契約の内容に適合しない場合に当たる。このとき、Ａは、Ｂに対して、ディスプレイに欠陥のある２台について、その修理（「目的物の修補」）または代わりのノートパソコンの引渡し（「代替物の引渡し」）による履行の追完を請求することができる（562Ⅰ本）。このように追完の方法が複数考えられる場合、そのいずれの方法によるかは、Ａが選択することができる。

　これに対して、請求を受けたＢは、Ａに不相当な負担を課するものでないことを条件として、Ａが選択した方法とは異なる方法（例えば、Ａが目的物の修補を請求した場合には、代替物の引渡し）による追完をすることができる（562Ⅰ但）。

2. ＢがＡにＮ型のノートパソコンを引き渡すべきことは、明示的にＡＢ間の売買契約の内容となっている。そうすると、Ｂに引き渡されたノートパソコンがＮ型ではなくＭ型であることは、引き渡された目的物が「種類」に関して契約の内容に適合しない場合に当たる。このとき、Ａは、Ｂに対して、引き渡されたＭ型の10台について、代わりのＮ型のノートパソコンの引渡し（「代替物の引渡し」）による履行の追完を請求することができる（562Ⅰ本）。ここでは、目的物の修補によってＭ型をＮ型に変えることはできないので、目的物の修補による追完は問題とならない。

3. ＢがＡに10台のノートパソコンを引き渡すべきことは、明示的にＡＢ間の売買契約の内容となっている。そうすると、Ｂに引き渡されたノートパソコンが8台であることは、引き渡された目的物が「数量」に関して契約の内容に適合しない場合に当たる。このとき、Ａは、Ｂに対して、不足分である２台のノートパソコンの引渡し（「不足分の引渡し」）による履行の追完を請求することができる（562Ⅰ本）。ここでは、不適合の内容が単なる数量不足である以上、目的物の修補や代替物の引渡しによる追完は問題とならない。

[田中　洋]

123 消費貸借と利息

売れない彫刻家Aは、作品の材料代を支払えず、10年余りにわたって貸金業者Bから借入れと返済を繰り返していた。満を持して大作の制作に取り掛かっていたところで、Bからの厳しい取立てに困り果てたAは、親戚Cに頼み込んで500万円を借り受け、そのお金でBに対する債務を全て返済した。

その後、Aは作品が海外のコンペで入賞したのをきっかけに、名の知れた存在となっている。

(1) Aの借金をめぐる法律関係は、貸主が貸金業者Bと親戚Cとで違いはあるか。契約の成立と利息について検討しなさい。

(2) Aは藝術以外のことについては全く意を払わない、書類管理などもずさんな人物である。Aは、ラジオCMで過払金が返ってきた人の体験談の紹介を聞いて、弁護士事務所に電話してみることにした。しかし、なぜ、電話1本で請求の可否が判断できるのか。数年後、訪ねてきたCが、あの時に貸した500万円のうち、まだ5万円ほど返済を受けていないと話した場合と比較しながら、説明しなさい。

参考 ❶最大判昭和 39 年 11 月 18 日民集 18 巻 9 号 1868 頁
❷最大判昭和 43 年 11 月 13 日民集 22 巻 12 号 2526 頁
❸最判平成 18 年 1 月 13 日民集 60 巻 1 号 1 頁
❹最判平成 17 年 7 月 19 日民集 59 巻 6 号 1783 頁

▶▶解説

1．Aの借金をめぐる法律関係は、いずれも金銭消費貸借契約に当たる（587）。しかし、親戚Cからの借入れは、「種類、品質及び数量の同じ物をもって返還をすることを約して相手方から金銭……を受け取ることによって」効力を生ずる要物契約であるのに対し（587）、貸金業者Bからの借入れは、「書面でする消費貸借」に当たると考えられることから、金銭を引き渡すことを約し、受け取った物と種類等の同じ物を返還することを約することで成立する諾成契約である（587の2）。

消費貸借契約は、特約がなければ貸主が借主に対して、元本使用の対価であるところの利息を請求することができない（589。改正による）。したがって、Cからの借金は、原則は無償契約、特約があれば有償契約となる（商人間については商513）。貸金業者Bからの借入れには、利息の支払に関する合意があるはずで、その利率は契約自由の原則により当事者間で自由に決めることができるのが原則であるが、貸主に対して弱者たる地位に置かれる借主を保護するという観点から利息制限法という特別法の規律に服することになる。すなわち、利息制限法では、金銭消費貸借契約上の利息に上限を定め、その超過部分は無効としている（同法1）。

2．平成18年改正以前、貸金業者は、利息制限法所定の制限を超える利息も債務者が任意に支払ったら返還請求できない旨の規定（同法旧1Ⅱ）について、債務者の支払の任意性を緩やかに解し、契約締結と弁済に際して法定書面を交付していれば有効な利息の弁済とみなす規定（みなし弁済規定。貸金業法旧43）を根拠に事業展開をしていたが、❸がみなし弁済規定の要件充足を厳格に解釈するに至り（法改正へ直結）、過払金を不当利得として返還請求する訴訟（❶❷）が多発した。

設例にあるラジオCMのようなビジネスモデルが可能になったのは、Bのような貸金業者は、貸金業法の適用を受ける金銭消費貸借契約の付随義務として、信義則上、貸金業法上作成・備付けが義務づけられている業務帳簿に基づいて取引履歴を開示する義務を負うからである（❹）。貸金業法の適用下にない金銭消費貸借契約では、弁済をするときに弁済と引換えに受取証書の交付を請求できるが（486）、弁済によって債務が消滅していることの立証責任を債務者Aが負うのとは、大きく異なる。

［角田美穂子］

124 消費貸借と期限

Aは、Bから1000万円を借り受けることとなり、1000万円がBからAに交付された（以下、「本件契約」という）。

(1) 本件契約の締結と同日に、Aは、本件契約による債務を担保するため、Aの所有する甲不動産（時価3000万円）をBに譲渡し、その所有権登記をBに移転した。1年後、Aの事業が不振に陥っているとの噂を聞きつけたBは、Aに対して支払を請求し、その翌日に甲をCに売却した。BのCへの売却は有効か。本件契約では、返還時期について、何の合意もされていなかったものとする。

(2) 本件契約において、返済期限は10年とされていたが、1年後、事業が軌道に乗ったAは予定されていた返済額ではなく、元本全額と1年分の利息をBに支払った。ところがBは、期限前弁済は可能だが、その場合には、合意した契約期間の利息全額と事務手数料を支払うべきであると主張して、残る9年分の利息に相当する額および事務手数料の支払を請求した。Bの請求は認められるか。

参考 ❶最判平成18年10月20日民集60巻8号3098頁
❷大判昭和9年9月15日民集13巻1839頁

▶▶解説

1. Bは、甲につき不動産譲渡担保権を取得している。Bが甲を売却するのは、不動産譲渡担保権の実行に該当し、その可否は、被担保債権が履行遅滞に陥っているかによって決せられる。返還時期について確定期限が約されている場合、弁済期の到来（その時に履行の提供がない）から履行遅滞に陥り、Bは甲の処分権限を有する。これに対し、本問は返還時期の約定のない事案である。Bが請求の翌日に甲を処分したのは、「履行の請求を受けた時から遅滞の責任を負う」という412条3項を前提にしていると考えられる。しかし、消費貸借の性質からすれば、借主に準備期間が許与されなければならない。そこで、消費貸借については、貸主は「相当の期間を定めて」返還の催告をすることができると定められている（591 Ⅰ）。本件契約は返還時期の定めがない消費貸借に当たるので、返還の催告と相当の期間の経過があってはじめて履行遅滞に陥る。そのため、催告の翌日に行ったBの甲のCへの売却は、Bの譲渡担保権の実行ではなく処分権限のない者による処分であって、Aは依然として受戻権を行使することができる（❶参照）。

2. 民法上、消費貸借の借主は、返還の時期の定めがあっても、いつでも返還をすることができるが（591 Ⅱ）、貸主は、借主が期限前に返還をしたことによって損害を受けたときは、借主に対し、その賠償を請求することができる（同Ⅲ）。Bの請求は、591条3項を根拠にしたもので、ここで問われているのは、賠償すべき損害の内容および範囲である。591条3項は、期限の利益の放棄により相手方の利益を害することができない（136 Ⅱ）ことの具体化であるが、ここにいう相手方の利益は期限を付する合意の趣旨によって決まるので、当然にBが主張しているような期限までの全利息を収受する利益を意味するわけではない。また、早期返済によって貸主Bが受ける利益を度外視してよいかも問題である。例えば、消費寄託たる定期預金契約（666 Ⅲ→591 Ⅱ・Ⅲ）であれば、債務者である金融機関からの期限の利益放棄（期限前払戻し）の場合に期限までの利息を支払うことが求められよう（❷）が、35年の住宅ローンを5年の時点で借主が期限前返済をする場合は、残期間全部の利息相当額が損害として認められるわけではない（受領した金銭を他に貸し付けることで得る利益は引かれるべきだし、利息の現在化の問題もある）。AB間の契約次第だが、Bの請求は認められない可能性が高い。他方、事務手数料については、不可避的にBに発生する費用として、その額が合理的である限り認められよう。

[角田美穂子]

125　賃貸人の義務

　Aは、Bから、Bが所有するマンションにある1室（甲建物）を、期間2年間、賃料1か月あたり15万円との約定で賃借し、その引渡しを受けて居住している。また、この契約と同時に、マンションの近くにあるB所有の屋外駐車場の1区画（乙土地）を、賃料1か月あたり1万円で賃借した。次のような問題が起こったとき、Aは、どのような主張をすることができるか。

(1)　Aが借りた部屋の上の階で水漏れが起こった。その原因は、甲建物の配管設備が老朽化していたことであった。そのうえ、老朽化の程度が著しく、その修繕には大規模な工事が必要であったため、Aは、長期にわたって甲建物から退出しなければならなかった。

(2)　**(1)** の状況において、Bは、甲建物の修繕が必要であることを知りながら、これを怠っている。

(3)　乙土地には、Cが無断で建築資材を置いていた。そのため、Aは、乙土地を駐車場として使用することができずにいる。

| 参考 | ❶最判昭和 29 年 9 月 24 日民集 8 巻 9 号 1658 頁 |

▶▶解説

1. Bは、Aに対して、契約に適合する物を引き渡す義務を負う（559 → 562 以下）。ところで、賃借物の一部について「滅失その他の事由」が生じ、使用・収益ができなくなったときは、賃料は当然に減額される（611 Ⅰ）。賃料は、賃借物が使用・収益の可能な状態に置かれたことの対価だから、それが不可能になった以上、賃料支払債務は発生しないのである。これと同じことは、賃借物が契約によって定めた用途に適合しない場合に広く妥当する。したがって、**(1)** においては、「その他の事由」による使用不能に基づく賃料の減額が肯定されてよい。

さらに、賃貸物の損傷によって用途に従った使用ができないときは、Bは必要な修繕をしなければならない（606 Ⅰ本）。使用・収益させる義務（601）の現れである。反面、賃貸物の保存に必要な行為をすることは、Bの権利でもある（606 Ⅱ）。ただし、Bが保存を行ったせいで賃借の目的が達せられなくなったならば、Aは、契約を解除することができる（607）。

2. Bが修繕の必要を知りながらこれを怠っているときは、Aは、履行請求（414 Ⅰ本）のほか、Bの債務不履行を理由として、賃貸借契約の解除（541本）や損害賠償請求（415 Ⅰ本）をすることができる。のみならず、Aは、使用を継続するために自ら賃借物を修繕してもよい（607の2①）。修繕にかかった費用は、必要費として、Bに対して直ちにその償還を求めることができる（608 Ⅰ）。

3. 第三者であるCが賃借物の使用を妨害する場合であっても、Aは、Bに対して履行請求をする余地はある（414 Ⅰ本）。加えて、賃貸借について対抗要件を備えたときは、Aは、Cに対して、妨害の停止を請求することができる（605の4①）。もっとも、屋外駐車場は「建物」ではないから、その引渡しを受けることによって対抗要件を具備することはできない（借借31参照）。したがって、Aは、この規定を根拠としてCに妨害排除を求めることはできない。

他方、Bは、Cが乙土地を無断で占有していることにつき、所有権に基づく妨害排除請求権を行使することができる。したがって、Aとしては、賃貸借の目的物である乙土地の使用収益権を保全するために、債権者代位権（423 Ⅰ本）に基づき、Bが有する妨害排除請求権を行使することはできる。その際、Bの無資力は要件とはならず（いわゆる債権者代位権の転用）、また、Aは、乙土地を自らに明け渡すよう求めることができる（❶）。

[山城一真]

126 賃借人の債務不履行と解除

　Aは、Bが個人経営する建築会社（C合同会社）の事務所を設置するために、Aが所有するオフィスビル内にある1室（甲建物）を、期間10年間、賃料1か月あたり20万円との約定でCに対して賃貸している。次のような問題が起こったとき、Aは、賃貸借契約を解除することができるか。

(1)　Cは、前月分の賃料の支払を怠っている。

(2)　Bは、賃貸借契約の存続中に、C会社の事業をたたむこととした。ちょうどその頃、Dが輸入雑貨店を開くための場所を探していることを知ったBは、残る契約期間はDに甲建物を使わせようと考え、Aに無断で、Dに甲建物を引き渡して使用させている。ただし、CD間では、甲建物の貸借を目的とする契約は締結されていない。

(3)　Bは、C会社の経営から手を引こうと考え、C会社の持分を全てEに譲渡した。それ以後、Eが、C会社の代表取締役に就任して、甲建物を使用している。

参考　❶最判昭和39年7月28日民集18巻6号1220頁
　　　❷最判昭和28年9月25日民集7巻9号979頁
　　　❸最判平成8年10月14日民集50巻9号2431頁

▶▶解説

1. 賃借人は、賃貸人に対して賃料支払義務を負う（601）。したがって、Ｃは、賃料の支払を怠ったときは、Ａに対して履行遅滞の責任を負うのであり、Ａは、賃料の支払を催告した後、相当の期間が経過したならば、賃貸借契約を解除することができる（541 本）。以上が原則である。

　しかし、判例は、不動産賃貸借については、賃料不払が依然として信頼関係を破壊するに至らないときは、契約の解除は認められないとする準則（信頼関係破壊の法理）を確立してきた（賃料不払につき、❶）。**(1)**のように、直近１か月分の賃料の支払について遅滞に陥っただけでは、将来にわたって賃料不払が継続するおそれがあるとまでは考えにくいから、なお信頼関係が破壊されたとはいえないであろう。

　以上の反面、信頼関係が破壊されるに至ったと認められるときは、賃貸人は、催告を経ることなく、直ちに賃貸借契約を解除することができる（542 Ⅰ⑤をも参照）。

2. 賃借人が賃借物を無断転貸したときは、賃貸人は、賃貸借契約を解除することができる（612 Ⅱ）。無断転貸と認められるために転貸を目的とする契約が締結されることを要するかは、問題である。必要とみることが、「転貸」（同Ⅰ）の文言には合致しよう。しかし、賃貸人は賃借人による使用収益を許容するにすぎず、第三者に使用収益させること自体が契約違反であること、第三者との間での契約締結の事実は賃貸人には確知し難いことからすれば、不要と解することにも理由がある。後者の見解によれば、Ａに対する背信行為と認められるに足りない特段の事情がない限り（❷）、Ａは賃貸借契約を解除することができる。

　賃貸借契約が解除されたときには、解除の効力は、将来に向かってのみ生じる（620 前）。賃貸借契約が継続的な契約であることに着目して、既履行部分については原状回復請求権の発生を否定し、法律関係の複雑化を避けたものである。

3. 小規模な会社の経営は、経営者個人の信用によって成り立つところが大きい。このことに着目して、Ｃ会社の経営者がＢからＥに変更されたことが「賃借権の譲渡」（612 Ⅰ）に当たると解すべきかが問題となる。しかし、賃借人そのものが変更するわけではない以上、これをもって当然に賃借権が譲渡されたとみることはできないであろう（❸）。

［山城一真］

127　賃貸借の終了

　Aは、Bに対して、Aが所有するオフィスビル内にある1室（甲建物）を、期間10年間、賃料1か月あたり20万円との約定で賃貸していた。次の各場合におけるAB間の法律関係を検討しなさい。

(1)　10年の期間が満了したものの、Aは、Bに対して何も申し入れなかった。そこで、Bは、それまでどおりに賃料を支払って甲建物の使用を継続している。

(2)　10年の期間が満了する6か月前に、Aは、Bに対して、賃貸借契約の更新を拒絶する旨を通知し、期間満了とともに甲建物の返還を求めた。ところが、Bはこれに応じず、賃貸借契約の更新を求めて甲建物を使用し続けている。これに対して、Aは、なおも退去を求め、立退料として50万円を提供することを新たに申し入れた。

(3)　10年の期間が満了したため、Bは、甲建物を退去することとし、Aに対して、契約締結時に差し入れた敷金30万円の返還と、トイレの改装工事にかかった費用の償還を求めた。ところが、Aは、Bが損傷させたドアの修理代のほか、日差しのために焼けた壁紙の張替え費用を敷金から差し引くと主張している。

参考　❶最判平成3年3月22日民集45巻3号293頁
　　　　❷最判平成23年3月24日民集65巻2号903頁
　　　　❸最判昭和49年9月2日民集28巻6号1152頁

▶▶解説

1． 期間の定めのある賃貸借は、期間満了によって終了する。しかし、民法は、期間満了後にも賃借人が目的物の使用・収益を継続する場合において、賃貸人がこれを知りつつ異議を述べなかったときは、賃貸借契約は従前と同じ条件で更新されたものと推定する（619 I 前）。さらに、建物賃貸借契約は、特別法上、期間満了の 1 年前から 6 か月前までの間に更新拒絶の通知をしなかったときは、従前と同じ条件で更新されたものと擬制される（借借 26 I 本）。なお、いずれの場合も、更新後の契約には期間の定めはないものとして扱われる（619 I 後、借借 26 I 但）。

2． 建物賃貸借契約においては、賃貸借契約終了に先立って適時に更新拒絶の意思表示をしたことに加えて、更新拒絶に正当事由があるかどうかが問題となる（借借 26 I・28）。立退料の提供は、正当事由の存在を補完する重要な考慮要素の 1 つである。**(2)** では、立退料支払の申出が更新拒絶の通知後にされたことが問題となるが、判例は、解約申入れ後にされた立退料の支払・増額の申出を参酌して正当事由の有無を判断することができるとする（**❶**）。

3． 敷金とは、賃貸借に基づいて生じる賃借人の賃貸人に対する金銭債務を担保する目的で、賃借人が賃貸人に交付する金銭をいう（622 の 2 I 柱）。賃貸人は、賃貸借契約終了時に、差し入れられた敷金を賃借人が履行すべき金銭債務の弁済に充当し、その残額を賃借人に返還する（同 II 前）。**(3)** では、ドアの破損についてはBが原状回復義務を負うから、Aは、その費用を控除して敷金を返還すればよい。これに対して、壁紙の日焼けは、通常の使用によって生じる損耗だから、その張替え費用はAが負担すべきである（621 本）。その負担をBに求める特約は、消費者契約法 10 条により無効とされる余地がある（**❷**）。

なお、敷金の返還と目的不動産の明渡しは同時履行の関係には立たず、明渡しが先履行になる（**❸**）。契約終了後、明渡しを完了するまでに発生した賃借人の債務の履行も、敷金によって担保されるべきだからである。同じ理由から、賃借人が留置権（295 I）を主張することもできない。

以上に対して、Bがトイレの改装のために費やした費用は、有益費に当たる。したがって、Bは、Aに対して、196 条 2 項の規定に従ってその償還を求めることができる（608 II 本）。

[山城一真]

128 賃貸目的不動産の譲渡

Aは、Bから、Bが所有する甲マンションの1室（乙部屋）を、期間2年間、賃料1か月あたり12万円との約定で賃借し、その引渡しを受けて居住している。その後、Bは、甲マンションをCに売却し、C名義の所有権移転登記がされた。

(1) Cは、乙部屋をDに貸すために、Aから乙部屋を明け渡してもらいたいと考えている。これは可能か。

(2) Cは、自身が甲マンションの所有権を取得した後にも、その管理・運営は、これまでどおりBに行ってもらいたいと考えている。そこで、売買契約に際して、BとCは、Cが甲マンションの所有権を取得するけれども、乙部屋の賃貸人たる地位はBに留保するものと取り決めた。これは可能か。

(3) Cは、Aを乙部屋の賃借人として認めたうえで、Aに対して賃料の支払を求めたいと考えている。これは可能か。

参考 ❶最判平成 11 年 3 月 25 日判時 1674 号 61 頁
❷最判昭和 49 年 3 月 19 日民集 28 巻 2 号 325 頁

▶▶解説

1. 賃貸物の所有権が第三者に譲渡されると、賃貸人は賃貸物について有していた権原を失う。したがって、譲受人は、自らが取得した所有権に基づき、当該物を権原なく使用する賃借人に対してその返還を求めることができる。

　以上が原則であるが（「売買は賃貸借を破る」）、賃借人が賃貸借を対抗することができるときは別である。それには2つの場合がある。

　第1に、不動産賃借権が登記された場合である（605）。もっとも、賃借人が賃貸人に賃借権の登記への協力を求められるのは、特約がある場合に限られる。賃貸人が負う要素たる債務は目的物を使用収益させることだから（601）、登記への協力義務は当然には発生しないのである。

　第2に、建物賃貸借において、賃借人が賃貸人から目的建物の引渡しを受けた場合である（借借31）。**(1)** は、これに当たる。

2. 賃貸物の所有権が譲渡された場合に、賃借人の承諾なしに、譲渡当事者間の合意のみによって賃貸人たる地位を譲渡人に留保することができるか。これを認めると、譲渡当事者間の合意によって賃借人が転借人と同様の地位に立たされることとなり、賃借人の利益が害される懸念がある（**❶**）。とはいえ、投資や譲渡担保の目的で不動産を取得する場合のように、譲受人自らが賃貸人として不動産を管理することを想定せず、その資質もないケースでは、留保を認めないことの不便は大きい。そこで、民法は次のような解決を定めた。当該不動産を譲受人が譲渡人に賃貸することを合意したときは、譲渡当事者間の合意のみによって賃貸人たる地位を譲渡人に留保することができる。そのうえで、譲渡人・譲受人間の賃貸借が終了したときは、賃貸人たる地位は譲受人に移転することとし、賃借人の地位の安定を図っている（605の2Ⅱ）。

3. 賃借権を対抗することができる場合には、賃貸人たる地位は、当然に譲受人に移転するから（605の2Ⅰ）、譲受人は、賃借人に対して賃料を請求することができる。ただし、そのためには、譲受人が所有権移転登記を経由する必要がある（同Ⅲ。**❷**も参照）。譲受人が賃借人に主張するのは、所有権の取得ではなく賃貸人たる地位の承継だから、ここでの登記は対抗要件（177）とは性質を異にする。しかし、賃借人が賃料を支払うべき相手を確実に知ることができるようにするために、登記を備えた者に賃料請求を認めているのである。　　　　［山城一真］

129 転貸借

　Aは、所有する甲建物をBに、飲食業用店舗として使用することを目的とし、月額賃料300万円で賃貸した。同日、Bは、Aの承諾を得て、イタリアンジェラートの販売を業とするCとの間で甲建物を月額賃料350万円、アイスクリーム等の販売店舗として使用することを目的とする賃貸借契約を締結した。Cが甲建物で営業を始めてから1年経過した頃より、BはAに対して毎月の賃料の支払を怠るようになり、再三の催促にもかかわらず、Bの延滞賃料は6か月分に達した。そこで、Aは、相当期間を定めてBに履行を催告したが、なおBが履行しなかったので、賃料不払を理由にBとの賃貸借契約を解除した。

(1)　Aは、BおよびCに対して甲建物の明渡しを請求した。この請求は認められるか。
(2)　Aから明渡請求を受けたCは、その時点からBに対して転貸借契約に基づく賃料を支払わなくなり、6か月が経過した。そこで、Bは、Cに対して転貸料の不払を理由に転貸借契約を解除し、転貸借契約が解除されるまでの転貸料と解除後甲建物の明渡しが実行されるまでの損害金の支払を請求した。この請求は認められるか。

参考　❶大判昭和 10 年 11 月 18 日民集 14 巻 1845 頁
　　　　❷最判昭和 36 年 12 月 21 日民集 15 巻 12 号 3243 頁
　　　　❸最判平成 9 年 2 月 25 日民集 51 巻 2 号 398 頁

▶▶解説

1．賃借人が賃貸人の承諾を得て転貸借契約を締結すると、転借人は賃貸人に対して直接義務を負う（613 I）。ＡＢ間の原賃貸借とＢＣ間の転貸借は別個の契約であるが、ＢがＡに賃料を支払わない場合、Ｃは、Ａから請求を受ければ、直接Ａに賃料を支払わなければならない。ただし、Ｃが支払うべき賃料の額は、本問のように転貸料が原賃貸料よりも高い場合、原賃貸料の300万円に限定され、逆に転貸料が原賃貸料よりも低額（例えば200万円）であれば、転貸料200万円を支払えば足りる（613 I）。

　もっとも、ＡがＢの賃料不払を理由に原賃貸借を適法に解除すると、Ｂの占有権原は失われ、Ｂは甲建物を明け渡さなければならない（❶）。Ｃの占有権原はＢに占有権原があることを前提に、その範囲内で転貸借契約に基づき基礎づけられたものであるから、Ｂが占有権原を失った時点でＣもＡとの関係で占有権原を失うことになる。したがって、ＡのＢおよびＣに対する明渡請求は認められる。

2．とはいえ、原賃貸借と転貸借は別個の契約であるから、原賃貸借が解除により終了したからといって、同時に当然に転貸借契約も終了することにはならない（❶❷）。原賃貸借が解除された時点で、Ｂの責めに帰すべき事由によりＣに甲建物を使用収益させる義務が履行不能になっているところ、ＢＣ間の転貸借契約はＣの賃料支払債務の不履行を理由に解除されるまで存続すべきだろうか。転貸料と原賃貸料の差額（設例では50万円）を転貸人に得させることが実質的に妥当であるかが、問題となる。仮にＢが甲建物を改良したため転貸料が高額になったなどの事情がある場合には、Ｂに差額を得させても（Ｂが解除するまで転貸料の支払を求めることができると考えても）よさそうである。

　しかし、賃借人の賃料支払債務と賃貸人の使用収益させる債務は対価関係に立つ。ＢおよびＣがＡから明渡しを求められた時点で、ＢのＣに対する義務は社会通念上履行不能となる（❶❷❸）。そうすると、双務契約に基づく牽連性ゆえに、使用収益の対価であるＣの賃料支払債務も発生しなくなる。解除を待つことなく、Ｂが転貸借に基づきＣに対して負う使用収益させる債務が履行不能となった時点で転貸借契約は存在意義を失い、その結果終了するものと考えられる。

　よって、ＣはＡから甲建物の明渡しを求められた時点以降の転貸料を支払う必要はなく、Ｂの請求は認められない。

[石田　剛]

130 使用貸借・好意型契約関係

　身寄りのないAは、身の回りの世話をしてくれるBの気持ちをつなぎ止めるために、いずれは贈与することをほのめかしつつ、甲土地上の乙建物（いずれもA所有）を無償でBに使わせ、A自身は集合住宅の小さな一室を賃借して暮らしていた。

　程なくしてBは、Cと婚姻し、Cとの間にDが生まれたため、仕事とCDの相手をすることに忙しくなり、Aの世話をしなくなったばかりか、Aを疎んじるようになった。具体的には、甲土地上には、BCDが居住する乙建物のほかに、Aの思い出の品などが収蔵されている小さな物置（丙）があったが、Bは、甲土地の周囲を塀で囲んで、鍵がなければ甲土地に出入りができないようにして、Aが丙から物の出し入れをすることを著しく困難にしたばかりか、Aに対して甲土地に来るな、乙建物は自分（B）の家だ、などと申し向けるようになった。

(1)　AのBに対する甲土地および乙建物の返還請求は認められるか。

(2)　Bが死亡し、乙建物にはCDが暮らしていた場合、AのCDに対する甲土地および乙建物の返還請求は認められるか。

参考　❶最判昭和 42 年 11 月 24 日民集 21 巻 9 号 2460 頁
　　　❷最判昭和 53 年 2 月 17 日判タ 360 号 143 頁
　　　❸大阪高判昭和 55 年 1 月 30 日判タ 414 号 95 頁

▶▶解説

1. 甲乙につきＡＢ間で使用貸借契約が成立したとみてよいだろう（設問の事案は
❷を参考に作成されたもの）。

　使用貸借に関する民法の規定によれば、貸主は、使用貸借が終了した場合
（597）または使用貸借の解除がされた場合（598）には、目的物の返還請求が可能
になる。

　まず、597条１項をみると、設問では、使用貸借の期間が定められていないか
ら、期間満了による終了は想定できない。

　つぎに同条２項をみると、使用収益の目的を定めたとき（起草者のあげる例は、
友人の試験勉強のために本を貸すというもの）は、借主がその目的に従い使用収益を
終えることによって終了する。一方で、この目的の定めがあれば、実際に使用収
益を終えていなくても、使用収益するのに足りる期間の経過により、貸主は使用
貸借を解除できる（598Ⅰ）。他方で、この目的の定めがなければ、貸主はいつで
も使用貸借を解除できる（同Ⅱ）。設問では、目的について明示の合意はないが、
事案に照らせば、Ｂが居住するという目的を推認できそうでもある。

　使用収益の目的の定めをＢの居住とした場合、Ｂの所業を理由にＡが使用貸借
の終了ないし解除を主張することができるか。この点につき❶は、当事者間の信
頼関係が払底し無償利用させておく理由がなくなった場合には、598条１項の類
推適用によって、Ａは使用貸借を解約できるとした。同項を、無償利用させてお
く理由が失われた場合には契約が終了する趣旨のものとみて、これを類推したも
のと解される。借主の（法的）負担の不履行による解除（553→541、542参照）と
構成すべきだとの学説も有力である。無償契約の当事者間に伏在する互酬関係に
法的評価を加えることは難しいが、本件での解約・解除はやむをえないといえよ
うか。

2. Ｂ死亡の場合、借主の死亡は終了事由である（597Ⅲ）から、ＡのＣＤに対す
る甲乙の返還請求が認められる。もっとも、建物所有を目的とする土地（設問は
土地建物）の使用貸借につき、借主死亡による終了を否定した裁判例もある（❸
は、同項をそのまま適用するのは当事者の通常の意思に反する、とした）。

［小粥太郎］

131　役務提供型契約

　Aは、自己所有の甲土地上に乙建物を建築するため、B建築士に乙建物の設計、および設計図どおりに建設業者が建築を行うかの監理を委託し、また建築業者であるC社に乙建物の建築を請け負わせた。

(1)　Aは、乙建物の設計途中で、Bのセンスに不満を感じ、設計を別の人に委ねたいと考えた。AはBとの契約を解除できるか。この場合、Bがすでに支出した費用や報酬はどうなるか。

(2)　Bは、Aの注文の細かさに辟易して、設計を別の人に委ねたいと考えた。Bは、Aに無断で、同業者Dに設計と工事監理業務を再委託することができるか。

(3)　Cは、設計図どおりに建築を始めたが、外壁の塗装工事については、同業者のEに委ねたいと考えた。Cは、Aに無断で、Eに外壁塗装を下請させることができるか。

(4)　Cは、設計図に基づいて建築を始めたが、材料費を安く抑えるため、安全性に影響のない範囲で、設計図で指示されたよりも細い鉄筋を用いた。Aは、Cに乙建物の工事のやり直しを請求できるか。

(5)　Aは、Bに対して、Cが設計図どおりの鉄筋を用いなかったことを見落としたことを理由に、損害賠償等を請求できるか。

参考　❶大判明治 45 年 3 月 16 日民録 18 輯 255 頁
　　　　❷最判平成 15 年 10 月 10 日判時 1840 号 18 頁

▶▶解説

1. ＡＢ間の契約は、乙建物の設計と工事監理という事務を委託するものであるから、準委任と考えられ、委任の規定が準用される（656）。委任は、各当事者がいつでもその解除をすることができるので、Ａは解除が可能である（651Ⅰ）。ただしＢが設計のために支出した費用は、Ａに償還を請求できる（650Ⅰ）。また、Ｂはすでにした履行の割合で、報酬を請求することができる（648Ⅲ②）。このほか、やむを得ない場合を除き、651条2項各号の場合には損害の賠償も請求できる。

2. 委任契約の受任者による復受任者の選任は、委任者の許諾を得たとき、またはやむを得ない事由があるときに限られる（644の2Ⅰ）。ＢがＡの許諾を得ずにＤに事務を再委託することは債務不履行になり、仮にそのことで損害が生じた場合には、損害賠償責任（415）を負う。

3. ＡＣ間の契約は、乙建物の建築という仕事の完成に対して報酬が支払われるものであるから、請負契約である。請負人は、仕事の完成という結果に対してのみ責任を負うから、下請負契約を締結することは原則として自由である。ＣはＥと下請負契約を締結しても、債務不履行にはならない。なお、下請禁止が特約されていれば、当然Ｃは債務不履行になるが、下請負契約自体の効力は否定されない（❶）。

4. Ａの工事のやり直しの請求は、請負契約に基づく契約内容不適合を理由とする追完請求である（❷参照）。請負人が種類または品質に関して契約の内容に適合しない仕事の目的物を注文者に引き渡したときは、注文者は、有償契約の担保責任（559参照）として、追完請求ができる（562Ⅰ本）。ただし、請負人は、注文者に不相当な負担を課すものでなければ、注文者が請求したのと異なる方法で履行の追完をすることができる（同但）。また、追完不能の場合や、請負人が追完を拒絶した場合は、注文者は代金減額請求が可能である（563Ⅱ①）。Ａは、Ｃに工事のやり直しを求め、Ｃが拒絶した場合には請負代金の減額を請求できる。

5. 委任契約の受任者は、委任の本旨に従い、善良な管理者の注意をもって、委任事務を処理しなくてはならない（644）。ＢがＣの不完全な工事を見落としたことが、工事監理者として払うべき注意義務の不履行と評価されるとき、Ｂは債務不履行による責任を負う。

［山下純司］

132 建築請負契約と
建物の所有権

　Aは、B工務店との間で、代金6000万円で賃貸住宅用建物の新築（以下、「本件工事」という）を目的とする請負契約を締結した。同日、Bは、Cに本件工事の全部を下請けさせた（以下、「本件下請負契約」という）。本件工事は3工程に分けられ、締約時にAはBに2000万円、上棟時に2000万円、完成建物の引渡期日に残りを支払うべき旨が約された。Aは締約時に約旨に従い2000万円を支払い、Bは、全体の工程の35％程度まで本件工事の作業を進めたが、その後資金繰りに窮し、Cに下請代金を支払うことができなくなり、上棟作業に至る前に、Cが本件工事の下請作業を停止した。Aは、Bとの請負契約を合意解除し、Dと本件工事の完成を目的とする続行工事につき請負契約を締結した。Dは、約旨に従い甲建物を完成させ、Aに引き渡した。AB間の請負契約においては、契約が中途で解除された場合に出来形部分の所有権は注文者に帰属する旨が合意されていた。

(1)　Cは、甲建物の所有者は自分であると主張し、A名義の登記の抹消登記手続を求めた。この請求は認められるか。
(2)　Cは、出来形部分の所有権を失ったと主張して、Aに対して248条に基づく償金の支払を請求した。この請求は認められるか。

参考　❶大判大正4年10月22日民録21輯1746頁
　　　　❷最判昭和44年9月12日判時572号25頁
　　　　❸最判昭和54年1月25日民集33巻1号26頁
　　　　❹最判平成5年10月19日民集47巻8号5061頁

▶▶解説

1．新築建物の所有権は、契約当事者の合理的意思に照らすと、注文者が原始的に取得すると考える（注文者帰属説）のが素直であるようにも思われる。しかし、判例は、材料提供者が完成建物の所有権を取得するという考え方に基づき（材料主義）、請負人が自ら材料を調達して作業を行う通常の場合においては、請負人が完成建物の所有権を取得し、引渡しによって完成建物の所有権が注文者に移転するという考え方に立つ（請負人帰属説、下請負の場合につき❶）。請負人帰属説は、所有権をいったん請負人に帰属させることを通じて、仕事完成につき先履行義務を負う請負人の報酬債権を担保する機能を重視する考え方である。そのために、注文者が請負人に報酬全額あるいは大部分をすでに支払っている場合には注文者への所有権帰属が認められる（❷）。

材料主義は、完成建物のみならず、建築途中の出来形部分（「建前」）にも妥当すると考えられる。すなわち元請負契約が中途解除された後、別の業者が工事を続行し、建物を完成させた場合の完成建物の所有権に関して、加工の規定の適用により、材料（出来形部分）の価値を加工者が続行工事において使用した材料と提供した役務の価値の合算額が超えるときは（246Ⅱ）、続行工事を行った加工者が完成物の所有権を取得し、出来形部分を築造した下請負人は、出来形部分の価値に相応する償金の支払を完成物の所有者に請求することができるにとどまる（❸）。

よって、**(1)**におけるCの請求は認められない。

2．次に、注文者と請負人との間に出来形部分の所有権帰属に関する合意があった場合はどうなるのだろうか。契約の相対効原則からすると、下請負人が、自己の関知しない注文者・元請人間の合意に拘束されるいわれはないように思われる。しかし、下請負契約は、その性質上、元請負契約の存在および内容を前提とし、かつその元請人の債務を履行することを目的とするものであるから、注文者との関係で元請人の履行補助者的地位に立つ下請人は、注文者に対して、元請人と異なる権利関係を主張しうる立場にないと考えられる（❹）。そうすると、出来形部分の所有権をAに帰属させる旨の合意がAB間にある場合、Cは一度も出来形部分の所有権を取得しなかったことになる。

よって、**(2)**におけるCの請求は認められない。　　　　　　　　　　［石田　剛］

133 請負と危険負担

Ａは、Ｂ工務店との間で、代金１億円でＡが所有する甲土地上に建物を新築することを目的とする請負契約を締結した。代金の支払は契約締結時に3000万円、完成した乙建物の引渡し時に3000万円を支払い、残りの4000万円は10年間の分割払いとすべきことが約束された。Ａは、締約時に約旨に従い、Ｂに3000万円を支払った。

(1) Ｂが仕事を完成させる前に大地震が起きて、出来形部分が倒壊した場合、ＡはＢに建て直しを求めることができるか。仕事が完成間近の段階で地震が起きたため、工期内に建て直すことが事実上できない場合はどうか。

(2) Ｂが仕事を完成させた後、乙建物をＡに引き渡す前に大地震により、乙建物が倒壊した場合はどうか。仮にＢが工期内に建て直すことができない場合、ＢはＡに対して残りの報酬7000万円の支払を求めることができるか。

(3) Ｂが乙建物をＡに引き渡した後に起きた大地震により、乙建物が倒壊した場合、Ａは、残りの報酬4000万円の支払を拒絶することができるか。

参考 ❶最判昭和52年2月22日民集31巻1号79頁

▶▶解説

1. 請負契約において、仕事の目的物の滅失・損傷に関する危険は目的物の引渡しによって移転する（559→567Ⅰ）。つまり、Bは、完成物を注文者に引き渡すまで、追完が可能である限り、仕事完成義務と引渡義務を負う。

よって、**(1)** のように、仕事完成前に出来形部分が滅失・損傷しても、期日までに完成させることが可能であれば、AはBに建て直しを求めることができる。もっとも、例えば、目的物の滅失・損傷が完成間近の最終段階で生じたため、Bの仕事完成債務が物理的に不能となる場合や期日までに完成させなければ契約目的を達成できない事情がある場合であれば、Bは、取引上の社会通念に照らして履行不能であることを理由に、Aの請求を拒絶することができる（412の2Ⅰ）。

2. このとき、Bは、Aに残りの報酬（7000万円）の支払を請求できるか。報酬を請求するには、その前提として仕事が完成している必要があるが、完成が不能になった以上、そもそもAは報酬を請求することができないと考えられる。仮に、この問題を危険負担の問題と捉えれば、履行不能が注文者Aの帰責事由によると評価できる場合には報酬の支払を請求できる一方（536Ⅱ〔Bが債務を免れたことにより利益を得たときは、Aに償還しなければならない〕、❶）、本問のように、AB双方に帰責事由がないと考えられる場合には、原則どおりに債務者主義が適用され、Bは報酬の支払を求めることはできない（同Ⅰ）。

(2) のように、すでに完成した乙建物を引き渡す前に大地震により乙建物が滅失・損傷した場合は、取引上の社会通念に照らして履行不能と評価されるべき場合が多いであろう。この場合は、仕事が完成しているため、もっぱら上で述べた危険負担の問題として処理される。

3. 引渡し後に乙建物が滅失・損傷した場合、Bは仕事完成義務および引渡義務をすでに履行しているから、そもそもAに対して債務不履行責任を負わない。乙建物の引渡しを受けたAは、その滅失・損傷の危険を負うべきであり、Bに対して追完請求、代金減額請求および契約の解除をすることはできず（559→567Ⅰ）、報酬の支払を拒むこともできない。

よって、**(3)** において、Aは残りの4000万円の報酬をBに支払わなければならない。

〔石田　剛〕

134 仕事の目的物の契約不適合

　Aは、B工務店との間で、戸建て住宅の建築を目的とする請負契約を締結し、引渡期日を6か月後、工事代金は5000万円とし、そのうちの1500万円を締約時に支払い、残額の支払は完成した建物の引渡しと引換えに行うべきものとされた。Bは期日までに甲建物を完成させ、Aに引き渡したが、引渡しの際の検査の結果、合計10か所に及ぶ不具合が見つかった。

(1)　Aは、甲建物に契約不適合があると主張し、Bが不適合の部分を修補しない限り、残代金を支払わないと主張することができるか。

(2)　Aは、修補はしなくてよいから、不適合により目的物の価値が下がっている分報酬を減額してほしいとBに請求することができるか。

(3)　Aが別の建設業者Cに見積もりを依頼したところ、甲建物の修補に800万円かかることがわかった。このとき、Bの残代金支払請求に対して、Aは、修補に代わる損害として800万円を差し引いた残額2700万円しか支払わないと反論した。この反論は認められるか。

参考　❶最判昭和54年3月20日判時927号184頁
　　　❷最判平成9年2月14日民集51巻2号337頁
　　　❸最判平成9年7月15日民集51巻6号2581頁

▶▶解説

1．請負人が注文者に引き渡した仕事の目的物が品質に関して契約の内容に適合しない場合、請負人は債務の本旨に従った履行をしたとはいえない。この場合、注文者は、追完請求権（562）、報酬減額請求権（563）、損害賠償請求権および解除権（564→415・541・542）を行使することができる（559）。

　BがAに引き渡した甲建物には10か所に及ぶ品質の不適合が見つかっている。したがって、(1)において、Aは、原則として追完請求として不適合部分の修補をBに求めることができる。もっとも、不適合の程度を勘案して修補に過分の費用がかかると評価される場合は、追完が契約および取引上の社会通念に照らして不能であるとして（412の2Ⅰ）、修補請求は例外的に認められない。こうした例外的事情が認められない限り、修補が完了するまで、注文者は残報酬の支払を拒絶することができる（633）。よって、Aの主張は認められる。

2．次に、Aは給付された目的物の不適合の程度に応じてBに代金を減額するよう求めることができるか。この点につき、注文者は請負人に相当の期間を定めて履行の追完（修補）の催告をし、その期間内に履行の追完がされない場合にのみ、代金減額を請求することができる（563Ⅰ・559）。不適合を理由とする代金減額請求は、契約の一部解除的な意味合いをもち、注文者は請負人に帰責事由がない場合でも行使することができる。よって、(2)において、Aは代金減額請求の前提として、Bに修補の催告をする必要がある。

3．さらに、注文者は、請負人に免責事由が認められない限り、修補に代わる損害賠償を求めることができる（415Ⅰ）。従来、注文者は請負人に修補請求をすることなく、修補に代わる損害賠償を求めることができ（❶）、修補に代わる損害賠償債権を自働債権、残報酬債権を受働債権とする相殺を主張することができると解されてきた（❷）。この点、415条2項が修補に代わる損害賠償請求にも類推適用されるとすれば、修補可能な不適合をBが修補する意思を有している場合、Aがいきなり修補に代わる損害賠償債権と残報酬債権との相殺を主張することは許されないことになる。(3)において、Cによる反論の根拠を415条1項と2項のいずれに求めるかにより、その可否につき解釈が分かれる可能性がある。

　なお、追完請求、減額請求、損害賠償請求、解除いずれも、不適合が注文者の提供した材料の性質や指図に由来する場合は、原則として許されない（636）。

［石田　剛］

135 受任者の義務

　Aは、自分の所有する絵画甲の売却に関する事務を、画商Bに委託し、甲についての売買契約締結に関する代理権を授与し、100日を目処として早期の売却を希望すること、売却代金は500万円以上で可能な限り高値を希望することを伝えたところ、Bはこれを承諾した。その際に、100日以内に甲を売却できた場合には、売却代金の10％を、AがBに報酬として支払うことが合意された。

(1)　甲の市場価値は概ね700万円であったところ、Bは、Aから甲の売却を委託された翌日、「A代理人B」と名乗って、Cとの間で、甲を500万円で売買する契約を締結した。AはBの債務不履行責任を追及することができるか。

(2)　Bは、できるだけ手を尽くしたものの、適切な買主を見つけることができず、結局、100日を経過しても、Bは、甲を売却することができなかった。AはBの債務不履行責任を追及することができるか。

(3)　甲の市場価値は概ね500万円であったところ、Bは、Aの承諾を得ることなく、自ら甲を500万円で買い受けた。Aは、Bの債務不履行責任を追及することができるか。

▶▶解説

1. 委任契約（643。準委任契約〔656〕も含む）に基づいて、受任者は、委任の本旨に従い、善良な管理者の注意をもって、委任事務を処理する義務を負う（644）。Bは、100日を目処として早期に、500万円以上で可能な限り高値での売却を実現できるように、一般的な画商の払うべき水準の注意を尽くして、売却先を探したり、価格交渉をしたりする義務を負う。甲の売却を委託された翌日に、市場価格より遥かに安価での売買契約を締結したBは、一般的には、このような義務を果たしたとはいえず、そうであれば、AはBの債務不履行責任（Bが善管注意義務を果たしたならば実現したであろう価格と500万円の差額の損害賠償責任〔415Ⅰ〕）を追及することができる。なお、ＢＣ間の売買契約は、Aに効果帰属する（有権代理）。

2. 受任者は、原則として、一定の結果を達成する義務を負わない（この点で、仕事完成義務〔632〕を負う請負人とは異なる）。このことは、委任事務の履行により得られる成果に対して報酬を支払うことを約した場合（648の2）でも同様である。100日以内に売却できた場合には売却代金の10％を報酬として支払うこととされていても、Bは、100日以内に甲を売却する義務を負うわけではなく、100日以内に甲の売却ができなかったことのみをもって、Bの債務不履行とはいえない。Bが、甲の売却に向けて善良な管理者の注意を尽くしたのであれば（善管な管理者の注意を尽くして売却先を探し、価格交渉するだけでは足りず、例えば、もう少し値を下げれば売却が可能であるといった情報をAに伝え〔645参照〕、Aの意向を確認する〔Aの指図があれば、それに従う〕ことも含まれうる）、債務不履行ではなく、AはBの債務不履行責任を問うことはできない。

3. 受任者は、自己または第三者の利益ではなく、委任者の利益を図るように、委任事務を処理する義務を負い、自己または第三者の利益と委任者の利益とが相反する立場に身を置いてはならない（忠実義務）。Bの行為は忠実義務違反であり、Aは、Bの債務不履行責任（例えば、AがBに売買契約の効果不帰属を主張し、甲の返還を求めるために要した費用分の損害賠償責任〔415Ⅰ〕など）を追及することができる。なお、Bの行為は自己契約に当たり、原則としてAに効果帰属しない（108Ⅰ本・113Ⅰ）が、Aが事前に許諾するか、事後に追認をすれば、Aに効果帰属し（108Ⅰ但・113Ⅰ）、一般的には、忠実義務違反とはならないものと解される。

〔岩藤美智子〕

136 　委任契約の解除

　Aは、自分の所有する甲家屋の管理（修繕等のメンテナンス、公租公課の支払、月額30万円の賃料の徴収等）に関する事務を、期間を5年間として、Bに委託したところ、Bはこれを承諾した。AB間の委任契約（狭義の委任契約〔643〕ではなく、準委任契約〔656〕を含む広義の委任契約を意味する）締結から1年後、Bには本件委任契約上の債務不履行はなかったものの、Aは、Bに対して、本件委任契約を解除する旨の意思表示を行った。

(1) 　本件委任契約において、AとBとは、AがBに報酬を支払う旨の合意はしておらず、互いに任意解除権を放棄する旨の合意をしていた場合、Aは、本件委任契約を解除することができるか。
(2) 　AはBに対して300万円の金銭債務を負っており、本件委任契約において、Bが甲の賃借人から徴収した賃料の20％は、当該金銭債務の弁済に充てることとされていた場合、Aは、本件委任契約を解除することができるか。解除が認められる場合、Aは、解除によってBに生じた損害を賠償しなければならないか。
(3) 　本件委任契約において、AがBに月々3万円を報酬として支払うことが合意されていた場合、Aは、本件委任契約を解除することができるか。解除が認められる場合、Aは、解除によってBに生じた損害を賠償しなければならないか。

| **参考** 　❶最判昭和56年1月19日民集35巻1号1頁

▶▶解説

1. 委任契約（643。準委任契約〔656〕も含む）は、原則として、各当事者が、いつでも、相手方の債務不履行といった事由なしに、解除（任意解除）をすることができる（651Ⅰ）。これは、委任契約が、当事者間の信頼関係を基礎とすることを根拠とする。もっとも、同条項は、任意規定であり、任意解除権を放棄する旨の特約は、原則として有効であると解されている。任意解除権を放棄する旨の特約をしたAは、原則として、本件委任契約を任意解除することはできない。ただし、任意解除権を放棄する旨の特約があっても、やむを得ない事由（相手方の極めて不誠実な行動など）がある場合には、任意解除が認められるものと解されており、そのような場合には、Aは、本件委任契約を任意解除することができる。

2. 受任者の委任者に対する債権回収のための債権の取立委任のように、受任者の利益をも目的とする委任契約であっても、各当事者は（委任者Aも）、原則として、任意解除をすることができる（651Ⅰ）。もっとも、委任者Aが任意解除権を放棄した場合には（委任契約が受任者の利益をも目的とする場合には、明示の特約がなくても、委任者は任意解除権を放棄したと解されることがありうる。そうすると、改正法においては、受任者の利益をも目的とする委任契約であることは、委任者による任意解除ができることを前提として、委任者の損害賠償責任が発生する場合として定められているものの〔同Ⅱ②〕、改正前の❶の明らかにした規律と同様に、委任者による任意解除の制限要因ともなりうるものということができる）、Aは任意解除をすることができない（ただし、やむを得ない事由がある場合は除く）。任意解除が認められる場合に、受任者の利益をも目的とする委任契約を任意解除した委任者Aは、解除の時期を問わず、解除によって受任者Bに生じた損害を賠償しなければならない（同Ⅱ②。ただし、やむを得ない事由がある場合は除く〔同Ⅱ柱但〕）。

3. 委任契約は、有償であっても、各当事者は（委任者Aも）、原則として、任意解除をすることができる（651Ⅰ。上記**1.** 参照）。受任者の利益が、「専ら報酬を得ることによるもの」である場合には、委任契約が受任者の利益をも目的とする場合には当たらない（同Ⅱ②括弧）。任意解除が認められる場合に、委任者Aが、相手方Bに不利な時期に委任契約を任意解除したときは、解除によって受任者Bに生じた損害を賠償しなければならない（同Ⅱ①。ただし、やむを得ない事由がある場合は除く〔同Ⅱ柱但〕）。

［岩藤美智子］

137 寄託

Aは、収穫した農作物を保存するための大型の低温貯蔵庫を所有している。隣人Bも、同様の貯蔵庫を所有しているが、これが故障したため、当年産「こしひかり」100 kgを低温で保管することができなくなった。Bが、貯蔵庫の修理業者に問い合わせたところ、1か月あれば修理は完了するとの回答であったことから、Bは、当年産「こしひかり」100 kgを1か月間、Aの貯蔵庫で保管してくれるようAに委託したところ、Aはこれを承諾した。

(1) Aの貯蔵庫でBの「こしひかり」100 kgを保管し始めてから10日後、Bの貯蔵庫の修理が当初の予定より早く完了したことから、Bは、Aに対して「こしひかり」100 kgの返還を求めた。認められるか。

(2) Aの貯蔵庫でBの「こしひかり」100 kgを保管し始めてから15日後、Aの知人Cが、当年産「こしひかり」200 kgをAの貯蔵庫で保管してくれるようAに委託したところ、Aはこれを承諾した。Aは、貯蔵庫内に備え付けられている大型の容器に、Bの「こしひかり」を保管しており、Cの「こしひかり」も、当該容器に混合して保管したいと考えている。認められるか。

(3) Aの貯蔵庫でBの「こしひかり」100 kgを保管し始めてから20日後、DがAのもとを訪れ、当該「こしひかり」をBから買い受けたと主張した。AはDの求めに応じて、当該「こしひかり」をDに引き渡したいと考えている。認められるか。

▶▶解説

1．寄託契約に基づいて、受寄者は、寄託物の保管義務を負う（657参照）。当事者が寄託物の返還時期を定めたときは、受寄者は、原則として、その時期まで保管義務を負う（663Ⅱ）。もっとも、当事者が返還時期を定めたときでも、寄託者は、いつでも返還請求をすることができる（662Ⅰ）。したがって、Bの返還請求は認められる。受寄者による保管は、寄託者の利益のためになされるものであり（この点で、借主による使用・収益の利益のためになされる賃貸借・使用貸借・消費貸借とは異なる。これらの契約については、662条1項に対応する規定はない）、保管してもらう必要性がなくなれば、返還請求を認めるのが妥当だからである（ただし、寄託者は、当事者の定めた返還時期の前に返還請求をしたことによって受寄者に生じた損害を賠償しなければならない〔同Ⅱ〕）。寄託者による返還請求に応じて返還がなされる場合には、受寄者は保管義務を免れるものと解される。

2．受寄者は、原則として、寄託された物そのものの返還義務を負うことから（消費寄託は例外である〔666〕）、寄託された物そのものの返還が可能となるように保管する義務を負う（例えば、同種の物が保管場所にあれば、それぞれの特定性が維持されるように分別管理義務を負う）ものと考えられる。複数の者が寄託した物の種類・品質が同一である場合にも、受寄者は、原則として、それぞれの者から寄託された物そのものの返還が可能となるように保管する義務を負うが、各寄託者の承諾を得た場合には、混合して保管することができる（665の2Ⅰ）。したがって、「こしひかり」の品質が同一であれば、Aは、BとCの承諾を得れば、混合して保管することが認められる（なお、Aは、混合して保管した「こしひかり」300kgのうち、100kgをBに、200kgをCに返還する義務を負う〔同Ⅱ〕）。

3．受寄者は、原則として、寄託者に対して寄託物を返還しなければならない。このことは、第三者が寄託物について権利を主張する場合であっても、寄託者の指図がない限り、同様である（660Ⅱ本）。したがって、Aは、Bの指図がない限り、「こしひかり」100kgをBに返還しなければならない（Dに引き渡してはならない。Bに返還したことによってDに損害が生じても、Aは賠償責任を負わない〔同Ⅲ〕）。なお、本問では当たらないが、660条2項本文には例外がある。1つは、同項但書に当たる場合であり、もう1つは、動産債権譲渡特例法3条2項に当たる場合である。

［岩藤美智子］

138 組合

　ＡＢＣは共同で出資をしてマリンスポーツに関する事業を目的とする組合契約を締結し、運営資金を管理するための預金口座を銀行Ｄに開設し、ＡＢが各 300 万円、合計 600 万円を入金した。Ｃは自己所有のクルーザー甲（中古品 300 万円）をメンバーが共同利用する財産として組合に寄贈した。組合では甲を使って毎月定例のマリンスポーツイベントを行っていたが、組合の規約において常務その他の業務執行者に関する定めは特にされていなかった。甲のエンジンが故障したため、組合の名でＡはＥに甲の修理を依頼し、修理代金として組合はＥに 60 万円の支払義務を負った。

(1)　Ａ個人に対して貸金債権を有するＦは、組合のＤに対する預金債権にかかるＡの持分を差し押さえて、自己の債権回収に充てようと考えている。Ｆによる差押えは認められるか。

(2)　定例イベントの準備のためにまとまった資金が必要になったので、Ａは、単独でＤに対して持分（3 分の 1）に相当する 200 万円の払戻しを求めた。Ａの払戻請求は認められるか。

(3)　Ｅは、Ａ個人が銀行Ｇに対して有する預金債権を差し押さえて、自己の債権回収に充てようと考えている。Ｅの差押えは認められるか。

参考　❶最判昭和 33 年 7 月 22 日民集 12 巻 12 号 1805 頁
　　　　❷大判昭和 11 年 2 月 25 日民集 15 巻 281 頁
　　　　❸大判昭和 13 年 2 月 12 日民集 17 巻 132 頁

▶▶解説

1. 民法上の組合は契約により形成される一種の団体であるが、組合は法人格を有しない。そのため、組合財産は、各組合員の共有に属するものとされる（668）。本問においても、ＡＢＣは、組合財産である甲およびＤに対する預金債権を出資割合（各3分の1）に応じて共有ないし準共有する。

　したがって、組合財産には、特別の規定がない限り、原則として249条以下の規定が適用される（❶）。もっとも、組合財産の共有は、物権法上の共有が想定する暫定的な共同所有関係と異質な面をもっている。すなわち組合財産は一定の事業を遂行する目的で形成されており、持分処分の自由と清算前における分割請求の自由が制約されている点において特殊である（676Ⅰ・Ⅲ）。組合財産が組合員に「合有的」に帰属するといわれるゆえんである。

　そして、組合財産は、組合員個人の財産から区別される特別財産として、ある程度の独立性を有している。すなわち組合員個人の債権者がその債権の引当てにできるのは組合員個人の責任財産のみであり、組合財産についてその権利を行使することができない（677、❷）。**(1)**においても、Ａの債権者Ｆは組合財産である甲およびＤに対する預金債権にかかるＡの持分を差し押さえることができない。仮にＦが組合に対して債務を負っていても、ＦのＡに対する貸金債権と（持分割合に応じて）組合に対する債務（組合債権）とを相殺することはできない。

2. 組合財産を構成する債権・債務に427条の分割主義は適用されない。すなわち可分給付を目的とする債権も「合有的」に組合に帰属するのである。Ｄに対する預金債権のように組合が第三者に対して有する債権について、各組合員は、自己の持分に応じて分割して行使することができない（676Ⅱ、❸）。**(2)**において、ＡＢＣは、業務の執行として払戻しにつき代理権を有する場合を除き、各自が200万円の預金債権を有するものとして、それぞれ単独でＤに払戻請求をすることはできず、全員で権利行使をすべきである。

3. 組合の債権者は組合財産についてその権利を行使することができる（675Ⅰ）。組合が負担する可分債務は分割債務にならない。よって、**(3)**において、Ｅは、ＡＢＣ全員に対して60万円の支払を求めるべきである。また、Ｅは、各組合員に対して損失負担の割合もしくは等しい割合で組合員個人の責任を追及することもできる（同Ⅱ）。よって、Ｅは、ＡのＧに対する預金債権を差し押さえることができる。

[石田　剛]

139　和解

　AがBに対して有するα債権100万円が、Cに譲渡され、AからBに確定日付のある証書による通知がされた。CがBに対してα債権の即時の履行を求めたところ、Bは、α債権の履行期は未到来であるとして履行を拒絶した。BC間での協議の結果、α債権に係る債務の履行として、BはCに80万円を即時に支払うことが合意された。

(1)　Bの主張する履行期の到来後、CはBに残りの20万円の履行を請求できるか。

(2)　α債権の譲渡時点で、α債権の履行期はすでに到来していたことが判明した。Cは、Bとの合意の効力を否定し、100万円を即時に支払うよう求めることができるか。

(3)　AのCに対するα債権の譲渡は、Aの意思無能力により無効であることが判明した。Bは、Cに対する80万円の支払を拒むことができるか。

参考　❶大判大正6年9月18日民録23輯1342頁
　　　❷最判昭和33年6月14日民集12巻9号1492頁

▶▶解説

1．ＢＣ間には、α債権の内容について争いがあったが、互いに譲歩をして、争いをやめることを内容とする合意をしているから、ＢＣ間には和解が成立したものと考えられる（695）。仮に、ＢＣ間の和解が、ＢがＣに80万円を即時に支払う代わりに、ＣはＢに対する残り20万円の請求権を放棄するという内容であるなら、Ｃは残り20万円の請求はできないのは当然である。しかし、ＢＣ間の和解が、ＢがＣに80万円を即時に支払う代わりに、ＣはＢに残り20万円の弁済をＢの主張する履行期まで猶予するという内容であるなら、Ｃは履行期到来後に残りの20万円を請求できることになる。争いをやめるため、両当事者によってどのような譲歩がなされたのかは、和解契約の解釈の問題である。

2．和解の内容が上記1．のようなものだとすると、ＢＣ間に和解が成立した結果、ＣはＢに対して、80万円の即時支払を求める権利を有することになるが、残り20万円については、放棄されたか、Ｂの主張する履行期まで支払が猶予されたことになり、いずれにしても、Ｃは即時支払を求める権利を有しないものとされたことになる。このような和解が成立した以上は、α債権の履行期がすでに到来していたことについて後から確証が得られても、そのような権利は消滅したものとされる（696）。このため、上記1．でいずれの解釈をとるにせよ、ＣはＢに100万円を即時に支払うよう請求することはできない。そして、このいわゆる和解の確定効と呼ばれる効果が、争いの目的である権利に及ぶ結果として、Ｃは、錯誤等を主張して和解の効力を否定することもできない。

3．争いの目的ではなく、その前提ないし基礎とされた事項について錯誤がある場合には、和解の確定効が及ばないため、和解の意思表示が取り消せる可能性がある（❶❷）。Ｂは、ＡＣ間のα債権の譲渡が有効であることを和解契約の基礎事情としていたが、その認識は真実に反していた（95Ⅰ②）。そして、ＡＣ間の債権譲渡が有効であることがＢＣ間の和解契約の基礎とされていることは、ＢとＣの共通の認識として明示または黙示に表示されていたと考えられる（同Ⅱ）。このため、ＢはＣに対する和解の意思表示を取り消し、ＡＣ間の債権譲渡はＡの意思無能力ゆえに無効であり（3の2）、Ｃはα債権を有しないとして支払を拒絶することが考えられる。ただし、Ａの意思無能力を、Ｂが主張できるかは別問題である。

［山下純司］

140　預金契約

Aは、B銀行との間に預金契約を締結し、普通預金口座甲を有していた。

(1)　Cは、Aと同姓同名のA'の口座に10万円を振り込むつもりで、誤って甲に10万円を振り込んでしまった。Aの債権者Dは、Aに対する債権を回収するため、甲を差し押えた。Cは甲の残高のうち10万円は自分の財産であるとして、第三者異議の訴え（民執38）を提起することができるか。

(2)　Aは死亡し、Aの妻Eと、子Fが法定相続人になった。Eは甲から払戻しを受けて、Aの葬式費用と、当面の生活費にあてようと考えているが、Fは遺産分割が済むまでは1円たりとも払戻しは認めないと主張している。BはEの払戻請求に応じてよいか。

(3)　Aの遺産分割にあたり、Fは、Aが生前に甲からEへ贈与をしていないかなどを調べるため、甲の取引経過を開示するようBに請求した。Bは、Eの承諾を得ることなく、Fの開示請求に応じてよいか。

参考　❶最判平成8年4月26日民集50巻5号1267頁
　　　　❷最大決平成28年12月19日民集70巻8号2121頁
　　　　❸最判平成21年1月22日民集63巻1号228頁

▶▶解説

1. 振込依頼人と受取人の間に振込みの原因となる法律関係が存在しないにもかかわらず、誤って振込みが行われた場合であっても、受取人と銀行との間には、振込金額相当の普通預金契約が成立し、受取人は銀行に対して普通預金債権を取得する。振込依頼人は、受取人に対し、同額の不当利得返還請求権を有することはありうるが、発生した預金債権の譲渡を妨げる権利を有することはない（❶）。したがって、CはAがBに対して有する債権に対する強制執行の不許を求めて第三者異議の訴えを提起することはできない。

2. 共同相続された普通預金債権は、遺産分割の対象として、共同相続人全員に帰属するため、全員で預金契約を解約しないと払戻しを受けられないのが原則となる。通常の金銭債権のように分割債権（民427）にならないため、Eが2分の1の相続分を有するからといって、単独で甲の残高の2分の1の払戻しを受けられるわけではない（❷）。これは公平な遺産分割の実現を図るには有益であるが、被相続人の葬式費用など、至急の払戻しを要する相続人にとっては不便が生じる。このため、遺産に属する預金債権の3分の1の額まで、各共同相続人は相続分に応じた払戻しを、預貯金債権の債務者ごとに法務省令で定めた額（現在は150万円）まで単独で受けることができ、その場合は遺産の一部の分割があったものとみなされる（909の2）。EはFとの遺産分割前であっても、Bに対して甲の残高の6分の1まで、1金融機関あたり150万円を上限として払戻しを請求する権利がある。

3. 預金契約は、預金者が金融機関に金銭の保管を委託し、金融機関は預金者に同種、同額の金銭を返還する義務を負う点で消費寄託の性質を有するが（657）、預金者が振込みその他様々な事務処理を金融機関に委託している点は、委任ないし準委任的な性質を有する(656→643)。預金者は金融機関が適切な事務処理を行っているか判断するために取引経過の開示を求める権利があり（645）、預金者が死亡した場合の各共同相続人は、共同相続人全員に帰属する預金契約上の地位に基づき、被相続人名義の預金口座についてその取引経過の開示を求める権利を行使できる（264→252但）。Fは、単独で取引経過の開示をBに請求することができ、Bはこれに応じる義務がある（❸）。

［山下純司］

141 委任と事務管理

(1) Aは、BのCに対する売掛金債権を譲り受けた。この場合において、Cが、自身に対する債権譲渡通知は、譲渡人であるBではなく、譲受人であるAによってなされたものであることを理由にその無効を主張するとき、Aは、同通知の有効性に基づく譲渡債権の弁済を要求することができるか。①AがBから譲渡通知を委託されていた場合と、⑪Aが自発的に通知を行っていた場合を区別して論ぜよ。

(2) Dは深夜に高熱を発し、E救急病院に搬送され、医師Fによる簡易な処方を受けたが、後日、化膿性髄膜炎に罹患していたことが判明した。この場合において、適切な検査および転院措置を怠った責任を問われたEが、Fによる応急治療上の注意義務の軽減を主張することは可能か。①緊急搬入時にDの家族が付き添っていた場合と、⑪D自身が救急車を要請したが、単身搬送中に意識不明に陥った場合を区別して論ぜよ。

参考 ❶最判昭和46年3月25日判時628号44頁
❷大阪高判昭和61年3月27日判時1220号80頁

▶▶解説

1． 法定債権関係である事務管理（697）の成立要件は、ⓐ法律上の義務の不存在、ⓑ他人のためにする意思（利他的意思・事務管理意思）、ⓒ他人の事務処理の開始、ⓓ他人の利益または意思への適合性である。とりわけ上記ⓑの要件から、事務管理の本質は、好意に基づく事務処理であり、かつ、当事者間に合意がない以上、報酬請求の可否が問題となる余地は少ない。そうすると、無償の利他的事務処理である事務管理には、合意に基づく無償（準）委任と近似する性格が認められる。このことは、事務管理に関する委任規定の準用を指示する701条からも明らかである。そのため、明確な委託を欠く状況下で処理された事務につき、法的効果の発生を希求する当事者が、事務管理の成立を主張することはありうる。

　事務管理に基づく法律効果の有無が争われた例として、債権譲渡の有効性が問題となった事案がある。最高裁判所は、指名債権譲渡通知（467）をなすべきは、譲渡人とその包括承継人、同人の受任者であり、委任を受けない者等が事務管理としてなすことはできない旨を判示した（❶。なお、同判決によれば、譲受人が譲渡人の代理人または使者として通知する余地が認められる）。したがって、Aは、**(1)**ⅰで、Bからの委託、すなわち委任に基づく（または代理としての）譲渡通知を根拠として債権譲渡の有効性を主張することができるが、ⅱにあっては、自主的になした譲渡通知を事務管理に当たると主張し、債権譲渡を対抗することができない。

2． 事務管理と無償（準）委任のいずれに性質決定されるかにより、法律効果上の相違が生じることがある。例えば、受任者は、委任の本旨に従い善管注意義務を負う（644）のに対し、本人の身体、名誉または財産に対する急迫の危害を免れさせるための緊急事務管理にあっては、管理者は、悪意または重過失がある場合にのみ損害賠償責任を負う（698）。この点は具体的に、救急治療における医師の過失の有無および程度を判断する際に問題となっており、下級審判決には、救急病院と患者の家族の間の準委任契約の成立を認め、698条に基づく免責を否定するものがある（❷）。それによれば、Dの損害発生をめぐり、**(2)**ⅰでは、準委任に基づくFの善管注意義務違反を理由とするEの債務不履行（の有無）が問われ、これに対してⅱでの治療が緊急事務管理に当たるとすれば、Fの懈怠の重過失該当性次第で、Eの損害賠償責任が否定される可能性がある（項目**135**も参照）。

[一木孝之]

142 事務管理の効果

(1)　死亡した父Aの相続財産に関して、共同相続人の1人である子Bは、意思無能力の母Cや兄弟Dとの遺産分割協議がまとまらない状況で、自身とCの相続税を申告して納付した。やがてCが死亡した後に、BはDに対して、Cのためになした前記納付額の一部の支払を求めることができるか。請求の法的根拠とあわせて検討せよ。

(2)　死亡したEの相続財産である不動産に関して、共同相続人の1人であるFは、他の共同相続人Gに無断で、これを第三者に賃貸して賃料収入を得た。この場合において、Gが賃料相当額の2分の1の支払を求めるのに対し、Fは、自身が申告・納付した所得税と市県民税に関する償還請求権をもって相殺することができるか。自働債権の法的根拠とあわせて検討せよ。

(3)　死亡したHの相続財産に関して、共同相続人の1人であるIは、他の共同相続人Jに無断で、自身の持分とあわせて同人の持分を売却した。この場合において、JはIに対して、自身の持分の売買に基づく代金の引渡しを請求することができるか。請求の法的根拠とあわせて検討せよ。

参考　❶最判平成 18 年 7 月 14 日判時 1946 号 45 頁
　　　❷最判平成 22 年 1 月 19 日判時 2070 号 51 頁
　　　❸大判大正 7 年 12 月 19 日民録 24 輯 2367 頁

▶▶解説

1. 法定債権関係としての事務管理が成立するとき、第1に、事務管理者が本人の権利領域に許諾なくして干渉したことの違法性が、事務の利他性ゆえに阻却され、不法行為責任の追及可能性が否定される。第2に、たとえ合意なく開始された、無償で利他的な事務処理であったとしても、事務管理者と本人の双方に、法的権利および義務が生じる。具体的に、事務管理者は、受取物引渡し（701→646）などの諸義務を負い、本人は、事務管理者が支出した有益費を償還し（702 I）、同人負担の債務を代弁済しなければならない（702 II→650 II）。

こうした事務管理の効果は、実務上は、事務処理に際して当事者の一方に発生した金銭的負担または利得を他方に転嫁または移転させるための調整方法として意識されることが少なくない。その一例として有益費償還請求があり、具体的には、近年、相続財産をめぐる各種税金の申告および納付をなした共同相続人の1人が他の相続人に対し、同行為が事務管理に当たるとして、納付額の一部の支払等を求める事案が散見される。これに関して、最高裁判所は、意思無能力である共同相続人（母）のために、共同相続人の1人（子）によってなされた相続税申告および納付が事務管理に当たるとして、有益費償還が請求されうることを認める（❶）。したがって、**(1)** において、BはDに対し、事務管理上の費用償還を根拠に、相続税納付額の一部支払を請求することができる。

2. しかしながら最高裁判所は同時に、共同相続人の1人が共有不動産を単独で賃貸して収入を得たうえで、所得税および市県民税を納付したことをめぐり、事務管理の成立と有益費償還債権の取得を否定した（❷）。**(2)** では、FはGからの賃料相当額支払請求に対し、事務管理に基づく有益費償還請求権を自働債権とする相殺の意思表示をすることができない。

3. 他方で、利己的意図での他人の権利領域への干渉は不法行為だが、他人がこれを事後承認する場合には、同行為から生じた利益は、事務管理上の「受取物」となるとして、その弁済を許容する大審院判決がある（❸）。それによれば、**(3)** の場合には、ともに共同相続人であるJのIに対する持分売買代金支払請求は、Iによる処分をJが事後的に承認することで、事務管理上の受取物引渡しを根拠に認容されることになる。

［一木孝之］

143 事務管理の 対外的効力

　AとBは、Cの所有する有名絵画甲を共同で購入することにした。

(1)　AおよびBの代理人であるDは、Cとの間で、代金50万円とする売買契約を締結した。ところが、その後Cが代金を75万円に増額するよう希望し、これを受けたDは、AおよびBに相談してその指示を仰ぐことなく、AおよびBの名でこれを承諾した。この場合において、後に事情を知ったAおよびBから増額分25万円の払戻しを要求されたCは、Dの承諾行為はAおよびBのための事務管理であるとして、支払の有効性を主張することができるか。

(2)　代金支払後に、甲に贋作の疑いがあることを知ったAが、Bに相談することなく、AおよびBの連名でCに対して売買契約解除の意思表示をした。直後に、甲が真作であることを確認したBから引渡しを請求されたCは、Aが連名でなした解除は、Bのための事務管理であり有効であるとして、これを拒絶することができるか。

参考　❶大判大正6年3月31日民録23輯619頁
　　　❷大判大正7年7月10日民録24輯1432頁
　　　❸最判昭和36年11月30日民集15巻10号2629頁

▶▶解説

1．事務管理に関する民法の規定は、本人と事務管理者の関係を規律するものである。しかしながら、事務管理者が本人のための事務処理として、第三者と取引関係に入る場合において、第三者が、本人に対してその有効性を主張することの可否が問題となりうる。このとき、事務管理者が第三者との法律行為に際して示したのは、自己の名と本人の名のいずれであったかという点が重要となる。

　事務管理者が自己の名において第三者と取引する場合においては、そこから生じる法律効果は、事務管理者自身に帰属する。もっとも、問題となるのが金銭債務である場合には、事務管理者は本人に対して、当該取引に要した有益費を償還し（702 Ⅰ）、取引に関連する債務を代弁済するよう請求可能である（同Ⅱ→650 Ⅱ）から、実質的な負担は本人に配分される。

　それでは、事務管理者が本人の名で第三者と法律行為をなしていた場合はどうか。判例は当初、売買をめぐり、売主の増額請求に対して、買主の代理人が、権限なく買主の名で承諾した行為は事務管理に当たるとして、買主の金銭での支払を有効とした（❶）。そうすると、**(1)**において、Dは、AおよびBからの代金払戻請求に対して、Cによる増額承諾の有効性を、事務管理を根拠に主張可能であるようにみえる。

2．次に、共同買主の1人が、自身を含む共同買主全員のために、売主に対して解除の意思表示をした事案につき、他の共同買主のための事務管理の成立を認めつつ、本人への効果帰属にはその追認を要するとして、解除の効果を認めない判決があった（❷）。それによると、**(2)**では、AがBに無断で、同人との連名でなした売買契約の解除は事務管理に当たるが、Bが追認しない限り有効ではないから、Cの引渡拒絶は認められないことになりそうである。

3．しかしながらその後、事務管理は事務管理者と本人の間の法律関係を指し、事務管理者が本人の名で第三者となした法律効果の効果を本人に及ぼすためには、代理その他別個の法律関係を必要とするという判例が登場する（❸）。そうすると結局、**(1)**および**(2)**のいずれも、代理権の濫用（107）、表見代理（109・110・112）、無権代理の追認（113）や複数当事者による解除権行使（544）の問題として、事務管理とは異なる観点から処理されることになる（項目**23**、**24**、**25**、**26**も参照）。

[一木孝之]

144 転用物訴権

Aは、Bの所有する自動車甲をBから賃借して使用していたところ、甲が故障したため、その修理を代金10万円でCに依頼し、Cはこれを引き受けた。Cは、Aとの約束どおりに修理を行ったうえで、甲をAに引き渡した。しかし、その際、Aは、Cに代金を支払わなかった。その後、Aは、甲をBに返した上で、Cに対する代金を支払わないまま、その行方をくらませてしまった。

この場合に、Cは、どのような要件の下で、不当利得返還請求権に基づき、Bに対して10万円の支払を請求することができるか。

参考 ❶最判平成7年9月19日民集49巻8号2805頁

▶▶解説

　本問において、Ｃは、Ａに対して、10万円の請負代金債権を有している。しかし、行方不明のＡから当該債権を回収することは困難である。では、Ｃは、自らの修理に基づき甲の故障が直り、その価値が現に増加していることを理由として、甲の所有者であるＢに対し、そのような甲の価値の増加分（利得）の返還（具体的には10万円の支払）を請求することができるか。このような請求のことを、一般に転用物訴権と呼ぶ。

　本問でＣのＢに対する転用物訴権が認められると、①Ｃは、本来、自らが負うべきＡの無資力の危険（Ａから代金を支払ってもらえないことに伴う不利益）をＢに転嫁しうることとなる。また、②ＢがＡとの間で甲の修理費用に関する何らかの経済的支出をすでにしていたとき（例えば、Ａが甲の修理代金を請負人に支払うべきことの対価として、Ａの支払うべき賃料の額が通常の価額よりも低く設定されていたとき）には、甲の修理についてＢに二重の損失（Ａに対する支出とＣに対する支出）を与える結果となってしまう。さらに、③Ｃの転用物訴権（Ｂに対する直接請求）を肯定することは、Ｃを——ＣもまたＡの一般債権者の１人でしかないのに——Ａの他の一般債権者に比べて有利に扱うことになる。だが、これらの帰結は、いずれも妥当ではない。そのため、学説では、転用物訴権を一切認めない立場も有力に主張されている。

　しかし、判例（❶）は、一定の要件の下で、Ｃの転用物訴権を肯定する。すなわち、判例は、転用物訴権を不当利得返還請求の一種と把握しつつ、Ｂの利得に「法律上の原因」が存する場合を絞り込むことによって、ＢＣ間の利害調整を図る。具体的には、ＡとＢとの間の賃貸借契約を全体としてみて、Ｂが「対価関係なしに……利益を受けたとき」に限り、Ｂの利得には「法律上の原因」が欠けることとなり、ＣのＢに対する転用物訴権が認められる、とするのである（これによって上記②の弊害が除去される）。なお、ここで注意を要する点は、ＡＣ間の請負契約およびＡＢ間の賃貸借契約はともに有効であるため、甲の修理に基づくＢの利得には伝統的な意味における「法律上の原因」が確かに存在する、ということである。それゆえ、学説には、判例が肯定する転用物訴権は、実質的には不当利得法によるものではなく、一種の政策的判断に依拠して判例が独自に法創造したものである、との分析もみられる（この分析が妥当であろう）。　　　　　[根本尚徳]

145 騙取金・誤送金と不当利得

(1) Aは、Bからパソコンを購入した。その代金10万円を支払うために、Aは、自らが口座を有するC銀行に対して、D銀行に開設されているBの口座に10万円を振り込むよう依頼した。

この場合において、⒤AB間の売買契約が無効であったとき、⒤⒤Aが、振込依頼用紙の振込先欄に「B」と記載すべきところ、誤って「E」と記載したため、10万円がD銀行にあるEの口座に振り込まれたとき、⒤⒤⒤Cの従業員Fが誤って20万円をBの口座に振り込んだとき、誰が誰に対していかなる請求をすることができるか（上記⒤〜⒤⒤⒤は互いに独立した事案である）。

(2) Gは、Hに対する債務（30万円）を弁済するための資金が手元になかったことから、100万円の預金債権が存在する旨の銀行預金証書を偽造した上でこれをIに提示し、Iから30万円をだまし取り、この30万円（騙取金）で上記債務を弁済した。この場合に、Iは、不当利得返還請求権に基づき、Hに対して30万円の支払を請求することができるか。

参考 ❶最判平成8年4月26日民集50巻5号1267頁
❷最判平成20年10月10日民集62巻9号2361頁
❸最判昭和49年9月26日民集28巻6号1243頁

1. まず、ⅰにおいて、Aは、Cに指示（指図）して、自己の口座から10万円をBの口座に振り込ませた。これは、AB間では、AのBに対する給付にあたる（また、AC間においては、これは、預金契約に基づきCがAに対して負うところの「Aの預金をAの指図どおりに他の口座に振り込む債務」の履行に該当する。そのため、CはAの口座から10万円を引き落とすことができる）。しかし、AB間における売買契約は無効であった。それゆえ、Aは、上記給付の返還（10万円の支払）をBに請求しうる（121の2Ⅰ）。次に、ⅱにおいても、Aは、Cに指図して、自己の口座から10万円をEの口座に振り込ませた（この場合にも、Cは、Aの指図に従っているため、Aの口座から10万円を引き落とすことが許される）。また、このとき、Eは、Aとの間に何らの関係（対価関係）がなくとも、Dに対して10万円の預金債権を取得する（❶❷）。それゆえ、この場合には、AがEに対して10万円を非債弁済したものと考えられる。したがって、（Cではなく）Aが自らの危険で、Eにその返還を請求すべきこととなる。他方、ⅲにおいては、Aが指図したものよりも多額の金銭がBの口座に振り込まれた。これは、Cの従業員Fの過誤によるものである。そのため、その超過部分（10万円）の給付は、Cによる非債弁済である、ということになる（Cは、当該超過部分については、Aの口座から引き落とすことはできない）。それゆえ、この場合には、（Aではなく）Cが自らの危険で、Bに対し、給付の返還（10万円の支払）を請求しなければならない。

2. 判例（❸）によれば、騙取金に関する不当利得返還請求権の発生には、ⓐ損失と利得との間における社会通念上の因果関係およびⓑ利得者の悪意または重過失が必要である。すなわち、本問において、社会通念上、Ⅰからの騙取金（30万円）によってHの利得が生じたと認められる場合、言い換えるならば、Ⅰから当該金銭を得たからこそ初めてGのHに対する弁済が可能になったと解される場合に、Ⅰの損失とHの利得との間に因果関係の存在が肯定される。そして、HがGから30万円を受領する際に、当該金銭がⅠから騙取されたものであることをHが知っていたか、あるいは知らなかったことにつき重過失が存在するときに、ⅠはHに対して30万円の支払を請求することができる。なお、Ⅰから騙取された30万円がGの手元で他の金銭と混同したり、両替されたり、あるいはいったん銀行に預けられたりしても、上記因果関係の存在は否定されない。　　　　　　[根本尚徳]

146 侵害不当利得

Aは、Bの所有するパソコン甲（時価1万円）をBのもとから盗み出し、その翌日に、これをCに3万円で譲り渡した。その際、Cは甲が盗品であることについて善意・無過失であった。上記譲渡が行われてから1年後、Cは、誤って甲を地面に落として壊してしまったため、やむなくそれを廃棄した（この時点においても、Cは、依然として、甲の盗難について善意・無過失であった）。この場合に、Bは、誰に対して、どのような事柄を請求することができるか。

参考 ❶大判大正10年7月8日民録27輯1373頁

▶▶解説

1. まず、Bは、Cに対して、不法行為に基づく損害賠償を請求することはできない。善意の自主占有者Cは甲の滅失によって現に利益を受けている限度において賠償責任を負うべきところ（191本）、Cはそのような利益を何も得ていないからである。また、Bは、不当利得返還請求権に基づき、Cに甲に関する使用利益の返還を請求することも許されない（189Ⅰ。同条は、直接には果実に関する規定であるものの、一般に、使用利益にも準用されると解されている）。

2. 次に、AがB所有の甲を善意・無過失のCに譲渡した時点においては、甲が盗品であるために、Bは、Cに対して甲の「回復」（❶によれば、占有の回復）を請求することが可能であった（193）。別言すると、Bは、この時には未だ甲の所有権を失っておらず、損失を受けていなかった。また、その後に、Cの廃棄によってBが当該所有権を喪失したとしても、それはまさしくCによる侵害の結果である。そのため、結局、Aの譲渡それ自体によってはBに損失が生じておらず、したがって、BのAに対する不当利得返還請求権もまた発生しない、ということになる。だが、このような結論が不当なものであることは明らかである。それゆえ、Bの保護を企図して、Bは、AのCに対する譲渡を追認した上で、Aに対して不当利得の返還を請求しうる、と説く学説が唱えられている。この学説によれば、本問において、AのCに対する甲の譲渡は、Bの追認によって、それが行われた時点に遡って、Bとの関係においても有効となる（116本類推）。そのため、Bは、その時に甲の所有権を失い、損失を被る（他方、Aは、これによって本来、Bしか享受することの許されない甲の所有権を自らの意思で処分するという利益を受ける）。したがって、Bは、Aに対して、当該利得の返還を請求することができる。

3. ただし、この場合に、BがAに対して支払を要求しうる額は、甲の市場価値に相当する額（1万円）に限られる（近時の有力説）。なぜなら、AがCから取得した対価のうち、これを上回る部分（2万円）は、甲という物自体の価値（Bに割り当てられていた物自体から生じた利益）ではなく、それを市場価値よりも高額で売ることに成功したAの能力に由来するものと考えられるからである（なお、上記有力説によると、Bは、この2万円について、侵害不当利得としてではなく、いわゆる準事務管理の法理によってAにその返還を求めることが可能である）。

[根本尚徳]

147 不法原因給付

配偶者のあるＡは、Ｂとの不倫関係を維持する目的で、自らの所有する甲建物をＢに贈与し、引き渡した。その際、Ｂも、Ａに配偶者のあることおよび甲建物の贈与が不倫関係を維持する目的でなされたものであることを知っていた。その後、Ａは、Ｂと不和になったため、「不倫関係の維持を目的として締結された上記贈与契約は、公序良俗に反するものとして無効である（90）」と主張して、甲建物の返還を請求した。
　ＡＢ間の法律関係を論じなさい。

参考　❶最大判昭和 45 年 10 月 21 日民集 24 巻 11 号 1560 頁
　　　❷最判昭和 46 年 10 月 28 日民集 25 巻 7 号 1069 頁

▶▶解説

1. ＡＢ間における甲建物の贈与契約は無効である（90）。それゆえ、甲の引渡しには法律上の原因が欠けているため、Ａは、不当利得返還請求権に基づき、Ｂに甲の返還を請求しうるように思われる（121の２Ⅰ）。だが、708条によれば、不法な原因（本問では性倫理に反する契約）に基づき給付をした者は、その給付の返還を請求することができない。では、Ａは甲をＢに対して「給付」したと認められるか。判例は、不動産の贈与等における「給付」の有無は、その登記の状態に左右される、とする。すなわち、まず、不動産が未登記である場合には、その不動産の占有が受贈者等に移っていれば、「給付」があったものと考えられる（❶）。これに対して、不動産が登記されている場合において、その登記名義がなお贈与者等のもとに留まるときには、すでにその引渡しがなされていても、当該不動産は未だ「給付」されていない（❷）。言い換えるならば、その登記名義が受贈者等のものになって初めて、その不動産は「給付」されたこととなるのである。このような判例の立場からすると、本問において、Ａの不当利得返還請求が認容されるか否かも、甲の登記の状態いかんによって決まる。

2. では、仮に甲建物が未登記であったためにＡの不当利得返還請求が708条によって否定される場合において、Ａは――贈与契約が無効であるため、甲はＡの所有物であると主張して――その所有権に基づき、甲の返還を請求することができるか。もしこのような請求が許されるとすれば、不当利得返還請求を否定したことの意義が失われる。それゆえ、判例・通説は、物権的返還請求権にも708条が類推適用されることを肯定し、そのような所有権に基づく返還請求は認められない、とする（❶）。

3. さらに、Ａによる甲建物の返還請求が708条に基づき否定される場合、甲の所有権は、ＡＢのいずれに帰属するものと解すべきか。この点について、判例（❶）は、Ａが甲の返還を請求しえなくなったことの「反射的効果」としてＢに所有権が移転する、と考えている。学説上もまた、このように唱える立場が通説である。しかし、この場合には、Ａは甲の所有者でありながら、甲を占有（使用）することができず、Ｂは甲を占有（使用）しえても、所有権を取得することはできない（ＡＢともに公序良俗に反するような契約に関与したのであるから、そのような制裁を受けてもやむをえない）と解する見解も有力に主張されている。　　［**根本尚徳**］

148 過失の意味と判断基準

製薬会社Aは、新規のワクチン甲を販売した。甲は、全国の小中学生数十万人に接種されたところ、約30人にけいれん発作や全身の強い痛みなどの重い神経症状が発生し、一部の患者は数年にわたり通学が困難になった。種々の調査の結果、これらの症状は甲の副反応として生じたことが判明した。

(1) 甲を接種することにより重い神経症状が生じることは以前から知られていたが、その頻度・重症度は他のワクチンと同程度であるとされていた。本件被害者の症状もその範囲のものであった場合、製薬会社Aに過失が認められるか、論ぜよ。

(2) 一部の被害者には、他のワクチンによる場合よりも重篤な症状が発生していたものとする。甲を接種することにより、他のワクチンに比して重篤な神経症状が生じる可能性は、一部の専門雑誌では指摘されていたが、海外で数例の報告があるのみで、日本では実例はなかった。この場合、製薬会社Aに過失が認められるか、論ぜよ。

参考 ❶大判大正5年12月22日民録22輯2474頁（大阪アルカリ事件）
❷東京地判昭和53年8月3日判時899号48頁（東京スモン判決）
❸東京高判昭和63年3月11日判時1271号3頁（クロロキン薬害訴訟控訴審判決）

▶▶解説

1. 過失の意義については、伝統的通説では主観的過失（意思の緊張を欠いた状態）として理解されていたが、現在では客観的過失（予見可能性を前提とする結果回避義務違反）と理解するのが一般的である。判例（❶）も同様の立場に立っているとみられる。

　本問では、ワクチン甲を製造・販売したAの行為に過失があるか否かが問題となっている。まず、甲により重い神経症状が発生することは知られていたのであるから、被害者に権利・法益侵害および損害が発生することにつき、Aに予見可能性はあったといえる。

　その上で、Aに結果回避義務違反があったといえるかが問題となる。この点につき、過去の薬害訴訟の裁判例（❷❸）では、被害のおそれがあれば製薬会社に高度の調査・予見義務を課すものがみられた。他方で、医薬品の副作用を完全にゼロにすることはできず、ここでの義務は副作用被害を「適正な範囲」内に留めることを内容とする（「ハンドの定式」によれば、当該行為によって得られる便益とそれによる損害の程度〔期待値〕の比較による）。一般には、同種の既存医薬品と同程度の副作用被害が発生することはやむを得ないと考えられやすい。

　本問では、甲の副反応は既存のワクチンと同程度の頻度・重症度であり、過失は否定される可能性が高いと思われる。

2. 本問では、既存のワクチンより重篤な副反応が発生しており、これに関する予見可能性・結果回避義務違反の存否が問題となる。

　まず、他のワクチンより重篤な副反応の可能性は専門雑誌で指摘されており、海外の事例も存在するため、予見可能性は肯定される。

　他方、結果回避義務違反の判断は微妙である。過去の薬害判例（❷❸）をふまえれば、重篤な副反応が生じるおそれがあれば高度の調査・予見義務が課せられ、それに関する義務違反が肯定されるとも考えられる。もっとも、医薬品については治験（臨床試験）のデータに基づく厚生労働大臣の承認（医薬品医療機器14）が必要であり、治験等により十分な安全性が確認されていた場合には、調査義務違反があるとはいいにくい。過失の有無は、Aがどの程度の安全性確認を行ったか、どのような副作用データを事前に入手可能であったかなどの諸事情を考慮し、義務違反の有無を総合的に判断することになろう。　　　　　　　［米村滋人］

149 医療水準

近年、脳腫瘍に対しては、従来と同様の手術治療のほか、ロボットを用いた手術が一部の医療機関で試行されている。脳腫瘍を有する患者Aが、B病院を受診したところ、同院のC医師は標準的治療である従来の手術治療を勧め、Aも同意した。しかし、C医師が手術を行ったところ、腫瘍内部に大きな血管が存在したため手術中に大量出血が発生し、2日後にAは死亡した。仮に、十分に経験のある医師がロボットを用いた手術を行っていれば、大量出血は避けられ、手術後2年間は生存できたと考えられた。

(1) B病院が最新の治療を行いうる大学病院である場合、C医師の行為に過失が認められるか、論ぜよ。
(2) B病院が小規模の個人病院である場合、C医師の行為に過失が認められるか、論ぜよ。
(3) 上記**(2)**で、次の場合は結論に違いがあるか、検討せよ。①C医師個人は大学病院の勤務歴があり、ロボット手術の十分な経験を有していた場合、②患者Aがロボット手術に特に興味を示し、ロボット手術を受けたいとの希望を表明していた場合。

参考　❶最判昭和 57 年 3 月 30 日判時 1039 号 66 頁
　　　❷最判平成 7 年 6 月 9 日民集 49 巻 6 号 1499 頁
　　　❸最判平成 8 年 1 月 23 日民集 50 巻 1 号 1 頁
　　　❹最判平成 4 年 6 月 8 日判時 1450 号 70 頁

▶▶解説

1. 医療行為に関する過失は、原則として、当該行為が医療水準に適合しない場合に肯定される。その場合の「医療水準」とは、学問としての医学の水準ではなく、「診療当時のいわゆる臨床医学の実践における医療水準」である（❶）。これは全国一律の水準ではなく、各医療機関の性格や各地域の医療環境等により異なる（❷）。一般には、大学病院等の先端的医療機関、一定規模以上の基幹病院、中小規模の一般病院、小規模の診療所、の順に医療水準は低下する。

B病院が大学病院である場合、先端的医療であっても医療水準に含まれる可能性が高い。ロボット手術はB病院にとっての医療水準に適合する治療であるとされよう。ただし、それによって当然に従来の治療が医療水準に適合しなくなるわけではない。出現後間もない新規治療は、対象患者や実施医療機関を限定し、十分な安全性が見込まれる場合にだけ実施されることも多い。本問では、従来の手術が「標準的治療」とされており、これも医療水準に適合する可能性が高い。

医療水準適合治療が複数存在する場合には、そのいずれを実施するかは、原則として医師の裁量となる。本問では、治療法選択に関して過失を肯定することは難しい。ただし、説明義務違反や手術中の手技上の過誤があれば別途過失が肯定されうる。

2. B病院が小規模の個人病院である場合、ロボット手術は医療水準に含まれない可能性が高く、治療法選択に関する過失は否定される（手技上の過誤についての過失は別途問題となりうる）。

3. 医師個人が特に高い技量を有していた場合、医療水準を超えた義務を負うか否かは争われるが、判例（❹）は、医師が医療水準を超えた義務を負うことを否定し、学説の多数も同様の立場をとる（医療水準は医療機関の機能・性質や設備・人員をふまえて医療機関単位で決定されるべきことを理由とする）。

患者の主観的な意思や期待により医療水準が変動するかも問題となるが、やはり医療水準は医療機関の特性等に応じて客観的に決せられるため、否定されるのが一般的である。

以上より、ⅰⅱいずれについても医師Cの治療法選択に関する過失は否定される。

［米村滋人］

150 過失の推定

患者Aは、腎臓病（慢性腎不全）を有しB病院に通院していたところ、風邪をこじらせて肺炎を起こし、C病院に入院した。しかし、C病院の医師Dが、Aが慢性腎不全を有することに気づかずAに対し抗生剤甲を処方したところ、Aは腎不全の急激な悪化により死亡した。その後の調査により、甲は慢性腎不全を有する患者には投与してはならない（投与禁忌）とされていたものの、医師Dの指示でAにこれが投与されたため、急激に腎不全が悪化し死亡に至ったことが判明した。

(1) 慢性腎不全の患者に対し甲を投与してはならない旨が、甲の添付文書に記載されていた場合、医師Dの行為に過失は認められるか、論ぜよ。

(2) 慢性腎不全の患者に対し甲を投与してはならない旨が、学術文献には記載されていたが甲の添付文書には記載されていなかった場合、医師Dの行為に過失は認められるか、論ぜよ。

参考 ❶最判昭和 57 年 3 月 30 日判時 1039 号 66 頁
❷最判平成 8 年 1 月 23 日民集 50 巻 1 号 1 頁

▶▶解説

1．過失は、予見可能性を前提とする結果回避義務違反がある場合に肯定される（項目 **148** 参照）。本問のような医療過誤事例では、過失の有無は「診療当時のいわゆる臨床医学の実践における医療水準」によって決せられる（項目 **149** の**❶**）。もっとも、一定の場合には、過失が「推定」されるとされている。判例（**❷**）は、医薬品の添付文書は製造業者等が医薬品情報を医師に提供する目的を有することを理由に、医師が添付文書の注意事項に従わなかった場合には、特段の合理的理由がない限り過失が推定されるものとした。これは、添付文書の特殊な位置づけに鑑み、その不遵守を原則として過失とするものである。

　この考え方に従うと、本問でも、抗生剤甲の添付文書に記載があった場合には、それを遵守しなかった医師Ｄの行為は、特段の理由のない限り過失となろう。ただし、医師ＤがＡが慢性腎不全に罹患している事実を知り得なかったような事情があれば、過失が否定される余地はある（もっとも、通常の医療場面ではＤが慢性腎不全の存在を知り得ないような状況は想定しがたい）。

　なお、過失は法的評価であり、（当事者が証明責任を負担する）主要事実ではないため、過失の証明責任は観念できない。したがって、過失の「推定」はいわゆる事実上の推定とは異なり、一定の事実があれば過失が認定されやすいことを比喩的に表現するにすぎない。

2．学術文献に反する医療を提供した場合に、添付文書と同様の過失の「推定」がなされるかが問題となる。通常の文献には確実性の低い情報も含まれ、事後に内容が修正・変更を受ける可能性があるため、「推定」を認めるのは難しい。ただし近時は、学会等が標準的治療を明示するために「診療ガイドライン」を公表する場合があり、その不遵守による過失の「推定」を認める見解が唱えられている。

　本問では、慢性腎不全の者に対し甲を投与してはならない旨の記載が学術文献に存在したとされるが、仮に当該文献が特に高度の信頼性・確実性等を有する場合には、添付文書と同様の過失の「推定」を肯定する余地がある。しかし通常の学術文献では、そのような「推定」は否定され、過失判断の本則に戻って医療水準不適合治療がなされたことが証明されなければ、過失は肯定できないと考えられる。

［米村滋人］

151　因果関係の立証

　A市内の一部の地域で、喘息や慢性気管支炎などの呼吸器症状を呈する患者が多数発生した。この地域にはB社のC工場があったため、患者らは同工場から排出される煤煙中の物質が症状の原因であるとしてB社に対し損害賠償を請求した。これに対しB社は、⒤A市には多数の工場があり、C工場は最大規模だが唯一の工場ではない、⒤⒤原告患者らの呼吸器症状は排出物質以外の原因でも生じるもので、他地域にも同様の症状の者が存在する上に、原告患者には喫煙が原因と考えられる者がいる、と主張した。

　C工場からの排出物質が原告患者の症状の原因であると認定するためには、ⓐ排出物質が原告患者各人に十分な量・濃度で到達したこと、ⓑ到達した排出物質が症状を惹起したこと、の2点の証明を要すると考えることを前提に、次の各設問に答えよ。

(1) 　ⓐの点を証明するためには、何を証明しなければならないか。他の工場からの排出物質の存在に注意しつつ論ぜよ。

(2) 　原告患者Dは、約10年前まで喫煙を行っていたが、現在は喫煙していない。Dにつきⓑの証明ができるか、論ぜよ。

参考　❶最判昭和 50 年 10 月 24 日民集 29 巻 9 号 1417 頁
　　　❷大阪地判平成 7 年 7 月 5 日判時 1538 号 17 頁（西淀川大気汚染第 2 〜 4 次訴訟）
　　　❸横浜地川崎支判平成 10 年 8 月 5 日判時 1658 号 3 頁（川崎大気汚染第 2 〜 4 次訴訟）

▶▶解説

1. 因果関係は「あれなければこれなし」の関係を肯定することが基本だが、その直接的な証明が難しい事例も多い。判例（**❶**）は、「訴訟上の因果関係の立証は、……経験則に照らして全証拠を総合検討し、特定の事実が特定の結果発生を招来した関係を是認しうる高度の蓋然性を証明する」ものとし、「経験則」を活用した総合判断を許容する。

　具体的な判断基準は事案類型によって異なるが、因果関係判断に困難を来しやすい大気汚染事例では、汚染物質が発生源から被害者に到達するまでの「到達の因果関係」と、被害者への到達から症状発生までの「発症の因果関係」が別個に認定される場合があり（**❷**など）、本問はこれに則った判断方法を問うものである。

　「到達の因果関係」については、健康被害を惹起しうる量の排出物質が到達する範囲を確定する必要がある。近年の裁判例では、地理的条件や風向等に基づくシミュレーション結果を参照する場合が多い。ただし、同一物質の排出源が複数ある場合、当該排出者からの排出量が他の排出者からの排出量を大きく上回る必要があり、多数の小規模排出源が存在する場合には認定に困難を来す場合が多い。

　本問では、C工場以外の工場も存在するとされるが、主要排出源はC工場のようであり、シミュレーション等による到達範囲に居住する原告患者については「到達の因果関係」が肯定されると考えられる。

2. 「発症の因果関係」については、当該症状が当該排出物質によって生じたことの証明が必要であり、排出物質が一般的・科学的に症状の原因となりうることのほか、発症経過、他原因の有無等の諸状況に照らし、当該物質が症状の原因と疑われることが必要となる。

　本問では、一般的な原因性の証明に加え、Dの喫煙歴の影響が問題である。症状経過や発症メカニズムに照らし、10年前までの喫煙の影響が否定できない場合には、排出物質が原因とは認められにくい。Dの症状が数年以内に出現したもので、C工場近隣地域に転居した直後に発症したなどの事情があれば、認められる余地があろう。

　なお、「到達の因果関係」「発症の因果関係」を区別せず因果関係を判断することも可能である。疫学調査を用いた認定手法（疫学的因果関係）は著名だが（**❸**など）、これについては個別的因果関係の証明があるか疑わしいなどの批判も多い。

[**米村滋人**]

152 医師の説明義務違反

　進行した食道癌に対しては、手術療法と化学放射線療法（放射線照射と抗癌剤の併用）のいずれかが行われる。食道癌を有する患者AがB病院を受診したところ、C医師は化学放射線療法について全く説明せず手術を勧め、Aも同意した。しかし、B病院での手術後に合併症（多臓器不全）が発生し、Aは死亡した。

　Aの唯一の子Dは、B病院とC医師に対し説明義務違反に基づく賠償請求を行った。次の各場合に賠償請求は可能か、論ぜよ。

(1) Aの病状からは、Aは手術・化学放射線療法のいずれも実施できる状況だったが、C医師に後者の詳しい知識がなく説明できなかった場合。
(2) Aの病状からは、Aはいずれの治療法も実施できる状況で、C医師はいずれの治療法の知識も有していたが、B病院には化学放射線療法の専門医がおらず同院では実施できなかったため、C医師は、同療法の説明は無駄だと考え説明を省略していた場合。
(3) Aは元来肝臓の疾患を有していたため、C医師は、手術は実施可能だが化学放射線療法は医学的にリスクが高く実施困難であると判断し、後者の説明を省略していた場合。

参考　❶最判平成 12 年 2 月 29 日民集 54 巻 2 号 582 頁
　　　❷最判平成 13 年 11 月 27 日民集 55 巻 6 号 1154 頁
　　　❸最判平成 17 年 9 月 8 日判時 1912 号 16 頁
　　　❹最判平成 18 年 10 月 27 日判時 1951 号 59 頁

▶▶解説

1. 医師の説明義務に関しては多数の最高裁判決が存在する。判例（**❶**）は「相対的無輸血」（生命の危険が生じた場合に限り輸血を行うこと）の方針につき、判例（**❷**）は乳房温存療法につき、説明義務を肯定した。そして、手術に際して医師は、病名・病状、実施予定の手術の内容、手術に伴う危険性、他に選択可能な治療法の内容等につき説明する義務を負うとされる（**❷**）。種々の説明事項のうち、一般には「他に選択可能な治療法」の説明の不備が問題となりやすく、手術以外には、帝王切開（**❸**）、手術等をしない選択肢（**❹**）に関し説明義務が肯定されている。しかし、「他に選択可能な治療法」としてどの範囲の治療法に関する説明をなすべきかは、個別的な検討を要する。

(1)は、手術・化学放射線療法のいずれも医療水準に適合する場合である。医療水準に適合する治療が複数存在する場合には、その全てにつき説明する義務があるとされやすい（**❷❹**。もっとも、手術等の重大な医療的決定以外の場面については判例はなく、別に考える必要がある）。本問でも、C医師は両者につき説明を行うべきであり、知識がなくとも説明義務は免除されないため（治療法選択に必要な知識をそなえることは医師の義務である）、賠償責任を負う。

2. (2)も、複数治療が医療水準に適合する場合であり、結論は (1) と同様である。当該医療機関で実施できない治療法でも、必要があれば実施可能な医療機関に転送し実施すべきであり、転医の前提情報の提供として、医療水準適合治療については説明する義務がある。

3. (3)は、医学的理由で特定の治療法が実施できない場合であり、その場合、当該治療法は医療水準に適合しないことになる。本問では、化学放射線療法は実施困難とのCの判断が正しければ、これに関する説明は原則として不要である。ただし、化学放射線療法をAに適用すべきかの判断が微妙であり、Aが特にこれに関心を示していたなどの事情がある場合には、判例（**❷**）と同様、説明義務が肯定されうる。

説明義務違反が肯定されれば、原則として自己決定権侵害による慰謝料請求が可能となる。適正な説明がなされれば高度の蓋然性をもって化学放射線療法が選択され、より長期に生存したとの証明ができれば、逸失利益等の請求も可能だが、本問ではそこまでの証明は困難である可能性が高い。

[米村滋人]

153　営業の利益の侵害

　ゲームセンターを経営するAは、Bの行為によって営業活動を妨げられ経済上の不利益を被った。このときAがBに対して不法行為による損害賠償を請求できるかを、次の **(1) (2)** について考えなさい。なお、**(1) (2)** は互いに独立したものである。

(1)　問題となったBの行為は、Aの店舗の近くにBがより安い値段（ただし適正価格）で多くの新型機種を利用できる店舗を新たに設けたというものだった場合。

(2)　問題となったBの行為は、AがC市内に新店舗を設けることを計画していたところ、出店を予定していた土地の近くにBが児童館を建設し、社会福祉法人Dに寄付したというものであり、それによってAの新店舗開設に必要だった風俗営業法上の営業の許可をAは得られず、出店計画を中止せざるを得なくなった場合。

参考　❶最判平成 19 年 3 月 20 日集民 223 号 445 頁
　　　❷最判平成 22 年 3 月 25 日民集 64 巻 2 号 562 頁

▶▶解説

1．他人の行為により自己の営業活動に支障が生じ不利益を被った者は、その他人に対して不法行為の成立を主張して損害賠償を請求する。その他人の行為が所有権等の明確な権利を侵害しないとき、問題となる被侵害法益の判例上の呼称は明らかでない（❶❷）。しかし学習の際には「営業の利益」の侵害が問題になると理解すれば足りる。

　営業の利益を侵害する行為の中には、営業の自由や職業選択の自由等の観点から社会的に許容される行為と評価され、不法行為の問題を生じさせない行為も含まれる。営業の利益の侵害による不法行為の成否を判断するための枠組みに関する一般論が判例によって提示されたことはない。ただし最高裁は、具体的な事例解決に際して、問題となった行為が「許される自由競争の範囲を逸脱」したことや（❶）、「社会通念上自由競争の範囲を逸脱した違法なもの」であること（❷）を要求する。

　(1) の場合に問題となったのは、Aよりも安い値段（ただし適正価格）で多くの新型機種を利用できる店舗を競争相手であるBが新たに開いたという行為であり、これが自由競争の範囲を逸脱したと評価されないことは明らかである。そのため、Aの請求は認められない。

2．**(2)** の場合、**(1)** と同様にBの行為は自由競争の範囲を逸脱した行為かどうかが問題となる。最高裁はパチンコ店を新規出店しようとする者が競業者による児童遊園の建設および社会福祉法人に対する寄付によって営業の許可を得られなかった事例について、新規出店の事業計画が実行段階に入った後に寄付が行われたことや、その寄付の目的が風俗営業法の目的とは無関係の営業利益の確保にあることを根拠として、その寄付が自由競争の範囲を逸脱するものであり、違法性を有し不法行為を構成するものであることを認めた（❶）。しかし差戻審は、新規出店の事業計画が実行段階に入る以前に寄付の準備行為が相当程度進められていたことや、寄付の主たる目的は寄付の相手方が営む社会福祉事業の発展にあったことを新たに認定し、それを根拠として、その寄付による不法行為の成立を否定した。

　以上のことより、AによるBに対する請求の可否は、寄付にかかるBの一連の行為とAの新規出店計画実行との時間的先後関係やBの寄付の目的が考慮されて判断されることになる。

[建部　雅]

154 名誉毀損

　新聞社であるＡは、国会議員であるＢがＣから違法な政治献金を受けた旨を内容とする記事を自己の発行する新聞に掲載した。このとき、Ｂの名誉を毀損したことを理由とするＡの不法行為は成立するかを、次の **(1) (2)** について考えなさい。なお、**(1) (2)** は互いに独立したものである。

(1)　ＢがＣから政治献金を受け取ったことはなく、問題となった記事の内容は虚偽のものであった場合。
(2)　ＢがＣから違法な政治献金を受けたことは真実だったが、問題となった記事にはその事実をふまえてＢを「守銭奴」だと評した部分が含まれていた場合。

参考　❶最判昭和 41 年 6 月 23 日民集 20 巻 5 号 1118 頁
　　　❷最判昭和 47 年 11 月 16 日民集 26 巻 9 号 1633 頁
　　　❸最判平成 9 年 9 月 9 日民集 51 巻 8 号 3804 頁
　　　❹最判平成 11 年 10 月 26 日民集 53 巻 7 号 1313 頁

▶▶解説

1. 不法行為の典型例である名誉毀損とはある者の社会的評価を低下させる行為である。ただし、判例によれば、ある事実の摘示によりその対象となった者の社会的評価の低下が認められる場合であっても、ⓘ問題となった行為が公共の利害に関する事実に関するものであり、ⓘⓘその行為がもっぱら公益を図る目的で行われ、ⓘⓘⓘ摘示された事実が真実と証明されるか、またはⓘⓘⓘ' 真実と認められなくとも、事実を摘示した者にその事実を真実と信ずるについて相当の理由があったと認められる場合には、不法行為は成立しないとされる（❶）。

設例の場合、違法な政治献金を受けたという事実が新聞記事によって公表されれば当然にBの社会的評価は低下するが、Bの立場や摘示された事実の性質に照らせば、上記ⓘおよびⓘⓘの要件は充たされている。そしてAが摘示した事実は虚偽であるため、重要となるのが上記のⓘⓘⓘ' の要件である。この点について判例・裁判例では一般的に、事実摘示が警察の公式発表等の信頼性の高い情報源による場合にはⓘⓘⓘ' の「相当の理由」が認められる（❷、❹）。反対にそれほど信頼性の高くない情報に基づく場合には、それについての裏付け取材がなければⓘⓘⓘ' の「相当の理由」は認められず、不法行為が成立する。そのため、AがBに関する事実を摘示した際の根拠資料に応じて不法行為の成否の判断が変わる。

2. 事実を基礎とする論評による名誉毀損が問題となる場合について判例によれば、ⓐ問題となった行為が公共の利害に関する事実にかかり、ⓑその目的がもっぱら公益を図るものであり、ⓒ論評の前提としている事実が重要な部分について真実であることの証明があるか、または真実と信ずるについて相当の理由があり、ⓓそれが人身攻撃に及ぶなど論評としての域を逸脱したものではないと認められる場合には、不法行為は成立しないとされる（❸）。設例の場合には、違法な政治献金を受けたという真実の事実を前提にAがBを「守銭奴」と表現したことが「論評としての域を逸脱したもの」に当たるかが重要となる。この逸脱の有無の判断は、対象となった者の立場や、当事者の関係等の具体的な要素が考慮されてなされる。そしてBは厳しい批判を甘受すべき立場にあることを踏まえると、違法な政治献金を受けたBを守銭奴と表現することは論評としての域を逸脱しておらず、名誉毀損によるAの不法行為は成立しないと考えられる。

[建部　雅]

155 プライバシー侵害

次の各場合について、Bのプライバシーを侵害したことを理由としてAについて不法行為は成立するかを考えなさい。なお、**(1) (2)** は互いに独立したものである。

(1) 出版社であるAが、国会議員であるBは配偶者以外の者と不倫しているという真実の事実を伝える記事を自身の発行する雑誌に掲載した場合。
(2) 雑誌記者であるAが、国会議員であるBが自宅で過ごす様子を盗撮した場合。

参考　❶東京地判昭和 39 年 9 月 28 日下民集 15 巻 9 号 2317 頁
　　　❷最判平成 6 年 2 月 8 日民集 48 巻 2 号 149 頁
　　　❸最判平成 15 年 3 月 14 日民集 57 巻 3 号 229 頁
　　　❹最判平成 17 年 11 月 10 日民集 59 巻 9 号 2428 頁

▶▶解説

1. プライバシー侵害に関するリーディングケースとされる判決では、「プライバシー権は私生活をみだりに公開されないという法的保障ないし権利」だという定義が示された（❶）。現在ではこれ以外にも自己情報コントロール権などの多様な定義がプライバシー権について示され、プライバシー侵害事例も多様化している。それでも、一般人を基準とすれば公開を欲しないと評価され、かつ一般に知られていない私生活に関する事実の公開は裁判例および学説でプライバシー侵害事例の典型例の1つだとされている。設例の場合で問題となっている事実は、Bが不倫をしたというBの私生活に関する事実である。そのため、それが一般に知られていない事実であるとき、Aがその事実を雑誌で公開する行為はBのプライバシーを侵害するものといえる。

　ただし、他人の私生活に関する事実を公開しその者のプライバシーを侵害する行為が常に不法行為と評価されるわけではない。ある事実の公開によるプライバシー侵害に関しては、その事実が公表されない法的利益とこれを公表する理由との比較衡量により、前者が後者に優越すると評価される場合に不法行為の成立が肯定される（❷❸）。そのとき考慮される事情は具体的事例に応じて様々であるが、例えば、事実が公開された者の立場、事実を公表する目的や意義およびその必要性などがある。そのため設例の場合においては、Bが私生活に関しても一定の批判を甘受せざるを得ない国会議員という立場にあることから、Aによる雑誌記事の表現がBをことさら揶揄するようなものでない限りは、問題となった事実が公表されない法的利益よりもそれを公表する理由が優越するということができ、Aについて不法行為は成立しないといえる。

2. 意に沿わない写真撮影をされた者はそれを理由として不法行為の成立を主張することもできるが（❹）、自宅内の姿の盗撮は、私生活への侵入が問題になるものとして、古くからプライバシー侵害の典型例だと解されてきた事例に当たる。そのため設例の場合のAの行為はBのプライバシーを侵害するものである。また、Bは国会議員という公的立場にあるが、それだけで自宅内の姿の盗撮が正当化されることはない。したがって、Aについて不法行為は成立するといえる。

［建部　雅］

156 逸失利益と生存の
期待可能性

　Aは50歳の会社員である。次の各場合においてAの唯一の相続人である
Bは、C病院を運営する医療法人Dに対してどのような損害に対する賠償を
請求できるだろうか。なお、**(1)(2)** は互いに独立したものである。

(1)　急性虫垂炎だったAは、C病院でE医師執刀による手術を受けた。こ
の時EがAの大腸を誤って傷つけたことやその後の処置が不適切であった
こと等が原因でAは死亡した。

(2)　背部の痛みを訴えたAは、C病院でF医師により急性すい炎と診断さ
れた。しかしFは一般的に必要とされる検査を行わないまま誤診したのであ
り、Aは不安定型狭心症から切迫性急性心筋梗塞に至り、心不全により死亡
した。この時Fが適切に診断・処置をしたとしてもAが死亡した蓋然性は高
く、Fの行為とAの死亡との間の因果関係は認められなかった。その一方
で、Fにより医療水準にかなった医療が行われていたならば、Aがその死亡
の時点においてなお生存していた相当程度の可能性の存在は認められる状
況であった。

参考　❶大判大正 15 年 2 月 16 日民集 5 巻 150 頁
　　　❷最大判昭和 42 年 11 月 1 日民集 21 巻 9 号 2249 頁
　　　❸最判平成 12 年 9 月 22 日民集 54 巻 7 号 2574 頁
　　　❹最判平成 15 年 11 月 11 日民集 57 巻 10 号 1466 頁
　　　❺最判平成 16 年 1 月 15 日集民 213 号 229 頁

▶▶解説

1. 不法行為の被害者が死亡した場合にその相続人は、被害者の損害賠償請求権を相続によって取得する（❶❷）。設例の場合、Dの被用者であるEの過失ある行為によってAの死亡という結果が生じており、Aの生命侵害によるEの不法行為およびDの使用者責任が成立する。そのため、AはDに対してAが死亡しなければ得られたであろう収入としての逸失利益やその他の財産的損害についての賠償請求権および慰謝料請求権を取得し、Bはそれらの請求権を相続したことを根拠としてDに対してAの逸失利益等について賠償請求をすることができる。

2. 設例の場合ではFの過失は認められるが、Fの過失ある行為とAの死亡との間の因果関係は否定されるため、Aの生命侵害によるFの不法行為およびDの使用者責任が成立する余地はない。

しかし判例により、生命とは異なる法益として「医療水準にかなった医療が行われていたならば患者がその死亡の時点においてなお生存していた相当程度の可能性」（以下、「可能性」と表記する）が承認され、その「可能性」に対する侵害による不法行為の成立が生命侵害とは別に認められている（❸）。これによれば設例の場合ではFの過失ある行為によりAの「可能性」が侵害されているため、それを理由とするFの不法行為およびDの使用者責任が成立する。そのためBは、AのDに対する損害賠償請求権を相続したことを根拠とした請求をDに対してすることができる。

次に問題となるのは、生命ではなく「可能性」の侵害が問題となる場合に被害者は逸失利益についての賠償請求権を取得するかである。この点について最高裁による明確な判断は示されていない（❸❹❺）。しかしほとんどの裁判例においては「可能性」侵害を理由とする不法行為が成立する場合には、その侵害により被害者が被った精神的苦痛に対する慰謝料請求権のみが認められている。さらに裁判例には、被害者が逸失利益についても賠償請求権を取得したという相続人の主張を、逸失利益は死亡により生じた損害であり「可能性」が侵害されたことにより生じた損害ではないことを根拠として明確に否定した例が複数存在する。したがってBはAの慰謝料請求権を相続したことを根拠とした請求、すなわちAの精神的損害に対する賠償請求のみをすることができる。

［建部　雅］

157 監督義務者責任(1)
——未成年者

A（当時11歳11か月）は、放課後、通っていた小学校の校庭で、友人らと共に、サッカーボールを用いてフリーキックの練習をしていた。ところが、あるサッカーゴールに向けて蹴ったボールがその10メートル後方の校門（高さ1.3メートル）の上を越えて道路上に飛び出した。自動二輪車を運転して当該道路を進行してきたBは、そのボールを避けようとして転倒し、搬送先の病院で死亡した。

(1) Bの相続人であるCは、Aに対し、709条に基づいて、損害賠償を請求することができるか。
(2) Bの相続人であるCは、Aの親権者であるDに対し、714条1項に基づいて、損害賠償を請求することができるか。

参考 ❶大判大正6年4月30日民録23輯715頁
❷大判大正4年5月12日民録21輯692頁
❸最判平成27年4月9日民集69巻3号455頁
❹最判平成7年1月24日民集49巻1号25頁

▶▶解説

1. 712条によれば、「自己の行為の責任を弁識する」能力（責任能力）を欠く未成年者は、自らの行為について不法行為責任を負わない。未成年者であれば一律に不法行為責任を免れるわけではなく、責任無能力と判断される場合にのみ責任を免れる点に注意が必要である。

　責任能力は、自分がした行為が何らかの意味で法的な責任を生じさせることを認識できる能力を意味すると考えるのが一般である。当該加害者や当該加害行為に即した判断が必要であるが、下級審を含む判例実務では、だいたい12歳程度（小学校卒業程度）になれば責任能力が備わると考えられている（もっとも、判例には揺らぎも指摘される。監督義務者責任が問題となった❶と使用者責任が問題となった❷を対比せよ）。これによれば、設例のＡも責任能力を欠くことになろう。

2. 714条1項本文によれば、責任無能力者の監督義務者は責任無能力者が第三者に生じさせた損害を賠償する責任を負う。設例のＤのような親権者（820）は、未成年者の監督義務者の典型とされる。もっとも、親権者は、監督義務違反の不存在を証明すれば、責任を免れる（714Ⅰ但）。問題は、監督義務の内容と程度である。

　近時、親権者の免責を認める最高裁判決が現れた（❸）。それによれば、「責任能力のない未成年者の親権者は、その直接的な監視下にない子の行動について、人身に危険が及ばないよう注意して行動するよう日頃から指導監督する義務がある」ものの、「通常は人身に危険が及ぶものとはみられない行為によってたまたま人身に損害を生じさせた場合は、当該行為について具体的に予見可能であるなど特別の事情が認められない限り、子に対する監督義務を尽くしていなかったとすべきでない」。設例は当該判決をもとにした事案であるところ、当該サッカーゴールに向けてサッカーボールを蹴る行為は校庭の日常的な使用法として通常の行為であり、ボールが道路上に出ることも常態ではなく、「通常は人身に危険が及ぶものとはみられない行為」に当たる。

　上記判決は、全ての場合を解決する準則を示したものではない（例えば、「通常は人身に危険が及ぶものとはみられない行為」でない行為について必要となる監督は示されていない）が、親権者が監督すべき対象の区別を通じて、従来ほとんど認められていなかった免責を現に認めた点で重要である（その判断構造につき、❹と対比せよ）。

[中原太郎]

158 監督義務者責任(2)
——精神障害者

重度の認知症に罹患したA（当時91歳）は、B鉄道会社が運行する鉄道路線の駅構内の線路に立ち入り、Bが運行する列車に衝突して死亡した（以下、「本件事故」という）。なお、本件事故当時、Aに責任能力はなかった。本件事故により、Bは、列車に遅れが生ずるなどして損害を被った。

Aには本件事故の数年前から認知症の症状がみられ始めていたところ、家族会議の結果、Aを特別養護老人ホームに入所させるなどすることなく、在宅介護することとされていた。Aの世話は、Aと同居するAの妻C（当時85歳）が、別宅で暮らす長男Dの妻Eの協力を得て行っていた。本件事故は、Eが帰宅した後、Cがまどろんで目を閉じている隙にAが外出した際に発生したものであった。

Bは、CDに対し、714条に基づいて、損害賠償を請求することができるか。

| 参考 ❶最判平成 28 年 3 月 1 日民集 70 巻 3 号 681 頁

▶▶解説

1． 713条によれば、精神上の障害により「自己の行為の責任を弁識する」能力（責任能力）を欠いて加害行為をした者は、当該行為について不法行為責任を負わない。責任能力の意義・判断は項目 **157** で述べたところと同様である（設例のAは責任無能力者に当たる）。そして、責任能力のない未成年者の場合と同様、714条1項により、当該責任無能力者の監督義務者が損害賠償責任を負うことになる。問題は、監督義務者とはいかなる者かであり、設例ではAの妻であるCや子であるD（とその妻E）が監督義務者に当たるかが問われる。**2．** でみるように、設例類似の事案に関し、最高裁は一定の立場を示している（❶）。

2． 714条1項本文は、責任無能力者を監督する「法定の」義務を負う者（法定監督義務者）を責任主体として想定するところ、①精神保健福祉法上の保護者については平成11年の同法改正により自傷他害防止監督義務が廃止され（その後、保護者制度自体も廃止）、また②成年後見人についても平成11年の民法改正により療養看護義務から身上配慮義務に改められたことにより（858）、保護者や成年後見人であるからといって直ちに法定監督義務者に該当するとはいえない。他方、③夫婦が互いに負う同居・協力・扶助義務（752）も、第三者との関係での監督義務を基礎づけるものではなく、配偶者を法定監督義務者とする実定法上の根拠はない。それゆえ、設例のCDは法定監督義務者に当たらない。

　ただし、法定監督義務者に当たらない者であっても、「責任無能力者との身分関係や日常生活における接触状況に照らし、第三者に対する加害行為の防止に向けてその者が当該責任無能力者の監督を現に行いその態様が単なる事実上の監督を超えているなどその監督義務を引き受けたとみるべき特段の事情が認められる場合」には、衡平の見地から、法定監督義務者に準ずべき者として714条1項が類推適用される（より詳しい基準は❶を参照せよ）。もっとも、自らも高齢であるCやAと同居していないDは、第三者に対する加害を防止すべくAを監督するのが現実的に可能であったとはいえず、準監督義務者とはいえない（Eも介護への関わりが弱い限り否定されよう）。

［中原太郎］

159 使用者責任

金融業を営むA会社の被用者Bは、貸付金の取立てや取得した担保物件の売却処分を含む業務に従事していたが、最終的な決定権限は有していなかった。Cは、Aが所有する甲不動産の買受けを希望していたところ、知人DからBを紹介された。Bは、甲不動産をCに売りつけて代金を自ら利得しようと考え、自己に代理権がないことを秘してCと交渉した。Cは、Bに代理権があると誤信し、Bとの間で、CがAから甲不動産を買い受ける旨の契約（以下、「本件契約」という）を締結し、Bに代金を支払った。しかし、その後、本件契約が履行されないまま、Bは行方をくらました。

本件契約の契約書に押されたAの印はBが偽造したものであり、また、BがCに交付した代金受領証には受領者として「A会社B」と記載されていた。さらに、Cは、BがAの支配人であるというDの言葉を信じ、Bの代理権について特に調査していなかった。

Cは、Aに対し、715条1項に基づいて、Bにだまし取られた金額の損害賠償を請求することができるか。また、その他の根拠に基づいて、Aに対して何らかの請求をすることができるか。

参考 ❶最判昭和 40 年 11 月 30 日民集 19 巻 8 号 2049 頁
❷最判昭和 42 年 4 月 20 日民集 21 巻 3 号 697 頁
❸最判昭和 42 年 11 月 2 日民集 21 巻 9 号 2278 頁
❹最判昭和 44 年 11 月 21 日民集 23 巻 11 号 2097 頁

▶▶解説

1．715条1項に基づく使用者責任は、被用者が「事業の執行について」他人に生じさせた損害について使用者に責任を負わせるものであるところ、判例上、同条項但書が死文化する中で、この事業執行性の要件が使用者責任の成否を枠づける重要な機能を果たしてきた。

判例は、（事業執行契機性・）密接関連性の基準が用いられる事例群（暴行等）を除き、いわゆる外形理論（外形標準説）を適用する。それによれば、「事業の執行について」とは、「被用者の職務執行行為そのものには属しないが、その行為の外形から観察して、あたかも被用者の職務の範囲内の行為に属するものとみられる場合をも包含する」（❶）。設例のような被用者による職務権限の逸脱の事例においても、当該加害行為が被用者の職務行為と相当の関連性を有し、被用者が当該加害行為を使用者の名で権限外に行うことが客観的に容易である状態に置かれている場合には、事業執行性が肯定される（❶）。

注意すべきは、判例上、取引的不法行為に関しては、外形理論が信頼保護という観点と結びつけられ、当該行為が被用者の職務権限内で適法に行われたものでないことにつき、被害者に悪意（❷）または重過失（❸）が認められる場合には、使用者責任の成立（事業執行性要件の充足）が否定される点である。そして、ここでいう重過失は、被害者の保護を否定するのが相当と認められるような「故意に準ずる程度の注意の欠缺」をいうとされ、設例では様々な事情の存在にもかかわらずBの代理権を調査しなかったことにCの過失が認められるとしても、重過失とまではいえないとされる可能性がある（❹）。

2．Cは他にも、権限外の表見代理（110）の成立によりBの無権代理行為の効果がAに帰属するとして、Aに対し本件契約の履行を請求することが考えられるが、上記のようにCに過失がある以上、「正当な理由」（110）を欠き、当該請求は認められない。

ところで、以上によれば、使用者責任（取引的不法行為の場合）と表見代理とでは、第三者保護の要件が異なることになる（前者は善意無重過失、後者は善意無過失）。こうした相違は正当化されないとして、いずれかの規律の修正を説く見解や、単純競合を認めない（いずれかの規律の排他的適用または優先的適用を説く）見解が有力に主張される。

[中原太郎]

160 使用者・被用者間の求償

農産物の加工・販売を業とするＡ会社の被用者であるＢは、Ａ所有の貨物自動車甲を運転して農産物の仕入れ作業に従事していた際に、過失によりＣ所有の貨物自動車乙と衝突し、甲および乙を損傷させた（以下、「本件事故」という）。

Ｂの普段の勤務態度は真面目なものであり、本件事故も、飲酒運転や居眠り運転などによるものではなく、単に後退の際に後方確認が不十分であったことによるものであった。また、本件事故前後におけるＢの労働時間は相当程度に長時間であり、休暇を取りづらく、Ａの指示による配送業務により自宅に帰れないこともあった。他方、Ａは、甲について任意の対物損害賠償保険や車両保険に加入していなかった。

(1) Ｃに対して乙の修理費用を支払ったＡは、Ｂに対し、715条3項に基づいて、求償を請求することができるか。また、Ａは、Ｂに対し、甲の修理に要した費用の賠償を求めることができるか。
(2) Ｃに対して乙の修理費用を支払ったＢは、Ａに対し、求償を請求することができるか。

参考 ❶最判昭和 51 年 7 月 8 日民集 30 巻 7 号 689 頁
❷最判令和 2 年 2 月 28 日金判 1598 号 8 頁

▶▶解説

1. 715条1項の使用者責任が成立し、使用者が被害者に対して賠償金を支払った場合、使用者は被用者に対して求償を請求できるか。同条3項はそれが可能であることを定めている。では、求償しうる額はどのようなものとなるか。使用者責任は使用者が被用者の負う不法行為責任を肩代わりするものであるという伝統的な代位責任的理解によれば、常に全額求償が認められるはずである。しかし、使用者の事業遂行の枠内で行為する被用者が常に全額求償にさらされるのは妥当でない。求償制限の必要性が指摘されていたところ、最高裁は、使用者は「その事業の性格、規模、施設の状況、被用者の業務の内容、労働条件、勤務態度、加害行為の態様、加害行為の予防若しくは損失の分散についての使用者の配慮の程度その他諸般の事情に照らし、損害の公平な分担という見地から信義則上相当と認められる限度において」被用者に対して求償を請求しうるとした（❶）。B側の事情（良好な勤務態度、加害行為の非悪質性）とA側の事情（長い労働時間、保険非加入）を考慮すると、設例でも求償可能額はかなり制限されよう。

　上記判決は、労働契約に基づく損害賠償請求（使用者自身が被った損害の賠償）も同様の規律に服せしめており、設例の修理費用の賠償請求でも上記と同じ結論となろう。このことからすると、判例は求償の根拠を使用者・被用者の間の内部関係（労働契約）に求めているとの見方が成り立ちうる。労働契約内部の負担分配原理の探求・具体化が求償制限の法的明確性を高めるために必要となる。

2. 反対に、被用者が被害者に対して賠償金を支払った場合はどうか。使用者からの求償が制限される場合には、こうした「逆求償」が認められなければバランスを欠く。長く争われてきたこの問題につき、最高裁は、「被用者が使用者の事業の執行について第三者に損害を加え、その損害を賠償した場合には、被用者は、上記諸般の事情〔❶が挙げるもの―筆者注〕に照らし、損害の公平な分担という見地から相当と認められる額について、使用者に対して求償することができる」とした（❷）。「求償」の問題も含め、使用者責任は被用者の個人責任の肩代わりであるという伝統的な理解を克服し、使用者自身の直接の責任根拠（被用者のそれと並び立つもの）を見出す新たな代位責任理解が要請される。

［中原太郎］

161　土地工作物責任

　A（当時3歳）は、B鉄道会社が運行する鉄道路線の線路に進入し、電車にはねられて死亡した（以下、「本件事故」という）。

　Aは無人踏切に進入したものであるところ、その踏切には、電車の接近を知らせる警報機や、電車が接近した際に通行をさえぎる自動遮断機などの保安設備が取り付けられていなかった。また、本件事故があった箇所の見通しは悪く、電車の運転手が踏切上の歩行者を発見して直ちに急停車の措置をとったとしても、電車が停止するのは踏切を越える地点になるような状態であり、現に本件事故までに電車と歩行者の接触事故が数件発生していた。

　Aの相続人であるCは、Bに対し、717条1項に基づいて、損害賠償を請求することができるか。

参考	❶大判昭和3年6月7日民集7巻443頁
	❷最判昭和46年4月23日民集25巻3号351頁
	❸最判昭和46年9月28日判時646号44頁

▶▶解説

1. 717条1項によれば、土地の工作物の占有者は、土地工作物の設置・保存の瑕疵により他人に損害が生じた場合には、被害者に対して損害賠償責任を負うが、損害発生防止義務違反の不存在を証明して責任を免れることができ、その場合は所有者が責任を負う。そうすると、設例のように土地の工作物の所有者が占有者である場合には、その者は免責の余地なく責任を負うことになる。土地工作物に「瑕疵」があったか否かが、責任の成否を分ける決定的な問題となる。

2. 設例において「工作物」（❶によれば、土地に接着して人工的作業をなすことによって成立する物をいう）に当たるのは、軌道施設（レール、枕木等）であり、その軌道施設自体には異常がなかったのだから、瑕疵はないとも考えられそうである。しかし、「瑕疵」の概念には、工作物自体に関する不備（性状瑕疵）のみならず、工作物の機能面における不備（機能的瑕疵）も含まれる。設例で問題とされるべきは踏切道の軌道施設であり、あるべき保安設備がなく、踏切道としての機能が果たされていないならば、瑕疵の存在を肯定してよい（踏切に警報機がないことをもって瑕疵ありとしたものとして❷、自動遮断機がないことをもって瑕疵ありとしたものとして❸）。

3. 「瑕疵」とは、工作物が通常有すべき安全性を欠くことをいうとするのが判例・通説である。踏切道における軌道施設に関していえば、「保安設備を欠くことにより、その踏切道における列車運行の確保と道路交通の安全との調整が全うされず、列車と横断しようとする人車との接触による事故を生ずる危険が少なくない状況」にあるならば、瑕疵が肯定される（❷❸）。これに照らすと、設例では、本件事故があった箇所の見通しの悪さ、電車の運転士による事故回避措置の限界、接触事故の現実的発生という事情が、瑕疵ありという評価を基礎づける。

　瑕疵の判断が過失の判断とどのように異なるかは、過失概念が拡張されていることと相まった難問である（「通常有すべき安全性」自体、規範的判断を必然的に含む）。「瑕疵」は709条同様の損害回避義務違反であるとする見解がある一方、予見可能性・予見義務の存否が問われない点に独自性を見出す見解や、工作物の安全性に対する「正当な期待」という異なる観点から判断されるとする見解もある。

[中原太郎]

162　動物保有者の責任

　次の各事例において、AはBに対して動物占有者としての責任（718）を追及できるか。

(1)　Bが飼い犬甲を散歩に連れて行ったところ、通りかかったCが甲を挑発するような行動を取ったことで甲が興奮し、近くにいたAへ向けて急に走り出したため、Bはとっさのことに驚いてリードを離してしまった。その結果、甲はAに噛みついて全治2か月のけがを負わせた。

(2)　Bは自宅の庭で毎日野良猫に餌をあげていたところ、いつも餌を食べに来ている野良猫乙が、Bの隣人であるA宅に侵入し、ペットのウサギを噛み殺した。

(3)　Bはペットショップに飼い犬丙を預けていたところ、丙がペットショップの店員による散歩の最中に逃げ出し、Aに噛みついて全治2か月のけがを負わせた。

(4)　Bの飼っている小型犬丁が、Bとの散歩中リードが外れて逃げ出してしまった。犬嫌いであったAは、前方から丁が走って接近してくるのをみて恐怖心を抱き、とっさに反転して逃げようとしたが脚がもつれて転倒し、全治2か月のけがを負った。

参考　❶最判昭和 37 年 2 月 1 日民集 16 巻 2 号 143 頁
　　　　❷最判昭和 58 年 4 月 1 日判時 1083 号 83 頁
　　　　❸奈良地判昭和 58 年 3 月 25 日判タ 494 号 174 頁
　　　　❹最判昭和 40 年 9 月 24 日民集 19 巻 6 号 1668 頁
　　　　❺最判昭和 56 年 11 月 5 日判時 1024 号 49 頁

▶▶**解説**

1．718条は、①動物が他人に加えた損害について、ⅱその動物の占有者に賠償責任を負わせるものであり、**(1)**のように、危害を加える際に他人の不法行為が介在したとしても同条の責任は成立しうる（関与した者に不法行為責任が成立しうることは別論である）。この場合、占有者は、動物が加害行為に出ないよう適切な注意をしていたことを立証しない限り損害賠償責任を負うところ、判例（**❶**）は一般論として「通常払うべき程度の注意義務」を果たす必要があり、「異常な事態に対処しうべき程度の注意義務まで課したものでない」とするので、介在事情の異常性によっては責任が否定されることもありうるが、そのハードルは高い（**❷**参照）。

2．また、動物の種類は限定されておらず、**(2)**のように所有者のいない生物でもよい（もっとも、「占有」があるといえるかどうかが問題となる。**❸**参照）。

3．(3)においては、ペットショップ店員が保管者（718Ⅱ）として責任を負いうるところ、本問のBのように動物を直接占有していない者についても「占有者」に該当しうるかが問題となる（なお、工作物責任と異なり、所有者の絶対的責任は規定されていない）。判例は運送中の馬による加害につき、依頼者が占有者であって、運送人に運送を依頼したとしても占有権を失うわけではないとして、運送人が保管者として負う責任と依頼者が占有者として負う責任とが併存すると解したものがある。この場合、占有者は適切に保管者を選任・監督したことを立証して責任を免れる余地がある（**❹**）。

4．(4)においては、Aと動物に物理的な接触があるわけではないが、Aの被害に動物が関与していることは確かである。このような場面でも①「動物が損害を加えた」といえるかどうかが問題となる。単に損害発生について動物に何らかの関与が認められることをもって718条の責任が認められるとの考え方がある一方で、動物が有する固有の危険性が結果の発生に結びついたことを要求する考え方もありうる（**❺**の上告理由はその旨を主張するが、最高裁はその点について明確にこたえていない）。もっとも、仮に本条の責任が成立するとしても過失相殺が認められやすいであろう。

［大澤逸平］

163 製造物の欠陥による事故

Xは、「Y社関東工場製」と外箱に表示された冷蔵庫甲を家電量販店Zで購入し、自宅で使用していたところ、甲が使用中に発火し、自宅および甲を含む家財道具一式が全焼したほか、出火した際に自宅にいたXも全治3か月の火傷を負った。甲の発火は、Xが甲の後部を壁に密着させて使用していたために十分な排熱が行われず、高温となったことが原因であったところ、冷蔵庫は一般に、設置にあたって後部に放熱のための空間が必要であるとされているものの、甲の取扱説明書には後部に十分な空間をとるべきことが記載されていなかった。

これによって、Xは火傷の治療のための費用を支出したほか、治療期間中欠勤扱いとなったため、勤務先から給与の支払を受けることができなかった。

Xは、火傷の治療費および逸失利益や、自宅の建て替え費用および冷蔵庫を含む新たな家財道具一式購入費用について、YおよびZに対して損害賠償を請求することができるか。

参考 ❶最判平成25年4月12日民集67巻4号899頁

▶▶解説

1. XがZから購入した甲に十分な排熱機能がないことが契約への不適合と評価されれば、代金の減額がありうる（563）ほか、これにより生じた損害につき、XはZに対して損害賠償を請求することができる（415）。この場合、賠償される損害の範囲は416条によって定まり、冷蔵庫を含む家財道具の購入費用も含まれる可能性がある（ただし、滅失した物が中古品であるとき、新品の購入費用全額が認められるかどうかは見方が分かれる）。

2. これに対して、Xと直接の契約関係にないYに対して請求するためには、契約の存在を前提としない責任追及の方策として不法行為責任（709）ないし製造物責任によることが考えられる。

　Yの製造物責任の成否についてみると、まず甲が「製造物」すなわち「製造又は加工された動産」（製造物責任2Ⅰ）であることに問題はない。また、甲には「Y社関東工場製」との表示があるところ、Yが甲を「業として製造した」のであれば当然のこと、実際には製造していなくても、その表示をYがさせたものと認められればYが「製造業者等」として責任を負う可能性がある（同Ⅲ。もっとも、第三者がYの名を冒用しているに過ぎない場合には「製造業者等」には該当しない）。当事者間で争いが生じやすいのは「欠陥」（同Ⅱ）の判定である。本問では冷蔵庫後部の空間を確保しないことで発熱する危険性があるものの、当該製造物に危険性があるからといって直ちに「欠陥」ありとされるわけではなく、その危険性の内容・程度、通常想定される使用者の知識・能力、注意喚起の内容を含めて総合的に考慮される（医薬品に関する❶参照）。本問でも、冷蔵庫に危険性があることだけでなく、それについての注意喚起が十分でない点をふまえて欠陥が認定される可能性がある。次に損害についてみると、損害が製造物のみに生じた場合には製造物責任が生じない（製造物責任3但）ところ、本問のようにXの人身や当該製造物以外に損害が生じた場合に、（これらの賠償が認められることはもちろんとして）当該製造物自体の滅失に伴う損害について請求しうるかは解釈が分かれている。

　なお、製造物責任法が適用される場面であっても不法行為責任を追及することは妨げられない（製造物責任6）。

［大澤逸平］

164 自動車運行供用者の責任

B社の従業員であるCは、勤務時間中にCが所有する自動車甲を運転して得意先に向かう途中、交差点でAと接触した（以下、「本件事故」という）。本件事故により全治2か月の重症を負ったAは、B社に対して、治療費や逸失利益についての損害を賠償するよう求めたところ、B社は①本件事故についてCに落ち度はないこと、②甲はBの所有ではないこと、③就業規則においては勤務中に従業員が自家用車を運転して移動することをBが認めていないこと、などを主張してAの請求に対して争っている。
Aの請求は認められるか。

参考 ❶最判昭和43年9月24日判タ228号112頁
❷最判昭和52年12月22日判時878号60頁
❸最判平成元年6月6日交通民集22巻3号551頁

▶▶解説

1. AのBに対する請求の根拠としては、使用者責任（715 I）または運行供用者責任（自賠3）が考えられる。

2. まず使用者責任について。BとCとの間の使用関係には問題がない。次に、通説によれば、使用者責任を追及するためには被用者Cの行為について不法行為（709）が成立することが必要であるとされる（ただし、この点を明言する最上級審の判例があるわけではなく、学説上は異論もある）から、Aは本件事故がCの過失によるものであることを立証する必要がある。なお、仮にCの過失が立証された場合には、Bが選任監督上の過失がなかったことを主張立証することで責任を免れることができるところ、本問においてはBが勤務中の自家用車の使用を認めていないことを主張してこの免責を主張することになる（ただし、使用者責任の免責は裁判例上きわめて認められにくいとされる）。

3. 次に運行供用者責任についてみると、本件事故が自動車甲の「運行」によって発生したことは明らかであるところ、責任の成否を分けるのはBの「運行供用者」、すなわち「自己のために自動車を運行の用に供する者」への該当性である（ここではBの運行供用者性が正面から問題とされる以上、Cの過失の有無は問題とならない）。運行供用者とは、「自動車の使用についての支配権を有し、かつ、その使用により享受する利益が自己に帰属する者」をいうところ（❶）、甲についてBの所有権の有無は運行供用者該当性の判断にあたって重要ではあるものの決定的な要素ではなく、所有者であっても運行供用者とされないことはありうるし（❶参照）、逆に所有者でなくても運行供用者とされることはありうる。本問のような従業員が通勤等の際に私有車によって生じさせた事故において会社の運行供用者該当性が争われた最高裁判決の中には、通勤や移動等に私有車の使用を認めていたり、ガソリン代等の手当を支給したりする等の事情がある場合には肯定したものがあり（❷）、私有車での通勤を禁じる取り決めがあった場合でもそれが事実上守られていなかったという状況において会社の運行供用者該当性を認めた事例がある（❸）。本問でも、具体的な状況によっては、Bが運行供用者であるとされる可能性がある。

［大澤逸平］

165 被害者死亡の場合の遺族の損害賠償請求権

2021年4月、Aは、自動車を運転して市街地を走行中、ハンドル操作を誤って歩道に突っ込み、歩行者Bを即死させてしまった。Bは、37歳・男性の会社員で、年収600万円であった。Bには妻Cがいるが、子はない。また、Bは一人っ子であり、父母はすでに他界している。

(1) Bの死亡による財産的損害（特に逸失利益）に関して、Cは、どのような法律構成により、どのような内容の損害賠償を請求することができるか。
(2) Bの死亡による精神的損害（慰謝料）についてはどうか。
(3) CがBと婚姻しておらず、内縁関係にあったとする。この場合に、Bの死亡による財産的損害（特に逸失利益）に関して、Cは、どのような法律構成により、どのような内容の損害賠償を請求することができるか。

参考 ❶大判大正15年2月16日民集5巻150頁
❷最大判昭和42年11月1日民集21巻9号2249頁
❸大判昭和7年10月6日民集11巻2023頁（阪神電鉄事件）
❹最判平成5年4月6日民集47巻6号4505頁

▶▶解説

1. 死亡による財産的損害（特に逸失利益）の賠償について、判例は相続構成をとる（❶）。この構成によれば、事故で死亡しなければ得べかりし将来の収入につき、被害者Bが損害賠償請求権を取得し、これをBの相続人である妻Cが承継することになる（890・896）。死亡による逸失利益の額は、年収600万円から生活費を控除した額を就労可能期間の67歳まで得られたものとして算定されるが、本来取得すべき時期までの中間利息が、年3％の法定利率で控除される（722 Ⅰ→417の2 Ⅰ、404 Ⅱ）。

　もっとも、相続構成は、死亡被害者が、生前に、死亡による損害の賠償請求権を取得するという前提において論理矛盾をはらむ。この点につき、判例は、即死の場合にも、即死を引き起こす傷害と死亡との間には観念上、時間的間隔があるから、傷害の瞬間において被害者に逸失利益の損害賠償請求権が発生し、相続人がこの権利を承継する（❶）、と説明している。

2. 死亡による精神的損害の賠償（慰謝料）については、711条が明文で定めており、ⅰ死亡被害者の近親者（父母、配偶者、子）に固有の慰謝料請求権が与えられる。Bの妻Cも、配偶者として固有の慰謝料請求権を取得することになる。

　判例は、ⅰと別に、ⅱ被害者Bが慰謝料請求権を取得し、この請求権をCが相続することも認めている。慰謝料請求権が生じる場合の精神的利益（苦痛）は被害者の一身に専属するが、慰謝料請求権そのものは単純な金銭債権であるから、相続の対象になるとする（❷）。ⅱの構成は、財産的損害（逸失利益）に関する相続構成を精神的損害にも及ぼしたものである。もっとも、慰謝料額の算定は裁判所の裁量によるため、ⅱを認めても、本問でCが手にする慰謝料の総額が増えるものではない。

3. 死亡による財産的損害の賠償について、学説では、むしろ、扶養利益構成が有力である。この構成によれば、死亡被害者の遺族は、将来の扶養利益という権利・法益を侵害されたことに基づき、扶養の喪失という損害に関して固有の損害賠償請求権を取得する（709）。

　判例にも、未認知の子や内縁配偶者等、相続権のない遺族につき、扶養利益の侵害による固有の損害賠償請求権の主張を認めたものがある（❸❹）。内縁配偶者である本問のCは、相続構成による権利行使は難しいが、扶養喪失額についての固有の損害賠償請求権を有する。

［橋本佳幸］

166 不法行為による損害賠償の範囲

　Aは、バイクで走行中、前方不注視により、歩行者Bに接触した。転倒して頭部を打ったBは、救急車で病院に運ばれた。

(1)　次の各場合に、Aは、Bの死亡による損害についても損害賠償義務を負うか。
ⅰ病院の医師が、診断ミスによりBの頭蓋内出血の徴候を見落とし、緊急手術を実施しなかった。そのため、Bは、翌日、硬膜外血腫により死亡した。
ⅱ検査結果に異常がなかったため、Bは、医師から自宅療養を指示され、タクシーで帰宅した。その途中、Bが乗ったタクシーが衝突事故に巻き込まれ、Bが死亡した。
(2)　次の各場合に、Aは、Bが主張する下線部の損害についても損害賠償義務を負うか。
ⅲBは、80歳の高齢で、長期の入院によりストレスがたまったため、遠方に居住する娘Cに付添いを頼み、往復の飛行機代に加えて若干の謝礼を支払った。
ⅳBは、1か月の入院期間中、治療上の理由は特になかったが、1日当たり4万円の加算料金を負担して特別病室を使用した。

参考　❶大連判大正15年5月22日民集5巻386頁
　　　　❷最判平成5年9月9日判時1477号42頁
　　　　❸最判平成13年3月13日民集55巻2号328頁
　　　　❹最判昭和49年4月25日民集28巻3号447頁

▶▶解説

1. 加害者Aの過失行為からは、権利・法益侵害（頭部負傷）、それによる損害（診療費）が発生しているところ、設例では、他原因の介入によって生命侵害というさらなる権利・法益侵害（後続侵害）が発生し（ⅰⅱ）、あるいは、特別な支出のために損害が拡大している（ⅲⅳ）。いずれの設例でも、加害行為と当該の侵害・損害との間には事実的因果関係（「あれなければこれなし」の関係）が認められるが、ⅱⅳからもうかがえるとおり、加害者の損害賠償責任は、事実的因果関係のある侵害・損害のうち、一定の範囲に限定されなければならない。

判例によれば、この問題については加害行為と損害との間の相当因果関係が基準となる。そして、416条はまさに相当因果関係を定めているから、不法行為による損害賠償の範囲についても416条が類推適用される（❶）。このような枠組みの下では、加害者における特別事情の予見可能性（416Ⅱ）の有無が重要になるが、判例上、予見可能性はかなり緩やかに判断されている（❷は、うつ病の罹患を介在した事故被害者の自殺について相当因果関係を肯定した）。ⅰのように医療ミスが介入しても、相当因果関係は肯定されよう（❸参照）。

これに対して、学説は、416条の基準はそもそも不法行為による損害賠償になじまないと考える。その上で、有力説は、ⅰⅱのような後続侵害については、それが当初の権利・法益侵害によって高められた危険が現実化したものか否かを基準とする。ⅰでは、医師の診断ミスにより受傷者が死亡に至る事態は、当初の負傷によって設定された危険が現実化したものであり、AはBの死亡についても損害賠償責任を負う。他方、ⅱでは、タクシーに乗って交通事故に巻き込まれる事態は日常生活上の危険にすぎないから、AはBの死亡についての責任を免れる。

2. ⅲⅳのような損害の拡大の場面についても、判例は、後続侵害の場面とまったく区別せず、416条の類推適用による。しかし、有力説によれば、判例上実際に機能している基準は、積極的損害（出費）については出費の不可避性、消極的損害（逸失利益）については利益取得の確実性であるとされる。これをⅲⅳの出費に当てはめれば、ⅲでは、肉親による付添いが必要であるといえ、交通費や謝礼の支出も損害賠償の範囲に含まれる（❹）。他方、ⅳでは、治療上、特別病室の利用は必要なかったのであり、加算料金は損害賠償の対象とならない。

［橋本佳幸］

167 損益相殺

Aが不法行為責任を負うべき自動車事故によって、会社員Bが死亡した。そこで、Bの唯一の相続人である妻Cが、不法行為による損害賠償請求権をBから相続したとして、Aに対し、損害賠償を請求した。

BCは、以下の下線部のような利益を取得し、または支出を免れている。Cの損害賠償請求権の額については、これらの利益・出費を損害額から控除しなければならないか。

(1) Bは、死亡により、①将来の生活費の支出を免れた。他方、Cは、葬儀の参列者から⑪香典を受け取った。また、Bが自己を被保険者とする生命保険に加入していたため、Cは、相続人として⑪生命保険金の支払を受けた。

(2) 次の@⑥（@⑥は独立の事案である）のとおり、Bは会社の業務中に事故にあったため、Bの死亡は労災保険制度上の業務災害と認定され、Cは遺族補償年金（労災保険16以下）を支給されている。

@Bは、会社から取引先に向かう途中、A運転の自動車に轢かれて死亡した。

⑥Bは会社Aに勤めており、同僚Dが運転するAの社用車に同乗して取引先に向かう途中に、Dが運転を誤って電柱に衝突する事故により死亡した。

参考	❶最判昭和 39 年 9 月 25 日民集 18 巻 7 号 1528 頁
	❷最大判平成 5 年 3 月 24 日民集 47 巻 4 号 3039 頁
	❸最大判平成 27 年 3 月 4 日民集 69 巻 2 号 178 頁

▶▶解説

1. 被害者が、不法行為（同一の原因）によって損害を受けると同時に利益を受けた場合には、損害から利益を差し引いたものが損害賠償額になるとされる。民法に定めはないが、損益相殺といわれる操作である。

　問題は、どのような利益を損益相殺として控除すべきかであるが、利益の種類ごとに個別に判断される。損益相殺の典型例とされるのは、生命侵害の場合における①将来の生活費の控除である。Bの逸失利益（財産的損害）は得べかりし将来の収入を内容とするところ、将来の生活費は、その収入を得るために必要な支出として、損害額から控除される。

　これに対して、ⅱ香典は、葬儀費用の扶助として贈与される金銭であり、損益相殺による控除の対象とならない。また、ⅲ生命保険金も、損益相殺の対象とならない。生命保険金は、生命保険契約に基づいて払い込んだ保険料の対価として、不法行為と関係なく支払われるものだからである（❶）。なお、生命保険は、損害填補を目的としないことから、重複填補の調整（次述2.）の問題も生じない。

2. 被害者が、社会保険等から損害填補を目的とする給付を受けている場合は、重ねて損害賠償の給付まで認めたならば二重取りになってしまうため、重複填補の調整が必要になる。不法行為によって生じた労働災害につき、労災保険（労働者災害補償保険）から保険給付がされる場面が、典型である。

　重複填補の調整方法には、代位と損益相殺的調整（❷）の2つがある。まず、本問の@のような、第三者Aの不法行為によって労働災害が生じた類型では、被害者・遺族Cが受給した労災給付（遺族補償年金等）の範囲で、第三者に対する損害賠償請求権が、法律により当然に、政府に移転する（労災保険12の4Ⅰ）。この部分については、CはAから損害賠償を受けることができず、被害者に代位した国がAに対して損害賠償を請求する。

　他方、ⓑのような、労働災害について使用者の不法行為責任が成立する類型では、損益相殺的な調整により、被害者・遺族Cが受給した労災給付の額が、使用者Aに対する損害賠償請求権から控除される（❸参照）。その部分については、Aの損害賠償義務が消滅することになる。@と異なり代位の方法をとらないのは、労災保険の保険料は使用者Aが負担しているからである。

［橋本佳幸］

168 過失相殺

　Aが原付バイクを運転して住宅街を走行中、路地から、自転車に乗ったBが飛び出してきた。Aは、急ブレーキをかけて避けようとしたが自転車に衝突してしまい、転倒したBが大けがを負った。この事故については、Aの運転にも前方不注視の過失があった。

　Bが、Aに対し、入院治療費等の損害（100万円）について不法行為による損害賠償を請求したところ、Aは、Bの飛び出しにも事故の原因があることを理由に賠償額の減額を主張している。

(1)　Bは中学2年生であった。この場合に、Bの損害賠償請求権の額はいくらになるか。事故についての過失割合は、Aが6割、Bが4割であったとする。

(2)　Bは小学5年生であった。この場合にも、損害賠償額は減額されるか。

(3)　Bは4歳の幼稚園児であったが、Bの両親CDは、Bが毎日1人で自転車に乗って出かけるのを放置し、交通安全を十分言い聞かせていなかった。この場合にも、損害賠償額は減額されるか。

参考　❶最大判昭和 39 年 6 月 24 日民集 18 巻 5 号 854 頁
　　　　❷最判昭和 34 年 11 月 26 日民集 13 巻 12 号 1573 頁
　　　　❸最判昭和 42 年 6 月 27 日民集 21 巻 6 号 1507 頁

▶▶解説

1. 設例の事故は、加害者Aの過失（前方不注視）と被害者Bの過失（飛び出し）が競合して発生している。そのため、Bの、不法行為による損害賠償請求権の額については、過失相殺により、被害者Bの過失が考慮される（722 Ⅱ）。本問では、損害額100万円の6割である60万円が、Bが受ける損害賠償の額となる。

2. 712条の責任能力については12歳程度の精神能力が目安とされるから、小学5年生のBは責任能力を備えていない。したがって、仮にBが加害者になった事例（例えば、飛び出してきたBの自転車を避けようとしたAが、バイクを電柱にぶつけて大けがをした場合）であれば、Bは、不法行為に基づく損害賠償義務を免れたはずである。

　設例のような過失相殺の場面については、不法行為責任の成立要件をそのまま裏返して、被害者の責任能力が過失相殺の要件となるのかが、問題となる。判例は、加害者と被害者との間での損害の公平な分担という見地から、被害者に責任能力がなくても、事理を弁識するに足りる知能（事理弁識能力）があれば、過失相殺が認められるとする（❶）。事理弁識能力については5〜6歳程度の精神能力が目安とされているから、本問では、Bの飛び出しという「過失」をもって過失相殺が認められる。

3. 4歳のBには事理弁識能力すらないため、B本人の過失は過失相殺の要件を充たさない。しかし、過失相殺の要件は、過失の主体の範囲の点でも、不法行為責任の成立要件より緩やかに理解されている。判例によれば、722条2項の「過失」は、被害者本人の過失だけでなく、広く、被害者側の過失をも包含する趣旨である（❷）。そして、被害者側の過失とは、被害者と身分上・生活関係上一体をなすとみられるような関係にある者の過失をいう（❸）。本問のような親権者の監督過失はその典型例であり、ＣＤが、4歳のBが自転車を乗り回すのを放置していた等の監督過失をもって、Bの損害賠償請求について過失相殺がされる。

　もっとも、このような取扱いは、その実際的帰結の点で、Bの飛び出しをもって過失相殺したのと同じことになる。そのため、学説では、過失相殺の要件としては被害者に何らの能力も必要ではなく、たとえ被害者が事理弁識能力を有しない場合にも、その「過失」をもって過失相殺を認めてよいとする見解（能力不要説）が、有力である。

[橋本佳幸]

169　過失相殺の類推適用

　乗客Aを乗せたタクシー甲が赤信号の交差点で停車していたところ、Bの運転する自動車乙が、前方不注視のためブレーキを踏むのが遅れ、甲に追突した。この事故により後述のような態様で負傷したAは、Bに対し、不法行為に基づく損害賠償を請求した。

　次の各場合に、Bは、Aに生じた損害の全額について損害賠償義務を負うか、それとも賠償額の減額が認められるか。

(1)　追突時の乙の速度は時速3kmほどで、車両の損傷もキズが付いた程度だった。ところが、Aは、鞭打ち症を訴え、事故後5年間にわたり通院を続けている。症状がこれほど長期化したのは、神経症的傾向が極めて強いというAの特異な性格にも一因がある。

(2)　追突時の乙の速度は時速8kmほどであり、被害者が外傷を負うような態様の事故ではなかった。ところが、Aは、生まれつき、血管が非常に脆弱であったため、追突の衝撃によって頭蓋内の血管が切れて大きな血腫ができ、脳死状態になった。

(3)　追突時の乙の速度は時速8kmほどであり、被害者が鞭打ち症になった場合にも通常2～3か月で完治する程度のものであった。ところが、Aは、平均的体格に比べて首が長かったため、鞭打ちの症状が重く、完治まで5か月の通院を要した。

参考　❶最判昭和63年4月21日民集42巻4号243頁
　　　　❷最判平成4年6月25日民集46巻4号400頁
　　　　❸最判平成8年10月29日民集50巻9号2474頁

▶▶解説

1．損害賠償額の減額について、民法は過失相殺（722 Ⅱ）を定めるにとどまる。しかし、近年の判例は、損害の公平な分担の理念に基づき、過失相殺の類推を通じて、賠償額の減額事由を被害者の素因にも拡大している。素因には①精神的素因と⒤身体的素因があるところ、①精神的素因に関する判例によれば、損害がその加害行為のみによって通常発生する程度・範囲を超えるものであり、かつ、損害の拡大について被害者の心因的要因が寄与している場合には、722 条 2 項の類推適用により、被害者の当該事情を斟酌して賠償額を定めることができる（❶）。

　本問では、被害者Aの行為に 722 条 2 項の「過失」は見当たらないが、Aの特異な性格が鞭打ち症の異常な長期化に寄与している点で、722 条 2 項の類推適用による賠償額の減額が認められる。これと別に、ある時期（例えば事故後 3 年経過）以降の治療費等の損害について、加害行為との間の相当因果関係がないとすることもできる。

2．⒤身体的素因に関しても、判例は、加害行為と被害者の疾患とが共に原因となって損害が発生した場合に、当該疾患の態様・程度などもふまえて、722 条 2 項の類推適用による賠償額の減額を認める（❷）。本問では、被害者Aの血管の病的な脆弱性が寄与したことにより、低速での追突が脳死状態の発生に至っており、722 条 2 項の類推適用による賠償額の減額が認められよう。

　神経症的傾向や回復の自発的意欲の欠如といった心因的要因にはある種の非難性が認められ、「過失」とも連続するのに対して、被害者の疾患は、本人に何ら非難すべき点がない場合が多い。そのため、特に⒤被害者の身体的素因を賠償額の減額事由とすることについては、学説上、反対説も有力である。斟酌反対説によれば、「不法行為者は被害者をあるがままに引き受けねばならない」との原則により、加害者は全額の損害賠償義務を負うべきとされる。

3．上記 **1**．のとおり、判例は、加害行為のみによって通常発生する程度・範囲を超える損害が発生・拡大したことを、722 条 2 項の類推適用の要件としている。さらに、素因の程度との関連では、疾患に当たらない身体的特徴について、個々人の個体差の範囲として当然にその存在が予定されているという理由により斟酌を否定する（❸）。これによれば、平均的体格よりも首が長いという被害者Aの身体的特徴は、減額事由となりえない。

[橋本佳幸]

170 名誉毀損・プライバシー侵害における差止め

出版社AはBの半生を扱った書籍（以下、「甲書籍」という）を出版しようとしている。それを知ったBはAに対して甲書籍の出版禁止を請求することができるかを、次の**(1)(2)**について考えなさい。なお、**(1)(2)**は互いに独立したものである。

(1) 甲書籍の記述には、Bが過去に殺人事件に関わったという虚偽の事実が含まれていた場合。
(2) 甲書籍は、Bの家庭環境や学生生活に関する真実の事実を取り上げ、Bの生い立ちを詳細に明らかにするものだった場合。

参考 ❶最大判昭和 61 年 6 月 11 日民集 40 巻 4 号 872 頁
❷最判平成 14 年 9 月 24 日集民 207 号 243 頁

▶▶解説

1. 名誉等の人格権保護のために学説は、民法に定めのない救済手段である、侵害行為の事前防止や侵害行為の停止・除去としての差止めの必要性を説いた。そして判例は「人格権としての名誉権」に基づく差止めを承認し（❶）、裁判例は差止めの具体的手段として書籍の出版禁止等を認めてきた。

　設例の場合、甲書籍の記述は明らかにBの名誉を毀損するものだが、どのような要件のもとでBの出版禁止請求の可否が判断されるのか。これに関する明確な立場は判例および裁判例上に存在しない。ただし最高裁は公務員等に対する評価が問題となった場合について「その表現内容が真実でなく、又はそれが専ら公益を図る目的のものではないことが明白であつて、かつ、被害者が重大にして著しく回復困難な損害を被る虞があるとき」には例外的に事前差止めが許されると判示しており（❶）、裁判例の中にはこれに依拠した判断を行うものもみられる。そこでこの要件に従うと設例の場合、甲書籍の出版によりBが重大にして著しく回復困難な損害を被るおそれがあれば、BはAに対して甲書籍の出版禁止を請求できることになる。ただし、問題となる表現が甲書籍の記述の一部にとどまるときにはその記述に限定して出版が禁止される。

2. プライバシー侵害については、事例解決として名誉、プライバシーおよび名誉感情の侵害を理由とする書籍の出版禁止を認めた最高裁判決があり（❷）、プライバシー侵害の差止めが認められることについて裁判例および学説において争いはない。ただし名誉毀損と同様に、書籍の出版禁止に関する要件は確立されていない。それでも裁判例では、問題となった書籍が出版されればプライバシー侵害を理由とする不法行為が成立することは当然の前提とされている。また、その侵害が予想されるだけでなく、被害者が重大にして著しく回復困難な損害を被るおそれがあることを要求する例が多い。そこで、これに従って設例の場合を考えるならば、甲書籍が出版されればBのプライバシー侵害を理由とする不法行為は成立するか、次いで甲書籍の出版によりBが重大にして著しく回復困難な損害を被るおそれはあるかが検討され、請求の可否が判断されることになる。

［建部　雅］

171 公害と差止め

Aの管理する高速道路から、その沿線に存在する土地内へと大きな騒音が常時、流入してくるため、その土地で生活するBは、日中でも窓を開けることができず、また夜間にも静かに休むことができないなどの不便・苦痛を強いられている。

そこで、Bは、人格権に対する違法な侵害を理由に、Aを被告として、騒音差止訴訟を提起した。その請求の内容は、「Aは、Bの土地内に 60 ホーンを超える騒音を流入させるな」というものであった。

Aは、このようなBの請求について、当該請求は、Aが騒音の流入を阻止するために具体的に採るべき措置を明示していないため、⑥たとえそれが認容されたとしても、執行することができないものである、あるいは、⑥そもそも訴訟における請求（訴訟物）として特定に欠け、不適法であると主張して、裁判所に上記訴訟を却下するよう求めた。

このようなBの請求は、認められるか。

参考　❶最判平成 5 年 2 月 25 日判時 1456 号 53 頁

▶▶解説

　Aの管理する高速道路に由来する騒音によって、Bの平穏な生活が受忍限度を超えて妨げられているときには、Bは、人格権に基づく差止請求権を行使して、Aに対し、そのような違法な侵害の除去を請求することができる。では、Bは、具体的にいかなる事柄をAに要求しうるか。

　この点について、かつては、Bは、Aが騒音の流入を阻止するために採るべき具体的な措置を自ら確定して、その実施を求めなければならないと説く学説や下級審裁判例が複数、みられた。これらによると、そのような具体的な措置を明示せずに、一定の結果（騒音の流入）の阻止のみを抽象的に求める請求（抽象的差止請求）は不適法である、ということになる。その理由として、ⅰ執行裁判所は、このような請求を認容する判決が下されても、それに基づき、いかなる事柄をAに対して実際に命ずべきかを判断しえず、執行不能に陥ってしまう、ⅱ当該請求を訴訟物とする訴訟において、被告や裁判所は、何をどのように争い、また裁定すればよいかが分からず、適切に訴訟を進行することが困難である、などの事情が挙げられていた。

　だが、他方において、ⅰAの採るべき措置を特定するようBに求めることは、Bに過大な負担を強いるものである（いかなる方策を採れば、騒音の流入あるいは発生を食い止められるかは、通常、Bよりも、高速道路を管理しているAの方がよりよく知っているし、流入・発生阻止に有効な措置を検討するための資料もAの側にあるのが一般である）、ⅱ抽象的差止請求が認められるならば、騒音の流入・発生を阻止するための方策が複数、存在するときには、Aがそれらの中から自らに最も有利なものを選ぶことができ、Aにとっても有益である、ⅲ抽象的差止請求を認容する判決は、間接強制（民執172）の方法によって執行することが可能であるなどの理由から、抽象的差止請求を許容する学説・下級審裁判例も次第に有力になっていった。そして、このような議論状況をふまえて、判例（❶）も、抽象的差止請求を訴訟物とする訴えは適法であることを肯定した。

　そもそも、差止請求権は、法益に対する違法な侵害という結果の予防・除去を求める請求権である。他方、当該請求権にとって、上記結果が予防・除去されるための方法のいかんは重要ではない。このような差止請求権の性格に鑑みれば、抽象的差止請求は、許容されるべきもの、否、むしろその請求内容の本則を成すべきものと解することが妥当である。

[**根本尚徳**]

172 共同不法行為と複数の不法行為・債務不履行の競合

(1) Aは自転車で車道を走行中に、法定速度を超過するB運転の乗用車が左折するのに巻き込まれて転倒し、頭部を強打した。事故後AはC病院に緊急搬送され、診断と治療を受けて帰宅した後に急死した。この場合において、Aの遺族であるDが、Bによる交通事故と、C病院の医療過誤が、719条所定の共同不法行為に当たるとして、各人が連帯して認定損害の全額を賠償するよう請求することの可否を検討せよ。

(2) ＥＦＧおよびＨ社の各工場から排出された煤煙やスモッグにさらされながら生活していたＩが、気管支炎を発症した。この場合において、Ｉは、各社の前記排出行為が共同不法行為に当たるとして、各人が連帯して認定損害の全額を賠償するよう請求することができるか。①719条適用のあり方、②被害者Ｉが損害発生につき主張立証すべき内容、ならびに③責任の有無および賠償の範囲に関する加害者ＥＦＧおよびＨの反論可能性をふまえて論ぜよ。

参考 ❶最判平成 13 年 3 月 13 日民集 55 巻 2 号 328 頁
❷大阪地判平成 7 年 7 月 5 日判時 1538 号 17 頁（西淀川大気汚染第 2 ～ 4 次訴訟）

▶▶解説

1．不法行為（709）の特殊形態である共同不法行為責任（719）の成立にとっては、とりわけ共同行為者間の（客観的または主観的）共同関連が必要である。このことは、例えば、交通事故により重傷を負った被害者が、搬送先病院の医療過誤により死亡した際に、交通事故加害者と病院の責任の関連性をめぐり問題となった。最高裁判所は、交通行為と（医療事故中の）医療行為のように、別個に成立する複数の不法行為が順次競合する場合において、両行為は719条所定の共同不法行為に当たり、各不法行為者は、被害者の損害の全額につき連帯して責任を負うのであって、結果発生への寄与割合により賠償すべき損害額を案分、限定することは、同条の明文や被害者保護の趣旨に反して許されないものと判示した（❶）。したがって、**(1)**におけるＤは、Ｂによる交通事故とＣの医療過誤を共同不法行為であるとして、各人に対して全額の賠償を請求することができる。

2．複数の不法行為や債務不履行が競合する場合として、多数の損害発生原因が複合しているような事案、例えば公害訴訟において、因果関係存否のほか、各発生原因の創出者を共同行為者として損害賠償上の連帯責任を課すことの可否が問題となる。この点については、下級審裁判例ながら、西淀川大気汚染第２～４次訴訟に関する❷が重要である（項目**151**も参照）。それによれば、**(2)**におけるＩの損害賠償請求の可否をめぐり、⒤全部またはいくつかの行為の積み重なりで初めて結果が惹起されるにすぎない「重合的競合」に際し、競合行為者がきわめて多数存在する場合において、各行為が客観的に共同して損害が発生していることは明らかであるが、全部または主要な部分を惹起し、または惹起した可能性のある者や関与の程度を具体的に明らかにできないときには、共同不法行為に関する719条の直接適用ではなく、類推適用により、特定された競合行為者に対する損害賠償請求が肯定される。⒤⒤その際にＩは、寄与の程度に基づく損害の合理的判定を可能とする立証を要求される。⒤⒤⒤これに対し、各特定競合行為者、すなわちＥら各社は、「結果の総体に対する行為の総体についての寄与の割合の限度」で責任を負い、特定競合者間の関係は原則として連帯責任となるが、各競合者は寄与度の立証により、責任の分割や減免責を主張することができる（項目**91**も参照）。

［一木孝之］

173 和解と後遺症

　Aは自転車で車道を走行中に、法定速度を超過するB運転の乗用車に追突され、病院に搬送された。Aは当初、右大腿骨複雑骨折で全治4か月との診断を受け、負傷も比較的軽微であり、自動車損害賠償責任保険からの賠償金により治療費もまかなえると考えたため、事故後1週間でまだ入院中に、Bとの間で、20万円の支払と引き換えに、治療費その他慰謝料等請求を一切しない旨の示談契約を締結し、即日支払を受けた。ところが、事故後1か月が経過して、Aの負傷が予想以上に重篤であることが判明し、再手術が施されたが、左足歩行困難の機能障害が残った。この場合において、Aは、前記示談契約にもかかわらず、Bに対して、再手術費用および後遺症に関する損害賠償を請求することができるか。

参考　❶最判昭和43年3月15日民集22巻3号587頁
　　　❷大阪高判昭和39年12月21日民集22巻3号601頁
　　　❸最判昭和51年3月18日判時813号33頁

▶▶解説

1. 不法行為（709）に由来する損害として、例えば、毀損した物品の修理費用といった、不法行為時に確定的に生じたもののほか、症状が固定しない被害者の介護費用のような、請求時においてすら未確定なかたちで後続するものがある。こうした将来発生損害は、補償上の算定が困難であり、そのため、訴訟外で締結された示談や和解に際して、以後の賠償請求放棄に関する条項が存在することもまれではない。この場合において、和解は、民法上の契約として当事者を拘束することになる（695）が、被害者は加害者に対して、当該請求放棄条項にもかかわらず、後遺症の賠償訴訟を提起することができるか。

2. この問題につき、最高裁判所は、不法行為を理由とする賠償の示談において、被害者が一定額の支払で満足し、その余の賠償請求権を放棄するならば、示談当時またはその後に支払金額以上の損害があっても、事後的に請求することはできないとの一般論を述べながらも、示談が早急かつ少額のものであった場合においては、放棄された損害賠償請求権は、示談当時予想していた損害に関するものであり、その後予想できなかった不測の再手術や後遺症の発生による損害についてまで賠償請求権が放棄されたとはいえない、と判示した（❶。なお、その原審判決である❷は、将来の著しい事態の変化による合意の解消が、示談契約に解除条件として付されていた、との解釈を採る）。また、交通事故当事者間で成立した和解契約に関する示談書中に「今後本件に関しては如何なる事情が生じても決して異議の申立、訴訟等は一切しない」との記載が存在した事案につき、医師の診断から6か月経過後も被害者が就業できず、または後遺症が生じた場合には、被害者と加害者が協議によりさらなる示談を成立させる旨の別の文言があったことをふまえて、当該記載の趣旨は、被害者の早期治癒の見込みのもと、加害者による示談中の約定の履行を受けて、被害者が異議申立てや訴訟等を放棄するものにすぎないのであり、加害者による約定履行の有無にかかわらず、示談内容に関する不起訴が合意されたとはいえないとする判例もある（❸）。

以上によれば、設例に関して、一方で、交渉の経過および示談の内容、特に補償金額と、他方で、被害者の治癒状況および後遺症に関する予測可能性次第で、Bとの示談成立にもかかわらず、Aの損害賠償請求が認められうる。

［一木孝之］

174 不法行為法における胎児の法的地位

　A女は、2019年4月1日にB男と結婚した。同年夏に妊娠し、翌2020年5月12日にCが生まれた。

(1)　Cは、重度の障害をもって生まれた。その障害は、Aが妊娠中に服用した薬の副作用によるものであった。本来、妊婦についてはその薬を使用することは避けるべきであったにもかかわらず、医師Dが不注意から、その薬を用いたものである。この場合に、CからDに対する損害賠償請求が認められるかについて検討しなさい。

(2)　Bは、2019年12月24日、自動車事故によって死亡した。事故は、赤信号であるにもかかわらずEが運転する自動車が交差点に進入し、歩行者であるBがはねられたものである。CのEに対する損害賠償請求が認められるかについて検討しなさい。

| 参考 | ❶大判昭和7年10月6日民集11巻2023頁（阪神電鉄事件）

▶▶解説

1．権利能力は出生により取得されるので（3Ⅰ）、胎児の段階では権利義務の主体とはならないのが原則である。しかし、不法行為の特則として、損害賠償請求権については、胎児は「既に生まれたものとみなす」とされる（721）。したがって、**(1)**において、Dの過失によって、Cに重度の障害が生じたとすれば、CのDに対する損害賠償請求が認められる。

　なお、出生前のCの法的地位については、停止条件説（出生を停止条件として損害賠償が認められる）と解除条件説（死産を解除条件として損害賠償が否定される）が対立している。これについては、権利能力の項目 **2** を参照してほしい。

2．(2)においても、不法行為に基づく損害賠償請求が問題となっているが、**(1)**と同様に721条が適用されるのか、相続に関して胎児の権利能力を認める886条1項によるとするのかは、そこでの損害賠償請求をどのように考えるかによる。

　現在の一般的な立場は、事故によって生じたBの損害賠償請求権（Bの逸失利益、積極損害、慰謝料）が相続されるとする（相続構成）。したがって、Cは、Bのこうした損害賠償請求権を相続によって取得するのであり、それは721条ではなく、886条1項によって基礎づけられることになる。

　他方、Bの死亡によって生じるC自身の固有の損害賠償請求権は、721条によって基礎づけられる。具体的には、Cの固有の慰謝料請求権（711）が挙げられるだろう。

　そうした固有の損害賠償請求権として扶養利益の侵害による損害賠償も考えられる（❶は胎児の固有の損害賠償を前提としている）。しかし、現在の一般的立場では、相続構成による損害賠償が認められる場合には、扶養利益構成による損害賠償は認められておらず、請求者が相続人ではない場合等、例外的に、扶養利益の侵害による賠償が認められているだけである。

　なお、相続構成による場合においても、胎児の間について権利行使が認められるかどうかについて停止条件説と解除条件説の対立があるのは、**(1)**と同様である。

［窪田充見］

175 不法行為に基づく損害賠償請求権の消滅時効

(1) Aはある日インターネット掲示板に、Aの学生時代の行動に関するもので、Aに対する名誉毀損となる匿名の書き込みを発見した。その書き込みは15年前のものであったが、誰の執筆によるものかが明らかにならないまま6年が経過したところ、たまたま同窓会でAが学生時代の友人Bと再会した際、BはAに対して、前記書き込みがBによるものであることを認めた。AはBに対し、不法行為に基づく損害賠償を請求できるか。また、前記書き込みをAが発見した際、その内容の具体性から、Aの学生時代の友人Bによるものであることが疑われたが、Bとはその後連絡をとることもなく、Bによる書き込みであることの証拠はつかめないまま同窓会に至った場合はどうか。

(2) CはDを殺害し、殺害後4年が経過した。Dの内縁配偶者であるEおよびDの実子であってDの唯一の相続人であるFは、Cに対して不法行為に基づく損害賠償を請求できるか。また、CがDの遺体を隠匿したまま20年が経過していたために事件が発覚しなかった場合はどうか。

参考 ❶最判平成14年1月29日民集56巻1号218頁
❷最判昭和48年11月16日民集27巻10号1374頁
❸最判平成16年4月27日民集58巻4号1032頁
❹最判平成10年6月12日民集52巻4号1087頁
❺最判平成21年4月28日民集63巻4号853頁

▶▶解説

1. 不法行為に基づく損害賠償債権は、「被害者又はその法定代理人が損害及び加害者を知った時」を起算点とした3年の短期消滅時効によって消滅する（724①）。「損害を知った時」とは「被害者が損害の発生を現実に認識した時」（❶）であり、本問ではAが書き込みを発見した時点がこれに当たろう。また、「加害者を知った時」とは、「加害者に対する賠償請求が事実上可能な状況のもとに、その可能な程度にこれを知った時」であるとされ（❶）、本問前段ではBを加害者と特定した同窓会の時点と解されるから、Aの債権はこの時点から短期消滅時効の期間が起算される（なお、後段のように、加害者について目星をつけつつもなお特定に至らない場合の扱いについては見方が分かれよう）。

しかし、本問では、「不法行為の時」を起算点とした20年の長期消滅時効によって消滅する可能性があり（724②）、被害者にとっては責任追及が困難なまま時効を迎えることになる。このような結論を回避するとすれば、第1に、加害行為時と損害発生時とを分離することが考えられる（❸は、じん肺について損害が顕在化した時点をもって「不法行為の時」とする）が、名誉毀損は加害行為についての被害者の認識にかかわらず成立するから、本問では採用しにくい。もっとも、第2に、書き込みが放置されていることにより、加害行為自体が継続しているとの主張は成り立ちうる。なお、平成29年民法改正により、724条2号の法的性質が時効であることが明確化されたから、仮に加害行為が終了していると解したとしても、Bが債務の存在を承認するなどすることで時効が更新されることはありうる（ただし、自身が書き込んだことを認めたことをもって直ちに債務の承認と扱われるわけではない）。

2. 平成29年民法改正によって、「人の生命又は身体を害する不法行為」の場合には短期消滅時効の時効期間が5年に伸長された（724の2）ため、Dが殺害されたことによってDに発生した損害賠償請求権を相続するFの請求は判例によれば問題なく認められる。他方、Eは自身が有する固有の利益への侵害に基づく請求を行うほかないところ、これが724条の2により時効期間が伸長される範囲に含まれるかは自明ではない。また、前述のように724条2号の法的性質が時効であるとしても、時効の完成を猶予するべき場合がありうることには変わりがない（❹ ❺）。

[大澤逸平]

176 婚姻の成立

(1)　法学部の学生であるＡとＢは、婚姻の届出について、窓口では形式的審査しかなされないということを知り、好奇心から、授業からの帰途、婚姻届出を行った。ＡＢ間には有効に婚姻が成立しているか。

(2)　Ｃは、Ｄと婚約していたが、Ｃの子を妊娠していたＥから、子が非嫡出子となることを避けたいと懇願され、子の出生後すぐに離婚をする約束で、Ｅとの婚姻の届出をした。子の出生後にＥが離婚に応じないとき、ＣはＥとの婚姻の無効を主張できるか。

(3)　単身で高齢のＦは、近隣に住む遠縁のＧから身の回りの世話を受けていた。死期が迫ったＦは、多年にわたるＧの世話に報いたいと考え、署名押印をした婚姻届をＧに託し、Ｇが届出を行った。ＦＧ間には有効に婚姻が成立しているか。

(4)　ＨとＩは同棲中であり、Ｈは、Ｉと婚姻をする意図はなかったが、2016年3月、ＩがＨに無断で、婚姻届出を行った。Ｈは、同年10月にこれを知り、Ｉを責め、法律相談に赴くなどしたが、2017年5月にＨＩ間にＪが出生し、Ｊをかわいがっているうちに心境が変化した。2019年の初めころには、Ｈは、周囲にＩを妻として紹介するようになり、同年4月に就職した際には、就職先にＩとＪを被扶養者として届け出た。ＨＩ間には有効に婚姻が成立しているか。

参考　❶最判昭和 44 年 10 月 31 日民集 23 巻 10 号 1894 頁
　　　❷最判昭和 44 年 4 月 3 日民集 23 巻 4 号 709 頁
　　　❸最判昭和 45 年 4 月 21 日判時 596 号 43 頁
　　　❹最判昭和 47 年 7 月 25 日民集 26 巻 6 号 1263 頁
　　　❺最決平成 25 年 12 月 10 日民集 67 巻 9 号 1847 頁

▶▶解説

　婚姻が有効に成立するためには、届出（739）と当事者間の婚姻をする意思（742条1号の反対解釈による）とが必要である。

　問題は、どのような意思があれば、婚姻をする意思が認められるかである。単に形式的に婚姻の届出をする意思があれば足りるわけではなく（したがって**(1)**のAB間に有効な婚姻は成立しない）、真に社会観念上夫婦であると認められる関係（社会観念上の夫婦関係）の設定を欲する意思が必要であるとされる（❶）。子に嫡出性を付与することを欲するが、社会観念上の夫婦関係を形成する意思を欠く場合には、婚姻意思がないため、婚姻は有効に成立しない。したがって、**(2)**では、Cは、Eとの婚姻の無効確認請求をすることができる（❶）。この考え方によれば、**(3)**の場合にも、Fには、Gに相続権を与える意思はあっても、FG間で社会観念上夫婦に期待されるような同居生活がなされることは考えられず、婚姻意思が認められないとも思われる。しかし、判例は、このようないわゆる臨終婚の場合について、婚姻意思の存否を問題とせずに、有効な婚姻の成立を認めている（❷❸）。現実に同居生活を送る可能性は低いとしても、社会観念上の夫婦関係の設定を欲していることは否定されないためであると解される。もっとも、判例が社会観念上の夫婦関係を問題にすることには、曖昧さが伴うことは否めない。学説では、民法上定型的に規定された婚姻の効果に向けられた意思を問うべきという考え方が有力である。この考え方によれば、**(2)**について、婚姻の中心的効果である嫡出性の付与に向けられた意思があるとして婚姻を有効とすることも考えられるが（嫡出推定を婚姻の主要な効果と位置づける判例として、❺を参照）、**(3)**の場合と異なり、やはり婚姻の中心的効果の1つである同居義務を積極的に排除する意思があることに着目すれば、婚姻を無効とする判例の結論と同じになる。

　(4)では、婚姻届出時点ではHに届出の意思も婚姻の意思も存しないため、婚姻が無効であることは明らかであるが、HI間には実質的な共同生活関係が継続していたことに加え、2019年の初めまたは4月には、Hは婚姻の意思を有するに至っていると考えられる。このような場合、Hが改めてIとの婚姻の届出をしなくとも、Hの追認により、婚姻は届出の当時に遡って有効となると解される（❹）。

［久保野恵美子］

177 日常家事債務の連帯責任

　Aは、妻Bとの間の子Cが障害を有することから、その将来を案じ、Cの将来の生活の基盤とするために、自動車整備工場を建築することを計画していた。Aは、Bとも相談のうえ、近隣居住の友人Dの助言により、建築資金の融資を受けたが、なお資金が不足した。そこで、Aは、Bが相続により取得していた甲土地をDに売却して資金を捻出することとし、自ら甲土地の売買契約書にBの住所および氏名を記入し、Bの実印を押捺して、Dとの間で甲土地の売買契約を締結し、その所有権移転登記を行った。

　BはDに対し、上記移転登記の抹消を請求できるか。**(1)** BがAに代理権を授与した場合と、**(2)** BからAへの代理権授与はない場合に分けて、説明しなさい。

参考　❶最判昭和 44 年 12 月 18 日民集 23 巻 12 号 2476 頁
　　　❷最判昭和 43 年 7 月 19 日判時 528 号 35 頁
　　　❸最判昭和 45 年 2 月 27 日金法 579 号 28 頁

▶▶解説

1. Aが、妻Bの特有財産（762 I）である甲土地を、Bを署名代理する方法によってDに売却した場合に、Bが、BD間の甲土地の売買契約の効力を否定することができるかという問題である。

　まず、甲土地のDへの売却の背景には、AがCのために工場を整備する計画とその資金調達をBと相談しているという事情があり、この相談の中で、BがAに資金調達目的で甲土地を売却する代理権を与えた可能性もある。BがAにそのような代理権を与えたことが認定できる場合には、Aの行為は、任意代理の権限に基づくものであるから、Bに効果が帰属し、Bの請求は否定される（**(1)** の場合）。

2. 任意代理権の授与が認められない場合（**(2)** の場合）でも、夫婦であるAとBは、相互に日常家事に関する法律行為について代理権を有する（761。**❶**）。甲土地の売買契約が日常家事に当たるのであれば、Bに効果が及び、請求は否定されることになる。日常家事かどうかは、「個々の夫婦がそれぞれの共同生活を営む上において通常必要な法律行為」であるか否かを主観的、客観的な事情に照らして判断される（**❶**）が、不動産の売却は通常これに当たらない。設例では、障害をもつ子Cの将来の計画の一環をなす行為であることを重視すれば、AB夫婦にとっては例外的に日常家事に含まれると解する余地はなくはない。しかし、日常家事債務の連帯責任は、夫婦の財産的独立性の例外であること、不動産が一般的に高価で重要性をもつ財産であること、取引の相手方の保護は別途図りうること（下記）を考えれば、日常家事には含まれないというべきだろう。

　甲土地の売買契約が日常家事の代理権の範囲に含まれないとしても、同代理権を基本代理権とする表見代理（110）の成立が考えられないか。これを一般的に認めるとすれば、相手方に、当該行為についての代理権の存在を信じたことに正当事由がある場合には、夫婦の他方が常に責任を負うことになり、夫婦の財産的独立性を脅かすおそれが大きすぎる。しかし、日常家事の範囲は、上記のとおり、個々の夫婦の事情に応じて定まるものであるから、相手方が、ある行為が当該夫婦にとって日常家事の範囲に含まれると信じたことに正当事由がある場合もありうる。この限りで、例外的に夫婦の他方に効果を及ぼすことが考えられる（110類推。**❶**）が、正当事由の認定は厳しく、設例でも否定されよう（**❷❸**を参照）。

［久保野恵美子］

178 不貞行為に基づく不法行為

スナックでアルバイトをしていたAは、2014年4月ころ、店の常連客の知人であるBと知り合った。Bは、Aに対して、「妻と離婚することを考えているため、妻に秘密で甲マンションを購入したので、電気・ガスの契約のために名義を貸してほしい」と頼んだところ、Aはこれを了承した。その後、同年7月、Bは、甲マンションで独居生活を始め、同年12月ころからは、Aは、同所でBと同棲するようになった。

Bと妻Cとの間には、2013年2月に生まれた子Dがおり、Cは、Bが家を出て行った後、Bと連絡がとれないことに苦悩しつつも、Dの育児に追われた。

2015年5月、Cは、Bが甲マンションに住んでいることを知り、同年8月には、BがAと同棲していることを突き止めた。Cは、Bに、Dのためにも戻ってくるよう説得をし、また、Dの養育費を支払うよう求めたが、Bはこれらに全く応じようとしなかった。

2019年10月、Cは、Dの就学を機に、将来のことを考え、DのためにBとの離婚には応じない決心を固め、Aに対して、ABの関係によってCおよびDが被った損害の賠償を請求した。

この請求は認められるか。

参考 ❶最判昭和54年3月30日民集33巻2号303頁
❷最判平成8年3月26日民集50巻4号993頁
❸最判平成6年1月20日家月47巻1号122頁
❹最判平成31年2月19日民集73巻2号187頁

▶▶解説

　Ｃは、Ａに対して、配偶者のあるＢと性的関係および同棲関係にあることが不法行為に当たるとして、Ｃが被った損害を自ら、また、Ｄの損害をＤの親権者として、請求しているものと考えられる（709）。Ｃについては、ＡＢ間の関係が生じ、継続していることが原因で（因果関係あり）、ＢＣ間の婚姻関係が破壊されたもの（権利利益の侵害あり）として、不法行為が成立し、慰謝料請求が認められそうである。ＡＢ間の関係発生について、離婚するつもりだと説明するなどしてＢが主導したといえる場合だとしても、Ａが、Ｂが婚姻中であることを認識していた以上、原則として過失は認められよう（❶）。ただし、ＡＢ間の関係が生じたのが、ＢとＣとの別居後であるので、婚姻関係に関わる法益は既に失われていたといえないかが問題となる。保護されるべき法益を、配偶者の地位ないし夫婦の一方が他方に対して負う貞操義務であると解するのであれば、婚姻関係の実質がどうであっても不法行為の成立が認められようが、そのような形式的な権利または利益ではなく、婚姻共同体の平和という実質であると解するのであれば、夫婦の別居等の事情から夫婦の婚姻共同体の平和が既に失われていたといえる場合には、不法行為の成立は否定されよう（❷は、後者の見解を採り、❶の射程を制限した。学説では、およそ不法行為の成立を否定すべきとの見解も有力であり、判例でも、本問と異なり、離婚させたことを理由とする慰謝料が請求された場合には、原則否定される〔❹〕）。なお、Ｃは、ＡＢ間の同棲関係を知ってから３年以上経過した後に請求をしているため、消滅時効が問題となるが（724①）、Ａの不法行為を、同棲関係の継続によっていわば日々の不法行為が連続しているものと捉え、請求時から遡って３年の期間分について、請求が認められるというべきである（❸）。

　子Ｄの請求は、Ｂが、Ａと同棲をするためにＤのもとを去り、Ｄが父親から愛情を注がれ、監護、教育を受けることができなくなったという不利益について賠償請求するものと考えられる。婚姻中の者との性的関係および同棲関係は、その配偶者との関係では、それ自体が、その者に不貞行為という義務違反を生じさせる行為であるといえるが、その者の子との関係では、直ちに監護、教育を行うことを妨げるものとはいい難い。監護、教育を行うかどうかは、父親であるＢの意思次第であり、Ａの行為と因果関係がなく、不法行為は成立しないと考えられる（❶）。

[久保野恵美子]

179 裁判離婚

(1) ＡＢの婚姻から５年後、夫Ａは若くして重度の認知症となり、Ａについて成年後見開始の審判が下され、Ａの兄Ｃが成年後見人に付された。その後、ＢはＤ男と出会い、自分が誰かも判別できなくなったＡと別れ、Ｄと再婚して新たな人生を始めたいと考えている。ＢはＡと離婚できるか、検討しなさい。

(2) ＥＦの婚姻から５年後、夫Ｅは家を出てＧ女と同棲を開始した。Ｅは、自己名義の家屋とまとまった額の金銭を妻Ｆに委ねていたため、Ｆは実家の援助も得つつどうにか生活していくことができた。Ｅは、Ｇとの共同生活の開始から20年が経過したこともあり、Ｇと婚姻したいと考えた。そこで、ＥはＦに離婚を求めたが、Ｆは拒んでいる。なお、ＥとＦの間に子はあったが、すでに成人し自立している。ＥはＦと離婚できるか、検討しなさい。

参考 ❶最判昭和 33 年 7 月 25 日民集 12 巻 12 号 1823 頁
❷最判昭和 45 年 11 月 24 日民集 24 巻 12 号 1943 頁
❸最大判昭和 62 年 9 月 2 日民集 41 巻 6 号 1423 頁

▶▶解説

1．Aの状態からすると、AとBが協議して離婚することはできず、同様に調停による離婚も不可能である。また、離婚のような身分行為について、CはAを代理することができない。よって、Bが離婚するには、裁判離婚によるしかない（Cを被告とする。人訴14Ⅰ本）。裁判離婚では、当事者の一方のみが離婚を望む場合であっても、法の定める離婚原因に該当する事由があれば、離婚が認められる。どのような事由を離婚原因とするかについては、有責主義と破綻主義の2つの考え方がある。民法は、配偶者が強度の精神病に罹患して回復の見込みがない場合を離婚原因とする（770Ⅰ④）。これは破綻主義的離婚原因である。もっとも、判例は、精神病配偶者の利益への配慮から、その者の今後の療養・生活等の見込みがついていない場合は裁量棄却（同Ⅱ）できるとする（❶）。しかし、一私人である配偶者に精神病者の面倒見の負担を課すことには疑問が残る一方、精神病を離婚原因に掲げることには偏見を助長するものとして批判もある。そこで、近時は、本問のような事例は770条1項5号で対応する方向にある。その場合でも、前記❶の考え方からすれば、精神病配偶者に対する一定の配慮は必要であろう。例えば、Cの後見の下でAの療養・生活の目途がある程度ついていれば、Bによる離婚請求を認めてよいと思われる（❷は、このような事案で裁量棄却を認めなかった）。

2．本問では、EとFの婚姻共同生活はすでに失われており、「婚姻を継続し難い重大な事由」（770Ⅰ⑤）に該当するようにみえる。問題は、この破綻が、離婚を求めるE自身によって惹き起こされている点である。このような離婚請求を安易に認めると、婚姻が嫌になった者は、相手に離婚意思がない場合でも、自ら破綻させて裁判離婚できることになる。この点について、判例は、5号は破綻に有責な配偶者からの離婚請求を許さない趣旨ではないとしつつ、離婚請求は信義則に照らして容認されるものでなければならない、とする（❸）。信義則の判断では様々な事情が考慮されるが、一般的には、別居期間の長さ、夫婦間の未成熟子の不存在、離婚を認めた場合の相手方配偶者の経済的事情の3つが重要とされている。本問では、Fが離婚により経済的に過酷な状況に陥るか否かが、離婚請求の認否を決することになる。

［小池　泰］

180 財産分与の内容

(1)　AとBの婚姻は、25年目を迎えた頃、夫Bが家を出てC女と同棲を始めたため破綻し、5年の別居期間を経て離婚に至った。

婚姻期間中、Aは主婦として家事に専念しており、自己名義の財産はない。他方、会社勤めのBは、婚姻1年目に夫婦の居住家屋として甲マンションを購入し、自己名義で組んだローンも15年で完済したうえ、別居時には1000万円の預金乙があった。甲マンションと乙のいずれも、婚姻後に得たBの給料を原資とするものである。

なお、別居中AはBから生活費を全く渡されておらず、また、離婚の時点で55歳となっており、新たに職に就ける見込みも乏しい。

AがBに財産分与を求める場合、その内容はどのようなものになるか、検討しなさい。

(2)　(1)において、Aは、BとCの不貞行為によって婚姻関係の破綻および離婚に至ったことを理由とする慰謝料を、財産分与として求めることができるか、検討しなさい。

参考　❶最判昭和46年7月23日民集25巻5号805頁
❷最判昭和53年11月14日民集32巻8号1529頁
❸最判昭和31年2月21日民集10巻2号124頁

▶▶解説

1. 財産分与の内容は、まず当事者の協議に委ねられ、それがまとまらないときは家庭裁判所が定める（768Ⅱ本）。もっとも、分与額を算定する際に考慮すべき事情については「当事者双方がその協力によって得た財産の額その他一切の事情」（同Ⅲ）とあるにすぎない。そこで、判例・学説は、財産分与が清算・扶養・慰謝料の3つの内容からなるとした上で（❶）、財産分与の根拠とその額の算定方法を具体化している。このうち、清算とは、夫婦財産制の清算である。夫婦財産契約で共有制を採用する場合、離婚に際してその分割が必要となり、それがまさに財産分与となる。これに対して、法定財産制たる夫婦別産制（762Ⅰ）の場合、清算の問題は生じないようにみえる。しかし、判例・学説は、「婚姻中に夫婦が協力して得た」といえる財産は、実質的には共有とみて、清算の対象に含める。この場合、婚姻時から別居時までに形成された財産が、夫婦の協力に基づいて形成された財産と評価される。よって、本問では、Aは甲マンションと乙を清算の対象とすることができる。清算の割合は、原則として2分の1である。

　分与額の算定にあたっては、さらに、過去の婚姻費用の清算も考慮できる（❷）。よって、Aは、別居期間中に受け取るはずだった生活費を算定して、財産分与として請求することができる。

　以上によっても、Bの離婚後の生活が立ち行かない場合には、離婚後の扶養を考慮することになる。もっとも、離婚によって夫婦間の扶助義務等は消滅している以上、一方が他方を扶養する根拠は政策的なものとなる。この点については、婚姻および婚姻期間中に失われた稼得能力を補償し、破綻主義離婚法における離婚の自由を当事者双方に保障する、と説明する試みもある。なお、判例上、離婚後の扶養の考慮は補充的なものにとどまる。

2. 夫婦の間でも、暴行や不貞行為等、不法行為に基づく損害賠償は問題となり、これらの行為が離婚原因を形成することもある。離婚時に一方が他方に経済的給付をさせる規定がなかった明治民法下では、このような慰謝料を認める判例法がその役割を担っていた。もっとも、768条が新設された後も、判例の立場は維持され（❸）、分与額の算定にあたり離婚による慰謝料を考慮できるとされている（❶）。なお、不法行為に基づく損害賠償は財産分与とは本来別のものであり、財産分与とは別に請求することもできる（人訴17も参照）。　　　　　　　　　　[小池　泰]

181 財産分与と 詐害行為取消権

(1) Aは妻Bに秘して友人Cに融資したが、Cの事業は行き詰まり、融資金も回収できなくなった。BはAの杜撰な財産管理に愛想を尽かして離婚を決意した。Aは、Bと協議離婚する際、20年の婚姻期間中Bが主婦として生活を支えてきたこと、および、定収入をもたないBの離婚後の生活を安定させることを考慮して、婚姻後に取得したA名義の甲マンションをBに分与し、移転登記も済ませた。もっとも、Aの事業も、Cへの融資が焦げ付いたため立ち行かなくなり、AとBの協議離婚の時点で、Aは債務超過の状態にあった。そして、AとBの離婚前からAに貸し付けをしていたDは、Aの唯一の資産というべき甲マンションから債権を回収することを考えていた。AがBにした甲の財産分与について、Dは詐害行為として取り消すことができるか、検討しなさい。

(2) **(1)**において、事業の行き詰まりでストレスを抱えたAがBに暴力を振るったこともAとBの離婚の要因となっていた。そして、Aは、Bに対する財産分与として、暴力行為を理由とする慰謝料（500万円）の支払も約束していた場合はどうか、検討しなさい。

参考 ❶最判昭和 58 年 12 月 19 日民集 37 巻 10 号 1532 頁
❷最判平成 12 年 3 月 9 日民集 54 巻 3 号 1013 頁
❸大阪高判平成 16 年 10 月 15 日判時 1886 号 52 頁

▶▶解説

1．本問では、まず、財産分与が「財産権を目的としない行為」（424Ⅱ）かが問題となる。財産分与は親族法上の規定（768）に基づくが、その内容は財産的な給付である。判例は、財産分与の詐害行為取消しを認める際、768条3項の趣旨を考慮している点で、行為の目的から画一的に判断するのではなく、詐害行為取消と財産分与の両制度の趣旨を調整するという観点に立つものといえる。

財産分与は離婚の際に一方当事者に保障された権利であって、分与義務者にはそれをなす義務がある。その限りで、弁済と同様、原則として詐害行為に当たるとはいえない（424の3参照）。しかし、財産分与の内容が、家庭裁判所の審判ではなく、当事者の協議で形成される場合、その妥当性を問う必要がある。この点について、判例は、768条3項の趣旨に照らして不相当に過大で、財産分与に仮託してなされた財産処分と認められる特段の事情のない限り、詐害行為とならない、とする（❶）。どのような場合に特段の事情が認められるかは、財産分与の各要素に係る算定方法に照らして判断することになろう。本問の財産分与は、清算と扶養からなる。このうち、清算的要素は、夫婦財産の清算の観点から精密に算定することが可能であり、過大性の判断は比較的容易である。しかし、扶養的要素は根拠が明確でないぶん裁量的になされ、過大性の判断は難しいが、将来分を一括払いする場合などは、過大といいやすい。

本問の詐害行為の対象は不動産の譲渡であって不可分であるうえ、そもそも取消しの範囲は不相当に過大であると認められる部分に限定されるから、結局、Dは価額の償還（424の6Ⅰ）を求めることになる（❸）。

2．財産分与の額の算定にあたり、離婚の原因となった行為に基づく慰謝料および離婚自体による慰謝料を考慮することができる。もっとも、慰謝料は、不法行為に基づく損害賠償であって、財産分与とは本来性質を異にする。判例も、本来慰謝料として負担すべき額を超える額については、当該額の範囲で、詐害行為として取り消すことができるとしている（❷）。よって、本問の500万円の慰謝料額が原因行為に比して高額といえる場合には、詐害行為取消しの対象となる。

［小池　泰］

182 離婚における親権と子の引渡し

Aは、妻Bと協議離婚をするにあたり、別れたい一心もあり、また、小学4年生の子Cには女親がいた方がよいとも考えて、Cの親権者をBとすることを認めた。BはCを連れて実家に戻り、Bの両親DEと生活を始めた。しかし、BとDEは言い争いが絶えず家庭内は常に険悪な雰囲気であったため、CはAと一緒に生活したいと望むようになった。

(1) Aは、Cの希望を知り、Cの引取りをBに持ちかけたが、Bは話し合いの場すら持とうとしない。そこで、Aは、Cの通う小学校に出向き、CをAの家に連れ去った。BがCを取り戻すにはどうすればよいか、検討しなさい。

(2) (1)の場合において、AがCの希望どおり、自分の手元で育てるためには、本来はどのような手続によるべきか、説明しなさい。

(3) Aは、その後、Cの親権者を自己に変更し、Bに面会交流を認める、という内容の審判を得て、Cを引き取るに至った。ところが、1回目の面会交流の際、Bは自宅にCを連れ去り、Aのもとに戻さない。AがCを取り戻すにはどうすればよいか、検討しなさい。

参考 ❶最判昭和 35 年 3 月 15 日民集 14 巻 3 号 430 頁
❷最判平成 6 年 4 月 26 日民集 48 巻 3 号 992 頁

▶▶解説

1. 本問のBは、Cの親権者である。よって、Bは、親権に基づく妨害排除請求として、Aに子の引渡しを求める民事訴訟を提起することが考えられる（❶）。もっとも、Aは全くの第三者ではなく、場合によってはCの親権者になりうる存在である。そこで、本問の場合をAとBの間の子の監護に関する紛争とみて、Bは、家庭裁判所に監護に関する処分としてCの引渡しを求めることができるとされている（766Ⅱ・Ⅲ、家事別表2Ⅲ・154Ⅲ）。子の引渡しを認める判決・審判の確定にもかかわらず、Aが任意に応じない場合は、裁判内容の強制的実現が必要となる。子の引渡しの強制執行の方法には、間接強制と直接強制の方法がある（民執174Ⅰ各号）。令和元年の民事執行法改正（令和元年法律第2号）は、裁判の実効性を確保することで子の福祉の実現を図るため、直接強制によることができる場面を明確にしている。

2. 民法は、父母の婚姻中は共同親権、離婚後は単独親権とする（818Ⅲ・819Ⅰ・Ⅱ）。これは、親子の共同生活の基礎となる婚姻生活共同体が解消された後は、子の面倒をみる者も一方の親に集中させた方がよい、という考えに基づく。もっとも、子の面倒見を父母の一方に集中させることは、本問のような離婚後の子の奪い合いを生じさせる要因となる。このような監護紛争には、子の監護者を決定し、権限ある者のもとに子を確保する、という対応をすることになる。すなわち、Aは、親権者の変更（819Ⅵ）または監護者指定（766Ⅱ）の手続により、Cの監護権限を得た上で、Cを自己の手元に確保する必要がある。

3. 民法の想定する監護紛争の解決手段は、**2.** で述べた手続である。実務では、これに加えて、法律上正当な手続によらずに身体の自由を拘束されている者を解放するための人身保護法も利用されている。この手続は、歴史的には国家権力の不当な拘束下にある政治犯を釈放する手段であったが、子の確保に関して迅速かつ実効的な方法であると評価され、監護紛争でも多用されることになった。しかし、現在の判例はこの方法による場面を限定している（❷）。すなわち、子の引渡しを命じる裁判が下されたにもかかわらず拘束者がこれに従わない場合、および拘束者のもとでは子の福祉が著しく損なわれるような場合である。本問は前者の場合に当たる可能性がある。

［小池　泰］

183 内縁・事実婚と婚姻に関する規定の類推適用

　A男とB女は、婚姻の届出をすることも考えたが、夫婦で同氏となることに伴う諸手続の煩雑さを厭い、届出をしないまま、B宅で共同生活を始めた。Aは会社に勤めて給料の一部を生活費として差し入れ、Bは自宅で挿絵のアルバイトをしながら家事全般をこなしていた。

(1)　15年後、Aの転勤に伴い話し合いをして、AとBは関係を解消することにした。この場合のAとBの法律関係を説明しなさい。
(2)　設例において、婚姻の届出をしない理由が、Bに夫Cがいたためであったとする。この場合のAとBの間の法律関係を説明しなさい。なお、BとCの間には、ほとんど交流がなくなっているものとする。

参考　❶最判昭和 33 年 4 月 11 日民集 12 巻 5 号 789 頁
　　　　❷最決平成 12 年 3 月 10 日民集 54 巻 3 号 1040 頁
　　　　❸最判平成 17 年 4 月 21 日判時 1895 号 50 頁

▶▶解説

1. AとBについては、届出がないため婚姻は成立せず（739 I）、よって民法の婚姻法の規定は適用されない。2人の関係は婚姻という身分関係ではなく、解消も自由である（ただし、不当破棄の場合は損害賠償責任が生じる）。AとBの間に共同生活に係る財産法上の合意があればそれに基づく法律関係が生じるが、明確な合意は稀である。結局、AとBの関係は事実上のものにすぎず、それ自体は権利義務を基礎づけるものとならない。しかし、判例は、内縁・事実婚と呼ばれる婚姻に類似した男女の関係を婚姻に準じたものと評価して、婚姻の規定を準用する（❶。準婚理論。ただし、嫡出推定など婚姻制度に特有の規定は、準用が認められない）。このような法的保護を受けるためには、当事者に婚姻意思があり、かつ、共同生活の事実が存在する必要がある。他方で、内縁当事者が明確に婚姻の効果を拒絶する意思をもって届出をしていない場合は、婚姻規定の準用・類推適用は認められない。合意による関係解消の場合、準婚理論によれば、768条を類推して、内縁当事者が協力して得た財産について財産分与を認めることができる（❷。ただし傍論）。15年の共同生活中に協力して得た財産があれば、BはAにその分与を請求できる。なお、AとBの関係がAの死亡により解消した場合、Bには配偶者相続権（890）が認められない。そこで、死亡解消の場合に768条の類推適用が認められないかが問題となるが、判例は否定している（❷。これには、内縁の生前解消と死亡解消で財産的利益の確保の有無を分けるのは不当である、という批判がある）。

2. 本問では、重婚禁止（732、刑184）に抵触するため、AとBはそもそも婚姻することができない。判例には、重婚的内縁配偶者に対して、事実上の配偶者としての遺族年金の受給権を認めるものがある（❸。法律婚が破綻しており、共同生活の実態は重婚的内縁関係の方にあることが要求される）。しかし、準婚理論による限り、民法上の問題に関して、婚姻規定を重婚的内縁に準用することは難しい。なお、この場合でも、財産法上の手段を用いて、一方の財産形成に対する他方の貢献分の清算を認める余地はある。この点は、重婚的内縁に限らず、そもそも内縁保護で準婚理論を採らない場合一般で問題となる。例えば、脱退組合員の持分払戻しの規定（681）の類推適用などが考えられる。

［小池　泰］

184 嫡出推定と嫡出否認

A男・B女夫婦は、婚姻から約1年後、C女を授かった。Aは、当初、Cの誕生を大いに喜び、自ら命名してその出生届出も行った。しかし、時が経つにつれ、CはAに全く似ておらず、むしろ、Bの前の恋人であるD男に似ていることが、誰の目にも明らかになってきた。Cが2歳になった時、Aが、意を決してBおよびDを問い詰めたところ、Dは、Cは自分の子であると認めた。BはこれをＡ強く否定したものの、話し合いの結果、ＡＢは、Cの親権者をBと定めて協議離婚した。

(1) Cの法律上の父は誰か。
(2) 離婚後、Aは、**(1)** の父子関係を覆すことができるか。

参考　❶最判昭和 55 年 3 月 27 日判タ 419 号 86 頁
　　　　❷最判平成 12 年 3 月 14 日判タ 1028 号 164 頁

▶▶解説

1. DNA鑑定等が存在しなかった民法制定当時、多くの場合、分娩の事実によって判別できる母子関係とは異なり、父子関係は外見上明らかではなかった。そのため、民法は、妻が婚姻中に懐胎した子を夫の子と「推定」し（772Ⅰ）、さらに、懐胎時期も必ずしも明確ではないことから、一般的な懐胎期間を参考に、婚姻成立から200日を経過した後、婚姻解消または取消しの日から300日以内に妻が出産した子を、妻が婚姻中に懐胎した子と「推定」している（同Ⅱ）。この「推定」は、夫が嫡出否認の訴えによって覆すことができるが（774以下）、それがなされていない設例では、たとえCの血縁上の父はDであるとしても、婚姻成立から約1年後に誕生している以上、法律上の父は、Bの夫であるAとなる。

2. 父子関係を覆すための嫡出否認の訴えの原告は、原則として夫に限られ（774。ただし、人訴41）、夫は、子または親権を行う母に対して訴えを提起することになる（775）。夫は子の出生後にその嫡出であることを「承認」したときは否認権を失うが（776）、命名や出生届出は「承認」に当たらないと解されている。ただし、嫡出否認の訴えは、夫が子の出生を知った時から1年以内に家庭裁判所に提訴しなければならない（777）。Cが2歳になっている設例の場合、Aはすでに否認権を失っており、もはや、何人も、ＡＣ間の父子関係を覆すことはできない。これによって、血縁上の父子関係とは異なる法的父子関係が永遠に固定されることになるが、民法は、本来的にこのような不一致を容認している。子が他の男性の子であることを隠蔽し、夫に他の男性の子を押しつけるものであるという批判もあるが、判例は、嫡出推定を受ける子の父子関係否認手続につき、774条、775条および777条が「専ら嫡出否認の訴によるべきものとし、かつ、……1年の出訴期間を定めたことは、身分関係の法的安定を保持する上から十分な合理性をも」ち、憲法13条にも14条にも反しないとしている（❶）。夫婦の「婚姻関係が終了してその家庭が崩壊しているという事情があっても、子の身分関係の法的安定を保持する必要が当然になくなるものではない」から（❷）、離婚後であっても異ならない。もっとも、立法論的には、夫だけではなく、真実を知る母や、最も利害関係を有する子に嫡出否認権を与えることも考えられるところであり、現在、無戸籍者問題を契機として、改正審議が進められている。

［西希代子］

185 推定されない嫡出子

A男とB女は、2018年4月頃から同棲し、周囲からも夫婦と思われていたが、婚姻の届出はしていなかった。2019年12月に、Bが妊娠していることが明らかになった。その後、2020年5月にAとBは婚姻の届出をし、同年8月、Cが出生した。

(1) Cは、AとBの嫡出子となるか、嫡出でない子とされる場合があるかについて説明しなさい。
(2) (1)において嫡出子として扱われるとした場合、772条の適用による場合と違いがあるかを説明しなさい。

参考　❶大連判昭和15年1月23日民集19巻54号
　　　❷最判平成26年7月17日民集68巻6号547頁

▶▶解説

1．設例の場合、婚姻の成立は 2020 年 5 月であり、Ｃの出生は同年 8 月であり、婚姻の成立後 200 日を経過していないことが明らかであるから 772 条は適用されない。

　しかし、このような場合についても、判例は、ＣがＡＢの嫡出子であるとする扱いを認めている。これが、「推定されない嫡出子」と呼ばれるものである。具体的には、子の出生届において、ＡとＢの嫡出子であることを記載することによって、嫡出子と扱われることになる。

　先例となった判例（❶）では、問題文のように婚姻の成立に先だって内縁関係があり、その内縁の夫によって妻が懐胎したという事情が重視されていた。しかし、子の出生届を受け付ける市区町村の窓口において、子の懐胎時期に内縁関係があったかどうか等を判断することは不可能である。したがって、現在の戸籍実務においては、その点を問題とすることなく、婚姻成立後に子を嫡出子として出生届がなされた場合、嫡出子として扱うこととされている。

　なお、これは嫡出子として届け出なければならないということを意味するものではなく、嫡出でない子として届出がなされることも排除されない。その場合、ＡとＣの父子関係を成立させるためには、Ａによる認知が必要となる。

2．772 条の嫡出推定がされる場合、父子関係を覆すためには、夫による嫡出否認が必要とされ（774）、嫡出否認については、期間制限等が規定されている（776 以下）。また、嫡出推定がされる場合、親子関係不存在確認訴訟によって父子関係を否定することは認められていない（❷）。したがって、嫡出推定がされる子の法的地位（父子関係）については安定性が確保されている。

　それに対して、推定されない嫡出子の場合、772 条の嫡出推定がされるわけではないので、その父子関係は、通常の親子関係不存在確認訴訟によって否定することが可能である。この訴えは，確認の利益（訴えの利益）を有する者であれば提起することができ、また、期間制限もない。したがって、嫡出推定がなされる場合に比較して、推定されない嫡出子の法的地位（父子関係）は、不安定なものとなる。

［窪田充見］

186 嫡出推定の及ばない子

　Ａは、夫であるＢが刑務所に入所してから２年後、友人Ｃの子であるＤを出産した。Ａは、ＤをＢの嫡出子とする出生届出を行った。その４年後、出所したＢは、Ｄの存在に驚いたが、全てを受け容れてＡとともに再出発することを決意した。ところが、まもなくＢがＡおよびＤに暴力を振るうようになったため、ＡはＤを連れてＣ宅に逃れ、Ｂに離婚を申し入れた。Ｂは、当初、頑として応じなかったが、ＡがたびたびＢ宅を訪れて話し合いを重ねた結果、ようやく離婚に同意した。この間、ＡＣは婚姻の意思を固めたが、再婚禁止期間（733）があるために、ＡＢ間の離婚成立後直ちに婚姻届を提出することはできなかった。離婚から２か月後、Ａは、Ｂと離婚に向けた話し合いを続けていた時期に懐胎したＣの子であるＥを出産した。ＡがＥの出生届出を行おうとしたところ、区役所の戸籍係から、Ｂの嫡出子として出生届出を行うように指示された。

(1)　ＢまたはＣは、ＢＤ間の父子関係を否定することができるか。
(2)　Ｅについて、Ｂの嫡出子として出生届出を行うように指示されたＡは、これに従わなければならないか。

参考　❶最判昭和 44 年 5 月 29 日民集 23 巻 6 号 1064 頁
　　　　❷最判平成 10 年 8 月 31 日判タ 986 号 160 頁
　　　　❸最判平成 26 年 7 月 17 日民集 68 巻 6 号 547 頁

▶▶解説

1. Dは、ＡＢの婚姻成立から200日を経過した後、婚姻解消前に生まれた子であるため、Ａの夫であるＢの子と推定され（772）、夫以外の者はその親子関係を否定（嫡出否認）できないようにも思われる（775参照、項目**184**・**185**も参照）。しかし、嫡出推定制度は、あくまでも夫による懐胎可能性を前提とする制度であるため、この前提を欠き、客観的に夫の子ではあり得ない子については、判例は、「推定の及ばない子」（判決等では、「推定を受けない嫡出子」という表現もみられる）という概念を用いて区別し、嫡出推定制度の適用外としている（❶）。その親子関係の否定は、厳格な嫡出否認の訴えによる必要はなく、確認の利益がある限り、誰でも、いつまででも争うことができる親子関係不存在確認の訴え（人訴2②）によって行うことができる。具体的にどのような子が「推定の及ばない子」に当たるのかをめぐって学説は対立しているが、判例は一貫して、夫の収監、行方不明等、妻が夫の子を懐胎する可能性がないことが外観上明白な場合に限定している。懐胎時期に別居していても、夫との性交渉の機会が皆無ではなかった場合（❷）、DNA鑑定結果によれば父子関係の存在が否定されるものの、夫との同居中に妻が懐胎した子である場合（❸）等は、推定の及ばない子には当たらない。Ｂが収監中に懐胎されたＤは、推定の及ばない子に当たるため、ＢおよびＣは、親子関係不存在確認の訴えによってＢＤ間の親子関係を争うことができる。

2. Ｅは、ＡＢの婚姻解消から300日以内に生まれており、Ｂの嫡出子と推定されるため（772Ⅱ）、Ｂの嫡出子としての出生届出が求められる。もし、Ｅが推定の及ばない子であれば、Ａの嫡出でない子として出生届出を行い、認知によってＣＥ間に父子関係を成立させることも考えられるが（❶参照）、「ＡがたびたびＢ宅を訪れて話し合いを重ね」ていた時期に懐胎されたＥは、判例の基準によれば、推定の及ばない子に当たるということは難しいだろう。したがって、Ａは戸籍係の指示に従わざるを得ず、Ｂによる嫡出否認の訴えがあってはじめて、ＣはＥを認知することができる。

　現実には、嫡出否認について夫の協力を得られるとはかぎらず、妻が夫に居場所を知られることさえ恐れて連絡を取りたくないケースも少なくない。このような場合に、妻が子の出生届を提出しないという選択をすることもあり、それが無戸籍児を生み、「300日問題」と呼ばれる社会問題をもたらした。　　　　［**西希代子**］

187 認知と認知無効

妻子があるＡ男と未婚のＢ女との間にＣ男が誕生した。ＢはＡにＣの認知を求めたが、Ａは拒否した。それをきっかけにＡＢは疎遠になり、Ｂは新たにＤ男と出会い、婚姻した。その際、Ｄは、ＣがＡの子であることを知りながら認知した。その後、ＢＤの関係が悪化し、離婚した。

(1) Ｃの法律上の母は誰か。

(2) Ｄは、Ｂとの離婚後、Ｃの認知は事実に反するものであるとして、認知の無効を主張した。Ｄによる認知無効の訴えは認められるか。

(3) **(2)**においてＤの訴えが認められた場合、ＣまたはＢは、Ａに対して改めて認知を求めることができるか。Ａがすでに死亡していた場合はどうか。

参考 ❶最判昭和 37 年 4 月 27 日民集 16 巻 7 号 1247 頁
❷最判平成元年 11 月 10 日民集 43 巻 10 号 1085 頁
❸最判平成 26 年 1 月 14 日民集 68 巻 1 号 1 頁

▶▶解説

1. Cは、婚姻していない母から生まれた子であり、嫡出でない子（非嫡出子、婚外子）である。嫡出でない子の法的親子関係の成立については、条文上、父子関係の成立には父の、母子関係の成立には母の認知が必要とされている（779）。ただし、母子関係については、通常、分娩の事実によって明らかであるため、判例により、原則として母の認知をまたず、分娩の事実によって当然発生すると解されており（❶）、779条等、母の認知を予定している条文の一部は空文化されている。今日では、認知届の書式等においても、母の認知は予定されていない。したがって、認知なくして、分娩の事実によって当然に、BがCの法律上の母となる。

2. 認知は、父がその意思のみにより行うことができ、血縁上の父子関係の証明も不要であるため、真実に反する認知が行われることもある（設例のように、その母との婚姻に際して行われることも少なくなく、このような認知を一般に「好意認知」と呼ぶ）。そのため、786条は、「子その他の利害関係人」に認知に対する反対の事実の主張を認めている。しかし、真実に反することを認識しながら認知した父に、「利害関係人」として認知無効の主張を許すことは、子の法的身分の安定という観点からも、議論の余地がある。実際、かつての判例はこれを否定していたが、近時、血縁上の父子関係がないことを知りながら認知をした場合であっても、自らした認知の無効を主張することができるとする判例が現れた（❸）。したがって、Dによる認知無効の訴えは認められる。

3. Dによる認知無効の訴えが認められたことにより、法律上、父のいない子となったCは、血縁上の父であるAに対して認知を求めることができる。Aが任意認知（779）を拒む場合は、CはAに対して認知の訴えを起こして強制的に法律上の父子関係を成立させることができる（強制認知）。父の生存中であれば、出訴期間の制限等はない。Cが未成年の場合は、その法定代理人である親権者のBが訴えることもできる（787本）。

　Aがすでに死亡していた場合には、任意認知は不可能であるが、死亡の日から3年以内に限り、認知の訴えを提起することができる（787但）。この場合、Aの子ではなく（❷参照）、検察官が被告となる（人訴42Ⅰ）。

［西希代子］

188 普通養子の成立と効果

(1)　A女は、B男と、その間の未成年の子Cの親権者をAと定めて離婚した。Aは、その後、Dと再婚した。

①Aは、CとDが親子となることを望み、Bはこれに反対している。この場合に、CD間に親子関係を成立させるには、どのような方法があるか。また、CD間に親子関係が成立する場合、BとCの関係はどうなるか。Cが10歳と16歳である場合とに分けて、答えなさい。

②CとDとの間に親子関係が生じた後、AとDが離婚した。この場合に、CとDとの間の関係はどうなるか。

(2)　資産家のEは、高齢になり、将来に備えての財産の運用について調べたところ、相続人の数が多いことが相続税の節税につながることを知り、かねて可愛がっていた成年の甥のFに相談をしたところ、FがEの養子になっても構わないとの意向を示したので、Fとの養子縁組の届出をした。Eの死後、Eの実子であるGが、EF間の親子関係を争った場合、Gの主張は認められるか。

(3)　若年女性の援護活動に関わるH女は、不測の妊娠をしたIの相談に応じ、Iの了解のもと、Iが出産した子Jについて、Hの子として出生の届出を行った。この場合、HとJの間に、養親子関係は成立するか。

参考　❶最判昭和 23 年 12 月 23 日民集 2 巻 14 号 493 頁
　　　❷最判平成 29 年 1 月 31 日民集 71 巻 1 号 48 頁
　　　❸最判昭和 25 年 12 月 28 日民集 4 巻 13 号 701 頁

▶▶解説

1. 養親となろうとする者と養子となろうとする者との合意によって養親子関係を成立させることができる（普通養子縁組）。その要件として、縁組意思の合致（❶）と縁組の届出（799→739）が求められるが、それら以外に一定の要件や手続が求められることがある。

(1) は、いわゆる連れ子養子の場面である。未成年者の養子であるが、Ｄがその配偶者の子を養子とする場合なので、夫婦共同ではなくＤ単独での縁組が可能であり（795但）、家庭裁判所の許可を得る必要もない（798但）。縁組が成立すれば、ＤはＣの養親となり、Ａと共に、Ｃに対する親権を行使することになる。

Ｃが16歳のときには、ＣとＤとの縁組意思の合致によって、Ｃが10歳であるときには、Ｃの親権者Ａが法定代理人として承諾する方法によって、ＤがＣを養子とすることができる（797Ⅰ）。Ｂが監護者に指定されていない限り（同Ⅱ前参照）、Ｂが反対していることは影響しないが、ＢとＣの親子関係は、養子縁組後も維持される。

2. ＣＤ間の養子縁組は、社会実態上は、ＡＤ間の婚姻と密接に関連していることが多いであろうが、ＡＤの離婚と連動してＣＤの養親子関係が解消される関係にはない。ＡＤの離婚に際して、ＣおよびＤが関係の解消を望むのであれば、ＣＤ間で協議離縁をすることになるが（811）、協議が調わない場合には、裁判上の離縁を求めることになる（814）。

(2) のような節税目的での養子の場合、縁組の届出をする意思はあっても、縁組意思はなく、普通養子縁組は無効とならないかが問題となる。普通養子縁組は、成人の養子の場合を含めて、様々な目的で利用されており、どのような関係を設定する意思があれば足りるかの基準は、必ずしも明確ではない。判例では、節税目的での養子縁組を有効としたものがあり（❷）、この判例に従えば、Ｇの主張は認められない。普通養子は、純粋に未成年者に監護教育を確保するための制度とは解されていないのである。ただし、上記判例は、節税目的と同時に、親子関係の主要な効果を享受する意思もあるとして有効としたとも考えられる。

(3) では、Ｈには、確かにＪと親子関係を設定してその監護教育を行う意思が認められるが、普通養子縁組の成立のためにはその届出が必要であり、出生届ではこれを満たさないため、ＨＪ間には養親子関係を認めがたい（❸）。

［久保野恵美子］

189 特別養子に関する特則

(1) A女は、B男と、その間の未成年の子Cの親権者をAと定めて離婚した。Aは、Cを養育する資金を稼ぐために無理を重ねた結果、心身に不調を来たし、Cに暴行を加え、その日常の世話を怠るようになった。Cの異変に気づいた保育所から児童相談所に通告があり、Cは、児童相談所に保護され、里親であるDE夫妻に委託された。Aが児童相談所からの支援および指導を拒絶したため、CをAのもとに復帰させる目処が立たなかった一方、CはDEによくなついた。

DEは、児童相談所を通じてAの了解を得た上で、家庭裁判所にC（当時8歳）との特別養子縁組を申し立てた。この場合に、BがCを引き取って育てる意向を示しているときと、Bが行方不明であるときとに分けて、特別養子縁組が成立するかどうかを検討しなさい。

(2) 若年で不測の妊娠をしたFは、Gを出産した直後に支援者からの勧めに従い、Gを特別養子縁組に出すことに同意をしたが、試験養育開始の5か月後に同意を覆した。特別養子縁組は成立するか。

参考 ❶最判平成 7 年 7 月 14 日民集 49 巻 7 号 2674 頁
❷東京高決平成 14 年 12 月 16 日家月 55 巻 6 号 112 頁

▶▶解説

1．(1)において、普通養子であれば、8歳のCの養親となろうとするDEは、Cの親権者たるAの代諾により（797Ⅰ）、裁判所の許可を得て（798）、縁組を成立させることができる。しかし、DEは、特別養子縁組を望んでいるため、家庭裁判所に請求し、特別養子縁組の成立審判を経る必要がある（817の2）。特別養子縁組は、実方の父母および親族との関係を終了させる効果がある（817の9）ことから、父母による子の監護が不適切である等の特別の事情があって子の利益のため特に必要がある（817の7）と認められ、父母の同意があること（817の6）が要件とされる。なお、養親候補者の負担となりうるこれらの要件の審理のために、縁組成立審判事件の前段階に、別途の手続（特別養子適格の確認請求の審判事件）が設けられ（家事164Ⅱ）、児童相談所長もその申立てができる（児福33の6の2Ⅰ）。**(1)**では、AがCを虐待したうえ、児童相談所による指導を拒絶し、CをAのもとに返す目処が立たないという事情があることから、Aの拒絶の態様やその期間の長さにもよろうが、上記特別の事情の要件が充たされる可能性があり、Aの同意もある。父Bが行方不明である場合には、父による監護は期待できず（817条の7所定の要件を充たす）、その同意を得ることもできない（817の6但）ので、他の要件を充たせば、縁組を成立させうる。夫婦であるDEは、年齢要件（817の4）を充たせば、養親となりえ（817の3）、Cの年齢要件も問題ない（817の5）。DEがCを監護をした期間が6か月を超えていれば、裁判所は、その状況を考慮して、縁組成立の審判をすることができる（817の8〔試験養育〕）。これに対して、BがCを引き取って育てる意向を示しているときには、予想されるBの監護が著しく不適当で、Cの利益を著しく害するといった特段の事情がない限り、特別養子縁組は認められないといえる（❷参照）。Bは、Cの親権者でも監護者でもないが、特別養子縁組の効果の重大性に照らし、普通養子縁組の場合と異なり、父である以上は、Cが養子になることについて、このような立場を保障されている（認知をしていない生理上の父の関与可能性について示した❶が参考になる）。

2．(2)では、父母の同意の時点と撤回の可否が問われる。撤回については一定の制限が設けられている（家事164の2Ⅴ、239条Ⅱ）が、子の出生後2か月以内の同意は、実親が精神的に不安定な時期であることから、制限の対象外とされ、撤回が可能である（同164の2Ⅴ①、239Ⅱ）。したがって、**(2)**では、同意の撤回が認められ、縁組は成立しない。

[久保野恵美子]

190 生殖補助医療と親子関係

　A女・B男は、2015年に婚姻した夫婦である。以下のそれぞれの場合において、問われている親子関係について説明しなさい。

(1)　癌の治療のために子宮を摘出したAは、自己の卵子とBの精子を用いた代理出産（代理懐胎）をC女に依頼し、2020年1月、CはD男を出産した。Dの法律上の母は誰か。

(2)　Bは不治の病に罹患し、2018年1月に死亡した。Bは、生前、健康な時に精子を凍結保存していたため、死亡する直前に、Aに対して、自分の死後、その凍結保存精子を用いて子を産んでほしいと頼んでいた。そこで、Aは、Bの両親の賛成も得て、Bの凍結保存精子による体外受精を行い、2020年1月、E女を出産した。BE間に法律上の父子関係は成立するか。

(3)　Bは、生来女性であったが、2010年1月に性同一性障害者の性別の取扱いの特例に関する法律3条に基づき女性から男性に性別変更を行い、適法にAと婚姻した（同法4参照）。AB夫婦は、婚姻当初から子をもつことを望んでいたため、AはBの同意を得て第三者提供精子を用いた人工授精（AID）を行い、2020年1月にF女を出産した。BF間に法律上の父子関係は成立するか。

参考　❶最判昭和37年4月27日民集16巻7号1247頁
　　　　❷最判平成18年9月4日民集60巻7号2563頁
　　　　❸最決平成19年3月23日民集61巻2号619頁
　　　　❹最決平成25年12月10日民集67巻9号1847頁

▶▶解説

1. Dは、血縁上（遺伝的に）はAB夫婦の子であり、その養育を予定しているのもAB夫婦であるため、Dの母はAであるようにも思われる。この点、嫡出推定等の規定がある嫡出父子関係とは対照的に（772以下）、嫡出母子関係については規定がない。しかし、非嫡出母子関係について分娩者を母とする判例（❶）を手がかりとして、夫婦間に代理出産によって生まれた子についても同様に解した最高裁判決が存在する。すなわち、772条1項は、懐胎し出産した女性が出生した子の母であり、母子関係は懐胎、出産という客観的な事実により当然に成立することを前提とした規定であるとして、「現行民法の解釈としては」、懐胎・分娩者が母であり、懐胎・分娩者でない女性との間には、たとえその女性が卵子由来者であるとしても、母子関係は認められないとした（❸）。したがって、Dの法律上の唯一の母はCである。

2. Eは、血縁上はAB夫婦の子である。Eの誕生はBの死亡の2年後であり、嫡出子としての届出はできないとしても（772Ⅱ参照）、死後認知により（787但）、BE間に非嫡出父子関係を成立させることができるようにも思われる。しかし、判例は、死後懐胎子については、父が親権者になりうる余地がなく、父から扶養等を受けたり、父の相続人になったりすることもできず、死後懐胎子と父との間には、法律上の親子関係における基本的な法律関係が生じる余地がないとして、「立法がない以上」、死後懐胎子と父との間の法律上の親子関係の形成は認められないとする（❷）。したがって、BE間に法律上の父子関係は成立しない。

3. 生来女性であったBは、現在の医学では父になり得ず、Fとの間に血縁上の父子関係はない。しかし、性同一性障害者の性別の取扱いの特例に関する法律4条1項は、性別の取扱いの変更の審判を受けた者は、民法その他の法令の規定の適用について、原則としてその性別につき他の性別に変わったものとみなす旨を規定している。そのため、判例は、妻との性的関係により授かった子であり得ないとしても、婚姻中にその妻が子を懐胎したときは、772条により夫であるBの子と推定されるとする（❹）。したがって、BF間に法律上の嫡出父子関係が成立する。このように、民法典および判例は、法律上の親子関係と血縁上の親子関係を別のものと捉え、両者が一致することを必ずしも求めていないのである。

［西希代子］

191　親権の帰属

　ＡＢ夫婦には、子Ｃ（15 歳）がいる。Ａと妻Ｂは、日頃からけんかが絶えず、ＢはＣを連れて実家に戻り、それ以来別居を続けている。その後、ＡとＢは離婚することにした。

(1)　ＡとＢは、離婚後、いずれもＣの親権者になりたいと考えている。どのように親権者を定めることになるか説明しなさい。
(2)　Ｃの意思をふまえ、離婚後はＢがＣの親権者となったが、1 年後、Ｂは病気で亡くなった。この場合、ＡがＣの親権者となるのか。また、Ｂが自分の親Ｄ（Ｃの祖母）を未成年後見人に指定する遺言を遺していた場合はどうなるか。

参考　❶東京高判平成 29 年 1 月 26 日判時 2325 号 78 頁
　　　　❷東京高決平成 5 年 9 月 6 日家月 46 巻 12 号 45 頁
　　　　❸仙台家審昭和 45 年 10 月 26 日家月 23 巻 3 号 19 頁
　　　　❹大阪高決平成 26 年 4 月 28 日判時 2248 号 65 頁

▶▶解説

1. 婚姻中は父母が共同して親権を行うが（共同親権の原則。818Ⅲ）、父母が離婚をするときは、一方を親権者と定めなければならない（単独親権の原則。819）。いずれを親権者とするかは、協議離婚の場合には父母の協議で定め（同Ⅰ）、協議が調わない場合には審判により定める（同Ⅴ）。調停離婚の場合には、調停（夫婦関係調整調停）において定め、裁判離婚の場合には裁判所が定める（同Ⅱ）。親権者を決定する基準としては、子の監護養育状況、子の意思、監護の継続性、親の監護能力、面会交流に対する寛容性等が子の利益の観点から総合的に考慮される（❶）。子が15歳以上であるときは、審判をする場合には、家庭裁判所は子の陳述を聴かなければならない（家事169Ⅱ）。

　親権者とは別に監護者を定めることも可能である（766Ⅰ）。親権と監護権が分属する場合には、監護者が子を監護教育し、親権者が財産管理をすると解されている。しかしながら、親権と監護権を分属させることは、深刻な親権争いの妥協的解決方法として利用され、後日の紛争を誘発する一因ともなることから、実務では慎重な立場がとられている（❷）。なお、学説には、離婚後も共同親権とし、父母が子の養育に関与すべきとの立法論もあり、法務省でも調査研究が始まっている。

2. 離婚後、単独親権者となった者が死亡した場合には、「親権を行う者がないとき」（838①）に該当し未成年後見が開始するのか、あるいは、生存親が親権者になるのかが問題となる。学説では、ⅰ離婚後、停止状態にあった他方の親の親権が当然に復活し、後見開始の余地はないとする説（当然復活説）、ⅱ未成年後見が開始し、他方の親権は復活しないとする説（後見開始説）、ⅲ後見は開始するが、未成年後見人の選任前であれば親権者変更が可能とする説（制限的回復説）、ⅳ他方の親が親権者として適任であれば、後見人の選任の前後を問わず、親権者変更の申立てをなしうるとする説（無制限回復説）等が主張されてきたが、近時の裁判例および学説は、ⅳ説をとるものが多い（❸）。これによれば、Bの死亡後、Aは適任であれば親権者変更手続を経て、親権者となりうる。また、単独親権者が遺言により第三者を未成年後見人に指定していた場合であっても、生存親は親権者変更を求めることができるとした裁判例もある（❹）。

［合田篤子］

192 親権制限と未成年後見

　ＡＢ夫婦には子Ｃ（5歳）がいる。Ａは妻Ｂが止めるのも聞かず、しつけと称してＣの顔や身体を殴り、大けがをさせることもある。

(1)　Ａの親権を制限するためには、民法上、どのような方法があるか説明しなさい。

(2)　ＡとＢは離婚し、ＢがＣの単独親権者となった。その後、Ｃが嘔吐を繰り返すようになり病院で診察を受けたところ、Ｃは手術以外には根治できない病気であり、手術を受けなければ、衰弱し死亡する可能性があると医師から告げられた。しかし、Ｂは宗教上の理由から、Ｃに輸血することはできないとして、Ｃの手術に対する同意を拒んでいる。Ｃに手術を受けさせるためには、どうすればよいか。

参考　❶宮崎家審平成 25 年 3 月 29 日家月 65 巻 6 号 115 頁
　　　　❷東京家審平成 27 年 4 月 14 日判時 2284 号 109 頁

▶▶解説

1. 民法には、不適切な親権行使を制限する制度として、親権喪失制度（834）、親権停止制度（834の2）および財産管理権のみを喪失させる制度（835）がある。児童虐待事件が増加する中、親権を期間制限なく全面的に剥奪する親権喪失や、2年を上限として親権を停止させる親権停止は重要な意義を有している。

　親権喪失と停止の要件の違いは、主として、ⅰ親権行使が困難または不適当であることが著しいか否か、ⅱ子の利益を害する程度が著しいか否か、ⅲ2年以内に原因が消滅する見込みがあるか否かである。親権停止が認容されるのは、親権喪失の場合に比べてネグレクト事案が多いとはいえ（❶❷）、身体的虐待や性的虐待のケースもあり、Ａの親権を制限する方法としていずれが妥当であるかの判断は難しい。この点につき、家庭裁判所は、親権喪失原因までは認められないものの、親権停止の原因は認められると判断したときには、親権喪失審判の請求に対しても親権停止の限度で審判をすることができるとされている。

　なお、親権喪失や停止が認められ、親権を行う者がない状況になった場合は未成年後見が開始する（838①）。この場合、未成年被後見人、親族、利害関係人等の請求に基づき、家庭裁判所が未成年後見人を選任する（840Ⅰ）。選任された未成年後見人が未成年者の身上監護、財産管理を行うことになる（857・859）。もっとも設例の場合には、Ａの親権が制限されたとしても、親権者Ｂがいるため未成年後見は開始しない。

2. 設例のように親権者が子に必要な医療を受けさせないことも児童虐待の一類型であり、特に医療ネグレクトとよばれる。医療ネグレクトの場合には、原則として親権停止の審判で対応することになっているが、医療行為の緊急性の程度に応じて対応が異なる。Ｂの親権停止の審判の確定を待てる場合には、確定後、選任された未成年後見人がＣの手術について同意する。しかし、緊急性が高い場合には、親権停止の審判を本案として、審判の効力が生じるまで親権者の職務執行を停止し、職務代行者を選任する審判前の保全処分を行い、職務代行者が手術に同意する（家事174・❷）。さらに緊急を要する場合には、児童相談所長等が親権者の意に反しても監護措置をとることができる（児福33の2Ⅳ・47Ⅴ）。

［合田篤子］

193 成年後見人の責任等

　A（85歳）には親族がおらず、自宅で一人暮らしをしている。最近になって、Aは悪質な訪問販売業者から高額な布団を購入させられたこともあった。そこで、弁護士Bが、Aの成年後見人に選任されることになった。

(1)　成年後見人が行う事務（職務）について説明しなさい。

(2)　Aは、一人暮らしが困難になってきたことから、施設に入所することになった。Aの預貯金だけでは費用が不足するため、Bは、Aの自宅を売却しようと考えている。認められるか。

(3)　Bが施設入所手続を進めている中、Aは、認知症の症状が進み、徘徊するようになり、線路に迷い込んだ結果、電車に接触してけがを負った。電車事故の影響で、鉄道会社Cに損害が生じた。Bは、Cに対して損害賠償義務を負うか。

(4)　Bは、弁護士事務所の経営がうまくいかず、Aの預金300万円を着服した。どのような責任を負うことになるか。

参考　❶最判平成28年3月1日民集70巻3号681頁
　　　　❷最決平成24年10月9日刑集66巻10号981頁

▶▶解説

1. 成年後見人は、成年被後見人の財産管理（859 I）や生活、療養看護に関する事務（858）を行う。そのため、成年後見人には財産管理権・代理権（859 I）、取消権等が認められ、家庭裁判所が必要があると認めるときは、郵便物等の管理も行うことができる（860の2・860の3）。ただし、成年後見人の職務は、後見事務を中心とする法律行為に限定され（介護契約、施設入退所契約等）、介護等の事実行為は含まれない。これらの職務を行うにあたり、成年後見人は、身上配慮義務および本人の意思尊重義務を負い（858）、一定の監督を受ける（863等）。

2. 成年後見人は、不動産の処分も含めた包括的代理権を付与されている（859 I）。しかし、成年後見人が成年被後見人に代わって、居住用不動産について売却、賃貸、賃貸借の解除、抵当権の設定等をするには、家庭裁判所の許可を得なければならず（859の3）、代理権は一定の制約を受ける。これは、居住用不動産が被後見人の身上面に与える影響の重大さを考慮したものである。家庭裁判所の許可なく行われた行為は無効である。Aの不動産の売却については、必要性および相当性が認められる可能性が高く、Bは家庭裁判所の許可を得た上であれば、Aの自宅を売却することができる。

3. 最高裁は、身上配慮義務を根拠に、成年後見人に対して事実行為として成年被後見人の現実の介護や成年被後見人の行動を監督することを求めるものと解することはできないとして、成年後見人であることだけでは直ちに法定監督義務者（714）に該当しないと判示した（❶）。また、❶は準法定監督義務者につき、様々な要素を考慮して判断する枠組も示しているが、Bは第三者後見人であり、Aに徘徊行為が現れる前から施設入所手続を進めていたこと等から準法定監督義務者としての責任も否定されると思われる。もっとも、❶には批判も多く、被害者保護という観点からの新たな制度設計の必要性も主張されている。

4. 成年後見人による不正行為（横領等）事件が社会でも問題となっている。横領は解任事由に当たり（846）、Bは不法行為（709）や善管注意義務違反（869 → 644）に基づく損害賠償義務を負う可能性がある。さらに、業務上横領（刑253）として刑事罰を受けることもある（❷）。不正行為対策の1つとして、後見制度支援信託や後見制度支援預金も利用されている。

[合田篤子]

194 親族間の扶養と清算

　A（85歳）には3人の子BCDがいる。Bは、病気がちで入退院を繰り返しており、CはAらと疎遠である。Aは認知症となり、一人暮らしが難しくなってきたことから、DがAを引き取ることになった。

(1)　DはCに対して、Aに対する扶養料を負担するよう請求しているが、Cは、Dが勝手に親の面倒をみているのだから、扶養料を負担するつもりはないと反論している。Cの反論は認められるか。

(2)　Aの死後、Bは長期間入院することになった。Bには労働能力はなく、資産もない。DはBの医療費や入院雑費、衣類等の費用を2年間負担してきたが、Cは何ら負担していない。Dは、Cに対して過去2年間の立替分を求償することができるか。

(3)　CDの死亡後、Bは、Dの子Eを頼るようになった。Eには、Bを扶養する義務はあるか。

参考　❶最判昭和 26 年 2 月 13 日民集 5 巻 3 号 47 頁
　　　❷最判昭和 42 年 2 月 17 日民集 21 巻 1 号 133 頁
　　　❸東京高決昭和 61 年 9 月 10 日判時 1210 号 56 頁
　　　❹大阪家審昭和 50 年 12 月 12 日家月 28 巻 9 号 67 頁

▶▶解説

1．直系血族および兄弟姉妹は互いに扶養義務がある（877Ⅰ）。夫婦間や親の未成熟子に対する生活保持義務とは異なり、Aにつき、BCDは生活扶助義務を負うと解されている。判例には、扶養義務者（兄）の意に反して扶養権利者（母）を引き取った他の扶養義務者（妹）のみが扶養料を負担すべきとはいえないとしたものがある（❶）。本問でも、Cの反論は認められず、CはAに対する扶養義務を負うことになる。もっとも、扶養義務者の順位や扶養の程度・方法につき当事者間に協議が調わないときは、家庭裁判所が定める（878・879）。家庭裁判所は、扶養権利者の需要、扶養義務者の資力その他一切の事情を考慮して、扶養の程度または方法について定める（879）。

2．CDはBに対し扶養義務を負う（877Ⅰ）。しかし、扶養は権利者に現実に生じている要扶養状態を解消するためのものであり、時の経過と共に消滅していく性質（絶対的定期債務性）を有する扶養請求権を事後的に請求すること、すなわち、過去の扶養料請求が可能かが問題となる。判例は扶養料を支出した扶養義務者から他の扶養義務者に対する過去の扶養料の求償も認めている（❷）。どの程度過去に遡って求償を認めるかは、家庭裁判所が当事者間の負担の衡平を図る見地から、扶養の期間、程度、各当事者の出費額、資力等の事情を考慮して定めるのが相当とされる（❸）。よって、DからCへの求償は認められる余地がある。

3．BとEは三親等の親族関係にあり、家庭裁判所は特別の事情があるときは扶養義務を負わせることができる（877Ⅱ）。しかし、三親等内の扶養義務は廃止すべきとの立法論や、公的扶助に委ねるべきとの考え方も強く、「特別の事情」の存否の判断基準は厳格であるべきとの見解が有力である。具体的には、扶養義務者が、扶養義務を負担させることが相当とされる程度の経済的対価を得ている場合、高度の道義的恩恵を得ている場合、同居者である等の場合に限定して解するのが正当であり、単に扶養能力を有することのみをもって「特別の事情」があると解することはできないとした裁判例がある（❹）。これによれば、EがBから相当程度の経済的対価を得ている等の特別の事情がない限り、Eの扶養義務は否定されることになる。

［合田篤子］

195 相続人と包括受遺者

夫Aと妻Bの間には、子CDがおり、Cには子Eがいる。

Aは、Bが死亡した後、F女と懇意にしたが、AとFとは婚姻しなかった。Fには、子Gがいるが、GはAの子ではない。

Aは、「Fに、遺産の4分の1を与える」という遺言（以下、「本件遺贈」という）を残して、死亡した。Aの遺産には、甲不動産が含まれている。また、遺産分割は未了である。

(1) 各人の、甲不動産における共有持分はいくらか。

(2) ①Cが被相続人Aよりも先に死亡していた場合、また、②Fが被相続人Aよりも先に死亡していた場合、**(1)**の共有持分はどうなるか。

(3) Fが本件遺贈を放棄したいと考える場合、どのような手続をとればよいか。

▶▶解説

　遺贈には、特定の財産を与える特定遺贈と、遺産のうち一定の割合で示された部分を与える包括遺贈とがある（964）。本件遺贈は、遺産の一部の割合を対象とする割合的包括遺贈であり、Ｆは、遺産の４分の１についての包括受遺者である。包括受遺者は、相続人と同一の権利義務を有する（990）が、相続人と同様に扱われる場面と、そうではない場面がある。

1. 包括受遺者は、相続人とともに、受遺分に応じて、遺産を共有する（898）。甲不動産も、相続人と包括受遺者とで共有することとなり、甲不動産の共有持分は、Ｆが受遺分の４分の１であり、相続人ＣＤがそれぞれ、残りを法定相続分各２分の１に分けた８分の３である。ただし、共有持分の登記を、相続人は単独で申請できるが、受遺者は相続人と共同で申請しなければならない。

2. 相続開始時に被相続人の子が先に死亡していた場合、代襲相続が生じる（887Ⅱ）。これに対して、包括受遺者が先に死亡していた場合には、受遺者の相続人が受遺者としての地位を承継しているわけではない。遺贈の効力が生じるのは、相続開始時であり（985Ⅰ）、その時点で受遺者が死亡していた場合、遺贈は効力を失うからである（994Ⅰ参照）。よって、ⅰＣが先に死亡していれば、ＥがＣを代襲相続するが、ⅱＦが先に死亡しても、Ｇは受遺者の地位を承継しない。ⅰの場合、共有持分は、Ｆが４分の１、ＥＤがそれぞれ８分の３となるのに対し、ⅱの場合は、相続人ＣＤのみの共有で、共有持分はそれぞれ２分の１となる。代襲相続の場面では、包括受遺者は相続人とは同様の扱いを受けない。

3. 遺贈（遺言）は言者の単独行為である。受遺者は遺贈を承諾しているわけではなく、放棄することができる。特定遺贈の放棄は、遺言者の死亡後いつでもなしうる（986Ⅰ）。特定受遺者が遺贈義務者（通常は相続人）に対して、放棄の意思表示をすれば、遺贈の効力は遺言者の死亡時に遡って消滅する（同Ⅱ）。

　これに対して、包括遺贈の放棄は、包括受遺者が相続人と同一の権利義務を有する（990）ことを理由に、相続人による相続放棄の規定によるべきとされている。よって、Ｆが本件遺贈を放棄するには、熟慮期間内に（915参照）、家庭裁判所に申述しなければならない（938）。

［宮本誠子］

196 相続の承認と相続放棄

(1) Aは、配偶者に先立たれ、子Bとも離れて暮らし、Bとは全く連絡をとっていなかった。Aが死亡した際、唯一の相続人であるBは、A死亡の事実をすぐに知らされていたが、Aには相続すべき積極財産が全くなかったため、Aの相続に関して何らの手続もとらなかった。

Aの死亡から半年を経た後、CからBに対して連絡があった。これによりBは、Aが友人Dの連帯保証人になっており、債権者Cに対して保証債務500万円を負担していたことを知った。CはBに対して保証債務を履行せよと迫っている。Bはこの保証債務の存在を全く知らなかったとして、相続放棄をすることができるか。

(2) Eは、債権者Fに対して多額の債務を負っていた。Eが死亡し、Eの子らが全員相続放棄をしたため、Eの弟Gが相続人となった。Gは、自己がEの相続人となったことを知らず、相続放棄をすることなく死亡した。Gの相続人は、Gの子Hのみである。

Gの死亡から半年後、Hは、Fからの通知により、GがEの相続人であり、自己がその地位を承継していた事実を知った。Gは、Eからの相続を放棄することができるか。

参考 ❶大決大正 15 年 8 月 3 日民集 5 巻 679 頁
❷最判昭和 59 年 4 月 27 日民集 38 巻 6 号 698 頁
❸最判令和元年 8 月 9 日民集 73 巻 3 号 293 頁

▶▶解説

1．相続人は相続を承認するか放棄するかを選択できる。相続放棄をすれば、相続人とならなかったものとみなされ（939）、被相続人の権利も義務も承継しない。

相続放棄をするには、自己のために相続の開始があったことを知った時から3か月以内に（915Ⅰ）（熟慮期間）、家庭裁判所に申述しなければならない（938）。熟慮期間は、相続人が相続開始の原因たる事実およびこれにより自己が相続人となった事実を知った時から起算される（❶）。これによれば、Bは放棄できない。

しかし、判例は、例外的に、相続人が「相続財産の全部又は一部の存在を認識した時又は通常これを認知しうべき時」から起算することを認めている。この例外が認められるのは、相続人が相続放棄をしていなかったのが、被相続人に「相続財産」が全く存在しないと信じたためであり、かつ、当該相続人に対し相続財産の有無の調査を期待することが著しく困難な事情があって、相続人が上記のように信じるのに相当の理由があると認められる場合である（❷）。判例の立場は、相続人が積極財産と消極財産を含んだ「相続財産」の全く存在しなかった場合に限定していると解される。他方で、積極財産が全く存在しないと信じ、著しい債務超過にあるとの認識が欠如していれば足りるとする説もある。前者によれば、Bの相続放棄は許されないが、後者では、許される可能性がある。

2．相続が開始したが（第1相続）、相続人が相続の承認・放棄をせずに熟慮期間内に死亡した場合には（第2相続）、その者の相続人（再転相続人）が、第1相続について承認・放棄を選択する地位を承継する。この選択の熟慮期間は、再転相続人が自己のために相続の開始があったことを知った時から起算する（916）。起算点を再転相続人の認識に基づいて定めることにより、再転相続人に対し、第1相続について承認・放棄を選択する機会を保障する趣旨である（❸）。それゆえ、再転相続人が自己のために第2相続が開始したことを知っていたとしても、死亡した者が第1相続の相続人としての地位を承継していたことを知らなければ、第1相続についての熟慮期間は経過せず、死亡した者が承認・放棄をしなかった第1相続における相続人としての地位を、自己が承継した事実を知った時から起算すべきと解される（❸）。これによれば、Gは、Eからの相続を放棄できる。

［宮本誠子］

197 相続人が不存在の場合の法律関係

　Aは5年前に死亡し、相続人は配偶者Bと、兄弟姉妹CDであった。Aの遺産には、甲土地が含まれていた。

　Aの死亡後、Bは1人で生活していたが、高齢のために、身の回りのこと全てを1人でするのは困難であり、Bのいとこの子Eが、時折B宅を訪れて、家事手伝いをした。

　その後、Bが死亡した。Bの葬式や法要は、Eが執り行った。Bの戸籍上の相続人は見当たらない。Bは死亡時、預金債権2000万円、現金1000万円、債権者Fに対する債務500万円を有していた。また、Aから相続した甲土地は、BCD間で共有しており、Bの持分は4分の3であった。

(1)　Fは、Bに対する債権を回収するためには、どのような手続をとらなければならないか。

(2)　(1)の手続の後、Eは、Bの財産の取得を主張したい。認められるか。

(3)　(2)において、Bが有していた甲土地の共有持分は、Eへの分与対象財産となりうるか。

参考　❶最判平成元年11月24日民集43巻10号1220頁

▶▶解説

1. 相続人のあることが明らかでないとき、相続財産は、法律上当然に、法人となる（951）。相続財産法人は、家庭裁判所が利害関係人の請求を受けて選任した相続財産管理人によって管理される（952Ⅰ）。家庭裁判所が、相続人捜索の趣旨で、管理人選任の公告を行い（同Ⅱ）、なお相続人の存在が明らかでない場合は、相続財産の管理人が、相続債権者等に対して、請求申出の公告を行い（957Ⅰ）、相続債権者等への弁済をなす（同Ⅱ）。Ｆは、利害関係人として相続財産の管理人選任を請求し、管理人による公告を待って、請求権の申出をすれば、相続財産管理人による相続財産の清算手続において、弁済を受けることができる。

2. 1.の手続後、一定期間相続人捜索の公告をしてもなお、相続人としての権利を主張する者がないときは、相続債権者等および相続人の失権が確定する（958の2）。その後、家庭裁判所は、被相続人の特別縁故者の請求によって、この者に、清算後残存する相続財産の全部または一部を与えることができる（958の3）。その趣旨は、残存する相続財産を国庫に帰属させる（959）よりも特別縁故者に分与するほうが、被相続人の意思に沿うであろうこと、また、特別縁故者の保護にもなることにある（❶）。Ｅは特別縁故者に当たるとして財産の分与を請求することができる。そして、この場合、Ｅのした家事手伝い等の行為が、親族としての通常の交際の範囲を超えているかどうかやその程度により、Ｅの特別縁故者該当性および分与額が判断される。

3. 被相続人が財産の共有持分を有していた場合、当該共有持分が、2.において特別縁故者に分与可能な財産に含まれるかが問題となる。255条が、共有持分権者が死亡し、相続人がいない場合、共有持分は他の共有者に帰属するとしているからである。しかし、判例は、958条の3優先の立場を採る。仮に255条を優先すると、被相続人の財産のうち共有持分だけが特別縁故者への分与対象とならず不合理であること、2.で述べた特別縁故者の趣旨、特別縁故者への分与の審判において柔軟な対応が可能であることをその理由とする（❶）。よって、Ｂの有した甲土地の共有持分も、Ｅへの分与対象財産となりうる。

［宮本誠子］

198 法定相続分と指定相続分

　Aが死亡し、相続人は子BおよびCである。Aは、「自分の遺産は債務も含めて、Bが3分の1、Cが3分の2の割合となるように分割し、それぞれ承継すること」という遺言（以下、「本件遺言」という）をしていた。

(1)　Aの遺産には甲土地が含まれていたところ、遺産分割が未了である間に、Bの債権者Dは、Bを代位して、甲土地につき、法定相続分（BCそれぞれ2分の1）に応じた共有相続登記をした上で、Bの持分（2分の1）を差し押さえた。Cは、Dに対して、甲土地における自己の共有持分を登記なくして対抗できるか。

(2)　AはEに対して3000万円の債務を負っていた。BおよびCはこの債務をそれぞれいくら承継するか。Eは、誰にいくら請求することができるか。

参考　❶最判昭和 38 年 2 月 22 日民集 17 巻 1 号 235 頁
　　　　❷最判昭和 34 年 6 月 19 日民集 13 巻 6 号 757 頁
　　　　❸最判平成 21 年 3 月 24 日民集 63 巻 3 号 427 頁

▶▶解説

　民法は、各相続人の相続分を定める（900・901）とともに、被相続人が遺言で共同相続人の相続分を指定することも認めており（902）、前者を法定相続分、後者を指定相続分という。本件遺言は、B3分の1、C3分の2との相続分を指定したものである。

1. 相続分が指定されると、相続人は、法定相続分ではなく、指定相続分に応じて被相続人の権利義務を承継する（899）。遺産共有中の相続財産全体における持分も、遺産を構成する個々の財産における共有持分も、指定相続分の割合になる。それゆえ、甲土地は、遺産分割前には、B3分の1、C3分の2での共有となる。

　Cは、甲土地において法定相続分2分の1を超える共有持分を有することになるところ、法定相続分による持分の承継は、被相続人との身分関係によって客観的に決まるのに対し、法定相続分を超える部分は、遺言という意思表示による。そこで、法定相続分による持分については、登記なくして第三者に対抗できるものの（❶）、法定相続分を超える部分については、遺言の内容を知りえない第三者の取引の安全を図る意味もあり、登記を備えなければ第三者に対抗することができないとされる（899の2Ⅰ）。よって、Cは、2分の1を超える部分についてはDに対抗できない。

2. 金銭債務は相続開始時に法律上当然に分割され、各相続人は相続分に応じて債務を負担する（❷参照）。相続分が指定されると、金銭債務の分割承継も、指定相続分に応じてなされる。よって、Bは、本件債務のうちの1000万円を、Cは2000万円を承継する。

　しかし、指定相続分はもとの債務者である被相続人の意思による法定相続分の変更であり、相続債権者の関与なくなされたものであるから、相続債権者は、各共同相続人に対して、法定相続分に応じた相続債務の履行を求めることができる（902の2本）。つまり、Eは、Bに1500万円、Cに1500万円の請求をすることができる。Bは1000万円分しか承継していないことをEに主張することはできず、Cに求償しうるにとどまる（❸参照）。

　ただし、相続債権者が共同相続人の1人に対して指定相続分に応じた債務の承継を承認したときは、もはや法定相続分に応じた請求をすることは認められない（902の2但）。　　　　　　　　　　　　　　　　　　　　　　　　　　　　　　［宮本誠子］

199 具体的相続分

Aが死亡し、相続人は子BCDである。Aの相続財産には、積極財産が6000万円、相続債務が3000万円ある。相続分は指定されていない。以下の場合において、それぞれ、BCDの具体的相続分はいくらか。なお、生前贈与の価額は、相続開始時のものとする。

(1) BはAから自宅購入代金の一部として1500万円の生前贈与を受けていた。CはAから900万円の遺贈を受けた。

(2) **(1)** において、Aは、Bへの生前贈与およびCへの遺贈について、持戻し免除の意思表示をしていた。

(3) BはAから自宅購入代金の一部として1500万円の生前贈与を受けていた。CはAから900万円の遺贈を受けた。また、DがAの療養看護をしていたため、BCDは、協議によって、Dに600万円の寄与分があることを認めた。

| **参考** ❶最判平成12年2月24日民集54巻2号523頁

▶▶解説

　具体的相続分は、遺産分割手続における分配の前提となるべき計算上の価額またはその価額の遺産の総額に対する割合をいい（❶）、共同相続人中に、ⅰ被相続人から特別受益を受けた者がいる場合や、ⅱ寄与分の認められる者がいる場合に、共同相続人間の実質的公平を実現するため、法定相続分または指定相続分に一定の修正を加えて算定される。

　ⅰの特別受益とは、被相続人から共同相続人に対する、婚姻・養子縁組のためまたは生計の資本としての贈与、および、遺贈である（903Ⅰ）。特別受益は原則として被相続人が相続分の範囲内で与えたものとされ、具体的相続分は、ⓐ被相続人が相続開始時に有した財産の価額に、特別受益のうち生前贈与の価額を加えたものを相続財産とみなし、ⓑみなし相続財産を法定相続分または指定相続分に従って分け、ⓒ特別受益の価額を控除して算定する（903Ⅰ。特別受益の持戻し）。具体的相続分は積極財産の分割基準を示すものであり、ⓐに債務は含まない。また、特別受益のうちの遺贈は、持戻しの対象ではあるが、相続開始時の財産を構成していると扱われ、ⓐで加算（計算上の持戻し）するのは生前贈与のみである。

　これに対して、被相続人が特別受益について上記とは異なる扱いをする旨の意思を表示（持戻し免除の意思表示）していれば、特別受益は相続分とは別に与える趣旨とされ、ⓐ～ⓒの算定には含めない（903Ⅲ）。すなわち、ⓐで生前贈与は加算せず、遺贈は相続開始時の財産から除外する。当然、ⓒでの控除もなされない。

　ⅱの寄与分とは、共同相続人による、被相続人の財産の維持または増加についての特別の寄与を評価して、特別に与える金額または持分割合をいい、共同相続人間の協議または審判により定まる（904の2Ⅰ・Ⅱ）。寄与分が認められる場合、ⓐでは寄与分を控除したものを相続財産とみなす。ⓒでは、算定された額に寄与分を加える（同Ⅰ）。

(1) ⓐ積極財産 6000 ＋ 贈与 1500 ＝ 7500 万円（以下同様）、ⓑ 7500 × $\frac{1}{3}$ ＝ 各 2500、ⓒ B・2500 － 1500 ＝ 1000、C・2500 － 900 ＝ 1600、D・2500。

(2) ⓐ積極財産 6000 － 遺贈 900 ＝ 5100、ⓑ 5100 × $\frac{1}{3}$ ＝ 1700、ⓒ B・1700、C・1700、D・1700。

(3) ⓐ積極財産 6000 ＋ 贈与 1500 － 寄与分 600 ＝ 6900、ⓑ 6900 × $\frac{1}{3}$ ＝ 2300、ⓒ B・2300 － 1500 ＝ 800、C・2300 － 900 ＝ 1400、D・2300 ＋ 600 ＝ 2900。

［宮本誠子］

200 遺言の要式性と遺言解釈

　Aは本件文書を遺して死亡した。本件文書は、「私の死後のことにつき、左のとおり定める。一、私の所有するマリア号および神戸市北区の甲土地は友人Bに遺贈する。二、左の者を認知し、私の預貯金すべてを相続させる。三、その他の財産のうち、不動産はDに、不動産以外の財産はEに、それぞれ相続させる。」と毛筆で縦書きされ、第2条項のすぐ左には、Cの戸籍抄本が貼り付けられていた。本件文書の末尾には、日付とAの氏名が書かれ、押印されていた。なお、DはAの妻であり、EはAD夫婦の嫡出子である。

(1)　本件文書は遺言として有効か。
(2)　Aはクルーザー1隻と馬1頭を所有していたが、いずれも「マリア号」という名である。Aは、神戸市北区に甲土地を所有し、馬の放牧に用いていた。また、BはAの属する乗馬クラブの仲間であった。本件文書第1条項の「マリア号」は何を指すか。
(3)　設例と異なり、本件文書第1条項は、「私の所有するクルーザーは、船舶操縦士免許をもつ友人Bに遺贈する」だったとする。船舶操縦士免許をもつ友人はBではなくFであった場合に、この条項を、Fへのクルーザーの遺贈と解釈することはできるか。

参考　❶最判昭和58年3月18日家月36巻3号143頁
　　　　❷最判平成13年3月13日家月53巻9号34頁

▶▶解説

1. 本件文書は、自筆証書遺言の要件を充たせば有効な遺言として認められる。自筆証書遺言は、遺言者が遺言内容の全部（全文）・日付・氏名を自書し、押印することにより成立する（968 I）。もっとも、相続財産目録を添付する場合に、その目録は自書でなくてもよい（同 II）。本件文書は、遺言内容の一部（被認知者の戸籍抄本を貼り付けた部分）が自書でない点で「全文の自書」の要件を欠き、非自書部分が無効であることにより、少なくとも第2条項は、その核心的部分（「誰」を認知して財産を与えるのか）が特定できず無効となる。この場合に、他の条項も無効となるかは、法律行為の一部無効の問題である。すなわち、他の条項のみではAが遺言をした目的が達成できず、他の条項を維持することがAの意思に反すると考えられるときは、他の条項も無効となる。Bへの特定遺贈（964）を定めた第1条項は、第2条項の内容と関連がなく、なお有効であろう。しかし、第3項は第2条項とともに相続人間の遺産分割方法を指定する条項であるところ（908）、第3条項のみを維持すると、遺産分割方法に関するAの意図に反する可能性がある。したがって、第2条項の無効によって、第3条項も無効となりうる。

2. 遺言は相手方のない単独行為であり、受領を要しない意思表示なので、表示に対する相手方の信頼や取引の安全を考慮する必要がない。したがって、遺言の解釈では、遺言者の真意（遺言者が文言に付与した主観的意味）のみが規準となる。遺言者の真意は、遺言書の全記載との関連や遺言書外の事情も考慮して探究される（❶）。本問では、Bへの遺贈目的物に馬の放牧地も含まれていること（遺言書の記載との関連）およびABは乗馬仲間であること（遺言書外の事情）から、第1条項は馬とその放牧地をBに遺贈する趣旨と解釈されうる。

3. 遺言の解釈のために遺言書外の事情を援用することについては、遺言の要式性との関係で限界がある（❷）。遺言書に全く表れていない内容は、それが遺言書外の事情から読みとれたとしても、遺言の内容とすることはできない。したがって、Aが「船舶操縦士免許のある友人」に遺贈することを意図していたとしても、遺言書外の事情（免許所持者はBではなくFであるという事実）を用いて、「『B』に遺贈する」という文言を、「『F』へ遺贈する」と解釈することはできない。第1条項はBへの遺贈と解釈された上で、錯誤（95）の問題となる。

［浦野由紀子］

201　相続させる旨の遺言

　Aが死亡した。Aの相続人は、Aと亡夫との間の子である長男B・次男C・長女Dである。Aの死亡時の財産は、甲土地（3000万円）、乙家屋（2000万円）、丙山林（1000万円）およびEに対して負う貸金債務（600万円）であった。Aは、「丙山林をDに相続させる。」という自筆証書遺言（以下、「本件遺言」という）を遺していた。

(1)　丙山林は、いつの時点で、どのようにDに帰属するか。
(2)　本件遺言が発見される前に、Bは、丙山林につき、法定相続分による相続を原因とする共有登記をし、自己の持分を第三者Fに処分し、Fへの持分権移転登記手続を済ませていた。この場合に、Dは、本件遺言に基づく丙山林の取得をFに対抗できるか。
(3)　Dは、丙山林は欲しくないと考えている。この場合に、Dが本件遺言による受益を放棄するには、どうすればよいか。Dが丙山林は欲しくないが、他の遺産は欲しいと考えている場合には、どうすればよいか。
(4)　本件遺言が「全遺産をDに相続させる」という内容であれば、EはAの負っていた貸金債務につき、誰にいくら請求することができるか。

参考　❶最判平成3年4月19日民集45巻4号477頁
　　　❷最判平成21年3月24日民集63巻3号427頁

▶▶解説

1. 判例（❶）によれば、特定の相続人に特定の遺産を「相続させる」旨の遺言（特定財産承継遺言）は、特段の事情のない限り遺贈（964）ではなく、遺産分割方法を指定した遺言である（908）。本件遺言により、相続人（受益相続人）Dに丙山林を帰属させるという内容で、遺産の一部分割がされたのと同様の遺産の承継関係が生じ、丙山林は、何らの行為を要せずに、相続開始時に直ちに受益相続人Dに「相続」によって承継される。

2. 受益相続人Dは、法定相続分によれば丙山林について3分の1の持分を取得するところ、特定財産承継遺言に基づき、丙山林全部の権利を相続により承継した。しかし、他の相続人Bが、その法定相続分に応じた丙山林の持分を第三者Fに譲渡した場合には、この譲渡は有効であり、Bの持分について二重譲渡の状態が生じる。この場合に、Dは、自己の法定相続分を超える部分（第三者Fとの関係では、Bの持分に相当する部分〔持分3分の1〕）の権利取得について、対抗要件（登記）を具備しなければ、Fに対抗することができない（899の2Ⅰ）。

3. 受益相続人Dは、本件遺言で指定された遺産分割方法に従って、相続を原因として丙山林を承継する。相続による受益は相続放棄（938）によって放棄できるので、本件遺言による受益の放棄も相続放棄の方法による。しかし、相続放棄すると、Dは丙山林だけでなく他の遺産も相続できなくなる。学説は、受益の放棄が特定財産承継遺言による遺産分割の効果を覆すという実質をもつことを理由に、遺産分割の合意解除と同様に、相続人全員の合意があれば、Dは本件遺言の受益のみを放棄できる（本件遺言と異なる遺産分割協議もできる）とする。

4.「全遺産をDに相続させる」旨の遺言では、「相続させる」とされた遺産額は、Dの法定相続分を超える。この場合は、遺産分割方法を指定した遺言であると同時に、Dの相続分を「全部」と指定した遺言（902）であると解釈される（❷）。甲土地・乙家屋・丙山林の所有権は相続開始時に直ちにDに移転する（この場合も、Dの法定相続分を超える部分の権利取得を第三者に対抗するには、それぞれ登記を備える必要がある〔899の2Ⅰ〕）。貸金債務も、相続人間では、指定相続分どおりすべてDが承継する。しかし、相続債権者Eは、BCDに対して、各法定相続分に応じて（＝200万円ずつ）、請求することができる（902の2本）。

［浦野由紀子］

202 遺言執行者がいる 場合の法律関係

　Aが死亡した。Aの相続人は子BおよびCである。Aは死亡時に、甲不動産、乙不動産および現金を有していた。甲不動産はZによって不法に占有されている。Aは、「Dに甲不動産を遺贈する。Eを遺言執行者に指定する。」という自筆証書遺言（以下、「本件遺言」という）をしていた。本件遺言書をAから託されていたEは、Aの葬儀の際に、BCDに本件遺言書を示し、遺言執行者に就職する旨を伝えた。

(1)　Dは、誰に対して遺贈義務を履行するように求めることができるか。
(2)　Bは、甲について、BCの持分を各2分の1とする相続登記をした。そのうえで、Bは自己が相続したとする持分をFに売却し、BからFへの持分権移転登記もすませた。この場合に、Dは、Fに対して登記の抹消登記手続を求めることができるか。
(3)　Bの債権者Gは、本件遺言の存在と内容を知っていたが、甲についてBを債務者として仮差押命令を得た。この命令に基づき、Gは、Bに代位して、甲につき、BCの持分割合を各2分の1とする相続登記を行ったうえで、Bの持分につき仮差押登記をした。この場合に、Dは、Gに対して仮差押登記の抹消登記手続を求めることができるか。

参考　❶最判昭和62年4月23日民集41巻3号474頁

▶▶解説

1. 相続人は、被相続人（遺言者）から、遺言を実現（執行）する権利義務を承継する（896）。しかし、遺言執行者がある場合は、遺言執行者が、遺言の内容を実現するため、遺言の執行に必要な一切の行為をする権利義務を有する（1012 I）。この場合に、相続人は、遺言執行者の職務権限の対象たる相続財産につき管理処分権を有しない（1013 I、1014 I）。なお、遺言執行者が指定されている場合は、被指定者が就職を承諾する前であっても「遺言執行者がある場合」にあたる（❶）。

遺言執行者の権利義務の範囲は遺言内容により決まる。本件遺言は甲の遺贈のみを定めるので、Eは甲の管理処分権のみを有する（乙と現金の管理処分権は相続人BCにある）。遺言執行者がある場合は、遺言執行者のみが遺贈義務を履行できる（1012 II）。特定物の遺贈では、目的物の所有権は遺贈者死亡時に受遺者に直接移転するので（物権的効力）、所有権の移転には履行行為を要しないが、対抗要件の具備等は遺贈の履行としてされる必要がある。Eは、甲の登記名義をAからDに移転し、甲の占有をDに取得させる義務を負う。

遺言執行者が、遺言執行者であることを示して（顕名）、その権限内においてした行為の効果は、相続人に対して直接効果を生じるので（1015）、EがZに対して甲の明渡しを請求すれば、BCがZに明渡請求をしたのと同じになる。

2. 遺言執行者の職務権限の対象たる相続財産につき、相続人がした処分行為は無効である（1013 II本）。ただし、遺言執行者の存在を知らない（＝善意の）第三者に対して、当該処分行為の無効を対抗することはできない（同 II但）。BF間の売買契約は、Fが遺言執行者の存在を知っていた場合は無効であるが、知らなかった場合（過失があってもよい）は、Dはその無効をFに主張することができず、Bの持分権がFへ有効に譲渡されたことになる。この場合に、Fは、対抗要件（登記）を備えていれば、甲の持分権の取得をDに対抗することができる（177）。したがって、Fが善意であれば、DはFに登記の抹消を求めることはできない。

3. 相続債権者または相続人の債権者は、遺言執行者の有無にかかわらず、相続財産について権利を行使することができる（1013 III）。相殺や強制執行のほか、自己の権利を保全するために代位による相続登記をすることも権利行使にあたる。Gは、遺言執行者の存在を知っていたかどうかを問わず、Bの法定相続分に応じた相続登記をし、Bの持分を仮差押えすることができる。　　　　　　［浦野由紀子］

203 遺産分割の対象となる財産

　Aは、2020年4月25日に死亡した。Aの相続人は、配偶者Bと子Cである。Aは遺言を作成しておらず、死亡時のAの財産に関する状況は、以下のようなものであった。

ⅰAは、A所有の甲土地の上に乙建物を建て、Bと居住していた。

ⅱAは、Dから暴行を受け負傷したことにより、Dに対して100万円の損害賠償債権を有していた。

ⅲAは、所有する丙不動産をEに対して月額10万円、毎月末日翌月分払いで賃貸していた。

ⅳAは、F銀行に定期預金1200万円（α口座）を有しているほか、自宅の金庫に300万円を保管していた。

(1)　以上を前提として、BとCが遺産分割協議をする際に、その対象となる財産は何かを説明しなさい。

(2)　Bが遺産分割前にF銀行に対してα口座からAの葬儀費用と当座の生活費として300万円の払戻しを求めた場合、Bの請求は認められるか。仮にBの請求が認められる場合、遺産分割にどのような影響が生じるか。

参考　❶最判昭和29年4月8日民集8巻4号819頁
　　　❷最判平成4年4月10日判時1421号77頁
　　　❸最大決平成28年12月19日民集70巻8号2121頁
　　　❹最判平成17年9月8日民集59巻7号1931頁

▶▶解説

1. Aの相続人である配偶者Bと子Cは、相続開始の時から、Aに属していた一切の権利義務を承継する（896本）。共同相続の場合、相続財産は、原則として、共同相続人による遺産共有を経て（898）、遺産分割により各相続人に確定的に帰属する。しかし、その例外とされ、ただちに各相続人が承継するとされるものもある。

まず、不動産（⒤の甲・乙、⒤の丙）、動産および現金（⒤の金庫に保管している現金300万円）（❷）は、原則どおり遺産分割の対象となる。

他方、判例は、可分債権は相続分に応じて相続開始時に当然分割され、遺産分割の対象となる遺産を構成しないとする（❶）。したがって、⒤のAのCに対する100万円の損害賠償債権は、可分債権であり、遺産分割を経ずにBとCに当然分割承継され、各50万円の債権を取得する（債務については項目**205**）。しかし、判例は可分債権であっても、預金債権については、普通預金債権、定期預金債権（⒤のF銀行に対する定期預金）とも、当然分割されず、遺産分割の対象となるとする（❸）。

また、遺産である不動産から生じる賃料債権⒤は、その不動産の法定果実であり、遺産そのものとは別個の債権のため、遺産分割の対象とはならない（❹）。

なお、このように当然分割される損害賠償債権や賃料債権について、共同相続人間の合意により、遺産分割の対象とすることは可能である。

2. 1.❸に従い預貯金が遺産分割の対象とされ、遺産分割終了までは支払を受けることができないとなると、葬儀費用や生活費等の資金に窮する不都合が生じることもある。そこで、909条の2前段は、相続人は、ⅰ遺産に属する預貯金債権に限り、ⅱ相続開始の時の債権額の3分の1に法定相続分を乗じた額について、ⅲ債務者ごとに法務省令で定める額（150万円〔平成30年法務省令第29号〕）を限度として、単独で行使することを認めた。BのF銀行する支払請求は、150万円限度で（ⅰ a 口座の1200万円 × ⅱⅲ $\frac{1}{6}$ ＝ 200万円＞150万円）認められる。この場合、他の相続人との公平を考慮して、BがF銀行から取得した150万円については遺産の一部の分割により取得したものとみなされる（同後）。

［冷水登紀代］

　Aは、2020年6月1日に死亡した。Aの相続人は、妻B（80歳）と長男C（59歳）と次男D（55歳）であった。Aの遺産は、AとBが生前に居住していたA所有の甲不動産（評価額：6000万円）と甲に隣接する乙不動産（評価額：2000万円）のみである。

Cは以下のように遺産分割をしたいと考えている。

ⅰBは、死亡するまで甲不動産に居住する。

ⅱCは、Bとともに甲不動産に居住し、Bの暮らしを助ける。

ⅲCは、甲不動産と乙不動産を単独で取得する。

ⅳCは、Dに対して2020年12月末日までに2000万円を支払う。

(1)　BCDの遺産分割協議により、同年11月1日にⅰからⅳの通りまとまった。Cは、Bと同居を開始した。しかし、CとBとの折り合いが悪くなったため、2021年1月にBは近くの有料老人ホームに入居した。また、CはDに対して1000万円支払っていない。

　BとDは、Cに遺産分割協議のやり直しを求めることができるか。

(2)　Cは、ⅰからⅳの通り遺産分割するのはどうかと求めたが、Bは、Cと居住することを望んでおらず、しかし高齢で独居が困難であったため、早急に乙不動産を売却し売却代金を有料老人ホームの入居費用に充てたいと考えていた。DはBの考えに同意したが、Cはこれに応じない。

　Bは、どのような法的措置を講じることができるか。

参考　❶最判平成元年2月9日民集43巻2号1頁
　　　　❷最判平成2年9月27日民集44巻6号995頁
　　　　❸最判昭和30年5月31日民集9巻6号793頁

▶▶解説

1. 遺産分割協議は、共同相続人間の合意であり、ＢＣＤが⓵から⓸の内容で合意すれば遺産分割協議は成立する。そして遺産分割協議の成立により、Ｃは、Ａから直接甲不動産を取得したものとして扱われる（909本は遺産分割の遡及効を認める）。しかし、本問では、Ｂにより⓶⓸の合意の内容が履行されていない。このような場合に、ＢＤが債務不履行解除の一般規定である541条に基づき遺産分割協議を法定解除するかが問題となる。❶は、法定解除を否定する。その理由は、「遺産分割はその性質上協議の成立とともに終了し、その後は右協議において右債務を負担した相続人とその債権を取得した相続人間の債権債務関係が残るだけと解すべきであり、しかも、このように解さなければ民法909条本文により遡及効を有する遺産の再分割を余儀なくされ、法的安定性が著しく害されることになるからである」。その一方で「共同相続人の全員が、既に成立している遺産分割協議の全部又は一部を合意により解除した上で、改めて遺産分割協議をすることは、法律上、当然には妨げられない」（❷）。判例に従うと、ＢＣＤが全員で合意解除できない場合には再分割はできず、Ｂは⓶を、Ｄは⓸の履行を求めることになる（有力説は法定解除を肯定）。ただし、ＤがＣに対して1000万円の履行請求はできても、ＢはＤに対し債務の性質上同居を強制することができず損害賠償請求できるにすぎない。

2. 共同相続人が、遺産共有状態を解消するためには、遺産分割を行わなければならない。相続人であるＢは相続開始後いつでも協議により遺産分割することができるが（907Ⅰ）、協議が調わない場合には、家庭裁判所に審判（当事者は、まず調停を求めることができ、調停が成立すれば審判と同一の効力が生じる〔家事268Ⅰ〕）を求めることができる（907Ⅱ、家事244別表第2 XII）。Ｂの申立てにより、家庭裁判所は、特別受益・寄与分を考慮した具体的相続分をもとに、906条の考慮要素に従い、現物分割する（❸）（例外として代償・価額分割、その併用）。

　遺産分割は全部について一回的に解決するのが望ましいが、当事者が希望する場合には、その一部を遺産の残部と分離して分割することができ（907Ⅰ）、協議不調の場合、最終的に審判を求めることができる。ただし、Ｂが甲不動産の一部分割の申立てをした場合、仮に、家庭裁判所がその一部を分割することによりＣＤの利害を害するおそれがあると判断すれば一部分割は認められない（同Ⅱ但）。

［冷水登紀代］

205 被相続人の債務の承継

　Aは、2020年6月1日に死亡し、相続人は、子BとCである。Aの死亡時の財産状況は以下の通りである。
ⅰAは、生前にDに対して絵画甲を売却し代金は受け取っていたが、甲の引渡しは2020年9月1日とされていたため甲はAが保管していたが、死亡後Bが保管していた。
ⅱAは、乙不動産（相続開始時の評価額：3000万円）を所有していた。
ⅲAは、Eに対して、1000万円の借金があり、弁済期が2020年10月1日であった。

(1)　Dは、2020年9月1日、Cに対して絵画甲の引渡しを求めたが、Cは事情が分からないと言ってそれに応じない。Dの請求は認められるか。
(2)　Eは、2020年10月1日、Cに対して1000万円を請求した場合、CはEの請求を拒絶することができるか。
(3)　**(2)**において、BとCが遺産分割協議において、Bが乙不動産を取得する代わりに、Eへの債務を全て引き受けるとしていた場合はどうか。
(4)　**(2)**において、Aが、「すべての相続財産をBに相続させる」旨の遺言を作成していた場合はどうか。仮に、EがAの遺言による相続分の指定を承認していた場合はどうか。
(5)　**(4)**において、CがBに対して遺留分侵害額請求をする場合の遺留分算定の基礎財産の価額と遺留分侵害額を計算しなさい。

参考　❶最判昭和34年6月19日民集13巻6号757頁
　　　❷最判平成21年3月24日民集63巻3号427頁

▶▶解説

　被相続人Ａの子ＢＣは、Ａの債務を相続により承継するが（896）、遺産共有状態の最終的な帰属を決定する遺産分割へのプロセスはたどらない。債務は、債務者である相続人にその処分権限がない以上、債務の最終的な帰属を相続人間の協議で一方的に決めたとしても、内部的な負担割合の決定にすぎないからである。したがって、共有に関する規律の特則である「多数当事者の債務」に関する規律に従うことになる。

１．絵画甲の引渡債務は、不可分債務であり、債権者は債務者の１人または全てに対して、同時・順次に、また全部・一部の履行を請求できるため（430→436）、ＤがＣに対して甲の引渡しを求めた場合、Ｃはこれに応じなければならない。

２．Ｅに対する1000万円の金銭債務は可分債務であり、427条に従い、法律上当然に相続分に従い分割され（❶）、ＢＣに帰属する。ＢＣは、各500万円の債務を負担するため、ＥがＣに1000万円を請求した場合、500万円の限度で認められる。Ｃは、500万円については拒絶できる。

３．ＢとＣが遺産分割協議で、Ｂがすべての債務を負担する旨の合意をしていても、この合意の効力は相続債権者Ｅには及ばない。Ｃは、Ｅの請求に対して、500万円の限度で負担しなければならない。この場合、Ｃは、Ｂに対し、Ｅに支払った500万円を求償請求するにとどまる。

4.　Ａによる「Ａの財産を全てＢに相続させる」旨の遺言は、遺産分割方法の指定に相続分の指定も含まれている（❷）。この遺言により、ＢはＡの積極財産のみならず債務も全て相続することになる（Ｃの相続分は、ゼロ）。

　もっとも、相続分の指定がある場合、ⅰ相続債権者は法定相続分に応じて権利を行使することも、ⅱ相続分の指定に応じた債務の承継を承認してその割合に従って権利を行使することも可能である（902の2）。Ｅがⅱの承認をしていない場合、ＣはＥの請求に応じなければならない（ＣはＢに求償請求）。

５．4.の遺言により、ＣはＢに対して遺留分侵害額請求をすることできる。この場合の遺留分算定の基礎財産は、相続財産から遺産債務の全額が控除され（乙〔3000万円〕－1000万円〔1043条①〕）、2000万円となる。Ｃの遺留分侵害額は、1046条により（個別遺留分500万円〔2000万円×$\frac{1}{4}$〕－0円〔遺贈・贈与〕－0円〔具体的相続分〕＋0円〔債務：Ｃの負担0〕）、500万円となる。　　**［冷水登紀代］**

206 遺留分侵害の判断

　Aが死亡した。相続人は、子B・Cである。死亡時のAの財産としては、農地等の不動産（2000万円相当）が残されていた。また、A名義の債務4000万円があった。Aは、死亡する9年前に、Bが独立して事業を始めたいということで、所有する農地の一部を売却して9000万円をBに与えている。さらに、Aは、死亡する半年前に、昔世話になった知人Dが不自由をしていると知り、1000万円の土地・建物を贈与した。

　以上の事実関係を前提として、遺留分侵害が生じているか、また、生じているとすれば、誰についていくらの遺留分侵害が生じているかを計算しなさい。

参考　❶最判平成10年3月24日民集52巻2号433頁
　　　❷最判平成8年11月26日民集50巻10号2747頁

▶▶解説

　設例において、遺留分侵害の有無および侵害額を計算する基礎となる事情は、以下のものである。

　ⅰ相続開始時のＡの積極財産：2000万円

　ⅱ相続開始時のＡの債務：4000万円

　ⅲＢに対する贈与（相続開始の9年前）：9000万円

　ⅳＤに対する贈与（相続開始の半年前）：1000万円

　ⅴＢの具体的相続分：0

　ⅵＣの具体的相続分：2000万円

　ⅶＢＣがそれぞれ相続する債務：各2000万円

　ⅴⅵの計算はここで示さないが、具体的相続分の計算の項目（**199**）を参照してほしい。また、遺留分の計算に組み込まれる贈与は原則として相続開始前の1年間になされたものに限られる（1044 Ⅰ）。ただし、遺贈者と受遺者の両方が遺留分権利者に損害を与えることを知っていた場合は、その遺贈も遺留分の計算に組み込まれる（同項但）。他方、共同相続人の特別受益については、期間制限の対象とされないとするのが判例であったが（❶）、平成30年相続法改正により、相続開始前10年以内のものに限って計算に組み込まれることとなった。

　遺留分侵害の有無および侵害額は保証されるべき遺留分額（あるべき相続財産に遺留分率を乗じたもの）と被相続人から取得する／した財産（純取り分）を比較することにより明らかとなる（❷は別の計算方法を示すが、結論は同じである）。

　これを前提に、Ｂ・Ｃの遺留分額を計算すると、ⅰに、ⅲとⅳを加算した1億2000万円から、ⅱを控除した8000万円が算定の基礎となる財産となる。これに遺留分率（1/2）と法定相続分（1/2）を乗じた2000万円が、Ｂ・Ｃの各遺留分額である。

　まず、Ｂが被相続人から取得する純取り分額は、ⅴにⅲを加算した9000万円から、ⅶ2000万円を控除した7000万円である。したがって、遺留分を上回る取り分があり、遺留分侵害は生じていない。

　他方、Ｃの純取り分額は、ⅵからⅶを控除したものであり、ゼロとなる。ここでは遺留分額の2000万円を下回っていて、2000万円の遺留分侵害が生じていることになる。

[窪田充見]

207 遺留分侵害の効果

Aが死亡した。相続人は、子B・Cである。死亡時のAの財産としては、農地等の不動産（2000万円相当）が残されていた。また、A名義の債務4000万円があった。Aは、死亡する9年前に、Bが独立して事業を始めたいということで、所有する農地の一部を売却して9000万円をBに与えている。さらに、Aは、死亡する半年前に、昔世話になった知人Dが不自由をしていると知り、1000万円の土地・建物を贈与した。

以上の事実関係を前提として、Cは、誰に対して何を求めることができるのかを説明しなさい。

参考　❶最判昭和41年7月14日民集20巻6号1183頁

▶▶解説

　設例は、**206**と同じものである。Cについて、2000万円の遺留分侵害が生じていることは、そこで説明したとおりであるが、遺留分侵害が生じたCは、それによって何をなすことができるのだろうか。

　平成30年相続法改正前の1031条は、遺留分を侵害する贈与の減殺を求めることができるとしていた（遺留分減殺請求権）。こうした遺留分減殺請求権は、遺留分を侵害する範囲で遺贈や贈与等の効力を否定する形成権であると理解されていた（❶）。こうした遺留分減殺請求権は、（設例の場合にはそれほど複雑な関係は生じないが）遺留分を侵害する範囲が、遺贈の何分の1であるというような場合、それによって共有状態が生じることになる。そのために、遺留分減殺請求権が行使された後に、さらにそうした複雑な法律関係を解決する必要が生じ、実際上も遺留分減殺請求権は使いにくいものとなっていた。

　こうした問題を受けて、相続法改正では、遺留分侵害の効果を全面的に金銭債権化するという制度に改められた。

　したがって、Cは、2000万円の遺留分侵害について、2000万円の金銭債権（遺留分侵害額請求権）を取得し、それを行使することでCの遺留分が保護されることになる（1046）。その遺留分侵害額請求権の債務は、まず、受遺者が負担し、さらに時間的に遡っていく形で受贈者が負担する（同順位の者が複数ある場合には遺贈・贈与の目的の価額の割合に応じて負担する）。なお、負担する債務の範囲は目的の範囲に限定される（1047 Ⅰ）。

　設例では、Cは、Dに対して1000万円の遺留分侵害額請求権を行使し、さらにBに対して1000万円の遺留分侵害額請求権を行使することになる。

　相続法改正により遺留分減殺請求権から遺留分侵害額請求権に変わったことにより、遺留分権利者の権利行使は容易となったが、他方で、相手方には、金銭債務という形での履行が求められることになり、場合によっては大きな負担が生じることになる。そのため、受遺者・受贈者の請求により、裁判所は、その債務の全部または一部の支払について相当の期限を許与することができるとされている（1047 Ⅴ）。

［窪田充見］

208 配偶者短期居住権

　AとBは夫婦であるが、10年前から別居している。AとBには、子Cと
Dがいる。Aは、Aが所有する不動産甲にCの家族と同居している。Bは、
Aと別居する前から居住していたA所有の不動産乙に1人で居住している。
このような状況のなかで、Aは死亡した。

(1)　BCDは、遺産分割協議をしているがなかなかまとまらない。Dは、
Cが甲に住み続けていることをよく思っていなかった。そこで、Dは、Cに
対して、甲についての賃料相当額（甲の近隣不動産の賃料相当額が毎月10万円
とする）の請求をした。Cは、Dの請求に応じる必要があるか。
(2)　BCDは、Aの死亡から3か月後に遺産分割協議をし、Dが乙を取得
することになった。
　①DはただちにBに乙の明渡しを求めることができるか。
　②Dは、遺産分割により乙を相続開始時から取得したとして、Bに対し
て、A死亡後にBが乙を使用していた期間について、賃料相当額の請求をす
ることができるか。
(3)　Dは遺産分割前に乙の相続を原因とする共有登記を済ませ、自己の持
分をEに売却し、持分権の移転登記も済ませた。EがBに乙の明渡しを求め
た場合、BはEの請求を拒絶できるか。また、この場合Bは、Dにどのよう
な請求ができるか。

参考　　❶最判平成8年12月17日民集50巻10号2778頁

▶▶解説

1. ＢＣＤは、相続開始後遺産分割により甲不動産の帰属が決まるまでは相続分に従い共有持分権を有するため（898、899）、その持分割合に基づき甲を使用することができる（249）。しかし、Ｃが単独で甲を使用している状況はＤの持分に基づく使用を妨げているため、ＤがＣに対して不当利得を根拠に賃料相当額損害金を請求できるかが問題となる。❶は、「共同相続人の１人が相続開始前から被相続人の承諾を得て遺産である建物において被相続人と同居してきたときは、特段の事情のない限り、被相続人と右同居相続人との間において、被相続人が死亡し相続が開始した後も、遺産分割により右建物の所有関係が最終的に確定するまでの間は、引き続き右同居の相続人にこれを無償で使用させる旨の合意があったものと推認され」「被相続人の地位を承継した他の相続人等が貸主となり、右共同相続人を借主とする右建物の使用貸借契約が存続する」とする。これに従えば、相続開始前からＡと同居していたＣは、Ａ死亡後はＢＤとの間で使用貸借契約が存続するため、甲を無償で使用できるとして、Ｄの請求を拒絶することができる。

2. ①遺産分割によりＤが乙を取得した場合、Ｄが乙の単独の所有者であり、ＢはＤに乙を明け渡さなければならない。しかし、配偶者が直ちに住み慣れた居住建物を退去しなければならないとその精神的・肉体的負担は大きい。そこで、配偶者は「被相続人の財産に属した建物に相続開始の時に無償で居住していた場合」には、1037条1項各号の存続期間に応じ、配偶者短期居住権が認められている（1037Ⅰ）。相続開始から３か月後に遺産分割が成立しており、1037条1項1号は、「遺産の分割をすべき場合」には、「遺産の分割により居住建物の帰属が確定した日」または「相続開始の時から６箇月を経過する日」のいずれか遅い日まで配偶者短期居住権が認められるため、Ｂは後者に従い残り３か月間はＤの請求を拒絶できる。

②Ｂは、Ａと同居していないため「使用貸借」の主張はできないが、配偶者短期居住権に基づき無償で乙を使用することができるため、Ｄの請求を拒絶できる。

3. 配偶者短期居住権は、使用貸借と同様、第三者Ｅに対抗することができない。これに対して、Ｄは配偶者短期居住権が存続する期間についてＢに乙を使用させる義務を負うため（1037Ⅱ）、この不履行を理由として、Ｂは、Ｄに対して損害賠償請求をすることができる。　　　　　　　　　　　　　　　　　　　　　　　　　[冷水登紀代]

209 配偶者居住権

　AとBは、婚姻して40年になる夫婦であり、A所有の集合住宅の一室である甲に居住していたところ、Aが死亡した。Aの相続人はBと子Cである。Aの遺産には、甲（評価額4000万円）と、D銀行とE銀行にそれぞれ1000万円の定期預金があった（以下（ア）（イ）は異なる事実である）。
（ア）　Aは、BがA死亡後も甲に住み続けることを望んでいたが、甲の所有権をCに取得させたいと思いながら遺言書を作成することなく死亡した。Bも、A死亡後住み慣れた甲に居住することを望んでいるが、生活費としてAの預金債権も一定程度確保したいと考えている。これに対して、Cは法定相続分に従って遺産を取得したいと考えている。
（イ）　Aが作成した遺言書には、「①Bのために甲の配偶者居住権を遺贈する。②Cに甲の所有権を取得させる。」と記載されていた。
　なお、（ア）（イ）において、B死亡までの甲の配偶者居住権の評価額を2000万円とし、配偶者居住権を設定した甲の評価額を2000万円する。
(1)　（ア）について、Aの希望を実現するためには、Aはどのような遺言をする必要があったか。Bの希望を実現するためには、どのような遺産分割をする必要があるかを説明しなさい。
(2)　（イ）の場合、BとCの具体的相続分はどのようになるか。
(3)　Bは、配偶者居住権を取得後5年ほど経過したところで、配偶者居住権を譲渡して、その代金で高齢者施設に入居したいと考えた。Bは、第三者Fに譲渡することができるか。仮に譲渡することができない場合、どのような手段をとることができるか。

参考　❶最判昭和58年3月18日家月36巻3号143頁

▶▶解説

1. 本問前段について。Bの生存中はBに甲を利用させ、Bの死後はCに取得させるためにAがとりうる方法として、後継遺贈と呼ばれる方法がある。後継遺贈は、AからBに甲の所有権を移転し、Bの死後はCに所有権が移転するという内容の遺言である。Aがこの遺言をBのためにしていれば、Bに期限付の所有権を認める可能性もあるが、後継遺贈の有効性については争いがある（❶）。これに対して配偶者居住権は、Bに所有権を与えるものではないが、実質的に、後継遺贈で企図されていた法律効果を認めるものだということができるだろう。配偶者居住権は、配偶者が、無償で、原則として終身で、当該建物を使用収益することができる権利である（1028 Ⅰ、1030）。配偶者居住権は、①被相続人の配偶者が、②被相続人の財産に属していた建物に、③相続開始時に居住している場合に、④ⅰ遺産分割・ⅱ遺贈・ⅲ審判により成立する。Aは、Bに対して甲の配偶者居住権を遺贈し、Cに対して甲の所有権を遺贈することで、Aの希望は実現できた。

　本問後段について。Aの遺産は、甲（4000万円）＋「D銀行の定期預金1000万円」＋「E銀行の定期預金1000万円」＝6000万円である。BとCには考慮すべき特別受益も寄与分もなく、BとCの具体的相続分は各3000万円となる（903 Ⅰ、904の2 Ⅰ）。Bの希望を実現するには、Bは、ⅰ遺産分割かⅲ審判により、甲の配偶者居住権（2000万円）を取得する必要がある。そうすれば、Bは、さらに1000万円の金銭債権を取得することができる。この場合、Cは甲の所有権（2000万円）と金銭債権1000万円を取得することになる。

2. AとBの婚姻期間は20年以上で、BはAの財産に属していた甲に相続開始時に居住しており、Aが甲につき配偶者居住権をBに遺贈していることから（遺言①）、Bは配偶者居住権を取得する（1028 Ⅰ）。この場合、特別受益の持戻し免除の推定を受けるため（903 Ⅳ）、みなし相続財産は4000万円（甲［4000万円−Bが取得した配偶者居住権の評価額2000万円］＋1000万円＋1000万円）となる。Bは、甲の配偶者居住権のほかに、2000万円（4000万円 × $\frac{1}{2}$）を具体的相続分として取得する。Cは、遺言②により甲の負担付所有権を取得するため（2000万円）、具体的相続分はゼロとなる（903 Ⅰ・Ⅳ）。

3. 配偶者居住権は相続後も従前の居住環境での生活を継続することを可能とするための権利であり、BはFに譲渡することはできない（1032 Ⅲ）。BはCの承諾を得られれば、甲を賃貸し賃料を得ることは可能である（同Ⅲ）。　　**［冷水登紀代］**

210 相続回復請求権

　Aが死亡し、子BCが相続した。Aの相続財産は甲不動産のみである。B
は、遺産分割協議書を偽造し、Cに無断で、甲不動産につき相続を原因とす
るBの単独名義の所有権移転登記を行った。

(1)　Cは、Bへの所有権移転登記がなされたことを知ってから6年後、自
己の持分権に基づき、Cの持分を2分の1とする所有権移転登記に更正登記
手続をするよう請求した。これに対して、Bは、Cの主張は相続回復請求で
あり、884条による5年の消滅時効期間を経過したと主張した。Bの主張は
認められるか。

(2)　Bが、第三者Dに甲不動産を売却していた場合、Cは、Dに対して、
自己の持分権に基づき、甲不動産の所有権移転登記手続を請求することがで
きるか。ただし、Dは、BがCに無断で所有権移転登記を了していたことに
つき善意無過失とする。

参考　❶最大判昭和53年12月20日民集32巻9号1674頁
　　　　❷最判平成11年7月19日民集53巻6号1138頁
　　　　❸最判平成7年12月5日家月48巻7号52頁

▶▶解説

1. 民法は、相続回復請求権の権利行使につき期間制限があることのみを定め (884)、その意義、要件効果等は明らかにしていない。相続回復請求権は、所有権に基づく返還請求権や登記手続請求権等の個別的請求権との関係において独自性があるのか。相続回復請求権の法的性質に関しては、ⅰ独立権利説（個別的請求権とは別個独立の権利とし、相続財産を包括的に回復する権利とする）やⅱ集合権利説（個別的請求権の集合体とみて、登記手続請求権等も相続回復請求権に含まれるとする）等の見解がある。判例の立場は必ずしも明らかではないが、学説上はⅱ説が有力とされる。

相続回復請求は、相続権を侵害された真正相続人から、表見相続人（相続欠格者、虚偽の嫡出子出生届により戸籍上相続人とされている者等）に対して行われるが、判例は共同相続人間の請求、すなわち、自己の相続分を侵害された真正相続人が、他の共同相続人の相続分を侵害した共同相続人の1人（表見相続人）に請求する場面でも884条の適用を認める（❶）。そうすると、Cは、所有権移転登記がなされたことを知ってから6年後に請求しており、Bは5年間の消滅時効を援用することができるようにも思われる。しかし、判例は、相続回復請求制度の本旨に照らし、表見相続人が自らの相続権侵害につき、「善意かつ合理的事由」があるときに限り884条の時効援用を認める（❶）。よって、BはCという共同相続人の存在を知りながら相続権を侵害しており、時効援用は許されないことになる。なお、判例は、消滅時効を援用しようとする者（表見相続人）が、相続権侵害の開始時点において「善意かつ合理的事由」があったことを主張・立証しなければならないとする（❷）。

2. 表見相続人から売買等によって相続財産を譲り受けた第三取得者は、真正相続人に対して884条の消滅時効を援用できるかが問題となる。判例は、「善意かつ合理的事由」の存否は第三取得者がいるときであっても、表見相続人について判断すべきと判示する（❸）。よって、Bが「善意かつ合理的事由」のない表見相続人であることから、Dも時効を援用することはできず、Cの請求は認められる。なお、❸の立場からは、「善意かつ合理的事由」のある表見相続人からの第三取得者には、884条の時効援用が認められることになると解されている。

［合田篤子］

【編著者】

沖野眞已 東京大学大学院法学政治学研究科教授
窪田充見 神戸大学大学院法学研究科教授
佐久間毅 同志社大学大学院司法研究科教授

民法演習サブノート210問〔第2版〕

2018(平成30)年7月15日　初　版1刷発行
2020(令和2)年11月30日　第2版1刷発行
2022(令和4)年6月15日　同　3刷発行

編著者　沖野眞已・窪田充見・佐久間毅
発行者　鯉渕　友南
発行所　株式会社　弘文堂　　101-0062 東京都千代田区神田駿河台1の7
　　　　　　　　　　　　　　TEL03(3294) 4801　　振替00120-6-53909
　　　　　　　　　　　　　　https://www.koubundou.co.jp

装　丁　笠井亞子
印　刷　大盛印刷
製　本　井上製本所

ISBN978-4-335-35847-0